LANGE · EINFÜHRUNG IN DIE ÖKONOMETRIE

OSKAR LANGE

Einführung in die Ökonometrie

AKADEMIE-VERLAG
BERLIN

PWN — POLNISCHER VERLAG DER WISSENSCHAFTEN
WARSZAWA
1968

Polnischer Originaltitel:

WSTĘP DO EKONOMETRII

Nach einer Übersetzung aus der 4. polnischen Ausgabe 1967
von MARIAN KUNZE

durchgesehen und überarbeitet von WOLFGANG FÖRSTER, WALTER PIESCH
und von

JOHANNES BEHR

Erschienen im Akademie-Verlag GmbH, 108 Berlin, Leipziger Straße 3–4
und bei PWN · Polnischer Verlag der Wissenschaften, Warszawa, ul. Miodowa 10
Lizenzausgabe für die Deutsche Demokratische Republik
Lizenznummer: 202 · 100/183/67
Bestellnummer: 5658 · ES 5 B 2 · 5 B 5
Printed in Poland
DRP

INHALTSVERZEICHNIS

VORWORT ZUR ERSTEN POLNISCHEN AUFLAGE

Das vorliegende Buch ist das Ergebnis von Vorlesungen, die ich an der Fakultät für politische Ökonomie an der Universität Warszawa gehalten habe. Von meinen Vorlesungen fertigte Herr Magister A. Banasiński eine Niederschrift an und half mir dann, das danach erstellte Manuskript stilistisch zu überarbeiten und durch einige Beispiele zu ergänzen. Ich möchte ihm an dieser Stelle meinen herzlichen Dank aussprechen. Zur Veröffentlichung der Vorlesungen in Buchform brachte mich die Überzeugung, daß ökonometrische Methoden in der sozialistischen Wirtschaft ebenfalls angewandt werden können und daß sie ein unerläßliches Werkzeug für eine wirksame Planung und Lenkung der sozialistischen Wirtschaft darstellen. Dies gilt insbesondere für die Methoden, die im dritten Kapitel besprochen werden, das sich mit der Theorie der Programmierung befaßt. Die in diesem Kapitel gewählte Darstellung der Probleme its weitgehend das Resultat eigener Untersuchungen mit dem Ziel, die Theorie der Programmierung mit der marxistischen politischen Ökonomie und den Fragen der volkswirtschaftlichen Planung in Verbindung zu bringen. Aus diesem Grunde habe ich den Problemen der dynamischen Programmierung und des Nutzeffektes der Investition besondere Aufmerksamkeit geschenkt. Diese Konzeption habe ich erstmals in meinen Vorlesungen im Indischen Institut für Statistik in Kalkutta entwickelt. Sie wurde 1957 in der Zeitschrift »Sankhya, Indian Journal of Statistics« unter dem Titel *Some Observations on Input–Output Analysis* veröffentlicht (eine französische Übersetzung erschien in »Cahiers de Science Economique Appliquée«, Nr. 49, Paris 1957; eine russische Übersetzung erscheint in Kürze in *Utschonyje zapiski po statistike*). Im vorliegenden Buch wurden diese Untersuchungen stark erweitert und durch neue Ergebnisse ergänzt, insbesondere, was den Nutzeffekt der Investition betrifft.

Das zweite Kapitel, das der Marktanalyse gewidmet ist, behandelt die bekannten und heute bereits klassischen Methoden der statistischen Untersuchung der Nachfrage und des Angebots. Ich bin der Meinung, daß diese auch in der sozialistischen Wirtschaft Anwendung finden können, insbesondere bei der Analyse der Nachfrageelastizitäten.

Das erste Kapitel über die Untersuchung und Prognose der Wirtschaftskonjunktur bezieht sich auf die kapitalistische Wirtschaft. Ich habe diese Fragen besprochen, da sie einen Bestandteil der allgemeinen ökonomischen Ausbildung darstellen. Darüber hinaus findet eine ganze Reihe im Zusammenhang mit der Konjunkturforschung entwickelter statistischer Methoden – wie z. B. die Saisonanalyse – auch bei uns Anwendung.

Ich hoffe, daß dieses Buch für unser Bestreben, die Planung und Lenkung unserer Volkswirtschaft zu verbessern, von Nutzen sein wird.

Oskar Lange

Warszawa, am 31. Juli 1957

VORWORT ZUR ZWEITEN POLNISCHEN AUFLAGE

Das vorliegende Buch, das vor zwei Jahren zum ersten Male veröffentlicht wurde, hat großes Interesse erweckt. Im vergangenen Jahr erschien eine englische Übersetzung (eine gemeinsame Publikation des Państwowe Wydawnictwo Naukowe und Pergamon Press). Übersetzungen in französischer, italienischer, serbisch-kroatischer und japanischer Sprache sind in Vorbereitung.

Ähnlich breiten Anklang fand die Untersuchung *Some Observations on Input–Output Analysis*, in der erstmals die grundlegenden Gedanken des dritten Kapitels dieses Buches ausgeführt wurden. Neben der französischen Übersetzung dieser Untersuchung, die im Vorwort zur ersten Auflage erwähnt wurde, erschien eine Übersetzung in russischer und in spanischer Sprache. Die russische Übersetzung wurde im Sammelband *Primenenija matematiki w ekonomitscheskich issledowanijach* unter der Redaktion des Akademiemitgliedes W. S. Nemtschinow herausgegeben*). Die spanische Übersetzung wurde in Mexiko veröffentlicht.

Diese Beachtung hängt zweifellos mit dem wachsenden Interesse an Fragen der Wirtschaftsplanung zusammen. Der Leitgedanke dieses Buches its ja gerade die Überzeugung, daß ökonometrische Methoden ein nützliches Werkzeug der Wirtschaftsplanung darstellen und aus diesem Grunde insbesondere Anwendung in der sozialistischen Wirtschaft finden können.

In der Zeit, als dieses Buch vorbereitet wurde (in den Jahren 1956 und 1957), riefen solche Gedanken manchen Widerstand hervor. Heute sind diese Widerstände und Zweifel weitgehend verschwunden. Davon zeugt eine beachtliche Anzahl ökonometrischer und mathematisch-ökonomischer Arbeiten, die gegenwärtig in der Sowjetunion und in einer Reihe volksdemokratischer Länder, insbesondere in Un-

---

*) *Anm. d. Übersetzer*: Dieser Sammelband ist in deutscher Sprache unter dem Titel *Mathematische Methoden in der Wirtschaft*, Berlin 1964, erschienen.

garn, veröffentlicht werden. Eine große Rolle haben hier elektronische Rechenanlagen gespielt, die eine praktische Anwendung ökonometrischer Methoden für die Planung und Lenkung der sozialistischen Wirtschaft ermöglichen.

Wie ich in meinem Buch ausgeführt habe, hat unter den ökonometrischen und mathematisch-ökonomischen Methoden die Theorie der Programmierung eine besondere Bedeutung für die sozialistische Wirtschaft. Es hat sich gezeigt, daß die lineare Programmierung erstmals im Jahre 1939 in der Sowjetunion konzipiert wurde, und zwar von Prof. L. W. Kantorowitsch. Gegenwärtig nehmen die Methoden Prof. Kantorowitschs in der sowjetischen ökonomischen Literatur einen wichtigen Platz ein.

Die neue Auflage wurde im Vergleich zur ersten Auflage nur unwesentlich geändert. Die Änderungen haben vorwiegend redaktionellen Charakter und zielen auf größere Klarheit und Präzision der Darstellungen ab (z. B. bei der Erklärung der Grundlagen der Methode der kleinsten Quadrate). Am häufigsten kommen derartige Änderungen im dritten Kapitel vor. In diesem Kapitel wurde die Terminologie weitgehend revidiert und bestimmte Formulierungen präzisiert. Auch wurden einige Fehler korrigiert.

Weiterhin wurde die Ausgabe durch mehrere Anhänge erweitert. So wurde eine Input-Output-Tabelle der Produktion in Polen für das Jahr 1957 beigefügt. Auch wurde in das Buch eine Arbeit von Krzysztof Porwit *Über die Abhängigkeit von Investition und Produktionswachstum* aufgenommen. Diese Arbeit stellt einen Versuch dar, für einige in diesem Buch angeführte Formeln numerische Werte zu bestimmen.

Die erste Auflage war schnell vergriffen. Ich hoffe, daß auch die jetzige Auflage die Zustimmung der Leser finden wird.

OSKAR LANGE

Warszawa, im August 1960

EINFÜHRUNG

DER GEGENSTAND ÖKONOMETRISCHER UNTERSUCHUNGEN

Die folgenden Vorlesungen sollen einen Überblick über die Hauptprobleme der Ökonometrie und die zu deren Lösung angewandten Methoden geben. Ökonometrische Untersuchungen erstrecken sich gegenwärtig auf weite Gebiete des Wirtschaftslebens und umfassen eine Vielzahl verschiedenartiger Probleme. In diesem kurzen Kursus können wir uns nur mit einigen ausgewählten Aspekten der Ökonometrie beschäftigen, wobei wir uns bei der Auswahl von zwei Kriterien leiten lassen. Erstens werden wir Probleme (bei deren Entwicklung die Ökonometrie eine bedeutende Rolle spielte) erörtern, die in die Fachliteratur eingingen und die ein Bestandteil der allgemeinen Ausbildung auf diesem Gebiet sind. Zweitens werden wir unsere besondere Aufmerksamkeit jenen ökonometrischen Fragen und Untersuchungsmethoden widmen, die in der Planung und Lenkung der sozialistischen Wirtschaft praktische Anwendung finden können.

Was ist Ökonometrie und was ist ihr Untersuchungsgegenstand? In aller Kürze kann gesagt werden, daß *Ökonometrie eine Wissenschaft ist, die sich damit befaßt, konkrete im Wirtschaftsleben auftretende quantitative Gesetzmäßigkeiten mittels statistischer Methoden zu bestimmen.*

Aus dieser Begriffsbestimmung folgt, daß die Ökonometrie sich sowohl von der Wirtschaftstheorie als auch von der Wirtschaftsstatistik unterscheidet.

Von der Wirtschaftstheorie unterscheidet sich die Ökonometrie dadurch, daß sie versucht, jene Gesetzmäßigkeiten, die in der Wirtschaftstheorie in allgemeiner und schematischer Form behandelt werden, mit Hilfe konkreter quantitativer Beziehungen statistisch darzustellen. Wir wollen dies an zwei Beispielen erläutern.

Die politische Ökonomie untersucht u. a. die Gesetzmäßigkeit des Reproduktionsprozesses und bestimmt diejenigen Gesetze (Relationen), durch die gewisse ökonomische Größen verbunden sind. Sie ergründet z. B. den Zusammenhang zwischen den Wachstumsraten der Produktions- und Konsumtionsmittel. Demgegenüber versucht die Ökonometrie, den quantitativen Charakter dieser Zusammenhänge unter bestimmten ökonomischen Bedingungen, z. B. im Jahre 1957 in Polen, zu ermitteln.

Ähnlich verhält es sich mit der wirtschaftstheoretischen Analyse des Einflusses, den die Änderungen des Volkseinkommens oder des Preises eines bestimmten Gutes auf die Nachfrage haben. Die Wirtschaftstheorie erklärt, daß mit einer Erhöhung des Volkseinkommens auch die Nachfrage nach den meisten Gütern steigt. Auch die Nachfrage nach einem bestimmten Gut nimmt im allgemeinen zu, wenn sein Preis gesenkt wird. Im Zusammenhang mit diesen Untersuchungen ist der Begriff der Elastizität der Nachfrage in bezug auf das Volkseinkommen oder den Preis eines bestimmten Gutes eingeführt worden, und es werden allgemeine Beziehungen zwischen den untersuchten Größen ermittelt.

Die Ökonometrie versucht, die Beziehungen, die zwischen den im zweiten Beispiel erwähnten Größen in einer bestimmten wirtschaftlichen Situation bestehen, quantitativ und konkret nachzuweisen. Mittels ökonometrischer Verfahren kann man z. B. untersuchen, welchen Einfluß die im Jahre 1957 in Polen erfolgten Preisänderungen für Zeitschriften auf die Anzahl der verkauften Exemplare hatten, oder welchen Einfluß das für das Jahr 1958 geplante Wachstum des Volkseinkommens auf die Fleischnachfrage haben wird.

Ökonometrische Probleme werden mittels statistischer Untersuchungen und Methoden gelöst. Die Wirtschaftsstatistik liefert der Ökonometrie das Datenmaterial und ermöglicht es ihr dadurch, die quantitativen Gesetzmäßigkeiten zu ermitteln, die die untersuchten Größen verbinden. Das Schema einer ökonometrischen Untersuchung eines bestimmten Problems kann unverändert bleiben, aber die Zahlenwerte für die unter unterschiedlichen historischen Bedingungen untersuchten Größen sind natürlich verschieden.

Somit ist zu erkennen, daß *die Ökonometrie die Wirtschaftstheorie mit der Wirtschaftsstatistik verbindet und mittels mathematischer und statistischer Methoden versucht, den allgemeinen, schematischen, durch die Wirtschaftstheorie festgestellten Gesetzmäßigkeiten einen konkreten quantitativen Ausdruck zu verleihen.*

Die Ökonometrie konkretisiert also gewisse theoretische ökonomische Gesetzmäßigkeiten. Die Statistik liefert der Ökonometrie das Zahlenmaterial, aber sie quantifiziert die zwischen den ökonomischen Größen bestehenden Beziehungen nicht selbst. Wenn ein Statistiker eine Quantifizierung derartiger Beziehungen durchführt, wird er selbst zum Ökonometriker.

Der Name »Ökonometrie« wurde 1926 durch den norwegischen Nationalökonomen und Statistiker Ragnar Frisch eingeführt. Diese Bezeichnung wurde dem Ausdruck »Biometrie« nachgebildet, der Ende des 19. Jahrhunderts aufkam und den Bereich biologischer Untersuchungen bezeichnet, in denen statistische Methoden angewandt werden. Im Laufe der Zeit hat sich die Biometrie zur selbständigen Wissenschaft entwickelt.

Der Gegenstand und die Methoden biometrischer Untersuchungen seien an folgenden Beispielen veranschaulicht. Bei einer Untersuchung der linearen Abmessungen eines speziellen Merkmals bestimmter Organismen (die Größe eines Menschen oder eines Tieres, die Länge eines Eichenblattes usw.) wird man feststellen, daß die Abmessungen für verschiedene Individuen der gleichen Gattung unterschiedlich sind. Man kann sich jedoch leicht davon überzeugen, daß die Abmessungen des untersuchten Merkmals einem bestimmten, in diesem Beispiel sehr einfachen Gesetz gehorchen. Alle Abmessungen des untersuchten Merkmals unterliegen nämlich dem Gesetz der sogenannten *Normalverteilung*. Untersucht man z. B. die Größe der einzelnen Tiere einer bestimmten Gattung, so wird man feststellen, daß es eine bestimmte Größe gibt, die am häufigsten auftritt, und die Anzahl der Individuen mit einer davon abweichenden Größe (größer und kleiner) ist allgemein gesprochen nach beiden Seiten symmetrisch um die am häufigsten auftretende Größe verteilt. Handelt es sich um eine Normalverteilung, dann ist diese häufigste Größe zugleich auch die mittlere Größe.

Das Bild der Normalverteilung einer gegebenen Größe ist in Abb. 1 dargestellt. Man nennt es die *Normalverteilungskurve oder Gauß-Laplace-Kurve.*

Der oben beschriebene Tatbestand ist einer der ersten, den die Biometriker entdeckten, und er wurde zur Grundlage der biometrischen Forschung. Die Tatsache, daß die Abmessungen der Merkmale von Organismen dem Gesetz der Normalverteilung unterliegen, ermöglicht es unter bestimmten Umständen, Kreuzungen zu entdecken und in ihre Species zu zerlegen. Nehmen wir z. B. an, wir untersuchten den Durchmesser des Saatgutes zweier Erbsensorten. Die erste

Abb. 1. Normalverteilung

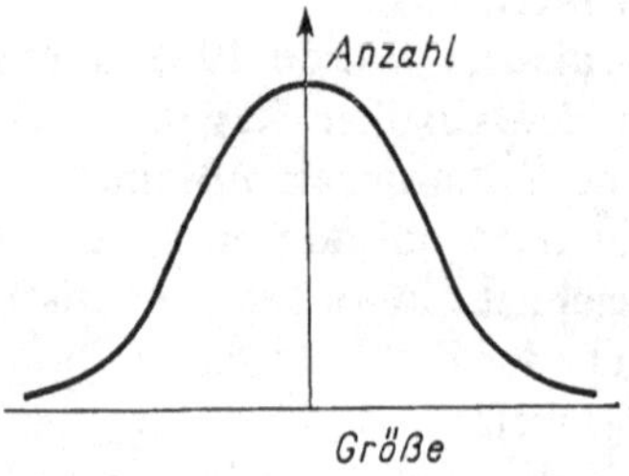

Sorte möge durch die Normalverteilungskurve I und die zweite durch die Normalverteilungskurve II dargestellt werden, wobei sich die Kurven durch die Größe ihrer Mittelwerte unterscheiden (Abb. 2). Als nächstes untersuchen wir die Verteilung der Erbsendurchmesser, die sich aus einer Kreuzung der Sorten I und II ergibt. Es stellt sich heraus, daß die Verteilung der gemischten Sorte durch die Kurve III wiedergegeben wird, deren Form deutlich darauf hinweist, daß es sich um eine Überlagerung der Kurven I und II handelt, die die Verteilung der Erbsengrößen der ersten und zweiten Sorte darstellen.

Abb. 2. Überlagerung von Normalverteilungen

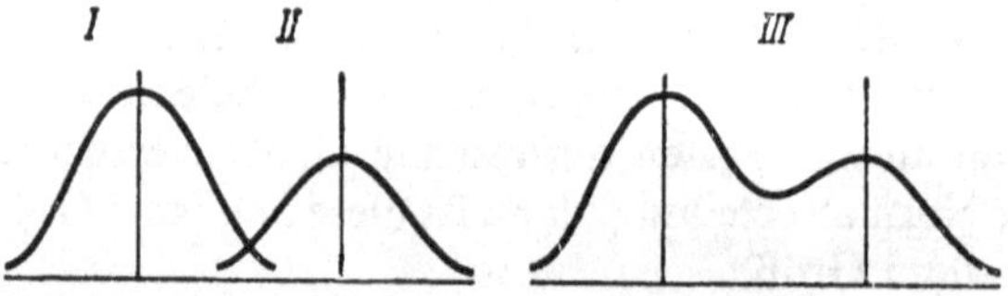

Wenn man demnach in der Praxis, und zwar nicht nur in der Biometrie, sondern auch bei anderen statistischen Untersuchungen, der Verteilung des Typs III begegnet, so kann mit großer Wahrscheinlichkeit daraus geschlossen werden, daß man es mit einer Kreuzung oder mit einem Kollektiv zu tun hat, das aus statistischen Einheiten zweier verschiedener Gruppen besteht. In der Schweiz wurde z. B. eine

Erhebung über die Größe (in ha) der bäuerlichen Betriebe durchgeführt, und es ergab sich, daß die der Häufigkeitsverteilung dieser Betriebe entsprechende Kurve von ähnlicher Art wie die Kurve III ist (Abb. 2). Das führt zu der Vermutung, daß das Kollektiv nicht einheitlich ist und daß mindestens zwei unabhängige Ursachenkomplexe die Entstehung der sich hinsichtlich ihrer Größe unterscheidenden Betriebe beeinflussen. In der Tat ergaben weitere Untersuchungen, daß zwei Arten von landwirtschaftlichen Betrieben – Bergbauern und Talbauern – vorhanden sind, und in jeder dieser Gruppen entsprach die Größenverteilung der Normalverteilung.

Versuche, die Gesetzmäßigkeiten (Beziehungen), mit denen sich die Wirtschaftstheorie befaßt, mittels statistischer Methoden quantitativ zu erfassen, d. h. also ökonometrisch zu untersuchen, sind viel älter als der für derartige Arbeiten durch R. Frisch eingeführte Name.

Die Ökonometrie als gesonderte Methode zur Untersuchung des Wirtschaftsgeschehens entstand vor dem ersten Weltkrieg und entwickelte sich unmittelbar danach besonders rasch. Im Jahre 1932 wurde die internationale Econometric Society gegründet, die eine diesem Wissenschaftsgebiet gewidmete Zeitschrift unter dem Titel »Econometrica« herausgibt.

Die Ökonometrie entwickelte sich vor allem in kapitalistischen Ländern. In den zwanziger Jahren wurden auch in der Sowjetunion ökonometrische Untersuchungen angestellt, die aber um etwa 1930 wieder eingestellt wurden. Die Entstehung und Entwicklung der Ökonometrie in den westlichen Ländern gerade in einer Zeit, in der die Macht des Monopol- und Staatskapitalismus sich vergrößerte, ist kein bloßer Zufall. Dies geht aus der Tatsache hervor, daß die Grundprobleme der ersten ökonometrischen Untersuchungen mit den Bedürfnissen der Wirtschaftspolitik sowohl des kapitalistischen Staates als auch der privaten Großunternehmen verknüpft waren.

Die ökonometrische Forschung befaßt sich besonders mit folgenden drei Fragenkomplexen:

(1) Die ersten ökonometrischen Untersuchungen bezweckten eine *Prognose des Konjunkturverlaufs in der kapitalistischen Wirtschaft*. Diese Zielsetzung ergab sich aus der Auffassung, daß eine genaue Konjunkturprognose es den einzelnen kapitalistischen Unternehmungen ermöglichen würde, sich diesen Voraussagen rechtzeitig anzupas-

sen, um so entweder die mit Krisen zusammenhängenden Verluste zu vermeiden oder die Situation besser auszunutzen und die Gewinne während der Hochkonjunktur zu steigern. Einige Ökonomen gingen in ihrer Argumentation sogar noch weiter und meinten, daß es durch eine fachmännisch ausgearbeitete Konjunkturprognose möglich wäre, die Wirtschaftskrisen zu beseitigen oder zu mildern und einen Einfluß auf den Konjunkturverlauf auszuüben.

Diese Art ökonometrischer Untersuchungen gehört im großen ganzen der Vergangenheit an. Ihre Entwicklung in der Zeit zwischen den beiden Weltkriegen war ohne Zweifel mit gewissen Vorstellungen über die Stabilisierung der kapitalistischen Wirtschaft durch staatliches Eingreifen in den Wirtschaftsprozeß verbunden. Diese Vorstellungen waren erste Versuche, in der bürgerlichen politischen Ökonomie einen Wendepunkt herbeizuführen, der in der Ablehnung des klassischen Grundsatzes der Nichteinmischung des Staates in das Wirtschaftsgeschehen (*laissez-faire*) bestand und den Übergang zu einer neuen aktiven Wirtschaftspolitik bildete.

(2) Eine zweite Art ökonometrischer Probleme war mit der *Marktforschung* verbunden: sie bestand vor allem in der Untersuchung der *Nachfrageelastizität* und, in gewissem Umfang, der *Angebotselastizität*. Auch diese Probleme ergaben sich aus aktuellen Bedürfnissen des Monopolkapitals und der Interventionspolitik des kapitalistischen Staates.

Unter den Bedingungen der freien Konkurrenz übt der einzelne Produzent keinen Einfluß auf den Preis aus, da seine Produktion nur einen Bruchteil der gesamten Marktproduktion ausmacht. Eine Einschränkung oder Steigerung der Produktion durch den einzelnen Produzenten hat praktisch auf die Bildung der Marktpreise keinen Einfluß. Die Preise werden durch einen elementaren Marktmechanismus bestimmt, und der einzelne Produzent kann lediglich seine Tätigkeit der sich verändernden Marktlage anpassen.

Völlig anders ist die Situation unter monopolistischen Bedingungen. Der Monopolist betreibt Preispolitik, da er als Alleinhersteller oder als einer unter wenigen Produzenten einen Einfluß auf das gesamte Angebot des betreffenden Gutes hat und folglich seinen Preis direkt beeinflußt. Da er in der Lage ist, die Preise fast nach Belieben festzulegen, strebt der Monopolist danach, sich durch eine geeignete Mengen- und Preisfixierung den größtmöglichen Gewinn zu sichern. Ein Beispiel dafür ist die Politik der Kartelle, die in bestimmten Fällen bewußt die Produktion drosseln, die Preise heraufsetzen und somit trotz einer verminderten Erzeugung höhere Gewinne erzielen.

Für einen Monopolisten oder einen Oligopolisten[1]) ist es daher von besonderer Bedeutung, für das jeweilige Produkt die Nachfrageelastizität zu bestimmen und den optimalen Preis, bei dem der Unternehmensgewinn maximiert wird, zu ermitteln. Somit ist zu verstehen, warum gerade in der Entwicklungsperiode des Monopolkapitalismus ein großes Interesse für ökonometrische Marktuntersuchungen aufkam.

Ein Staat, der eine Interventionspolitik verfolgt, muß auch Informationen über das Angebot und die Nachfrage an Gütern, über die Preisstruktur, über die Aufnahmefähigkeit der Märkte usw. besitzen. Die USA betreiben eine umfassende Interventionspolitik in der Landwirtschaft. Daher sind Informationen, in welchem Ausmaß z. B. eine Erhöhung des Weizenpreises um 10% die Weizenerzeugung (Angebot) steigern würde, unerläßlich. Probleme dieser Art geben Anlaß zu ökonometrischen Untersuchungen, die im angeführten Beispiel in der Ermittlung der Elastizität des Weizenangebots bestehen.

(3) Ein drittes Gebiet ökonometrischer Grundlagenforschung wird gewöhnlich als *Programmierung* bezeichnet. Es umfaßt Fragen, die die gesamte Volkswirtschaft oder große Teile derselben betreffen und die darauf abzielen, die Auswirkungen bestimmter ökonomischer Entscheidungen zu untersuchen.

Angenommen, der Staat habe beschlossen, zusätzlich $\frac{1}{2}$ Mill. t Stahl zu produzieren. Die Verwirklichung dieses die Gesamtwirtschaft betreffenden Planes erfordert eine Reihe weiterer aufeinander abgestimmter Beschlüsse. Gerade *das Problem der Koordinierung gegenseitig abhängiger Aktivitäten* war der Anlaß und Ausgangspunkt für die Entwicklung der ökonometrischen Theorie der Programmierung.

Dieser Typus ökonometrischer Untersuchungen entstand und

---

[1]) Als Oligopolisten bezeichnet man einen unter mehreren Unternehmern, von denen jeder durch seine Produktion den Marktpreis des betreffenden Gutes beeinflussen kann.

entwickelte sich eigentlich erst nach dem zweiten Weltkrieg, und auch dies ist kein bloßer Zufall. In der Kriegswirtschaft tauchten oft sogenannte Engpaßprobleme auf. Es konnte z. B. vorkommen, daß das Entwicklungsprogramm für die Flugzeugindustrie infolge eines ungenügenden Angebots an bestimmten Produktionsfaktoren, die für die Flugzeugherstellung unerläßlich sind, plötzlich verzögert und so die Erfüllung des Gesamtprogramms verhindert wurde. Eben in Verbindung mit derartigen in Kriegszeiten bestehenden Problemen der Koordinierung wirtschaftlicher Aktivitäten entstanden die ökonometrischen Methoden der Programmierung.

Später begannen sich für die Programmierungstheorie große kapitalistische Unternehmungen zu interessieren, für die die Koordinierung der Beschaffung von Rohstoffen, Facharbeitern usw. von besonderer Bedeutung ist. Auch diese Art der ökonometrischen Forschung entsprang einem Bedürfnis des Staats- und Monopolkapitalismus.

Es entsteht die Frage, ob die Programmierung eine ökonometrische Forschungsmethode ist, die im gewissen Umfange für die Lenkung einer sozialistischen Wirtschaft verwendet werden kann. Um diese Frage zu beantworten, muß man vor allem erkennen, daß die Programmierung eine bestimmte Methode der Planung für die Volkswirtschaft oder ihrer Teile darstellt. Für unsere Planung hat man verschiedene Verfahren angewandt; sie waren weit davon entfernt, vollkommen zu sein, und oft waren sie einfach improvisiert. Es scheint, daß Versuche, die ökonometrischen Programmierungsmethoden in unserer Planung zu verwenden, zu deren Verbesserung beitragen könnten.

Ebenfalls können ökonometrische Marktanalysen unter unseren Verhältnissen Anwendung finden, wenn auch in beschränktem Ausmaß. Wir wissen z. B. aus Erfahrung, daß gewisse, nicht genügend durchdachte Preissenkungen für einige Güter rückgängig gemacht werden mußten, da sie zu derartig großen Nachfrageerhöhungen führten, daß diese unmöglich befriedigt werden konnten. Ökonometrische Untersuchungen der Beziehungen zwischen Preis und Nachfrage könnten solche Fehler verhüten.

Die die Konjunkturprognose betreffenden Untersuchungen haben für uns geringere Bedeutung. Wir werden sie vor allem aus historischen Gründen behandeln. Weiterhin ist zu erwähnen, daß die statistische Konjunkturforschung einen Nebeneffekt zeitigte, in dem sie half, die in der statistischen Zeitreihenanalyse angewandten Verfahren zu verbessern.

Zum Abschluß dieser kurzen Einführung wollen wir noch überlegen, warum ökonometrische Untersuchungen in der Sowjetunion keine nennenswerte Anwendung gefunden haben. Das war aus zwei Gründen der Fall: Erstens gab es die meisten der jetzt in der Ökonometrie verwendeten Verfahren (z. B. die Theorie der Programmierung) zu der Zeit, als das sozialistische Wirtschaftssystem aufgebaut wurde, noch nicht. Die später in den hochindustrialisierten kapitalistischen Ländern entwickelten ökonometrischen Untersuchungsmethoden waren damals den sowjetischen Ökonomen nicht bekannt. Man sollte nicht vergessen, daß Rußland ein Land mit einer schwach entwickelten kapitalistischen Wirtschaft war und daß die Industrialisierung nach der Oktoberrevolution bereits im sozialistischen Staat erfolgte. Zweitens wurden in den zwanziger Jahren in der Sowjetunion tatsächlich ökonometrische Studien durchgeführt; sie erstreckten sich aber fast ausschließlich auf die Konjunkturforschung. Es entstand die Auffassung, daß diese Untersuchungen mit der NEP (Neuen Ökonomischen Politik) in Zusammenhang stünden, so daß mit der Überwindung der NEP auch diese Untersuchungen überflüssig, ja sogar schädlich geworden wären, da sie eine Glorifizierung der unkontrollierten Wirtschaft und eine Bremse der sozialistischen Industrialisierung des Landes darstellen. Die ökonometrische Forschung wurde auf diese Weise auch politisch in Mißkredit gebracht. Es ist jedoch hervorzuheben, daß ökonometrische Probleme in jüngster Zeit in der Sowjetunion ein erneutes Interesse gefunden haben.

Angesichts der politischen und wirtschaftlichen Erneuerung unseres Landes haben wir umfassend zu analysieren, um zu erkennen, was wir zum Nutzen der sozialistischen Wirtschaft von den kapitalistischen Ländern sowohl auf dem Gebiet der Technik und Organisation als auch auf dem Gebiet der wissenschaftlichen Forschung übernehmen können. Die modernen ökonometrischen Forschungsmethoden, die unter kapitalistischen Wirtschaftsbedingungen entwickelt wurden, können, natürlich nach entsprechender Anpassung, auch bei uns mehr oder weniger breite Anwendung finden; ihre Kenntnis kann darüber hinaus zu einem Anreiz für die Entwicklung einer eigenen ökonometrischen Forschung werden.

KAPITEL I

UNTERSUCHUNG UND PROGNOSE DER WIRTSCHAFTSKONJUNKTUR

Zeitreihen und ihre Komponenten

Gleich nach dem ersten Weltkrieg begann man in den USA, die Wirtschaftskonjunktur wissenschaftlich zu untersuchen. Als Vater der Methoden zur Konjunkturforschung gilt der amerikanische Nationalökonom und Statistiker Warren M. Persons, Leiter des Harvard Committee of Economic Research an der Harvard-Universität in Cambridge (Massachussets, USA), der 1919 einen Artikel über Methoden der Konjunkturanalyse und -prognose in den USA veröffentlichte[1]). Nach dem Vorbild der USA wurden die Methoden des Harvard-Instituts dann in der Konjunkturforschung in England, Deutschland und in vielen anderen Ländern angewandt.

Persons Methode zur Konjunkturforschung besteht aus zwei Teilen. Erstens versucht man aus dem statistischen Material Variationen auszusondern, die durch *Konjunkturschwankungen* verursacht werden; d. h., es soll der Einfluß festgestellt werden, den der sogenannte *Konjunkturzyklus* auf die Entwicklung gewisser ökonomischer Größen hat.

Der zweite Teil dieser Untersuchungsmethode besteht in der Konstruktion einer Reihe von Indizes, welche die jeweilige Phase des

---

[1]) W. M. Persons, *Indices of Business Conditions* (The Review of Economic Statistics, Preliminary Vol. I, Cambridge, Januar 1919); einen gekürzten Abriß der Harvard-Methoden gab Persons im Artikel *Correlation of Time Series* im *Handbook of Mathematical Statistics*, edited by H. L. Rietz, Boston 1924.

Kritische Bemerkungen zu Harvard-Methoden veröffentlichten u. a.: O. Anderson, *Zur Problematik der empirisch-statistischen Koniunkturforschung*, Bonn 1929, Veröffentlichungen der Frankfurter Gesellschaft für Konjunkturforschung, H. 1; S. P. Bobrow, *Rabota Warena Persona*, (Woprosy Konjunktury, Bd. II-Moskau 1926); St. Kohn, *Z metodologii statystycznej badania koniuktury*. (Ekonomista), Bd. III, Warszawa 1929; O. Lange, *Statystyczne badania koniuktury gospodarczej*, Kraków 1931.

Konjunkturzyklus, in der sich die Volkswirtschaft in einem bestimmten Augenblick befindet, anzeigen und die Prognose ihrer künftigen Entwicklung ermöglichen sollen. Solche Indizes werden gewöhnlich als *Konjunkturbarometer* bezeichnet, und die Methoden, die der Ermittlung dieser Indizes und der Bestimmung und Isolierung der Prozesse dienen, die den Konjunkturzyklus wiedergeben, heißen *Harvard-Methoden.*

Die Untersuchungen des Harvard-Instituts stützen sich nicht auf eine tiefschürfende theoretisch-ökonomische Analyse des wirtschaftlichen Geschehens. Bewußt lehnte die Harvardsche Arbeitsgruppe alle ökonomischen Theorien mit der Behauptung ab, daß es sich um schematische Konstruktionen handelte, die auf keinem empirischen Material basierten und dadurch für die Konjunkturforschung nutzlos seien. Nur durch empirische Untersuchungen würde man zu Ergebnissen gelangen, die später als Grundlage theoretischer Verallgemeinerungen dienen könnten.

Ohne näher zu untersuchen, ob ein solcher Empirismus ohne theoretische Untermauerung überhaupt zulässig ist, muß festgestellt werden, daß in den Harvard-Methoden – wie die weiteren Darlegungen zeigen werden – durchaus eine Reihe theoretischer Annahmen steckt.

Überlegen wir, auf welches statistische Material sich die Konjunkturforschung stützt. Die Daten, die den Verlauf der wirtschaftlichen Entwicklung widerspiegeln, sind die sogenannten *Zeitreihen* (auch *dynamische Reihen* genannt), d. h. Zahlenreihen, die zeitlich, z. B. nach Jahren, Vierteljahren oder Monaten, geordnet sind. Eine Zeitreihe kann z. B. die Stahl- oder Baumwollerzeugung aufeinanderfolgende Jahre darstellen. Je kürzer die Zeitabstände in der Zeitreihe sind, um so besser sind aus ihr Rückschlüsse auf die Konjunkturlage zu ziehen.

Bereits eine oberflächliche Betrachtung von Zeitreihen, besonders wenn sie wie in Abb. 3 graphisch dargestellt werden, zeigt, daß die meisten von ihnen verschiedenartige Variationen aufweisen, die in folgende vier Gruppen eingeteilt werden können:

(1) Verläufe, welche den *allgemeinen Trend* (*Entwicklungsrichtung*) oder einfach den *Trend* wiedergeben. Die Reihe kann z. B. während des ganzen Beobachtungszeitraumes ständig zunehmen, und zwar mit unterschiedlichen Wachstumsraten; sie kann aber auch

ständig abnehmen oder schließlich stets auf dem gleichen Niveau bleiben.

(2) *Zyklische* oder *konjunkturelle Schwankungen*, die ungefähr dem allgemeinen Konjunkturzyklus entsprechen. Kennt man den Verlauf der Wirtschaftsentwicklung eines bestimmten Landes, so sind Perioden der Depression und der Prosperität aus dem Diagramm der Zeitreihe leicht zu ermitteln.

(3) *Saisonschwankungen*, die periodisch zu bestimmten Zeiten eines Jahres bzw. eines Monats auftreten. Diese Schwankungen sind in den Diagrammen vieler Zeitreihen, die monatliche Daten oder Angaben für noch kürzere Zeitabstände enthalten, deutlich sichtbar. Wir finden solche Fluktuationen z. B. in der Zeitreihe für den Getreidetransport mit der Eisenbahn, der immer im Herbst zu- und im Frühjahr abnimmt. Saisonschwankungen treten auch in den Reihen für den Elektroenergieverbrauch, den Bargeldumlauf der Banken usw. auf.

Abb. 3. Diagramm einer Zeitreihe

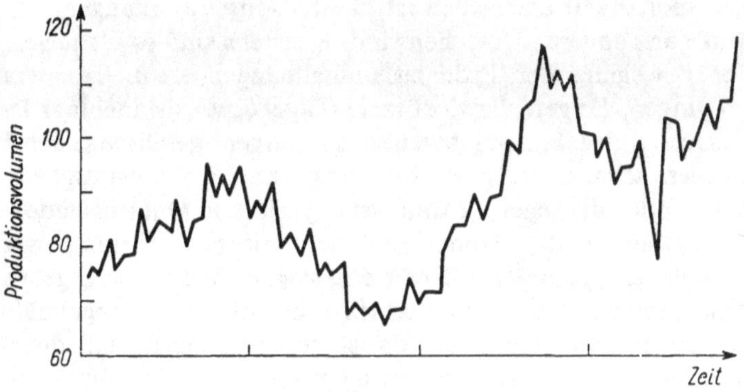

(4) *Unregelmäßige Schwankungen*, die schwer zu untersuchen und in einem bestimmten Schema zu erfassen sind; sie erscheinen im Schaubild einer Zeitreihe als unregelmäßige Zickzacklinien.

Manche Ökonometriker unterscheiden zwei Typen unregelmäßiger Schwankungen: (a) *Schwankungen, die durch exogene Faktoren* wie Krieg, Naturkatastrophen, Epidemien usw. hervorgerufen werden, und (b) *zufällige Schwankungen*, die das

Ergebnis der Wirkung einer grossen Anzahl von zufälligen Ursachen sind.

Die unregelmässiger Schwankungen der ersten Art werdenauch als *Katastrophenschwankungen* bezeichnet. Diese Schwankungen treten sporadisch auf und führen im allgemeinen zu größeren Abweichungen als die zufälligen Schwankungen. Zufällige Schwankungen sind gewöhnlich mit Massenerscheinungen verbunden und haben ähnlichen Charakter wie die zufälligen Fehler, mit denen sich die Wahrscheinlichkeitstheorie befaßt.

Das im ersten Teil der Harvard-Untersuchungen angewandte Verfahren, um die zyklischen Schwankungen als Komponente zu bestimmen, die den Einfluß der Konjunktur auf die Wirtschaftsentwicklung repräsentieren soll, ist das folgende: Aus der Zeitreihe wird zunächst der Trend isoliert, wobei vorausgesetzt wird, daß er das Ergebnis eines Komplexes von Ursachen ist, die ständig in einer Richtung wirken und die, allgemein gesprochen, das Wachstum (Entwicklung) der Volkswirtschaft herbeiführen. Danach bestimmt man, wenn die Reihe in kleineren Zeitabständen als ein Jahr (vierteljährlich, monatlich) angegeben ist, die Saisonschwankungen, die das Ergebnis ganz anderer Ursachen sind. Meistens sind es Ursachen, die mit der Bewegung der Erde zusammenhängen (z. B. Temperaturschwankungen, längere bzw. kürzere Tage usw.). Manchmal haben die Ursachen der Saisonschwankungen einen gesellschaftlich-konventionellen Charakter, z. B. die verstärkte Einkaufstätigkeit vor Feiertagen oder die regere Zahlungstätigkeit am Quartalsende usw.

Nach Isolierung des Trends und der Saisonschwankung werden diese von der ursprünglichen Reihe abgezogen. In der sich ergebenden Differenz kommen der Konjunkturzyklus und die unregelmäßigen Schwankungen zum Ausdruck. Es ist hervorzuheben, daß die oben beschriebene Methode zur Isolierung zyklischer Schwankungen auf der Annahme basiert, daß die vier Komponenten der Zeitreihe das Ergebnis von vier unabhängig wirkenden Ursachenkomplexen sind.

Die Konjunkturschwankungen und die meist geringen unregelmäßigen Fluktuationen, die auf diese Weise isoliert werden, dienen der Konstruktion der Konjunkturbarometer. Es wird nämlich vorausgesetzt, daß die anhand der statistischen Angaben ermittelten zyklischen Schwankungen sich künftig wiederholen.

Wir werden jetzt die praktisch angewandten Verfahren zur Aussonderung einzelner Schwankungskomponenten aus einer gegebenen Zeitreihe diskutieren. Dabei beschränken wir uns auf eine kurze Beschreibung der allgemeinen Verfahrensweisen und ihrer Beziehung zur Wirtschaftstheorie, da Einzelheiten über die Anwendung dieser Methoden in zahlreichen Lehrbüchern der Statistik zu finden sind[2]).

Trendbestimmung

Ehe wir zur Erörterung der Methoden der Trendbestimmung übergehen, wollen wir zunächst ein konkretes Beispiel untersuchen und überlegen, wie man den Trend einer gegebenen statistischen Reihe am einfachsten bestimmen kann.

Wir betrachten die Zeitreihe der Getreideerträge (dz/ha) in der Sowjetunion in den Jahren 1922–1934[3]), die zahlenmäßig in Tabelle I und graphisch in Abb. 4 dargestellt ist.

Tabelle I

Getreideerträge in der Sowjetunion in dz je ha, 1922–1934

Jahr	Erträge	Gleitender Dreijahres-durchschnitt	Jahr	Erträge	Gleitender Dreijahres-durchschnitt
1922	7,6		1929	7,5	8,0
1923	7,2	7,0	1930	8,5	8,2
1924	6,2	7,2	1931	8,7	8,1
1925	8,3	7,5	1932	7,0	8,2
1926	8,2	8,0	1933	8,8	8,1
1927	7,6	7,9	1934	8,5	
1928	7,9	7,7			

Betrachtet man das Schaubild der Reihe (Streckenzug *A*), so ist ein ständiges Anwachsen der Erträge festzustellen.

Die allgemeine Entwicklungsrichtung der Getreideerträge können wir bestimmen, wenn wir freihändig eine Kurve, z. B. die Gerade *B*, einzeichnen, die das allgemeine Wachstum der Erträge in den Jahren 1922–1934 unter Vernachlässigung der mehr oder weniger zufälligen

[2]) O. Lange, *Teoria statystyki*, B. I, Warszawa 1952; St. Szulz, *Metody statystyczne*, B. I, Warszawa 1954; A. Weryha, *Statystyka teoretyczna*, B. II, Warszawa 1954.

[3]) Das Beispiel stammt aus der Arbeit von S. S. Ostroumow, *Sudebnaja statistika*, Moskau 1949, S. 171.

Schwankungen in den einzelnen Jahren dieser Periode »nach Augenmaß« möglichst gut wiedergibt.

Es taucht jedoch die Frage auf, was für eine Kurve zugrunde gelegt werden soll und nach welchen Methoden sie zu bestimmen ist, damit der tatsächliche Trend der gegebenen Zeitreihe so genau wie möglich dargestellt wird.

Verfahren, die diese Frage lösen, werden als Methoden zur *Glättung (oder Ausgleichung) von Zeitreihen* bezeichnet.

Es gibt zwei Hauptmethoden zur Glättung von Zeitreihen, die zur Ermittlung des Trends führen: die mechanische und die analytische Methode der Reihenausgleichung.

(1) *Bei der mechanischen Methode der Reihenglättung* geht man von der Annahme aus, daß die in der Zeitreihe auftretenden Variationen – z. B. in der Reihe der Getreideerträge – dem Einfluß zweier Ursachenarten unterliegen. Die eine Gruppe dieser Ursachen, die sogenannten Hauptursachen, wirken stetig und betreffen das systematische Wachstum der Erträge; zu diesen Hauptursachen gehören z. B. der Fortschritt in der landwirtschaftlichen Technik, die Verwendung immer größerer Mengen an Kunstdünger usw. Andere Ursachen, die sogenannten Störfaktoren, haben zufälligen Charakter (z. B. Änderungen im Klima, Wetter usw.) und stören in gewissen Jahren das systematische Wachstum der Erträge.

Zur Ausschaltung der zufälligen Schwankungen verwendet man oft sogenannte *gleitende Durchschnitte*, auch *gleitende Mittel* genannt*).

Der gleitende Durchschnitt ist das arithmetische Mittel einer ungeraden Anzahl aufeinanderfolgender Glieder der betreffenden Reihe; z. B. ist der gleitende Dreijahresdurchschnitt das arithmetische Mittel aus drei aufeinanderfolgenden Gliedern der betreffenden Reihe usw.

Die Werte des gleitenden Durchschnitts werden dem mittleren Jahr des jeweiligen Durchschnitts zugeordnet. Wenn wir z. B. den gleitenden Dreijahresdurchschnitt als das arithmetische Mittel der Reihenwerte in den Jahren 1929, 1930 und 1931 berechnen, so beziehen wir den sich für den gleitenden Durchschnitt ergebenden Wert auf das Jahr 1930.

---

*) *Anm. d. Übersetzer:* Im Englischen wird neben dem Terminus »moving average« auch die Bezeichnung »chain average« verwendet.

Nehmen wir an, $x_1, x_2, \ldots, x_n$ bezeichne die aufeinanderfolgenden Glieder einer Zeitreihe, die aus n Gliedern besteht, dann werden die aufeinanderfolgenden gleitenden Dreijahresdurchschnitte $\bar{x}_2, \bar{x}_3, \ldots, \bar{x}_{n-1}$ folgendermaßen berechnet:

$$\bar{x}_2 = \frac{x_1+x_2+x_3}{3}, \quad \bar{x}_3 = \frac{x_2+x_3+x_4}{3}, \ldots, \quad \bar{x}_{n-1} = \frac{x_{n-2}+x_{n-1}+x_n}{3}.$$

Es sei erwähnt, daß im gegebenen Beispiel die Berechnung der dem ersten und letzten Reihenglied entsprechenden gleitenden Durchschnitte unmöglich ist. Desgleichen sind wir im Falle des gleitenden Fünfjahresdurchschnittes nicht in der Lage, die gleitenden Durchschnitte für die ersten und letzten zwei Reihenglieder zu berechnen.

Abb. 4. Trend der Getreideerträge je Hektar in der Sowjetunion, 1922–1934

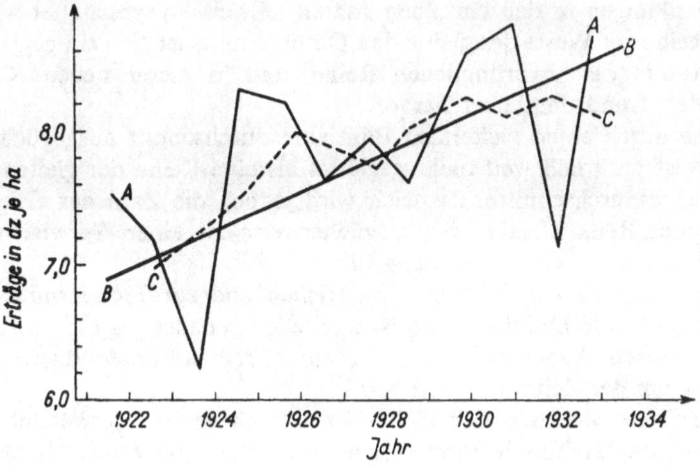

Die Art, wie der gleitende Durchschnitt berechnet wird, erklärt auch seinen Namen.

Will man z. B. $\bar{x}_3$, d. h. das zweite Glied des gleitenden Dreijahresdurchschnitts, berechnen, streicht man in der Formel, die zur Berechnung des arithmetischen Mittels $\bar{x}_2$ dient, zunächst das erste Reihenglied x_1 und addiert dann das nächste Glied, im betreffenden Fall x_4. Danach streicht man im Mittel $\bar{x}_3$ das Reihenglied x_2, addiert

x_5 und erhält so $\bar{x}_4$ usw. So verschiebt sich der gleitende Durchschnitt ständig um ein Glied nach vorn.

Tabelle I enthält in den Spalten 3 und 6 den gleitenden Dreijahresdurchschnitt für die Zeitreihe der Getreideerträge in der Sowjetunion für die Jahre 1922–1934. Der Streckenzug C in Abb. 4 ist das Diagramm dieses gleitenden Dreijahresdurchschnitts.

Wir schlagen dem Leser vor, die gleitenden Fünf- und Siebenjahresdurchschnitte dieser Reihe zu bestimmen.

Der gleitende Durchschnitt ist eine neue Zeitreihe, die im Falle des gleitenden Dreijahresdurchschnitts gegenüber der ursprünglichen Reihe um das erste und letzte Glied, im Falle des gleitenden Fünfjahresdurchschnitts um die beiden ersten und letzten Glieder usw. gekürzt ist.

Die Schwankungen der Reihe der gleitenden Durchschnitte sind wesentlich geringer als die der Ausgangsreihe, da der Einfluß der Schwankungen in den einzelnen Jahren teilweise ausgeschaltet wird. Die Reihe der Werte des gleitenden Durchschnitts ist also ein geglättetes Abbild der ursprünglichen Reihe, und in dieser neuen Reihe tritt der Trend deutlicher hervor.

Eine durch einen gleitenden Fünfjahresdurchschnitt ausgeglichene Reihe ist natürlich weit mehr geglättet als eine Reihe der gleitenden Dreijahresdurchschnitte. Zugleich wird jedoch die Zahl der Glieder der neuen Reihe kleiner, was möglicherweise zu einer Verwischung des Bildes der Trendentwicklung führt.

Die Methode zur Glättung von Reihen und zur Trendermittlung durch gleitende Durchschnitte ist zweifellos genauer als die Ausgleichung »nach Augenmaß«, bei der ein »Freihandtrend« durch das Diagramm der Zeitreihe gelegt wird.

Wird die Methode der gleitenden Durchschnitte verwendet, so entsteht die Trendlinie mechanisch durch das angewandte Rechenverfahren, und demzufolge entfällt das Problem, wie die Trendlinie gezeichnet und welche Form ihr zugrunde gelegt werden soll. Die einzige Annahme, die wir bei der Anwendung dieser Methode machen, ist die der Wahl der Periode für den gleitenden Durchschnitt. Wir wollen uns mit diesem Problem näher befassen.

Man vergegenwärtige sich, daß es *Zeitreihen mit periodischen Schwankungen* oder Reihen, deren Glieder nur eine periodische Komponente enthalten, geben kann. Wir nennen die *Schwankungen einer gegebenen Reihe* (oder die Komponente der Reihenglieder) *periodisch, wenn sie sich in der gleichen Art in bestimmten Intervallen wiederholen.* Z. B. ist eine Zeitreihe mit den Gliedern 3, 1, 7, 5, 4; 3, 1, 7, 5, 4; 3, 1, 7, 5, 4 eine periodische Reihe, da in bestimmten Intervallen die Glieder dieser Reihe sich ständig mit den gleichen Werten wiederholen.

Der Zeitraum, nach dem sich die Reihenglieder mit den gleichen Werten wiederholen, wird als *Schwankungsdauer* oder *-periode* und die größte Differenz zwischen den Gliedern einer solchen Reihe als *Amplitude der Schwankung* bezeichnet.

In dem oben erwähnten Beispiel umfaßt die Periode 5 Glieder und die Amplitude ist $7-1 = 6$. Das Diagramm dieser Reihe ist in Abb. 5 dargestellt.

Abb. 5. Reihe mit periodischen Schwankungen

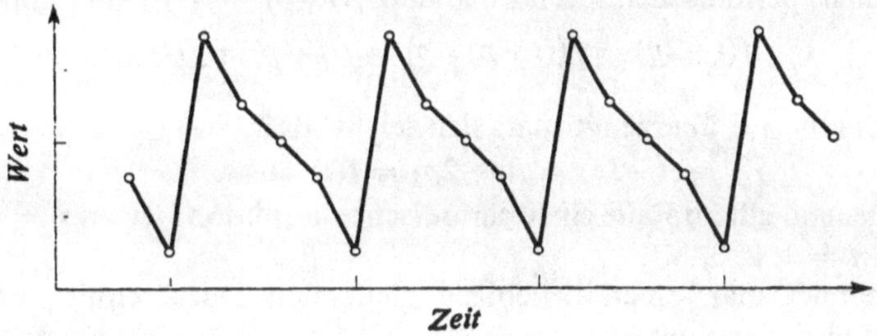

Wir sehen, daß der gleitende Durchschnitt, der je fünf Glieder dieser Reihe umfaßt, konstant ist und vier beträgt. So ist der fünfgliedrige gleitende Durchschnitt für das dritte Glied der gegebenen Reihe gleich

$$\bar{x}_3 = \frac{3+1+7+5+4}{5} = 4,$$

$$\bar{x}_4 = \frac{1+7+5+4+3}{5} = 4,$$

$$\bar{x}_5 = \frac{7+5+4+3+1}{5} = 4$$

usw., also $\bar{x}_3 = \bar{x}_4 = \bar{x}_5 = \ldots$

Dieses Ergebnis konnte man voraussehen, da, wie wir wissen, jeder folgende gleitende Durchschnitt (z. B. $\bar{x}_5$) anhand des Wertes des vorhergehenden Durchschnitts ($\bar{x}_4$) berechnet werden kann, indem man in diesem das erste Glied wegläßt und das nächste Reihenglied addiert. Da die Reihe periodisch ist und der gleitende Durchschnitt genau eine Periode umfaßt, entspricht das weggelassene Glied dem hinzugefügten.

Es kann allgemein nachgewiesen werden, daß die *periodischen Schwankungen einer Zeitreihe durch einen gleitenden Durchschnitt ausgeschaltet werden können, dessen Länge gleich der Schwankungsperiode der Reihe oder einem Vielfachen dieser Periode ist.*

Die Glieder der Zeitreihe können wir in Form einer Funktion $f(t)$ darstellen, wobei die Variable t aufeinanderfolgende Zeitpunkte bezeichnet.

Wenn p die Periode der Funktion $f(t)$ ist, dann folgt aus der Definition einer periodischen Funktion, daß $f(t+p) = f(t)$[4]) und folglich

$$f(t+2p) = f[(t+p)+p] = f(t+p) = f(t)$$

ist.

Entsprechend überzeugt man sich leicht, daß

$$f(t+3p) = f(t+2p) = f(t) \quad \text{usw.}$$

Allgemein gilt im Falle einer periodischen Funktion: $f(t+np) = f(t)$, wobei $n = 1, 2, 3, \ldots$.

Berechnet man einen beliebigen gleitenden Durchschnitt, der p Reihenglieder umfaßt,

$$\frac{f(t_1)+f(t_1+1)+f(t_1+2)+\ldots+f(t_1+p-1)}{p}, \tag{a}$$

dann ist leicht einzusehen, daß der nächstfolgende gleitende Durchschnitt, dessen Wert wir aus der Formel

$$\frac{f(t_1+1)+f(t_1+2)+f(t_1+3)+\ldots+f(t_1+p)}{p} \tag{b}$$

berechnen, gleich dem ihm vorangehenden ist.

---

[4]) Ein typisches Beispiel für periodische Funktionen sind trigonometrische Funktionen. Die Schwingungsdauer z.B. der Funktion $\sin x$ ist der Winkel $x = 360° = 2\pi$, da $\sin(x+2\pi) = \sin x$. Allgemein gilt $\sin(x+2\pi n) = \sin x$, wobei $n = 1, 2, \ldots$.

Das Diagramm einer periodischen Funktion ist eine Kurve, deren einzelne Teile sich wiederholen, wie bei der Sinuskurve, der Tangenskurve usw.

In der Tat ist das letzte Glied in Formel (b) gleich dem ersten Glied in Formel (a):

$$f(t_1+p) = f(t_1),$$

und die übrigen Glieder erfahren beim Übergang von Formel (a) zu (b) keine Änderung.

Dementsprechend kann gezeigt werden, daß die einzelnen Glieder eines gleitenden Durchschnitts, der zwei, drei, ..., oder allgemein n Perioden der Zeitreihe umfaßt, gleich groß sind.

Aus obigen Ausführungen folgt: Sollen aus einer Zeitreihe mit periodischen Schwankungen die zyklischen Fluktuationen ausgeschaltet werden, ist ein gleitender Durchschnitt von der Länge der Schwankungsperiode oder ein Vielfaches derselben zu verwenden. Dieses Prinzip läßt sich jedoch nur sehr beschränkt anwenden, da die Konjunkturzyklen im allgemeinen keine gleichen Perioden haben und ihre Amplituden in den einzelnen Perioden ungleich sind. In der Praxis ermöglicht die Methode der mechanischen Glättung die Ausschaltung der zyklischen Schwankungen nur annäherungsweise mittels eines gleitenden Durchschnittes, der so viele Glieder umfaßt, wie die ungefähre Schwankungsperiode hat.

(2) *Die analytische Methode der Reihenglättung* beruht auf der Annahme, daß die Trendentwicklung im Diagramm durch eine bestimmte mathematische Kurve, z. B. durch eine Gerade, Parabel, Exponentialfunktion usw., mit spezifischen analytischen Formeln dargestellt werden kann. Eine solche Kurve kann angenähert in die Zeitreihe eingezeichnet werden, wobei man versuchen wird, sie so gut wie möglich dem Diagramm der Reihe anzupassen. Wir tun so, als ob die Ordinatenwerte der so erhaltenen Kurve die Entwicklungstendenz der Erscheinung wiedergeben, auf die sich die jeweilige Zeitreihe bezieht.

Bei der analytischen Methode der Glättung wird von zwei Voraussetzungen ausgegangen. Nämlich erstens, daß die Kurve, die als die beste Reihenglättung angesehen wird, *a priori* eine bestimmte analytische Gestalt hat, und zweitens, daß es unterschiedliche Kriterien dafür gibt, was unter »der besten Anpassung der Kurve« an die graphische Darstellung der betreffenden Reihe zu verstehen ist.

Liegen beide Annahmen jedoch einmal fest, ist die gesuchte Kurve eindeutig bestimmt, und die Ermittlung ihres analytischen Ausdrucks ist nur eine Sache der Berechnung.

Beide Voraussetzungen, auf denen die praktische Anwendung der analytischen Methode der Glättung beruht, also die Art der Kurve und das Kriterium der »besten Anpassung«, können eine Streitfrage sein.

Schauen wir uns die Abb. 6 an, in der der Streckenzug p das Bild der gegebenen Zeitreihe ist. Es scheint, daß die Gerade a am besten den Trend der Reihe wiedergibt und sich am besten dem Bild der Zeitreihe anpaßt. Was können wir als Kriterium für eine gute Anpassung der Geraden an das Schaubild der Reihe ansehen? Auf den ersten Blick könnte man annehmen, daß sich die Gerade a dem Streckenzug p am besten anpaßt, weil sie zur Mehrzahl der Punkte

Abb. 6. Anpassung einer Geraden an eine Zeitreihe

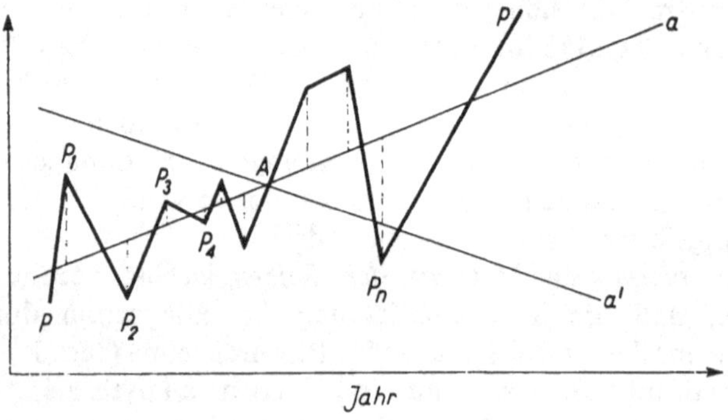

$P_1, P_2, P_3, \ldots, P_n$, deren Ordinaten die gegebenen Reihenwerte sind, am nächsten liegt.

So betrachtet, könnte man meinen, daß diejenige Gerade sich am besten an das Diagramm der Zeitreihe anpaßt, für die die Summe der Abstände (positive und negative) von den Punkten $P_1, P_2, P_3, \ldots$ der Reihe gleich Null ist. Wie man jedoch leicht feststellen kann, gibt es eine unendliche Anzahl von Geraden mit dieser Eigenschaft. Man erhält sie, wenn man die Gerade a um einen bestimmten Punkt A dreht. So ist z. B. die Summe der Abstände der Punkte $P_1, P_2, P_3, \ldots, P_n$ von der Geraden a' auch gleich Null. Um diese Zweideutigkeit zu vermeiden, müssen wir ein anderes Kriterium anstelle des vorgeschlagenen für die beste Anpassung der Geraden an das Diagramm der Reihe verwenden.

Und zwar werden wir annehmen, daß die Gerade (oder eine andere

Kurve) dann am besten an die gegebene empirische Reihe angepaßt ist, wenn die *Summe der quadratischen Abweichungen der Punkte dieser Geraden von den ihnen entsprechenden Punkten des Diagramms der Reihe ein Minimum ist*, wobei wir diejenigen Punkte als einander entsprechend ansehen, welche die gleiche Abszisse haben, also Punkte, die auf der gleichen Vertikalen liegen.

Man kann beweisen, daß (1) das obige Kriterium für die beste Anpassung der Geraden eindeutig ist, d. h., daß nur eine Gerade vorhanden ist, welche die obige Bedingung erfüllt, und daß (2) eine Gerade, die dieses Kriterium erfüllt, auch der vorher erwähnten Bedingung genügt, daß die Summe der Abstände (die positiv und negativ sein können) der Punkte $P_1, P_2, P_3, \ldots, P_n$ des Schaubildes der Reihe von der Geraden der besten Anpassung gleich Null ist.

Die Methode der besten Anpassung von Kurven an das Diagramm einer Reihe entsprechend dem oben erwähnten Kriterium wird als die *Methode der kleinsten Quadrate* bezeichnet; sie wird in der Statistik, besonders in der Korrelationsrechnung, häufig angewandt. Einzelheiten über die praktische Durchführung einer Kurvenanpassung nach der Methode der kleinsten Quadrate findet man in den Lehrbüchern der Statistik. Wir vermitteln hier nur die Grundzüge dieser Methode.

Wir bezeichnen die beobachteten Werte einer empirisch gegebenen Zeitreihe mit $x_1, x_2, x_3, \ldots, x_n$ und die Ordinaten der Kurve, die wir als die beste Anpassung an das Bild der empirischen Reihe ansehen, mit $y_1, y_2, y_3, \ldots, y_n$.

Wenn wir voraussetzen, daß der gesuchte Trend eine Gerade ist, so hat ihre Gleichung die Form $y = a+bt$, wobei a die Ordinate des Punktes bezeichnet, in dem die Gerade die y-Achse schneidet; b ist der Anstieg der Geraden und t die unabhängige Variable, im gegebenen Fall also die Zeit.

Das Problem der Bestimmung der Gleichung einer Geraden, die nach der Methode der kleinsten Quadrate am besten angepaßt ist, besteht darin, die Parameter a und b so zu bestimmen, daß die Summe der quadratischen Abweichungen der korrespondierenden Ordinaten x_i und y_i ein Minimum wird. Diese Bedingung kann folgendermaßen geschrieben werden:

$$S = \sum_{i=1}^{n} (x_i - y_i)^2 = \text{Min}$$

oder, da $y_i = a+bt_i$, ist:

$$S = \sum_{i=1}^{n} (x_i-a-bt_i)^2 = \text{Min.}$$

Daraus folgt, daß die Bestimmung der Parameter a und b einer nach der Methode der kleinsten Quadrate optimal angepaßten Geraden auf ein einfaches Extremwertproblem zurückgeführt worden ist. In der Formel für die Summe S der quadratischen Abweichungen sind die Parameter a und b als Variable zu betrachten. Eine Bedingung für das Minimum einer Funktion zweier Variablen ist bekanntlich, daß ihre partiellen Ableitungen nach den Variablen gleich Null sind:

$$\frac{\partial S}{\partial a} = 0, \qquad \frac{\partial S}{\partial b} = 0.$$

Führt man die Differentiation durch, ergeben sich die Bedingungen:

$$\frac{\partial}{\partial a} \sum (x_i-a-bt_i)^2 = -2 \sum (x_i-a-bt_i) = 0,$$

$$\frac{\partial}{\partial b} \sum (x_i-a-bt_i)^2 = -2 \sum (x_i-a-bt_i)\, t_i = 0,$$

wobei sich die Summationen in beiden Formeln auf alle Werte von t erstrecken, d. h., i nimmt die Werte 1 bis n an.

Die Gleichungen können, wenn wir durch -2 dividieren und die Klammern auflösen, in die folgende Form gebracht werden:

$$\sum x_i - na - b \sum t_i = 0,$$

$$\sum x_i t_i - a \sum t_i - b \sum t_i^2 = 0.$$

Wir erhalten zwei Gleichungen ersten Grades mit zwei Unbekannten a und b. Aus diesen Gleichungen können die Werte der Parameter a und b eindeutig ermittelt werden, für die S ein Minimum ist und die diejenige Gerade $y = a+bt$ bestimmen, die – nach dem angenommenen Kriterium – sich am besten an die gegebene statistische Reihe anpaßt.

Wir erinnern uns, daß das Verschwinden der ersten partiellen Ableitungen einer Funktion nur eine notwendige Bedingung für das Vorhandensein eines Extremwertes einer Funktion ist. Die Existenz eines Minimums bzw. Maximums der Funktion ist davon abhängig, ob das zweite Differential der Funktion im betreffenden Punkt größer oder kleiner als Null ist. Daraus leiten sich gewisse Bedingungen für die partiellen Ableitungen zweiter Ordnung her. Eine Untersuchung der zweiten Ableitungen ist im gegebenen Fall jedoch überflüssig. Die Bedingungen

$$\frac{\partial S}{\partial a} = 0, \qquad \frac{\partial S}{\partial b} = 0$$

bestimmen zweifellos das Minimum der Summe der quadratischen Abweichungen. Das Maximum der Funktion S existiert nicht, da die Summe der quadratischen Abweichungen nach unendlich strebt, wenn die Gerade $y = a + bt$ immer mehr vom Linienzug, der den Verlauf der gegebenen Reihe darstellt, entfernt wird.

Wir erläutern nun die Rechentechnik zur Bestimmung der Gleichung des linearen Trends nach der Methode der kleinsten Quadrate am Zahlenbeispiel der in Tabelle I dargestellten Zeitreihe, welche die Getreideerträge in der Sowjetunion in den Jahren 1922–1934 darstellt. Zum Zwecke der Berechnungen entwerfen wir die nachstehende Tabelle, in der die letzte Spalte zunächst unausgefüllt bleibt.

Tabelle II

Rechnerische Bestimmung des Trends nach der Methode der kleinsten Quadrate

Jahr	Lfd. Nr. des Jahres t_i	Erträge x_i	$t_i x_i$	t_i^2	y_i
1922	1	7,6	7,6	1	6,64
1923	2	7,3	14,6	4	6,82
1924	3	6,2	18,6	9	7,00
1925	4	8,3	33,2	16	7,17
1926	5	8,1	40,5	25	7,34
1927	6	7,6	45,6	36	7,51
1928	7	7,9	55,3	49	7,69
1929	8	7,5	60,0	64	7,87
1930	9	8,5	76,5	81	8,04
1931	10	8,7	87,0	100	8,22
1932	11	7,0	77,0	121	8,39
1933	12	8,8	105,6	144	8,57
1934	13	8,5	110,5	169	8,75
	$\sum t_i = 91$	$\sum x_i = 100$	$\sum t_i x_i = 732$	$\sum t_i^2 = 819$	

Unmittelbar aus der Tabelle berechnen wir durch Summation der entsprechenden Spalten:

$$\sum t_i = 91, \qquad \sum x_i = 100, \qquad \sum t_i x_i = 732, \qquad \sum t_i^2 = 819.$$

Im gegebenen Beispiel ist die Zahl der Jahre $n = 13$. Werden obige Werte in die Gleichungen, die zur Berechnung von a und b dienen, eingesetzt, so erhält man:

$$100-13a-91b = 0,$$
$$732-91a-819b = 0.$$

Wird z. B. das Determinantenverfahren zur Lösung linearer Gleichungen angewendet, so berechnet man:

$$a = \frac{\begin{vmatrix} 100 & 91 \\ 732 & 819 \end{vmatrix}}{\begin{vmatrix} 13 & 91 \\ 91 & 819 \end{vmatrix}} = \frac{100 \times 819 - 91 \times 732}{13 \times 819 - 91 \times 91} = 6{,}467,$$

$$b = \frac{\begin{vmatrix} 13 & 100 \\ 91 & 732 \end{vmatrix}}{\begin{vmatrix} 13 & 91 \\ 91 & 819 \end{vmatrix}} = \frac{13 \times 732 - 100 \times 91}{13 \times 819 - 91 \times 91} = 0{,}176.$$

Daraus ergibt sich die folgende Gleichung des geradlinigen Trends der Getreideerträge in der Sowjetunion für die Jahre 1922–1934:

$$y = 6{,}467 + 0{,}176\, t.$$

Die theoretisch berechneten Werte y_i der Getreideerträge, die frei von zufälligen Schwankungen sind, sind in der letzten Spalte der Tabelle II zu finden.

Das Verfahren zur Bestimmung der Parameter a und b der Trendgleichung kann durch Einführung einer anderen Numerierung der Jahre wesentlich vereinfacht werden. Nehmen wir an, daß die Anzahl der Jahre ungerade ist; das mittlere Jahr sei mit der Zahl 0, die dem mittleren Jahr vorangehenden Jahre seien entsprechend mit den Zahlen $-1, -2, -3, \ldots$ und die folgenden mit $+1, +2, +3, \ldots$ bezeichnet. Dann ist $\sum t_i = 0$, und die Gleichungen, aus denen die Parameter a und b berechnet werden, nehmen folgende Form an:

$$\sum x_i - na = 0,$$
$$\sum x_i t_i - b \sum t_i^2 = 0.$$

Wir sehen, daß der Parameter a direkt aus der ersten und der Parameter b direkt aus der zweiten Gleichung bestimmt werden kann.

Es ergibt sich:

$$a = \frac{1}{n} \sum x_i \qquad b = \frac{\sum x_i t_i}{\sum t_i^2}.$$

Aus der Formel für den Parameter a folgt, daß sein Wert gleich dem arithmetischen Mittel aller beobachteten Werte x_i ist. Das bedeutet also, daß im mittleren Jahr $t = 0$ der theoretische Wert y gleich dem arithmetischen Mittel aller beobachteten Werte ist (Abb. 7).

Abb. 7. Anpassung einer Trendgeraden

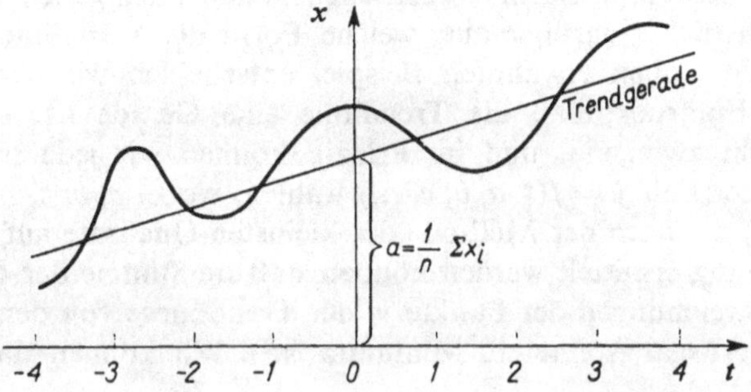

Man kann auch leicht beweisen, daß die Summe der Abweichungen der beobachteten Reihenwerte von den theoretischen Werten der Geraden gleich Null ist. Zur Vereinfachung der Rechnung setzen wir voraus, daß das mittlere Jahr mit der Zahl Null bezeichnet wird. Dann ist:

$$\sum (x_i - a - bt_i) = \sum x_i - na - b \sum t_i = \sum x_i - n \times \frac{1}{n} \sum x_i = 0.$$

Diese Bedingung, von der bereits die Rede war, ist eine wichtige Eigenschaft linearer Trends, die nach der Methode der kleinsten Quadrate ermittelt werden.

Die vereinfachte Berechnung der Parameter a und b haben wir auf einen Fall angewandt, bei dem die Anzahl der Jahre ungerade war. Ist die Anzahl der Jahre gerade, dann wählen wir als Nullpunkt die Mitte des die beiden mittleren Jahre umfassenden Zeitabschnittes und ver-

wenden als Zeiteinheit halbe Jahre. Die den verschiedenen Jahren entsprechenden Abszissen sind dann wie folgt numeriert: -5, -3, -1, 0, $+1$, $+3$, $+5$ ....
Das kann man sich graphisch veranschaulichen:

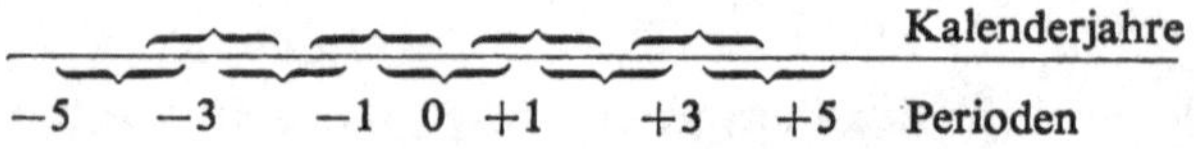

Wie man leicht sieht, ist auch in diesem Falle $\Sigma\, t_i = 0$, so daß also die vereinfachte Berechnungsweise der Parameter a und b angewandt werden kann.

Die Methode der kleinsten Quadrate zeigt uns einen Weg, wie die Trendlinie der empirischen statistischen Reihe anzupassen ist. Sie sagt jedoch nichts darüber aus, welche Form die Trendlinie haben sollte. In dem oben erwähnten Beispiel entscheiden wir nach dem optischen Eindruck, daß die Trendlinie eine Gerade ist. Dies ist jedoch nicht zwingend, und im Prinzip können wir jede beliebige Funktion der Zeit $y = f(t, a, b, c, \ldots)$ wählen, wobei $a, b, c, \ldots$ Parameter sind, die nach der Methode der kleinsten Quadrate auf Grund der Bedingung ermittelt werden können, daß die Summe der quadratischen Abweichungen der Punkte y_i der Trendkurve von den Punkten x_i der Ausgangsreihe ein Minimum ist[5]). Wir können daher als

---

[5]) Wir haben gesehen, daß im Falle des geradlinigen Trends, der nach der Methode der kleinsten Quadrate angepaßt wurde, die Summe der Abweichungen der Punkte der primären Reihe von der Trendlinie gleich Null ist. Bei beliebiger Funktion

$$y = f(t, a, b, c, \ldots)$$

muß allgemein gelten:

$$\sum [x_i - f(t_i, a, b, c, \ldots)] \frac{\partial f}{\partial a} = 0, \qquad \sum [x_i - f(t_i, a, b, c, \ldots)] \frac{\partial f}{\partial b} = 0$$

usw. Es sind also die *gewogenen* Summen der Abweichungen der Punkte der primären Reihe von der Trendlinie gleich Null. Hierbei sind die partiellen Ableitungen der Trendfunktion gegenüber den Parametern, d. h. $\frac{\partial f}{\partial a}, \frac{\partial f}{\partial b}, \ldots,$ die Gewichte. Dieses Ergebnis folgt direkt aus der Minimumbedingung für die Summe der quadratischen Abweichungen, nämlich aus der Bedingung:

$$S = \sum [x_i - f(t_i, a, b, c, \ldots)]^2 = \text{Min.}$$

Trendkurve statt einer Geraden z. B. eine Parabel zweiten Grades $y = a+bt+ct^2$ oder dritten Grades $y = a+bt+ct^2+dt^3$ usw. festlegen.

Im Falle einer Parabel zweiten Grades lautet die Bedingung für die beste Anpassung der Kurve an die gegebene Reihe (nach der Methode der kleinsten Quadrate) wie folgt:

$$S = \sum (x_i-a-bt_i-ct_i^2)^2 = \text{Min.}$$

Die Bedingung wird erfüllt, wenn:

$$\frac{\partial S}{\partial a} = 0, \qquad \frac{\partial S}{\partial b} = 0, \qquad \frac{\partial S}{\partial c} = 0.$$

Nach Bestimmung der partiellen Ableitungen ergeben sich drei Gleichungen ersten Grades für die Parameter a, b und c. Aus diesen Gleichungen können die Werte der Parameter a, b und c eindeutig bestimmt werden; somit ist die Gleichung der Parabel $y = a+bt+ct^2$ festgelegt.

Es entsteht die Frage, wie man aus all den verschiedenen Kurven diejenige auswählen kann, die sich zur Ausgleichung der gegebenen empirischen Reihe am besten eignet. Dieses Problem läßt sich formal-

---

Wenn wir die partiellen Ableitungen nach den Parametern gleich Null setzen, erhält man:

$$\frac{\partial S}{\partial a} = -2 \sum [x_i-f(t_i, a, b, c, \ldots)] \frac{\partial f}{\partial a} = 0,$$

$$\frac{\partial S}{\partial b} = -2 \sum [x_i-f(t_i, a, b, c, \ldots)] \frac{\partial f}{\partial b} = 0,$$

usw., woraus das oben erwähnte Ergebnis folgt.

Eine notwendige und hinreichende Bedingung dafür, daß die einfache, ungewogene Summe der Abweichungen der Punkte der Ausgangsreihe von der Trendlinie gleich Null wird, ist das Vorhandensein eines Absolutgliedes; die Funktion muß also folgende Form haben:

$$f(t, a, b, c, \ldots) = a+h(t, b, c, \ldots).$$

Dann ist

$$\frac{\partial f}{\partial a} = 1 \quad \text{und} \quad \sum [x_i-f(t_i, a, b, c, \ldots)] = 0.$$

Diese Bedingung wird sowohl von einer Geraden als auch von den oben erwähnten Parabeln verschiedenen Grades erfüllt.

mathematisch nicht lösen. Nur eine Analyse bestimmter Annahmen, welche die Gesetzmäßigkeiten betreffen, denen der Trend einer gegebenen Reihe unterliegt, kann einen Hinweis für die Wahl der zweckmäßigsten Kurve geben.

Wird der Trend durch eine Gerade dargestellt, dann ist die Zunahme (bzw. Abnahme) der Glieder der betreffenden Reihe in den aufeinanderfolgenden Zeitintervallen (z. B. in jedem Jahr) konstant. Die *ersten Zuwächse oder ersten Differenzen* der Reihe werden nach der Formel $\Delta' y_i = y_i - y_{i-1}$ berechnet, wobei $i = 1, 2, 3, \ldots$ ist.

Ist der Trend einer gegebenen Reihe eine Gerade $y_i = a + bt_i$, dann sind die ersten Differenzen gleich dem Anstieg b. Das ergibt sich unmittelbar aus der nachstehenden Tabelle:

t_i	$y_i = a+bt_i$	$\Delta' y_i = y_i - y_{i-1}$
0	a	—
1	$a+b$	$(a+b)-a = b$
2	$a+2b$	$(a+2b)-(a+b) = b$
3	$a+3b$	$(a+3b)-(a+2b) = b$
4	$a+4b$	$(a+4b)-(a+3b) = b$
...	...	......

Im Falle einer Parabel zweiten Grades $y = a + bt + ct^2$ sind die ersten Differenzen (Zuwächse) nicht gleich; jedoch sind die zweiten Differenzen, die sich durch Berechnung der Differenzen (Zuwächse) der ersten Differenzen ergeben, konstant:

$$\Delta'' y_i = \Delta' y_i - \Delta' y_{i-1}.$$

t_i	$y_i = a+bt_i+ct_i^2$	$\Delta' y_i$	$\Delta'' y_i$
0	a	—	—
1	$a+b+c$	$b+c$	—
2	$a+2b+4c$	$b+3c$	$2c$
3	$a+3b+9c$	$b+5c$	$2c$
4	$a+4b+16c$	$b+7c$	$2c$
...	...	...	...

Man beachte, daß bei der Parabel zweiten Grades die ersten Differenzen $\Delta' y_i$ zwar nicht konstant sind, aber sich von Jahr zu Jahr gleichförmig (linear) verändern, d. h. entweder jedes Jahr um $2c$ zunehmen (für $c > 0$) oder um $2c$ abnehmen (für $c < 0$).

Dementsprechend wird sich beim Glätten einer Reihe mit Hilfe einer Parabel dritten Grades $y = a+bt+ct^2+dt^3$ herausstellen, daß erst die dritten Differenzen (Zuwächse) $\Delta'''y_t$ konstant sind, und zwar gleich $6d$ usw. Ganz allgemein gesprochen gilt, daß, wenn wir den Trend durch ein Polynom (Parabel) vom Grade n wiedergeben, die n-ten Differenzen konstant sind.

Die obigen Überlegungen können bis zu einem gewissen Grade bei der Wahl der geeignetsten Funktion für die analytische Ausgleichung einer Reihe nach der Methode der kleinsten Quadrate von Nutzen sein. Diese Funktion muß auf Grund bestimmter logischer Annahmen über die Gesetzmäßigkeit des Wachstumsprozesses, die durch den Trend der untersuchten Zeitreihe zum Ausdruck kommt, ausgewählt werden.

Im Falle der Getreideerträge z. B. scheint die Annahme logisch begründet und gerechtfertigt zu sein, den Trend durch eine Gerade darzustellen, da in diesem Fall die Zunahme der Erträge in den einzelnen Jahren in der Tat als konstant angenommen werden kann.

Es gibt auch statistische Methoden, die es uns ermöglichen, die Form der Trendlinie zu bestimmen.

Wenn wir z. B. feststellen wollen, ob im vorliegenden Falle eine Gerade zur Glättung der Reihe geeignet ist, untersuchen wir zunächst die Zuwächse der Glieder der gegebenen empirischen Reihe. Sind diese Zuwächse mehr oder weniger gleich groß, werden wir, da dies – wie wir weiter oben gezeigt haben – eine Eigenschaft der linearen Funktion $y = a+bt$ ist, zur Glättung der Reihe eine Gerade verwenden. Sind jedoch die ersten Differenzen der Reihe nicht ungefähr von der gleichen Größe, sondern nehmen sie zu oder ab, dann muß man zur Glättung ein Polynom höheren Grades, z. B. die Funktion $y = a+bt+ct^2$, benutzen.

Zur Bestimmung des Grades des Polynoms müßte man die höheren Differenzen der Reihe untersuchen. Sollte sich z. B. herausstellen, daß erst die fünften Differenzen mehr oder weniger gleich groß sind, dann wäre es sinnvoll, eine Parabel fünften Grades als Trendkurve zu wählen.

In der Praxis führen derartige Untersuchungen nicht immer zu zwingenden Schlüssen, da das Bild der aufeinanderfolgenden Änderungen in den Differenzen nicht deutlich genug ist. In solchen Fällen müssen wir uns ausschließlich auf die logische Analyse des Sachverhalts stützen. Insbesondere kann auch die Annahme gemacht werden, daß die relativen Zuwächse konstant sind, d. h. die Zuwachsrate ist konstant.

Mit derartigen Annahmen wird z. B. in der Bevölkerungsstatistik gearbeitet, um durch Interpolation die Bevölkerungszahl in den Jahren zwischen zwei Volkszählungen zu ermitteln. Man hat berechnet, daß der jährliche relative Bevölkerungszuwachs in Polen etwa 1,9% beträgt; das bedeutet, daß die Bevölkerung im Vergleich zum Vorjahr um jährlich 1,9% zunimmt.

Die Annahme einer konstanten Zuwachsrate kann sich auch bei vielen anderen Überlegungen als durchaus logisch und gerechtfertigt erweisen. In solchen Fällen wird die Entwicklung des gegebenen Prozesses mit Hilfe der Exponentialfunktion $y = ab^t$ dargestellt.

In der unten angeführten Tabelle sind für eine solche Funktion die aufeinanderfolgenden Werte und deren relative Zuwächse angeführt:

t_i	y_i	Relativer Zuwachs
0	a	—
1	ab	$\frac{ab}{a} = b$
2	ab^2	$\frac{ab^2}{ab} = b$
3	ab^3	$\frac{ab^3}{ab^2} = b$
4	ab^4	$\frac{ab^4}{ab^3} = b$
...	...	...

Wie aus der Tabelle hervorgeht, ist die Annahme, daß die gegebene Reihe sich gemäß einer Exponentialfunktion entwickelt, gleichbedeutend mit der Annahme, daß sich die Zeitreihe wie eine geometrische Reihe verändert, wobei b der Quotient der geometrischen Reihe ist. Daraus erklärt sich unter anderem die Popularität dieser Trendform.

Der konstante relative Zuwachs b einer bestimmten Exponentialfunktion $y = ab^t$ wird auch als *Wachstumskoeffizient* bezeichnet. Dieser Koeffizient kann auch in der Form $b = 1+p$ geschrieben werden, wobei p die *Wachstumsrate* ist; wenn z. B. die Wachstumsrate 2%, also gleich 0,02 ist, dann ist der Wachstumskoeffizient $b = 1+0{,}02 = 1{,}02$.

Die Exponentialfunktion kann dann wie folgt geschrieben werden: $y = a(1+p)^t$. Diese Formel ist identisch mit der Formel $K_t = K_0(1+p)^t$ für das Endkapital K_t, das sich aus einem Anfangskapital K_0 nach t Jahren bei einem jährlichen Zinssatz p ergibt.

Wir wenden uns nun dem analytischen Verfahren der Glättung einer Zeitreihe mit Hilfe einer Exponentialfunktion $y = ab^t$ zu. Durch Logarithmieren beider Seiten dieser Funktion ergibt sich:

$$\log y = \log a + t \log b.$$

Dies kann auch in der Form

$$\log y = A + Bt$$

geschrieben werden, wobei $A = \log a$ und $B = \log b$ ist.

Daraus folgt, daß die Exponentialfunktion y, wenn sie graphisch im rechtwinkligen Koordinatensystem mit der y-Achse im logarithmischen und der Abszisse im normalen Maßstab, d. h. mittels eines sogenannten *semi-logarithmischen Maßstabs*, dargestellt wird, eine Gerade mit den Parametern $A = \log a$ und $B = \log b$ ist.

Wendet man für diese Gerade die uns vertraute Glättungsmethode der kleinsten Quadrate an, so ergeben sich zwei Gleichungen ersten Grades mit zwei Unbekannten, in denen $\log x$ anstelle von x (da wir die Abweichungen der Werte $\log x_i$ von den Werten $\log y_i$ untersuchen), $A = \log a$ anstelle von a und $B = \log b$ anstelle von b auftreten:

$$\sum \log x_i - nA - B \sum t_i = 0,$$

$$\sum t_i \log x_i - A \sum t_i - B \sum t_i^2 = 0.$$

Aus diesen Gleichungen können die Werte A und B bestimmt werden, für die (im semi-logarithmischen Maßstab) die Anpassung an die empirischen Werte der betreffenden Zeitreihe am besten ist.

Sind die Werte $A = \log a$ und $B = \log b$ bekannt, können die Werte a und b ermittelt und die Exponentialfunktion $y = ab^t$, die der Reihenglättung dient, angegeben werden.

Wir geben ein Beispiel für die Glättung einer Zeitreihe durch eine Exponentialfunktion, die das Wachstum des Volkseinkommens in der Sowjetunion in den Jahren 1932–38 wiedergibt (G. S. Kreinin: *Kurs statistiki w kratkom izloshenii*, Moskau 1946, S. 125). Zur Vereinfachung der Berechnung wurde das Jahr 1932 als das Jahr 0 gewählt. Der Gang der Berechnung ist in der nachstehenden Tabelle III erläutert.

Tabelle III

Rechnerische Bestimmung eines exponentiellen Trends nach der Methode der kleinsten Quadrate

Jahre	Nr. des Jahres t_i	Volkseinkommen (Md. Rbl.) x_i	log x	$t_i \log x_i$	t_i^2	Geglättete Werte des Volkseinkommens y_i
1932	0	45,5	1,6580	0	0	43,1
1933	1	48,5	1,6857	1,6857	1	50,3
1934	2	55,8	1,7466	3,4932	4	58,7
1935	3	65,7	1,8176	5,4528	9	68,4
1936	4	86,0	1,9345	7,7380	16	79,8
1937	5	96,3	1,9836	9,9180	25	93,2
1938	6	105,0	2,0212	12,1272	36	108,8
$n = 7$	$\sum t_i = 21$		12,8472 $= \sum \log x_i$	40,4149 $= \sum t_i \log x_i$	$\sum t_i^2 = 91$	

Die geglätteten Werte des Volkseinkommens in der letzten Spalte wurden nach Berechnung der Parameter a und b aus der Trendfunktion $y = ab^t$ ermittelt.

Die Gleichungen, aus denen wir die Parameter $\log a$ und $\log b$ bestimmen, haben in unserem Falle die folgende Form:

$$12{,}8472 - 7A - 21B = 0,$$

$$40{,}4149 - 21A - 91B = 0.$$

Durch Auflösung dieser Gleichungen (z. B. mittels der Determinantenmethode) ergibt sich:

$$A = \log a = 1{,}6346, \quad \text{hieraus } a = 43{,}1,$$

$$B = \log b = 0{,}0669, \quad \text{hieraus } b = 1{,}167.$$

Die Entwicklungstendenz des Volkseinkommens in der Sowjetunion in den Jahren 1932–1938 kann also durch die Exponentialfunktion

$$y = 43{,}1 \times 1{,}167^t$$

dargestellt werden. Der Wachstumskoeffizient des Volkseinkommens beträgt $b = 1{,}167$ und die Wachstumsrate $p = 0{,}167$.

Die geglätteten Werte für das Volkseinkommen, die aus der Trendfunktion $y = 43{,}1 \times 1{,}167^t$ berechnet wurden, sind in der letzten Spalte der Tabelle III ausgewiesen. Abb. 8 gibt einen graphischen Vergleich des tatsächlichen Einkommens mit dem geglätteten Einkommen in den einzelnen Jahren.

Abb. 8. Volkseinkommen der Sowjetunion, 1932–1938

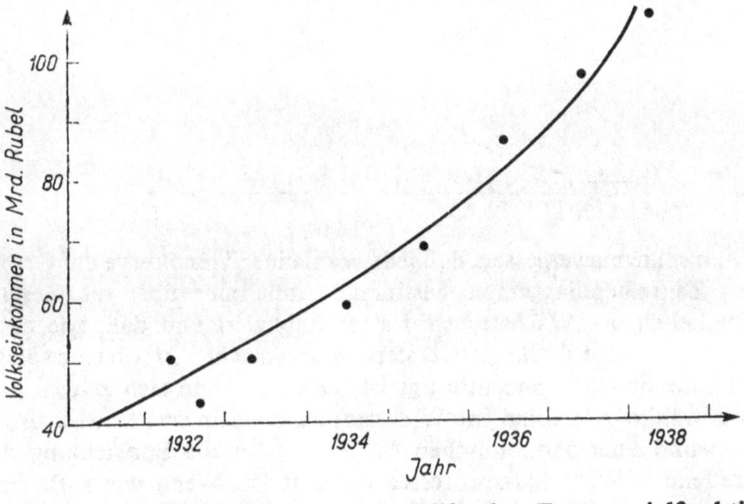

Bei der Reihenausgleichung mit Hilfe der Exponentialfunktion $y = ab^t$ setzen wir voraus, daß der Zuwachs von log y konstant ist. Man kann noch weiter gehen und ähnlich wie bei der Reihenausgleichung mit Hilfe von Parabeln höheren Grades annehmen, daß erst die zweiten, dritten usw. Differenzen von log y konstant sind. Ganz allgemein kann unterstellt werden, daß die der Reihenglättung dienende analytische Funktion von der Gestalt

$$\log y = A + Bt + Ct^2 + Dt^3 + \ldots$$

ist, wobei $A, B, C, D, \ldots$ Parameter sind, die z. B. nach der Methode der kleinsten Quadrate bestimmt werden können.

Die Annahme, daß die Wachstumsrate eines ökonomischen Prozesses zumindest für nicht allzu lange Zeit konstant ist, ist logisch gerechtfertigt. Wenn sich in einer Volkswirtschaft der technische Fortschritt langsam vollzieht, aber jedes Jahr ungefähr der gleiche Anteil des Sozialproduktes für die Kapitalakkumulation bereitgestellt wird, so ist eine konstante Wachstumsrate des Volkseinkommens zu erwarten. Sollte darüber hinaus der technische Fortschritt rasch um sich greifen, würde sich die Wachstumsrate des Volkseinkommens erhöhen.

Abb. 9. Logistische Kurve

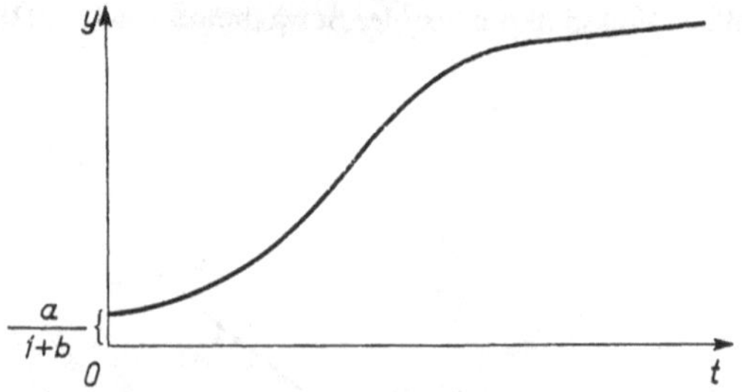

Man sollte nie vergessen, daß jede Wahl einer Trendkurve auf Grund eines Zeitreihendiagramms bestimmte Annahmen über die Gesetzmäßigkeiten des Wachstumsprozesses impliziert und daß, wie auch immer man diese Reihe glättet, stets zu untersuchen ist, ob eine solche Annahme objektiv gerechtfertigt ist. Denn es kann sich zeigen, daß die gewählte Annahme im Widerspruch zu dem steht, was uns – auf Grund einer ökonomischen Analyse – über die Entwicklung des betreffenden Wirtschaftsprozesses bekannt ist. Wenn wir z. B. feststellen, daß die Akkumulationsrate konstant ist, dann ist die Annahme, daß der Trend durch eine lineare Funktion dargestellt werden kann, zu verwerfen, da sie der ökonomischen Analyse widerspricht.

In unserem Überblick über die verschiedenen Funktionstypen, die der Trenddarstellung dienen, wollen wir noch eine andere sehr wichtige Funktion, die sogenannte *logistische Funktion*, erwähnen, deren Formel

$$y = \frac{a}{1+be^{-ct}}$$

lautet, wobei *a*, *b* und *c* die Parameter der Funktion sind.

Diese Funktion ist in Abb. 9 graphisch dargestellt. Der Kurve entnimmt man, daß die logistische Funktion zunächst progressiv wächst, dann in ein degressives Wachstum übergeht und schließlich fast konstant bleibt, was dadurch zum Ausdruck kommt, daß sich die Kurve asymptotisch einer bestimmten Geraden parallel zur Abszisse nähert.

Wir geben nun zwei Beispiele für Zeitreihen an, die Sachverhalte betreffen, die durch logistische Kurven darstellbar sind.

Abbildung 10 zeigt den Trend der Automobilerzeugung in den USA in den Jahren 1903–1945 und Abb. 11 den Trend der Roheisenproduktion der USA in den Jahren 1855–1938[6]).

Abb. 10. Trend der Automobilerzeugung in den USA, 1903–1945

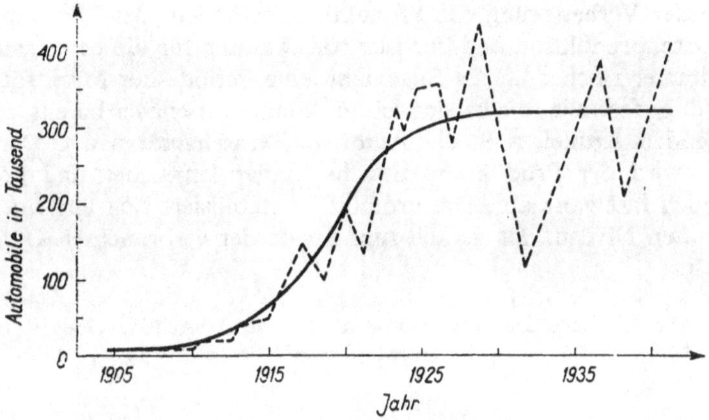

Die Parameter *a*, *b* und *c* der logistischen Funktion, die die Entwicklung der Eisenproduktion wiedergibt, sind auf Grund statistischer Daten berechnet, die hier nicht angeführt werden. Es ist

$$a = 43{,}021, \qquad b = 66{,}1102, \qquad c = 0{,}08981,$$

so daß sich für diese Funktion die Formel ergibt:

$$y = \frac{43{,}021}{1 + 66{,}1102 \times e^{-0{,}08981\,t}}.$$

[6]) Das erste Beispiel stammt aus der Arbeit: J. G. Smith und A. Duncan, *Elementary Statistics and Applications*, New York 1944, S. 580, und das zweite aus H. T. Davis, *Theory of Econometrics*, Bloomington 1941, S. 221.

Die Parameter der logistischen Funktion, für die Automobilproduktion sind:

$$a = 320{,}83, \qquad b = e^{1{,}4925}, \qquad c = 0{,}1569.$$

Ähnliche Entwicklungstendenzen konnten für die Produktion vieler anderer Industrien in der Zeit vor dem zweiten Weltkrieg nachgewiesen werden. Man sah in dieser Tatsache so etwas wie ein allgemeines »ökonomisches Entwicklungsgesetz« der Volkswirtschaft, das man folgendermaßen begründete: Wenn ein neuer Industriezweig entsteht, ist die Produktionstechnik noch nicht genügend ausgebildet, die Produktionskosten sind hoch, die Nachfrage nach der betreffenden Ware auf dem Markt ist noch gering, und daher entwickelt sich die Produktion langsam. In der nächsten Phase wächst die Produktion infolge der Verbesserung der Produktionsmethoden, des Übergangs zur Massenproduktion und der Marktausweitung für die betreffende Ware immer rascher an. Es folgt dann eine Periode der Marktsättigung (d. h. fast alle, die es sich leisten konnten, besitzen bereits den betreffenden Artikel, z. B. ein Auto, ein Fernsehgerät usw.). Demzufolge wird der Produktionszuwachs immer langsamer und hört schließlich fast ganz auf. Die Produktion stabilisiert sich auf einem bestimmten Niveau, das gerade zum Ersatz der verbrauchten Güter ausreicht.

Abb. 11. Trend der Roheisenproduktion in den USA, 1855–1938
(Logistische Kurve)

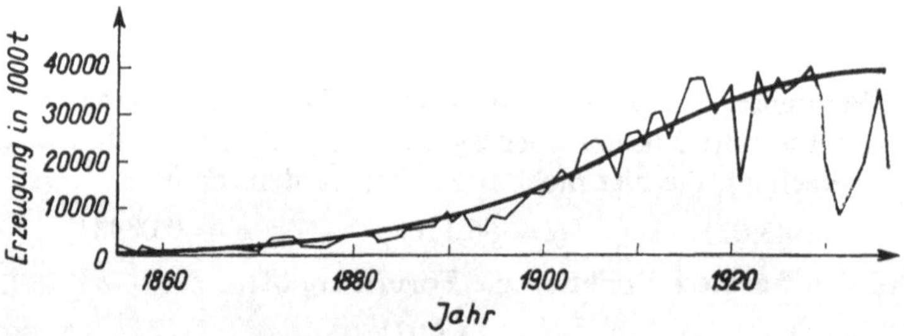

Auf ähnliche Weise entwickelt sich die Produktion von Waren und Hilfsstoffen, die in die Produktion der verschiedenen Industriezweige eingehen. Die Roheisenproduktion zum Beispiel stabilisiert sich nach einer Periode der raschen Entwicklung im Einklang mit der allgemeinen Stabilisierung der Industrialisierung des Landes auf einem bestimmten Niveau.

Durch Extrapolation einer aus den statistischen Daten der vorhergehenden Jahre ermittelten logistischen Kurve versuchten Wirtschaftswissenschaftler kapitalistischer Länder, Vorhersagen über die zukünftige Entwicklung der einzelnen Wirtschaftszweige zu treffen.

Bevor wir zu dieser Methode der Wirtschaftsprognose kritisch Stellung nehmen, wollen wir zuerst noch weitere Grundeigenschaften der logistischen Funktion kennenlernen. Die einfachsten Eigenschaften dieser Funktion haben wir bereits unmittelbar aus der Form ihres Diagramms erkannt.

Es zeigt sich vor allem, daß das aus der logistischen Funktion zu einem beliebigen Zeitpunkt bestimmte Wachstumstempo, d. h. die erste Ableitung der Funktion y nach der Zeit t, (a) dem jeweiligen Wert von y und (b) dem Abstand dieses Wertes vom Sättigungsniveau, d. h. der Größe $(a-y)$, proportional ist, wobei a das Sättigungsniveau (Ordinate der Asymptote der logistischen Kurve) angibt und als *Sättigungsparameter* bezeichnet wird.

Die obige Egienschaft kann durch die folgende Beziehung dargestellt werden:

$$\frac{dy}{dt} = ky(a-y), \tag{1}$$

wobei $k > 0$ der Proportionalitätskoeffizient der Beziehung zwischen dem Wachstumstempo der Funktion und dem Produkt aus dem Wert y und dem Faktor $(a-y)$ ist.

Der mit der Zeit t wachsende Faktor y wird als *Impulsfaktor* und der Faktor $(a-y)$ als *Bremsfaktor* bezeichnet, da seine Größe mit der Zeit abnimmt. Wenn der Entwicklungsprozeß sich dem Sättigungsniveau nähert, dann streben der Bremsfaktor $(a-y)$ und auch das Wachstumstempo $\frac{dy}{dt}$ nach Null. Das bedeutet bekanntlich, daß das Ansteigen der Funktion aufhört, d. h. die Funktion stabilisiert sich angenähert auf dem Niveau $y = a$.

Die durch Gleichung (1) dargestellte Gesetzmäßigkeit wird als *Wachstumsgesetz* oder als Wachstum nach dem *Robertschen Gesetz* bezeichnet.

Das Wachstumsgesetz kann auch in folgender Form dargestellt werden:

$$\frac{1}{y}\times\frac{dy}{dt} = k(a-y) \quad \text{oder} \quad \frac{d\log y}{dt} = k(a-y). \qquad (2)$$

Der Logarithmus der Funktion y wächst, wie aus dem Wachstumsgesetz in der Form (2) folgt, mit der Geschwindigkeit: Konstante k multipliziert mit dem Bremsfaktor. Würde der Bremsfaktor im betreffenden Prozeß nicht existieren, dann wäre

$$\frac{1}{y}\times\frac{dy}{dt} = \frac{d\log y}{dt} = k,$$

was bedeuten würde, daß die Wachstumsrate (relatives Ansteigen der Funktion) konstant ist und daß sich das Wachstum nach einer Exponentialfunktion vom Typ $y = ab^t$ vollzieht.

Aus dem Wachstumsgesetz in Form einer Differentialgleichung kann man die Formel für die logistische Funktion ableiten. Wie man leicht nachprüfen kann, ist in der Tat die Gleichung (1) der Gleichung

$$\frac{dy}{dt} = \frac{ak}{\frac{1}{y}+\frac{1}{a-y}}$$

bzw.

$$\frac{dy}{y}+\frac{dy}{a-y} = ak\,dt$$

äquivalent. Da $\frac{dy}{y} = d\log y$ und $\frac{dy}{a-y} = -d\log(a-y)$ ist, gilt:

$$d\log y - d\log(a-y) = ak\,dt.$$

Durch Integration beider Seiten der Gleichung ergibt sich

$$\log y - \log(a-y) + C_1 = akt + C_2,$$

wobei C_1 und C_2 Integrationskonstanten sind. Diese letzte Gleichung kann in der Form

$$\log\frac{y}{a-y} = akt + C_2 - C_1$$

oder

$$\frac{y}{a-y} = e^{akt+C_2-C_1}$$

geschrieben werden.

Hieraus folgt:

$$a-y = ye^{-akt}\, e^{C_1-C_2}.$$

Bezeichnen wir ferner den konstanten Faktor $e^{C_1-C_2}$ mit b und den Faktor ak mit c, so erhält man:

$$a-y = ye^{-ct}b.$$

Löst man diese Gleichung nach y auf, ergibt sich die bereits angeführte Formel für die logistische Funktion:

$$y = \frac{a}{1+be^{-ct}}.$$

Prozesse, die dem logistischen Wachstumsgesetz entsprechen, können wir in einer ganzen Reihe von Erscheinungen beobachten. Die Auflösungsgeschwindigkeit des Salzes im Wasser z. B. unterliegt auch diesem Gesetz.

Eine besonders wichtige Rolle spielt das logistische Wachstumsgesetz in der Biometrie. Man hat festgestellt, daß das Wachstum fast aller Tier- und Pflanzenorganismen dieser Gesetzmäßigkeit unterliegt. Die Population lebender Organismen vermehrt sich unter bestimmten Bedingungen nach diesem Gesetz. Man untersuchte u. a. die Vermehrungsgeschwindigkeit der Fliegen im verschlossenen Gefäß und stellte dabei fest, daß ihre Anzahl nach dem logistischen Wachstumsgesetz zunimmt.

In vielen Ländern läßt sich die Bevölkerungsentwicklung mit Hilfe der logistischen Kurve darstellen. Als Beispiel dafür können Untersuchungen der Bevölkerung in den USA dienen.

Abbildung 12 enthält eine logistische Kurve, welche die Bevölkerungsentwicklung in den USA beschreibt; die Kurve ist der Zeitreihe der Bevölkerungszahl für die Jahre 1780–1940[7]) angepaßt. Durch Extrapolation dieser Kurve wurden Prognosen der Bevölkerungsentwicklung in den USA für die Zeit von 1940 bis 2100 ermittelt. Es ist jedoch

---

[7]) Das Beispiel ist der Arbeit von H. T. Davis, *Theory of Econometrics*, S. 229, entnommen.

festzustellen, daß sich schon jetzt wesentliche Abweichungen von diesen Vorhersagen abzeichnen. Das Bevölkerungswachstum hängt von vielfältigen sozialen und ökonomischen Bedingungen ab, die sich im Verlauf der historischen Entwicklung verändern. Auf das Bevölkerungswachstum in den USA wirkten sich z. B. die Einwanderungsbeschränkungen, die Wirtschaftskrise in den Jahren 1929–1936 und die Vollbeschäftigung in der Zeit nach dem zweiten Weltkrieg aus. Das Bevölkerungswachstum kann man nicht wie das Modell der Fliegenvermehrung im verschlossenen Gefäß behandeln.

Abb. 12. Bevölkerungsentwicklung in den USA, 1800–2040

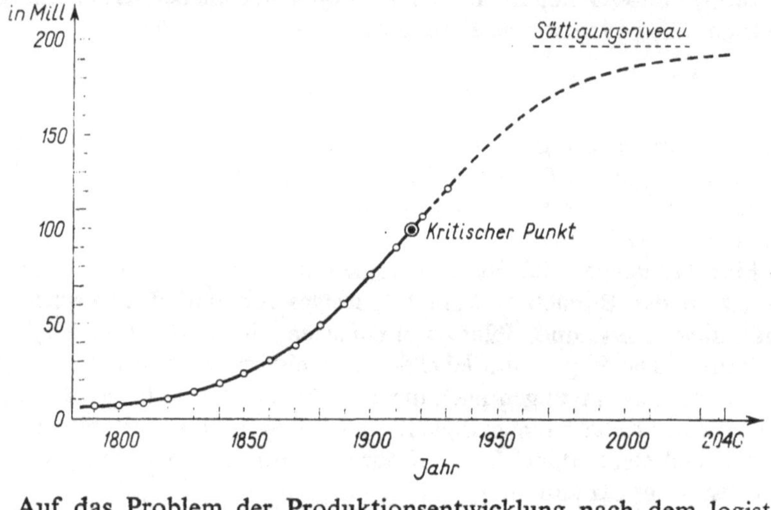

Auf das Problem der Produktionsentwicklung nach dem logistischen Wachstumsgesetz zurückkommend, soll an die Diskussion erinnert werden, die in den zwanziger Jahren in Verbindung mit dem ersten Fünfjahrplan in der Sowjetunion stattfand. Damals vertraten einige sowjetische Wirtschaftswissenschaftler die Theorie der *abnehmenden Wachstumsrate.* Diese Ökonomen behaupteten in Anlehnung an das logistische Gesetz der Produktionsentwicklung, daß dieses Gesetz ganz allgemein gilt und sich auch auf die Volkswirtschaft als Ganzes bezieht. Sie waren außerdem der Überzeugung, daß das Wachstumsgesetz unabhängig vom sozialökonomischen System ist. Auf Grund dieser Theorien behaupteten sie, daß die im ersten Fünfjahrplan gemachten Voraussetzungen für die Entwicklung der Industrieproduktion unrealistisch sind, da sie das »Gesetz der abnehmenden Wachstumsrate« nicht berücksichtigen. Diese Befürchtungen haben sich in Wirklichkeit nicht bestätigt, da das Entwicklungstempo der Industrieproduktion in der Sowjetunion wesentlich höher lag, als es nach der Theorie des abnehmenden Entwicklungstempos entsprechend dem logistischen Wachstumsgesetz hätte sein sollen.

Am Rande sei vermerkt, daß die Harvard-Schule wesentlich einfachere Methoden zur Glättung von Zeitreihen verwendete. Man setzte einfach voraus, daß die untersuchten Tatbestände sich entsprechend einer Geraden entwickeln. Erst viel später entstand das Problem der Reihenglättung mit Hilfe verschiedener Kurven und wurde zum Objekt theoretischer Überlegungen.

Die oben erörterten Methoden der Glättung von Zeitreihen und der Trendermittlung geben Anlaß zu einer Reihe kritischer Bemerkungen, die teilweise statistischer und teilweise theoretisch-ökonomischer Art sind.

Die Methode der kleinsten Quadrate zur Anpassung einer Kurve an eine gegebene Zeitreihe wurde unverändert von der Statistik übernommen, wo sie zur Ausschaltung zufälliger Abweichungen (Fehler) dient. In der Statistik basiert die Anwendung der Methode der kleinsten Quadrate auf der Annahme, daß die zufälligen Abweichungen (1) voneinander unabhängig sind, und (2) dem Normalverteilungsgesetz unterliegen, wobei unter bestimmten Bedingungen die zweite Annahme aus der ersten folgt.

Ist diese zweite Bedingung erfüllt, so ist, wie in der mathematischen Statistik gezeigt wird, die Schätzung einer gegebenen Größe nach der Methode der kleinsten Quadrate eine sogenannte »maximum likelihood«-Schätzung*). Wir wollen den Begriff der »maximum likelihood« für statistische Schätzungen eingehend erörtern.

Es ist bekannt, daß bei mehrmaliger Messung einer Größe, z. B. der Entfernung zwischen zwei Punkten oder des Gewichts eines bestimmten Gegenstands usw., im allgemeinen jedesmal ein anderes Ergebnis erzielt wird. Diese Tatsache wird damit erklärt, daß es für die gegebene Größe zwar ein bestimmtes Maß x gibt, aber unsere Messungen gewissen zufälligen Fehlern ε unterliegen, so daß wir als

*) *Anm. d. Übersetzer:* Im deutschen Schrifttum wird der Begriff »maximum likelihood« teilweise mit »größte Mutmaßlichkeit« übersetzt.

Meßergebnis eine gewisse Zahl $y = x+\varepsilon$ erhalten, die sich vom wahren Maß x unterscheidet.

Um ein so nahe wie möglich am wahren Wert liegendes Ergebnis zu erzielen, führen wir mehrere Messungen durch, z. B. n-mal, und erhalten die Ergebnisse $y_1, y_2, \ldots, y_n$; dann versuchen wir, die in diesen Messungen enthaltenen zufälligen Fehler auszuschalten. Je nachdem, welche der unterschiedlichen Methoden der Fehlerausgleichung wir anwenden, erhält man einen Schätzwert der Größe x – den wir mit $\bar{x}$ bezeichnen – von verschiedenem Grad der »likelihood« (Mutmaßlichkeit), d. h. der Wahrscheinlichkeit, gerade die Ergebnisse zu erhalten, die beobachtet wurden. Die Wahrscheinlichkeit, daß unter der Voraussetzung $x = \bar{x}$ die Meßergebnisse $y_1, y_2, \ldots, y_n$ betragen, unterscheidet sich also bei den einzelnen Schätzverfahren.

Die mathematische Statistik beweist, wie bereits erwähnt, daß wir einen Schätzwert mit größter »likelihood« (Mutmaßlichkeit) erhalten, wenn die Methode der kleinsten Quadrate angewandt wird, d. h., wenn

$$\sum (y_i - \bar{x})^2 = \text{Min.}$$

Der Beweis für diese Behauptung stützt sich auf die Annahme, daß die zufälligen Abweichungen unabhängig sind und daß außerdem ihre Verteilung eine Normalverteilung ist. Bei der Bestimmung der Trendentwicklung nach der Methode der kleinsten Quadrate ist jedoch bereits die erste Bedingung nicht erfüllt. Die Abweichungen in den einzelnen Jahren sind in ökonomischen Zeitreihen in der Regel nicht unabhängig; z.B. ist die Autoproduktion im Jahre 1957 – und zwar sehr deutlich – von der Autoproduktion im Jahre 1956 abhängig.

Daraus folgt, daß die Anwendung der Methode der kleinsten Quadrate zur Ermittlung des Trends rein konventionell und ohne theoretische Begründung ist. Da diese Methode aber brauchbar ist und in der mathematischen Statistik sehr oft angewandt wird, hat man sie auch zur Glättung von Zeitreihen gewählt. Man darf aber nicht vergessen, daß die Schätzungen nach der Methode der kleinsten Quadrate in der Konjunkturforschung einen anderen Charakter haben als »maximum likelihood«-Schätzungen, die nach der gleichen Methode in der Fehlertheorie, der Korrelationstheorie und bei anderen Problemstellungen der mathematischen Statistik erzielt werden.

Vom theoretisch-ökonomischen Standpunkt aus erweckt die Wahl einer analytischen Funktion zur Glättung einer Zeitreihe die größten Bedenken.

Wir haben bereits erwähnt, daß die ökonomische Analyse in gewissen Fällen, z. B. bei der Untersuchung der Entwicklung des Volkseinkommens, die Bestimmung von Gesetzmäßigkeiten ermöglicht, die Hinweise auf die Form der Trendkurve geben. In anderen Fällen mag die Bestimmung der Form der Trendkurve zweifelhaft erscheinen. Z. B. hat es wenig Sinn, sich bei gesamtwirtschaftlichen Untersuchungen der logistischen Kurve zu bedienen, wie die Praxis in der Sowjetunion bestätigt hat.

Ernsten Vorbehalten begegnet auch die Annahme, daß die Bevölkerungszahl eines Landes nach einer bestimmten logistischen Funktion anwächst. Wie bereits erwähnt wurde, nahm z. B. nach dem zweiten Weltkrieg die Wachstumsrate der Bevölkerung in den USA wesentlich zu (u. a. infolge der Einwanderung aus anderen Ländern); sie lag höher, als sie nach der analytischen Ausgleichung mit Hilfe der logistischen Funktion hätte sein sollen. Auch der Behauptung, daß die Ausweitung einzelner Industriezweige nach dem logistischen Wachstumsgesetz vor sich gehe, ist mit großer Vorsicht zu begegnen. Einen Beweis dafür liefert z. B. die sehr rasche Entwicklung der Autoproduktion nach dem zweiten Weltkrieg, obwohl in dieser Zeit die logistische Trendkurve sich dem Sättigungsniveau näherte. Es sind auch Fälle vorgekommen, bei denen der *Trend der Produktion infolge technologischer Umwälzungen* in dem betreffenden Industriezweig oder in mit ihm verbundenen oder konkurrierenden Industrien einen *Bruch* aufweist. Der Kohlenverbrauch kann z. B. infolge der Inbetriebnahme großer Wasser- oder Atomkraftwerke plötzlich stark vermindert werden.

Diesen Beispielen entnimmt man, daß Entwicklungsgesetze nur mit großer Vorsicht und in der Regel nur partiell unter Beschränkung auf bestimmte Wirtschaftszweige und verhältnismäßig kurze Entwicklungsperioden verallgemeinert werden dürfen.

Wir beenden die Diskussion der Methode der Trendermittlung mit einer weiteren grundsätzlichen kritischen Bemerkung. Die Harvard-Schule behauptete, daß ein bestimmter Ursachenkomplex den Trend hervorruft und daß dieser unabhängig von einem anderen Ursachenkomplex ist, der zu zyklischen Schwankungen führt. Theoretisch lassen sich jedoch die Trendentwicklungen nicht von den Konjunkturzyklen trennen; beide sind Ausdruck gewisser Gesetzmäßigkeiten im Prozeß der erweiterten kapitalistischen Reproduktion. Dieser Prozeß bildet ein Ganzes, aus dem sowohl der Trend als auch die Konjunkturen hervorgehen. Die Prämissen der Harvard-Schule waren das Ergebnis einer bestimmten Auffassung, wonach die Konjunkturzyklen mit der erweiterten kapitalistischen Reproduktion nicht verbunden sind. Nach Meinung der Anhänger der Harvard-Schule gibt es in allen wirtschaftlichen Erscheinungen irgendeinen Trend und irgendwelche von ihm unabhängige Ursachen (z. B. Störungen im Kredit- und Geldwesen, Wetteränderungen infolge verstärkt auftretender Sonnenflekken), die zu Konjunkturzyklen führen. Der Trend gibt die normale Entwicklung wieder, die durch exogene zyklische Störungen überlagert ist.

In Wirklichkeit sind Trend und zyklische Abweichungen nicht voneinander unabhängig. Das geht sehr deutlich aus den Zeitreihen und ihren Diagrammen hervor (vgl. Abb. 10 und 11). Die Wirtschaftskrise von 1932 wirkte sich deutlich auf die Trendlinie aus und krümmte sie in Richtung der Abszissenachse. Der Trend läßt sich von der Kurve der zyklischen Schwankungen nicht trennen, da diese Linien nicht unter der Wirkung getrennter Ursachenkomplexe entstanden sind. Das, was wir als allgemeine Entwicklungstendenz bezeichnen, ist keine vom allgemeinen Konjunkturzyklus unabhängige Komponente.

Bestimmung der Saisonschwankungen

Die Bestimmung von Saisonschwankungen ist weit weniger problematisch als die Trendermittlung. Das rührt daher, daß die Saisonschwankungen das Ergebnis eines gesonderten und unabhängigen Ursachenkomplexes sind. Dagegen sind – wie wir bereits erwähnt haben – die Ursachenkomplexe, die die allgemeine Entwicklungsrichtung und die zyklischen Schwankungen bedingen, miteinander verbunden. Bergifflich als auch statistisch ist es schwierig, den Trend von den zyklischen Schwankungen zu trennen, und die statistischen Methoden, die zu dieser Trennung führen, enthalten stets einen Zug Willkür, von dem man sich nicht befreien kann.

Die Saisonschwankungen sind bekanntlich entweder das Ergebnis von Klimaschwankungen oder von sozialen Gewohnheiten, die meistens in irgendeiner Weise mit den Klimaänderungen verbunden sind. Hieraus folgt, daß die Saisonschwankungen als Ergebnis gewisser unabhängiger Ursachen sich einfach der normalen Entwicklung der betreffenden Erscheinung überlagern, so daß diese Komponente verhältnismäßig leicht eliminiert werden kann. Es gibt noch einen anderen Grund, der das statistische Verfahren zur Ausschaltung der Saisonschwankungen erleichtert. Wir können den Verlauf der Saisonschwankungen als angenähert periodisch betrachten, nämlich meistens mit einer jährlichen Schwankungsperiode und mit der gleichen Amplitude in den einzelnen Jahren. Wir werden jedenfalls in unseren folgenden Überlegungen von einer solchen Annahme ausgehen, obwohl in manchen Fällen der Einfluß der Saisonkomponente auf den allgemeinen Verlauf des Prozesses in den verschiedenen Jahren unterschiedlich sein kann. Die alljährlichen Weihnachtseinkäufe z. B. können sich in ihrer Höhe von Jahr zu Jahr verändern, und zwar je nach der allgemeinen Wirtschaftslage des Landes.

Die Annahme periodischer Saisonschwankungen weist auf ein bestimmtes statistisches Verfahren zur Isolierung der Saisonschwankungen hin. Periodische Schwankungen können nämlich durch Anwendung eines gleitenden Durchschnittes von der Länge eines Jahres, d. h. von vier Quartalen, falls die Glieder der Zeitreihe sich auf Quartale, oder von 12 Monaten, falls die statistischen Zahlen monatliche Informationen sind, ausgeschaltet werden.

Betrachten wir als Beispiel die Ausschaltung der Saisonschwankungen in der Elektroenergieerzeugung Polens in den Jahren 1945–1951 (Statistische Nachrichten GUS, 1951). Die Angaben über diese Erzeugung sind in Spalte 2 der Tabelle IV enthalten.

Bei der Bestimmung des gleitenden Zwölfmonatsdurchschnitts stoßen wir auf gewisse Schwierigkeiten. Wir bezeichnen mit

$$x_1, x_2, x_3, \ldots, x_{12}, x_{13}, x_{14}, \ldots, x_{24}, x_{25}, \ldots, x_{36}, \ldots$$

die Monatszahlen der Elektroenergieerzeugung über einen Zeitraum von mehreren aufeinanderfolgenden Jahren. Der gleitende Durchschnitt, der für eine ungerade Anzahl von Monaten berechnet wird, z. B. für 13, 15 usw. Monate, wird bekanntlich auf den mittleren Monat der betreffenden Periode bezogen. Der gleitende Durchschnitt, der den ersten 13 Monaten der Reihe entspricht, wird dem 7. Monat, der gleitende Durchschnitt für die ersten 15 Monate dem 8. Monat zugeordnet usw. Die gleitenden Durchschnitte mit einer geraden

Tabelle IV

Erzeugung der Elektroenergie in Polen in Betrieben mit über 1000 kW Produktionsleistung, 1945–1951

Jahr Monat	Elektroenergie in Mill. kWh	Gleitende 12-Monats-summen	Gleitende 24-Monats-summen	Zugeordnete Werte des 12-Monatsdurch-schnitts
1945				
X	382	.	.	.
XI	434	.	.	.
XII	440	.	.	.
1946				
I	477	.	.	.
II	437	.	.	.
III	490	5 297	.	.
IV	438	5 450	10 747	448
V	428	5 572	11 022	459
VI	406	5 710	11 282	470
VII	434	5 813	11 523	480
VIII	462	5 908	11 721	488
IX	469	5 989	11 897	496
X	535	6 059	12 048	502
XI	556	6 126	12 185	508
XII	578	6 214	12 340	514
1947				
I	580	6 292	12 506	521
II	532	6 365	12 657	527
III	571	6 431	12 796	533
IV	508	6 498	12 929	539
V	495	6 566	13 064	544
VI	494	6 615	13 181	549
VII	512	6 669	13 284	554
VIII	535	6 743	13 412	559
IX	535	6 805	13 548	565
X	602	6 884	13 689	570
XI	624	6 943	13 827	576
XII	627	7 011	13 954	581
1948				
I	634	7 086	14 097	587
II	606	7 159	14 245	594
III	633	7 242	14 401	600
IV	587	7 329	14 571	607

Tabelle IV (Fortsetzung)

Jahr Monat	Elektroenergie in Mill. kWh	Gleitende 12-Monats-summen	Gleitende 24-Monats-summen	Zugeordnete Werte des 12-Monatsdurch-schnitts
V	554	7 430	14 759	615
VI	562	7 514	14 944	623
VII	587	7 585	15 099	629
VIII	608	7 624	15 209	634
IX	618	7 684	15 308	638
X	689	7 707	15 391	641
XI	725	7 776	15 483	645
XII	711	7 811	15 587	649
1949				
I	705	7 843	15 654	652
II	645	7 889	15 732	656
III	693	7 944	15 833	660
IV	610	7 998	15 942	664
V	623	8 070	16 068	670
VI	597	8 146	16 216	676
VII	619	8 250	16 396	683
VIII	654	8 335	16 585	691
IX	673	8 432	16 767	699
X	743	8 536	16 968	707
XI	797	8 625	17 161	715
XII	787	8 717	17 342	723
1950				
I	809	8 807	17 524	730
II	730	8 905	17 712	738
III	790	9 012	17 917	747
IV	714	9 150	18 162	757
V	712	9 276	18 426	768
VI	689	9 407	18 683	778
VII	709	9 473	18 880	787
VIII	752	9 535	19 008	792
IX	780	9 596	19 131	797
X	881	.	.	.
XI	923	.	.	.
XII	918	.	.	.
1951				
I	875	.	.	.
II	792	.	.	.
III	851	.	.	.

Anzahl von Monaten hingegen, z. B. die Zwölfmonatsdurchschnitte:

$$\bar{x}_{6,7} = \frac{x_1+x_2+\ldots+x_{12}}{12}, \qquad \bar{x}_{7,8} = \frac{x_2+x_3+\ldots+x_{13}}{12},$$

müßte man konsequenterweise den Zeitpunkten zwischen dem 6. und 7. und dem 7. und 8. Monat zuordnen. Die Zuordnung des gleitenden Durchschnitts zu Punkten zwischen zwei Monaten ist jedoch unzweckmäßig, da man einen solchen Durchschnitt z. B. nicht mit den Gliedern der Ausgangsreihe, die sich auf die jeweiligen Monate beziehen, vergleichen kann.

Um diese Unzweckmäßigkeit zu vermeiden, bedienen wir uns des sogenannten *Zentrierens des gleitenden Durchschnitts*, um so den Durchschnitt in die Mitte des jeweiligen Monats zu verschieben. Bei der Berechnung eines gleitenden Durchschnitts, der den zwölf Monaten eines Jahres zugeordnet ist, verwendet man z. B. anstelle des Gliedes x_1 einen Wert, der sich nur auf die zweite Januarhälfte bezieht, und fügt gleichzeitig ein anderes hinzu, daß der ersten Januarhälfte des nächsten Jahres entspricht. Als Folge eines solchen Verfahrens verschiebt sich der gleitende Durchschnitt um einen halben Monat und ist nun genau dem Monat Juli des betreffenden Jahres zugeordnet. Ein solcher Durchschnitt wird als *zentrierter gleitender Durchschnitt* des Monats Juli bezeichnet. In ähnlicher Weise werden die zentrierten gleitenden Durchschnitte $\bar{x}_8, \bar{x}_9, \ldots$ für die folgenden Monate gefunden, die mit den Gliedern der Ausgangsreihe verglichen werden können.

Die Berechnung der Größen, die der Hälfte der einzelnen Monate entsprechen, kann exakt erfolgen, wenn z. B. tägliche oder wöchentliche statistische Angaben zur Verfügung stehen. Meistens verfügen wir aber nur über die Monatszahlen; dann kann man – wenn man keine allzugroße Genauigkeit anstrebt – für die erste oder zweite Monatshälfte dadurch angenäherte Zahlen erhalten, daß man das betreffende Reihenglied dieses Monats durch zwei dividiert.

Das Zentrieren des gleitenden Durchschnitts kann in der Praxis vereinfacht werden. Berechnet man zwei aufeinanderfolgende, nichtzentrierte gleitende Durchschnitte, die zwischen dem 6. und 7. sowie dem 7. und 8. Monat liegen,

$$\bar{x}_{6,7} = \frac{x_1+x_2+\ldots+x_{12}}{12}, \qquad \bar{x}_{7,8} = \frac{x_2+x_3+\ldots+x_{13}}{12},$$

und bestimmt man den Mittelwert dieser Durchschnitte, dann zeigt sich, daß der Mittelwert der Durchschnitte $\bar{x}_{6,7}$ und $\bar{x}_{7,8}$ genau der zentrierte gleitende Durchschnitt für den Monat 7 ist. In der Tat ist:

$$\frac{\bar{x}_{6,7}+\bar{x}_{7,8}}{2} = \frac{1}{2} \times \frac{x_1+2x_2+2x_3+\ldots+2x_{12}+x_{13}}{12}$$
$$= \frac{\frac{1}{2}x_1+x_2+x_3+\ldots+x_{12}+\frac{1}{2}x_{13}}{12}.$$

Dieses Beispiel führt uns zu einer vereinfachten Berechnungsmethode für aufeinanderfolgende zentrierte gleitende Durchschnitte.

Wir berechnen zuerst die gleitenden Summen von zwölf aufeinanderfolgenden Monatswerten:

$$\sum_{i=1}^{12} x_i = x_1+x_2+\ldots+x_{12}$$
$$\sum_{i=2}^{13} x_i = x_2+x_3+\ldots+x_{13}$$
$$\ldots\ldots\ldots\ldots\ldots\ldots\ldots\ldots$$

Die Werte dieser Summen werden in die Spalte 3 der Tabelle IV eingetragen.

Als nächste bestimmen wir die gleitenden Summen der zwei benachbarten Zahlen der Spalte 3:

$$\sum_{i=1}^{12} x_i + \sum_{i=2}^{13} x_i = x_1+2x_2+\ldots+2x_{12}+x_{13},$$
$$\sum_{i=2}^{13} x_i + \sum_{i=3}^{14} x_i = x_2+2x_3+\ldots+2x_{13}+x_{14},$$
$$\ldots\ldots\ldots\ldots\ldots\ldots\ldots\ldots\ldots\ldots\ldots\ldots$$

und tragen die erhaltenen Zahlen in die Spalte 4 der Tabelle IV ein. Dann dividieren wir die Zahlen der Spalte 4 durch 24 und erhalten den zentrierten gleitenden Durchschnitt:

$$\frac{1}{24}(x_1+2x_2+\ldots+2x_{12}+x_{13}) = \frac{\frac{1}{2}x_1+x_2+\ldots+x_{12}+\frac{1}{2}x_{13}}{12}$$

usw.

Verwendet man diese Methode zur Berechnung des zentrierten gleitenden Durchschnitts, kann die umständliche Berechnung der Halbmonatswerte vermieden werden, die im arithmetischen Mittel für den ersten und letzten Monat auftreten.

Durch Anwendung eines zentrierten gleitenden Durchschnitts sich wer den die Saisonschwankungen ausgeschaltet und die Zeitreihe geglättet, wie es in Abbildung 13 zur Veranschaulichung des oben erwähnten Beispiels dargestellt ist.

Abb. 13. Elektrizitätserzeugung in Polen, 1945–1951
(in Mill. kWh)

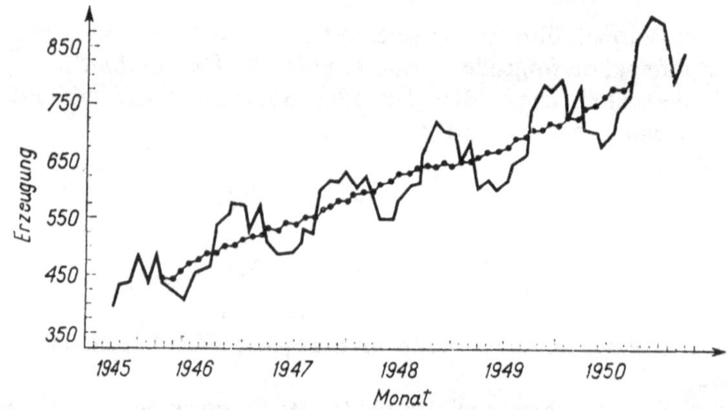

In manchen Fällen wollen wir jedoch die Saisonschwankungen nicht eliminieren, sondern isolieren, z. B., um sie genauer untersuchen zu können.

Das Verfahren zur Bestimmung der Saisonschwankungen ist sehr einfach. Wir ziehen nämlich von den Gliedern der Ausgangsreihe

$$x_1, x_2, x_3, \ldots, x_{12}. \ldots$$

die entsprechenden Glieder der geglätteten Reihe

$$\bar{x}_1, \bar{x}_2, \bar{x}_3, \ldots, \bar{x}_{12}, \ldots$$

ab. Da nur die erste, aber nicht die zweite dieser Reihen Saisonschwankungen enthält, ist die Reihe mit den Gliedern

$$x_1 - \bar{x}_1,\ x_2 - \bar{x}_2, \ldots, x_{12} - \bar{x}_{12}, \ldots$$

eine Reihe der separierten Saisonschwankungen.

Aus Abbildung 14 ist zu entnehmen, daß die Saisonschwankungen in diesem Falle nur angenähert periodisch sind. Das ist damit zu erklären, daß die Reihe neben der Saisonkomponente gewisse zufällige Schwankungen enthält, die alljährlich auftreten. Würde es uns gelingen, die zufälligen Schwankungen auszuschalten, erhielten wir die bereinigte Saisonkomponente.

Abb. 14. Absolute Saisonschwankungen der Energieerzeugung in Polen, 1946–1950 (Abweichungen vom gleitenden Durchschnitt)

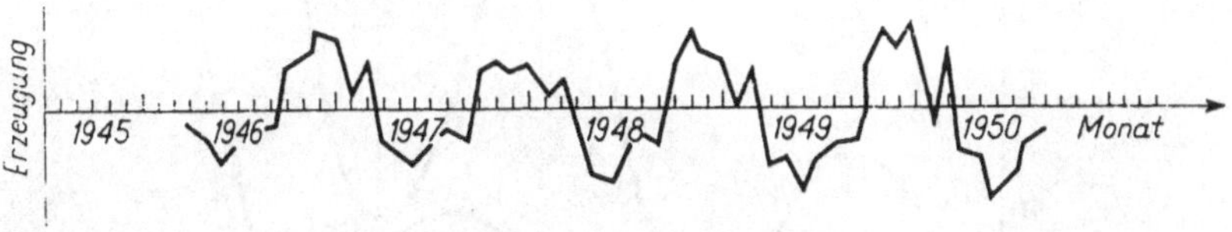

Zu diesem Zwecke berechnen wir Mittelwerte der Saisonschwankungen für den Monat Januar der verschiedenen Jahre:

$$\bar{\bar{x}}_1 = \frac{(x_1 - \bar{x}_1) + (x_{13} - \bar{x}_{13}) + (x_{25} - \bar{x}_{25}) + \ldots,}{n};$$

n bezeichnet die Anzahl der Jahre, über die sich die Beobachtungen erstrecken.

Ähnlich berechnet man die Mittelwerte der Saisonschwankungen für die übrigen Monate Februar, März usw.

Die Mittelwerte $\bar{\bar{x}}_1$, $\bar{\bar{x}}_2$, $\bar{\bar{x}}_3$ usw. schalten zufällige Schwankungen aus; man kann sie als bereinigte Saisonkomponente auffassen.

Die obigen Überlegungen zur Aussonderung der reinen Saisonkomponente bezogen sich auf einen Fall, bei dem die Amplituden der absoluten Schwankungen des betreffenden Prozesses in den einzelnen Jahren ungefähr gleich sind. Dies trifft jedoch gewöhnlich nicht zu, wie das angeführte Beispiel der Elektroenergieerzeugung (Tab. IV), die in der Zeit zwischen 1946 und 1949 ständig anstieg, zeigt. Folglich nahm auch der absolute Schwankungsbereich der Erzeugung in gleichen Monaten aufeinanderfolgender Jahre, z. B. im Dezember oder Juni, zu.

Um Mißverständnisse zu vermeiden, muß man sich bei Saisonschwankungen über die Art der jeweiligen periodischen Schwingung im klaren sein: nämlich, ob wir es mit einer *absoluten* oder mit einer *relativen* Schwingung zu tun haben, d. h. ob die Saisonschwankung additiv oder multiplikativ mit dem Trend verknüpft ist.

In Abbildung 15 stellt die Kurve *A* einen Prozeß dar, bei dem die absoluten Saisonschwankungen ungefähr konstant sind, und die Kurve

B betrifft den Fall, bei dem die relativen Saisonschwankungen ungefähr konstant sind.

Abb. 15. Absolute und relative Saisonschwankungen

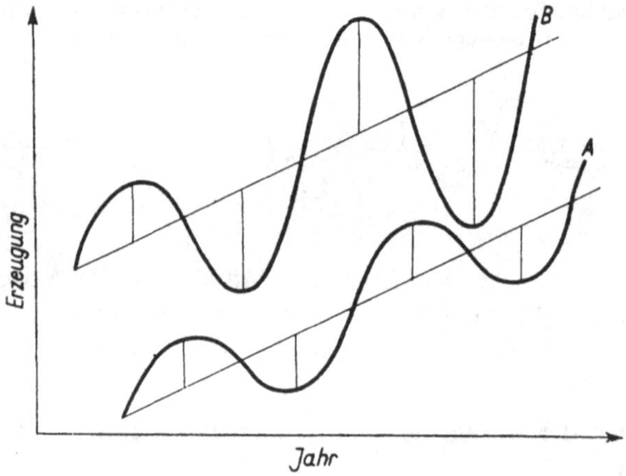

Vom ökonomischen Standpunkt aus ist zu erwarten, daß man es meistens mit relativen Saisonschwankungen zu tun haben wird. Das wird durch statistische Untersuchungen mannigfacher Entwicklungsprozesse bestätigt. Fälle mit absoluten Saisonschwankungen sind eher die Ausnahme als die Regel.

Als Beispiel eines solchen Ausnahmefalls wollen wir den Saisoncharakter des Eisenbahnfrachtverkehrs betrachten, der die Beförderung industrieller und landwirtschaftlicher Erzeugnisse umfaßt. Dabei setzen wir voraus, daß die Industrieproduktion in einer bestimmten Periode wesentlich gestiegen, während die landwirtschaftliche Erzeugung mehr oder weniger auf dem gleichen Stand geblieben ist, wie das ungefähr während des Sechsjahrplanes in Polen der Fall war, wo die Industrieproduktion um das 2,7 fache und die landwirtschaftliche Erzeugung nur etwa um 20% zugenommen hat.

Das Transportvolumen der Industrieprodukte zeigt bekanntlich unbedeutende Saisonschwankungen, die überdies teilweise ausgeglichen werden. Demgegenüber hat das Transportvolumen der landwirtschaftlichen Erzeugnisse einen sehr ausgeprägten Saisoncharakter, d. h., die Schwankungsbreite im Transport landwirtschaftlicher Erzeugnisse ist groß. Da sich sowohl die industrielle als auch die landwirtschaftliche Produktion vergrößert, nimmt auch der Frachtverkehr zu, aber der saisonale Charakter des Gesamtverkehrs ist ausschließlich eine Folge der saisonalen Natur des landwirtschaftlichen Frachtverkehrs. In diesem Ausnahmefall ist also zu erwarten, daß die absoluten Saisonschwankungen konstant sind, während die relativen Saisonschwankungen sich vermindern.

Es ist naheliegend, daß man in einem solchen Fall nicht die Werte der Reihenglieder $x_1, x_2, \ldots$, sondern deren Logarithmen zur Bildung des gleitenden Durchschnitts verwendet, da die Logarithmen der Glieder einer solchen Reihe konstante absolute Schwankungen haben. Der Logarithmus des gleitenden Durchschnitts $\bar{x}$ wird als arithmetisches Mittel der Logarithmen der entsprechenden Glieder der Ausgangsreihe berechnet. Da jedoch das arithmetische Mittel der Logarithmen der Glieder $x_1, x_2, x_3, \ldots$ gleich ist dem Logarithmus des geometrischen Mittels der Glieder

$$\frac{1}{n}(\log x_1 + \log x_2 + \ldots + \log x_n) = \log \sqrt[n]{x_1 x_2 \ldots x_n},$$

ist der gleitende Durchschnitt $\bar{x}$ als geometrisches Mittel der Reihenglieder zu bestimmen.

Die Abweichungder einzelnen Reihenglieder vom gleitenden Durchschnitt, d.h. also die Saisonkomponente, wird als Differenz

$$\log x_1 - \log \bar{x}_1 = \log \frac{x_1}{\bar{x}_1}$$

berechnet. Da diese Berechnungen ziemlich umständlich sind, verwendet man in der Praxis ein Näherungsverfahren, das jedoch logisch nicht ganz konsequent ist. Man berechnet nämlich den zentrierten gleitenden Durchschnitt $\bar{x}$ in der üblichen Weise, indem man davon ausgeht, daß der Wert des arithmetischen Mittels sich vom geometrischen Mittel nur wenig unterscheidet.

Wir erhalten die geglättete Reihe

$$\bar{x}_1, \bar{x}_2, \bar{x}_3, \ldots$$

und bestimmen dann die relativen Saisonschwankungen der einzelnen Glieder, die gewöhnlich prozentual ausgedrückt werden:

$$100 \frac{x_1}{\bar{x}_1}, \qquad 100 \frac{x_2}{\bar{x}_2}, \qquad 100 \frac{x_3}{\bar{x}_3}, \ldots.$$

Tabelle V

Relative Saisonschwankungen der Elektroenergieerzeugung in Polen in den Jahren 1946–50 (%)

Jahr	I	II	III	IV	V	VI	VII	VIII	IX	X	XI	XII
1946	.	.	.	97,7	93,3	86,5	90,4	94,7	94,6	106,5	109,7	112,4
1947	111,3	100,9	107,1	94,3	90,9	89,9	92,5	95,8	94,5	105,3	108,3	108,6
1948	108,2	102,1	105,5	96,7	90,0	90,3	93,3	95,9	96,9	107,5	112,1	109,5
1949	108,1	98,4	105,1	91,8	93,1	88,4	90,6	94,6	96,3	105,1	111,5	108,9
1950	110,8	98,9	105,8	94,3	92,7	88,6	90,1	94,9	97,9	.	.	.
Mittelwert $\overline{\overline{x}}_i$	109,6	100,1	105,9	95,0	92,0	88,7	91,4	95,2	96,0	106,1	110,4	109,9
Saisonindex s_i	109,6	100,1	105,9	95,0	92,0	88,7	91,4	95,2	96,0	106,1	110,4	109,9

Anmerkung: Die Übereinstimmung des Mittels $\overline{\overline{x}}_i$ mit dem Saisonindex s_i ist hier zufällig.

Tabelle V enthält die relativen Saisonschwankungen der Elektroenergieerzeugung in Polen, die nach diesem Verfahren auf Grund der Zahlen in Spalte 2 in Tabelle IV berechnet wurden. Das Diagramm der relativen Saisonschwankungen der Elektroenergieerzeugung (Abb. 16) ist an Hand der Zahlen der Tabelle V gezeichnet worden. Es ist eine graphische Darstellung der Quotienten aus den Werten der Ausgangsreihe und der geglätteten Werte der Reihe und damit eine Darstellung der separierten relativen Saisonschwankungen. Wenn z. B. die Elektroenergieerzeugung um das Doppelte ansteigt, dann verdoppeln sich im allgemeinen auch $\bar{x}_1$ und x_1; der Quotient $\frac{x_1}{\bar{x}_1}$ für die Saisonkomponente des ersten Monats bleibt unverändert.

Abb. 16. Relative Saisonschwankungen in der Elektrizitätserzeugung in Polen, 1946–1950 (in Prozenten des gleitenden Durchschnitts)

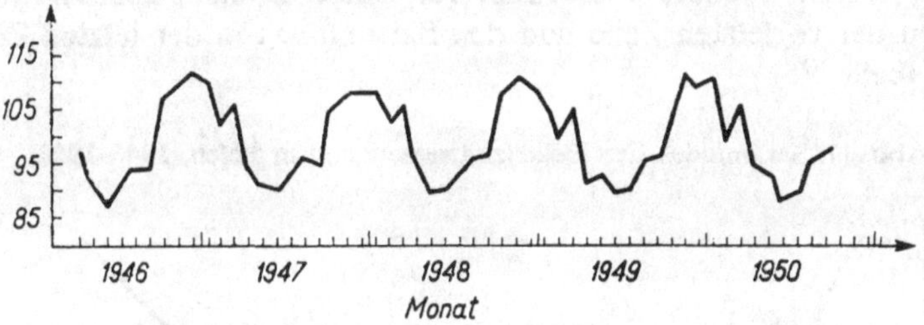

Dem Diagramm in Abb. 16 ist zu entnehmen, daß die prozentualen Anteile der ursprünglichen zu den geglätteten Werten von Jahr zu Jahr als Folge von Zufallschwankungen etwas variieren. Um diese zufälligen Schwankungen auszuschalten und eine bereinigte Saisonkomponente isoliert darzustellen, können wir wie oben verfahren; d. h., wir bilden für jeden einzelnen Monat das arithmetische Mittel der Verhältniszahlen der verschiedenen Jahre:

$$\bar{\bar{x}}_1 = \frac{1}{n} \sum 100 \frac{x_1}{\bar{x}_1}, \quad \bar{\bar{x}}_2 = \frac{1}{n} \sum 100 \frac{x_2}{\bar{x}_2} \quad \text{usw.}$$

Schließlich können wir im Falle periodischer relativer Saisonschwankungen einen *Saisonindex* für die einzelnen Monate bestimmen, indem wir die isolierten monatlichen Saisonschwankungen in Prozenten ihres jährlichen Durchschnitts angeben. Das heißt, wir berechnen den Saisonindex nach der Formel:

$$s_i = \frac{\bar{\bar{x}}_i}{\frac{1}{12}(\bar{\bar{x}}_1 + \bar{\bar{x}}_2 + \ldots + \bar{\bar{x}}_{12})} \times 100 = \frac{1200}{\bar{\bar{x}}_1 + \bar{\bar{x}}_2 + \ldots + \bar{\bar{x}}_{12}} \times \bar{\bar{x}}_i,$$

wobei $i = 1, 2, \ldots, 12$.

Man beachte, daß die Berechnung der Saisonkoeffizienten für einzelne Monate darauf hinausläuft, daß wir einen konstanten Faktor

$$\frac{1200}{\bar{\bar{x}}_1 + \bar{\bar{x}}_2 + \ldots, + \bar{\bar{x}}_{12}}$$

berechnen, den wir mit der bereinigten Saisonkomponente der einzelnen Monate $\bar{\bar{x}}_1, \bar{\bar{x}}_2, \ldots, \bar{\bar{x}}_{12}$ multiplizieren.

Angaben über die Mittelwerte der relativen Saisonschwankungen der einzelnen Monate (berechnet für unser Zahlenbeispiel) findet man in der vorletzten Zeile und den Saisonindex in der letzten Zeile der Tabelle V.

Abb. 17. Saisonindex der Elektrizitätserzeugung in Polen, 1946–1950

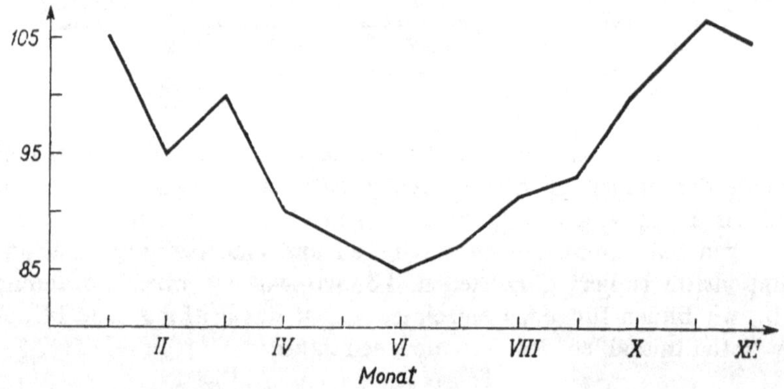

Abbildung 17 verdeutlicht graphisch die Schwankungen im Saisonindex. Betrachtet man die Kurve (Abb. 17), so erkennt man im Monat Februar eine gewisse Unregelmäßigkeit, und zwar ist der Saisonindex im Februar niedriger, als nach dem regulären Verlauf der Saison zu erwarten wäre. Dieser Umstand, daß der Saisonkoeffizient im Februar kleiner ist als im Januar und März, ergibt sich einfach aus der Tatsache, daß der Februar weniger Tage als der Januar und der März hat.

Diese Unregelmäßigkeiten können leicht beseitigt werden, wenn Wochen- oder Tageszahlen zur Verfügung stehen. Jedoch lohnt sich eine solche Verfeinerung meistens nicht, und sie kann sich sogar als schädlich erweisen. Man darf nicht vergessen, daß im allgemeinen auf einen gegebenen ökonomischen Prozeß viele Ursachen einwirken, die nicht immer vollständig auszuschalten sind. Die Annahme einer periodisch wiederkehrenden Saison bildet eine gewisse Vereinfachung für die weiteren Berechnungen.

Die mittels komplizierter Berechnungen erzielte »Genauigkeit« ist somit in einigen Fällen nur eine scheinbare, die zu falschen Schlüssen führen kann. Diese Bemerkung ist deshalb so wichtig, weil sie bei statistischen und ökonometrischen Berechnungen oft vergessen wird.

Von den von uns beschriebenen Verfahren zur Aussonderung der Saisonschwankungen, die sich im Laufe der Zeit entwickelt haben und die wegen ihrer logischen Klarheit allgemein angewandt werden, unterscheiden sich die vom Harvard-Institut benutzten Methoden, die primitiver waren.

Das Harvard-Institut ermittelte Meßziffern für die Größen der aufeinanderfolgenden Monate, z.B. das Verhältnis des Aprilwertes zum Märzwert, und berechnete dann den Mittelwert dieser Meßziffern für mehrere Jahre. So ergab sich ein »Saisonindex«, der für einen gegebenen Monat die Abnahme oder Zunahme der untersuchten Größe im Vergleich zum Vormonat charakterisiert.

Das Harvard-Verfahren konnte jedoch zu falschen Schlüssen führen. Wenn z.B. die Produktion ständig zunahm, dann ergab sich – trotz der saisonbedingten Abnahme im April gegenüber dem März – in Übereinstimmung mit dem andauernden Trend der Entwicklung im April eine Produktionserhöhung. Die beiden Faktoren vermischen sich, und es ist nicht klar, was der Harvard-Saisonindex eigentlich widerspiegelt.

In den bisherigen Erörterungen über die Methoden zur Ermittlung von Saisonschwankungen haben wir vorausgesetzt, daß diese Schwankungen periodisch sind. Es gibt jedoch Beispiele, wo sowohl die Periode als auch die Amplitude der Saisonschwankungen gewissen Änderungen unterliegen, die meistens durch den technischen Fortschritt in dem betreffenden Industriezweig verursacht werden. Zum Beispiel hat sich die Bausaison in Polen nach dem Krieg wesentlich verlängert und dauert nun auch im Winter an[8]). Ähnlich hat es der Bau geeigneter Lagerhäuser ermöglicht, in der Erzeugung vieler Güter die Amplitude der Saisonschwankungen abzuschwächen. Der technische Fortschritt führt im allgemeinen zur Beseitigung oder mindestens zur Abschwächung der Saisonbewegung, wie in Abb. 18 graphisch dargestellt wurde.

Abb. 18. Abnehmende absolute Saisonschwankungen

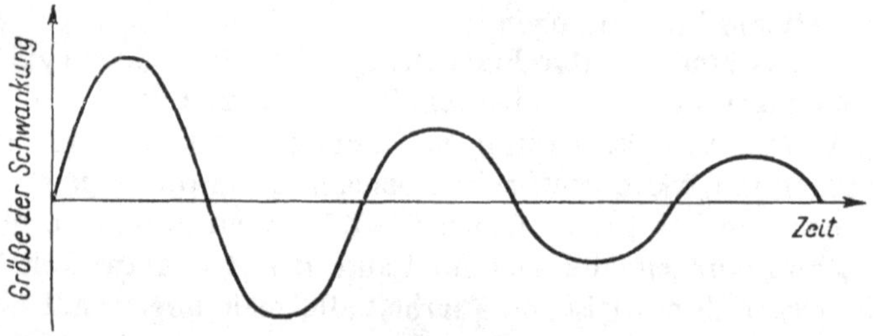

Man kann mittels statistischer Methoden versuchen, die Änderungen des Saisoncharakters zu berücksichtigen und abzuschätzen. Wenn die Amplitude der Saisonschwankungen systematischen Änderungen unterliegt, dann ist natürlich die Berechnung mehrjähriger Durchschnitte bzw. Saisonindexziffern ohne Aussagewert. In solchen Fällen wird man einen Trend für die aus den Werten der Ausgangsreihe und den Werten des gleitenden Zwölfmonatsdurchschnitts gebildeten prozentualen Relationen zu ermitteln versuchen. So können wir z. B. für den Monat Januar feststellen, daß die Relationen einen Trend aufweisen:

$$100\frac{x_1}{\bar{\bar{x}}_1},\quad 100\frac{x_{13}}{\bar{\bar{x}}_{13}},\quad 100\frac{x_{25}}{\bar{\bar{x}}_{25}}.$$

Wir ermitteln den Trend der Relationen für den jeweiligen Monat durch die bekannten mechanischen oder analytischen Methoden der

[8]) Vergleiche den Artikel von St. Kurowski: Ograniczenia wahań sezonowych w budownictwie. „Przegląd Statystyczny", No. 3/4. 1954.

Reihenglättung; z. B. benutzen wir zur Bestimmung der Trendlinie die Methode der kleinsten Quadrate. Im allgemeinen wird die ermittelte Trendlinie von links nach rechts fallen (Abb. 19), was bedeutet, daß die Saisonschwankungen von Jahr zu Jahr kleiner werden.

Abb. 19. Abnehmender Trend der Saisonschwankung

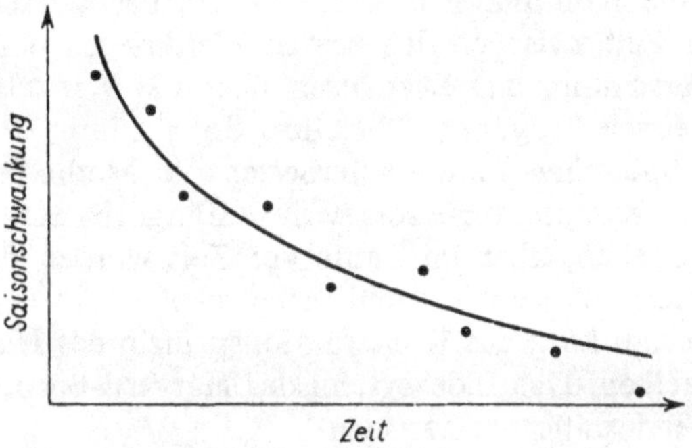

Barometer der Konjunkturprognose

Der erste Teil der Harvard-Methoden zur Konjunkturforschung bestand, wie wir gesehen haben, in der Zerlegung der jeweiligen Zeitreihe in ihre Komponenten und in der Aussonderung der zyklischen Schwankungen. In der Praxis eliminiert man sehr häufig zuerst die Saisonschwankungen und bestimmt den Trend. Dann zieht man vom Trend die von Saisonschwankungen bereinigten Reihenwerte ab. Die sich ergebende Differenz stellt die zyklische Komponente einschließlich der irregulären Schwankungen dar. Das Harvard-Institut bemühte sich nicht, die irregulären Schwankungen auszuschalten in der Überzeugung, daß diese relativ kleinen unregelmäßigen Variationen keine große Rolle spielen.

Diese Untersuchungen über die Zerlegung von Zeitreihen in ihre Komponenten dienten der Vorbereitung von Wirtschaftsprognosen. Der zweite Teil der Harvard-Methoden bestand in der Auswahl eines Systems von Indexziffern, die der Beurteilung der jeweiligen Lage der Volkswirtschaft und der Vorhersage ihrer künftigen Entwicklung dienten. Dieses System von Indizes wurde als *Barometer der Konjunkturprognose* bezeichnet, da es eine ähnliche Funktion wie ein

Barometer und andere Meßgeräte bei der Wettervorhersage erfüllt.

Das System der Indizes zur Ermittlung und Vorhersage der Wirtschaftskonjunktur wurde zum ersten Mal 1919 im Harvard-Institut aufgestellt und erhielt den Namen *Harvard-Barometer*. Dem Vorbild des Harvard-Instituts folgend, wurden in einer Reihe anderer Länder, in denen Konjunkturforschungsinstitute gegründet worden waren, Barometer für die Konjunkturprognose ausgearbeitet. Auch in Polen gab es in der Zeit zwischen den beiden Weltkriegen ein Institut für Konjunkturforschung, das Diangosen über die Wirtschaftslage des Landes und einige Prognosen über ihre Entwicklung stellte.

In den europäischen Ländern basierten die Methoden zur Konstruktion von Konjunkturbarometern anfänglich auf den amerikanischen Modellen, aber im Laufe der Zeit wurden die Harvard-Methoden wesentlich geändert und verbessert.

Wir wollen nun kurz das Konstruktionsprinzip des Harvard-Barometers beschreiben. Das Indexsystem des Harvard-Barometers setzte sich aus drei Indexziffern zusammen:

(1) dem sogenannten *Spekulationsindex A* (speculation), einem durchschnittlichen Kurs der an der New Yorker Börse notierten Aktien;

(2) dem *Index des Warenmarktes B* (business), den man aus den Großhandelspreisen für Waren ermittelte;

(3) dem *Index des Geldmarktes C* (money), der auf Grund des Kurses festverzinslicher Wertpapiere berechnet wurde.

Aus den Zeitreihen der Werte dieser drei Indexziffern schaltete man den Trend und die Saisonschwankungen aus und erhielt so Reihen, die die zyklischen und die verhältnismäßig kleinen irregulären Schwankungen wiedergaben.

Das Harvard-Institut behauptete nun, daß zwischen den zyklischen Schwankungen der Indizes *A*, *B* und *C* Zusammenhänge bestehen, die wir schematisch in Abb. 20 dareste llt haben.

Aus dieser Abbildung geht hervor, daß die Schwankungen des Index *B* gegenüber denen des Index *A* und die Schwankungen des Index *C* wiederum gegenüber denen des Index *B* zeitlich verschoben sind. Die Maximalwerte des Index *C* entsprechen ungefähr den Minimalwerten des Index *A*. Auf genau diesen Relationen zwischen den Schwankungen des Spekulations-, des Waren- und des Geldmarktindex basieren die Konjunkturprognosen.

Die das Harvard-Barometer bildenden Indizes sind angeblich rein empirisch aufgestellt worden. Das Harvard-Institut lehnte ausdrücklich alle theoretischen Annahmen über die gegenseitige Verbundenheit der Indexziffern *A*, *B* und *C* ab. Eine genauere Analyse zeigt jedoch, daß die Argumentationen des Harvard-Institutes tatsächlich gewisse Prämissen theoretischer Natur enthalten.

Abb. 20. Zyklische Schwankungen der Indizes: *A* — Spekulation, *B* — Warenmarkt, *C* — Geldmarkt

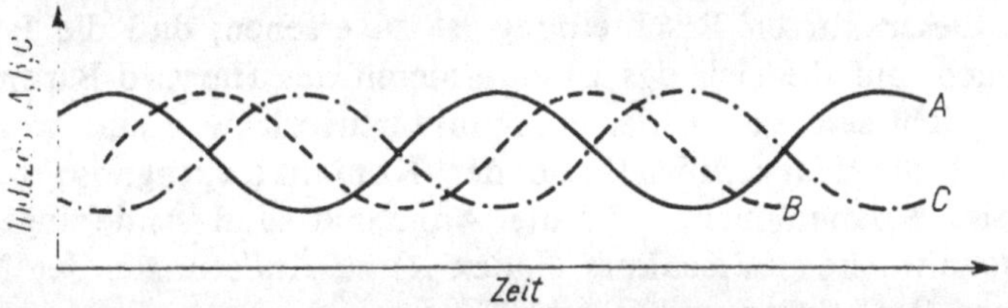

Man setzte nämlich voraus, daß der Spekulationsindex *A*, d.h. der durchschnittliche Aktienkurs an der New Yorker Börse, die Erwartungen der Kapitalisten über die zukünftige Rentabilität der Investition wiedergibt. Wenn diese Einschätzung günstig ist und angenommen wird, daß die Investitionsgewinne steigen, nimmt die Nachfrage nach Waren zu, was wiederum zu einem Ansteigen des Index der Großhandelspreise, also zu einer Erhöhung des Index *B* führt. Ein Steigen der Aktienkurse führt demnach zur Erhöhung des Warenmarktindex.

Die Nachfrageerhöhung und die sich aus ihr ergebende Produktionssteigerung führen wiederum zur Anspannung auf dem Geldmarkt. Der Geldbedarf nimmt zu, und das hat unmittelbar eine Erhöhung des Zinssatzes zur Folge. Die Erhöhung des Zinses für kurzfristige Kredite äußert sich im Fallen der Kurse für festverzinsliche Wertpapiere. Das erklärt die Tatsache, warum im Zeitpunkt, da der Index *A* ungefähr sein Maximum erreicht, der Index *C* den niedrigsten Wert annimmt.

Die weitere Entwicklung der Lage auf dem Güter- und Geldmarkt ist die folgende: Das Fallen der Kurse für festverzinsliche Wertpapiere beeinflußt die optimistische Einschätzung der künftigen Rentabilität der Investitionen, die Börsenkurse beginnen zu fallen, die Nachfrage nach Gütern schrumpft, die Produktion wird rückläufig und die Anspannung auf dem Geldmarkt vermindert sich. Der Zins für kurzfristige Kredite wird gesenkt, und die Kurse der festverzinslichen Wertpapiere ziehen an. Es folgt daher eine Periode, in der der Index *A* ab- und der Index *C* zunimmt. Der Index *B* nimmt gegenüber den Indizes *A* und *C* eine Zwischenlage ein.

Wenn man voraussetzt, daß die oben erwähnten Entwicklungsphasen der Markt- und monetären Lage regelmäßig wiederkehren, so kann man aus ihnen Schlüsse für die Zukunft ziehen und die Wirtschaftskonjunktur prognostizieren.

Aus dieser kurzen Beschreibung ist zu ersehen, daß die Beweisführungen, auf die sich das Funktionieren des Harvard-Barometers stützte, nicht sehr tief in der Konjunkturtheorie wurzeln; trotzdem impliziert die Harvard-Methode der Konjunkturprognose gewisse theoretische Annahmen, z. B. die Annahme, daß Änderungen im durchschnittlichen Börsenkurs (Index *A*) zu Änderungen der Nachfrage und Produktion von Gütern führen.

Wir sehen auch, daß das Funktionieren des Harvard-Barometers sich fast völlig auf monetäre Betrachtungen stützt, da selbst der Warenmarkt nur indirekt mit Hilfe der Indizes für Großhandelspreise untersucht wird.

Die Methode der Konjunkturprognose wurde weiterentwickelt, indem man in das System des Barometers Indizes für weitere Komponenten einführte, vor allem Indizes der Produktion, der Beschäftigung usw. Ergebnisse in dieser Hinsicht erzielten vor allem deutsche Wirtschaftswissenschaftler[9]).

Es erhebt sich die Frage nach der Zuverlässigkeit der mit Hilfe des Konjunkturbarometers gemachten Voraussagen. Das im Jahre 1919 veröffentlichte Harvard-Barometer wurde zuerst mit veralteten Daten, die den Zeitabschnitt von 1900 bis 1914 umfaßten, ausgearbeitet und ausprobiert; man machte einen Versuch, auf dieser Grundlage die künftige Entwicklung der Volkswirtschaft vorauszusagen. Abb. 21 veranschaulicht die zyklischen Schwankungen der Indizes *A*, *B* und *C* in den Jahren 1903–1914 entsprechend den Angaben des Harvard-Instituts[10]).

---

[9]) Vgl. die Arbeiten: E. Wagemann, *Konjunkturlehre*, Berlin 1928; W. Winkler, *Grundfragen der Ökonometrie*, Wien 1951.

[10]) Abbildungen 21 und 22 stammen aus der Arbeit von E. Wagemann, *Narrenspiegel der Statistik*, Berlin 1935, S. 86.

Abb. 21. Zyklische Schwankungen der Indizes des Harvard-Barometers in den Jahren 1903–1914: *A* — Spekulation, *B* — Warenmarkt, *C* — Geldmarkt

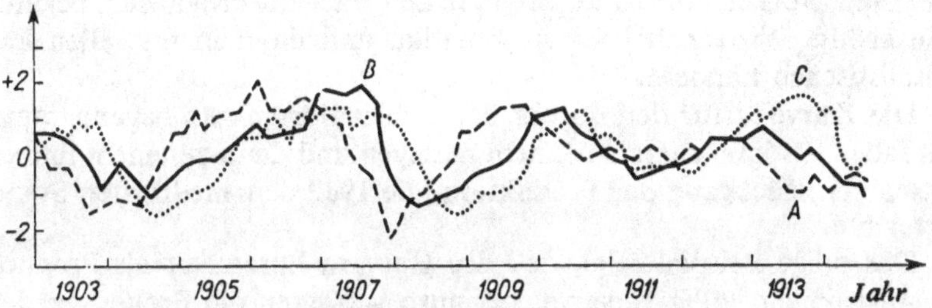

In den Jahren 1921–1924 verlief die Entwicklung der Wirtschaft entsprechend der Prognose, aber schon in den Jahren 1924–1929 ergaben sich wesentliche Abweichungen, da die Beziehung zwischen den Schwankungen der Indizes *A*, *B* und *C* ernstlich gestört war (Abb. 22). Man gab jedoch weiterhin optimistische Prognosen über

Abb. 22. Schwankungen der Indizes des Harvard-Barometers in den Jahren 1922–1928: *A* — Spekulation, *B* — Warenmarkt, *C* — Geldmarkt

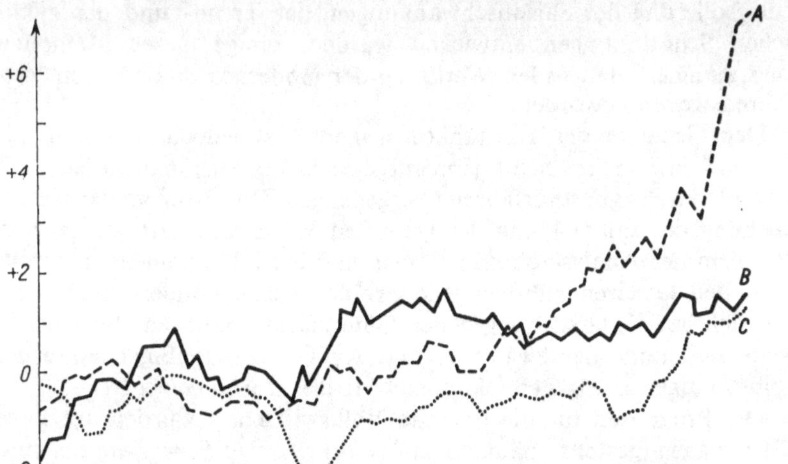

die Wirtschaftsentwicklung, da die Kurve für den Index *A* ständig stieg. Inzwischen kam es im Oktober 1929 unerwartet zum Krach an der New Yorker Börse und, entgegen den Harvard-Prognosen, begann die größte Wirtschaftskrise in Amerika und dann in fast allen kapitalistischen Ländern.

Die Kurve *A* für den durchschnittlichen Börsenkurs begann rapid zu fallen. Es kam zuerst zu einem mäßigen und dann zu einem immer rascheren Rückgang der Produktion, die 1932 den niedrigsten Stand erreichte.

Das obige Beispiel zeigt, daß das Harvard-Barometer als Prognoseninstrument völlig versagte. Genauso versagten die Prognosen der meisten amerikanischen Ökonomen, die vor dem Herbst 1929 auf Grund verschiedener anderer Indexziffern eine weitere günstige Konjunkturentwicklung voraussagten. Die Konjunkturbarometer wurden noch längere Zeit veröffentlicht, man betrachtete sie jedoch mehr als eine Art konziser Beschreibung der augenblicklichen Wirtschaftslage und nicht als ein Prognoseinstrument. Damit endet faktisch die Geschichte der Konjunkturbarometer. Die mit der Konjunkturprognose verbundenen Untersuchungen zeitigten jedoch viele wertvolle Ergebnisse. Ihnen ist es zu verdanken, daß statistische Methoden zur Isolierung der Saisonschwankungen, der Trend- und der zyklischen Schwankungen entwickelt wurden. Einige dieser Methoden sind zu einem dauernden Werkzeug der modernen statistischen Verfahrensweisen geworden.

Der Gedanke der Konjunkturprognose ist jedoch in den kapitalistischen Ländern nicht ganz aufgegeben worden; man ist lediglich zu anderen Prognoseverfahren übergegangen. Das Problem der Untersuchung der Entwicklung der gesamten Volkswirtschaft wurde vom Problem der Analyse einzelner wirtschaftlicher Phänomene getrennt. Von den letzteren nahmen jene Probleme eine Sonderstellung ein, die sich auf Untersuchungen der Gütermärkte beziehen. So entwickelte sich Ende der zwanziger und Anfang der dreißiger Jahre ein selbständiger Zweig der Ökonometrie: die *Marktanalyse.*

Die Prognosen für die gesamte Volkswirtschaft wurden auf neue Grundlagen gestellt, nämlich auf *volkswirtschaftliche Bilanzen* und vor allem auf *Bilanzen des Volkseinkommens und dessen Verwendung.* Solche Untersuchungen werden auch als *volkswirtschaftliche Gesamtrechnungen* bezeichnet.

Gewöhnlich stellt man verschiedene Bilanzen dieser Art in Anlehnung an die Keynessche Theorie auf[11]). Auf der Verwendungsseite des Volkseinkommens werden die Konsum- und Investitionsausgaben ausgesondert. Im allgemeinen wird angenommen, daß bei einer Verringerung der Investitionsausgaben die Volkswirtschaft in eine Periode verminderter Geschäftstätigkeit oder Rezession eintritt, die, wenn sie sich verstärkt, zur Krise oder Depression führt. Die Erhöhung der Investitionsausgaben ist ein Zeichen für den Beginn einer Periode der Expansion der Volkswirtschaft, den Beginn einer guten Konjunktur und der Prosperität. Man untersucht auch, ob die Konsum- und Investitionsausgaben das gesamte Volkseinkommen in Anspruch nehmen. Sind die Gesamtausgaben für Konsum und Investition kleiner als das gesamte Einkommen, sinkt das Sozialprodukt. Wenn dagegen die Konsum- und Investitionsausgaben größer als das Gesamteinkommen sind, beginnt für die Volkswirtschaft eine Periode der Expansion, die bei Vollbeschäftigung zur Inflation führen kann.

Seit dem zweiten Weltkrieg werden in den meisten kapitalistischen Ländern gesamtwirtschaftliche Bilanzen aufgestellt. In den USA ist die Erstellung derartiger Bilanzen gesetzlich vorgeschrieben. Auf Grund der volkswirtschaftlichen Bilanzen werden Konjunkturprognosen erstellt, und man erwartet vom Staat Maßnahmen zur Stabilisierung der Volkswirtschaft, um sie vor einer großen Wirtschaftskrise oder Inflation zu schützen. Die Erfahrung auf diesem Gebiet ist bisher gering, und die praktischen Ergebnisse sind ziemlich bescheiden und auch schwierig zu beurteilen, da in jüngster Zeit Rüstungsausgaben die Konjunktur in der kapitalistischen Welt ausschlaggebend beeinflußt haben.

---

[11]) Das Hauptwerk von J. M. Keynes (1883–1946): *Allgemeine Theorie der Beschäftigung, des Zinses und Geldes*, München und Leipzig 1936.

KAPITEL II

MARKTANALYSE

Nachfrage- und Angebotsfunktionen

Der erste Komplex ökonometrischer Fragen, mit dem wir uns bisher beschäftigt haben, betraf Probleme der Konjunkturanalyse und -prognose. Wir mußten feststellen, daß die entsprechenden Untersuchungsverfahren sehr primitiv waren, und wir haben auf neue Entwicklungsrichtungen hingewiesen.

Ein zweiter Komplex ökonometrischer Untersuchungen umfaßt Probleme, die mit der Marktanalyse zusammenhängen, und die auf zwei Hauptfragen hinauslaufen:

(1) die Ermittlung des Zusammenhangs zwischen dem Preis eines Gutes und der Aufnahmefähigkeit des Marktes (Nachfrage),

(2) die Ermittlung des Zusammenhangs zwischen dem Preis und der Erzeugung eines Gutes (Angebot).

Aus der traditionellen Lehre der politischen Ökonomie kennen wir das Gesetz von Angebot und Nachfrage. Es besagt, daß die Gütermenge, die auf dem Markt verkauft werden kann, d.h. die *Nachfrage, sich im allgemeinen in entgegengesetzter Richtung wie der Preis*, und daß die Gütermenge, die die Verkäufer auf dem Markt anbieten, *d.h. das Angebot, sich im allgemeinen in gleicher Richtung wie der Preis ändert.*

Das bedeutet, daß bei einer Erhöhung des Marktpreises die Nachfrage im allgemeinen abnimmt; dagegen nimmt das Angebot im allgemeinen zu, wenn der Marktpreis steigt, und es vermindert sich, wenn der Preis fällt.

Das Gesetz von Angebot und Nachfrage wird aus empirischen Untersuchungen des Marktverhaltens abgeleitet. Es ist ein elementares Gesetz, das gedanklich noch vor dem *Wert-* oder *Preisgesetz* steht, das sich aus dem Spiel von Angebot und Nachfrage ergibt.

Das Wertgesetz bildet den Mechanismus, der die Aufteilung der gesellschaftlichen Arbeit auf die einzelnen Volkswirtschaftszweige regelt und der entscheidend dazu beiträgt, daß die Preise in erster Näherung dem Wert der Güter proportional sind, also proportional der Menge der gesellschaftlich notwendigen Arbeit, die erforderlich ist, um die Güter herzustellen. Dieser Mechanismus funktioniert vermöge des Gesetzes von Angebot und Nachfrage.

Die Werttheorie dringt wesentlich tiefer in das Wesen des Problems von Angebot und Nachfrage ein. Sie untersucht, in welchem Ausmaß das Güterangebot von der in die Produktion eingehenden gesellschaftlichen Arbeit abhängt, wie die Nachfrage von der Verteilung des Eigentums an Produktionsmitteln in der Gesellschaft abhängig ist, auf welche Weise diese Beziehung zur Verteilung der gesellschaftlichen Arbeit auf die verschiedenen Produktionszweige führt usw. Das Wertgesetz zeigt, wie die wirtschaftlichen Vorgänge von den Produktionsbedingungen abhängen. Wir beschränken uns jedoch hier auf eine Untersuchung der Marktbeziehungen, wie sie an der Oberfläche sichtbar werden, ohne tiefer auf das Problem einzugehen, wie diese Beziehungen durch die Produktionsverhältnisse bedingt sind.

Eine mathematische Formulierung des Gesetzes von Angebot und Nachfrage wurde zuerst von A. A. Cournot (1801–1877) in einem 1838 in Frankreich veröffentlichten Buch mit dem Titel *Untersuchungen über die mathematischen Grundlagen der Theorie des Wohlstandes*[1]) gegeben. Cournot behauptet, daß die Nachfrage d eine Funktion des Preises p, d.h. $d = f(p)$, ist. Bezüglich der Eigenschaften der Funktion $f(p)$ machte er nur eine Voraussetzung, nämlich, daß diese Funktion in der Regel monoton fällt[2]). Aus dieser Annahme folgt, daß die erste Ableitung der Nachfragefunktion nach dem Preis kleiner als Null ist: $f'(p) < 0$. Diese Bedingung wird als eine Verallgemeinerung der Markterfahrung aufgefaßt.

In ähnlicher Weise, aber nicht mehr durch Cournot, wurde das Angebot s als eine Funktion des Preises p, d. h. $s = \varphi(p)$, definiert, wobei ebenfalls auf Grund der Markterfahrung vorausgesetzt wird, daß die Funktion $\varphi(p)$ in der Regel monoton steigt, also $\varphi'(p) > 0$.

---

[1]) A. Cournot, *Recherches sur les principes mathématiques de la théorie des richesses.*

[2]) In der weiteren Entwicklung der Markttheorie wird angenommen, daß die Nachfragefunktion (und Angebotsfunktion) eine stetige Funktion ist, die in jedem Punkt erste und eventuell weitere Ableitungen besitzt.

Vorläufig machen auch wir hinsichtlich der Funktion $\varphi(p)$ keine anderen Annahmen.

Beispiele für Angebots- und Nachfragekurven vermitteln die Abb. 23a, b, c; Abb. 23c zeigt die Nachfragekurve D und die Angebotskurve S im gleichen Diagramm.

Abb. 23a. Nachfragekurve D

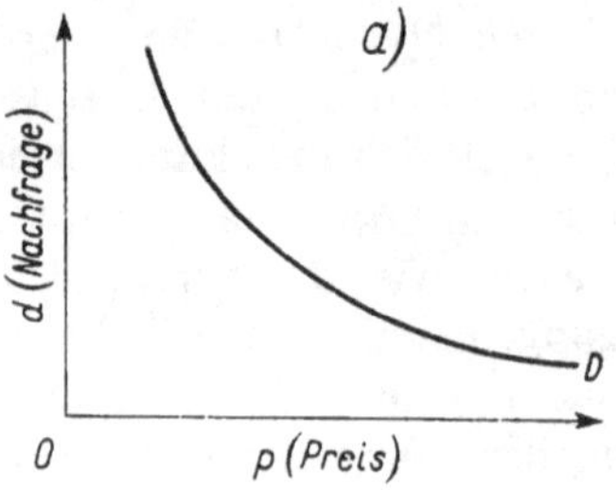

Abb. 23b. Angebotskurve S

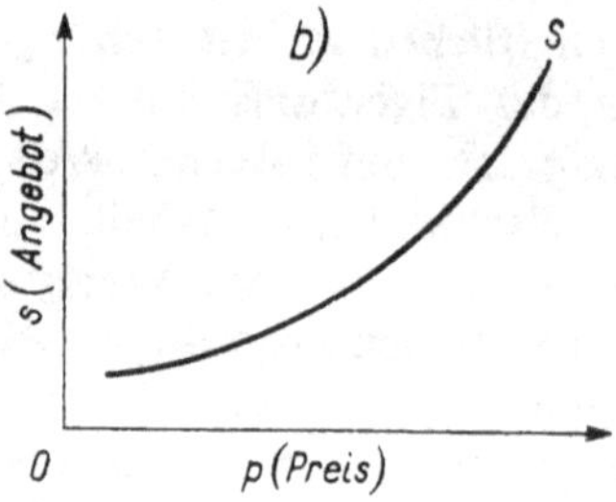

Das elementare Gesetz von Angebot und Nachfrage (die elementare Preistheorie) behauptet, daß der Marktpreis sich auf einem Niveau einspielt, bei dem Angebot und Nachfrage gleich sind. Demnach ist also der Marktpreis durch den Schnittpunkt P der Kurven D und S bestimmt (Abb. 23c). Kein anderer Preis außer dem Preis $p = OM$

Abb. 23c. Die Nachfragekurve D und die Angebotskurve S

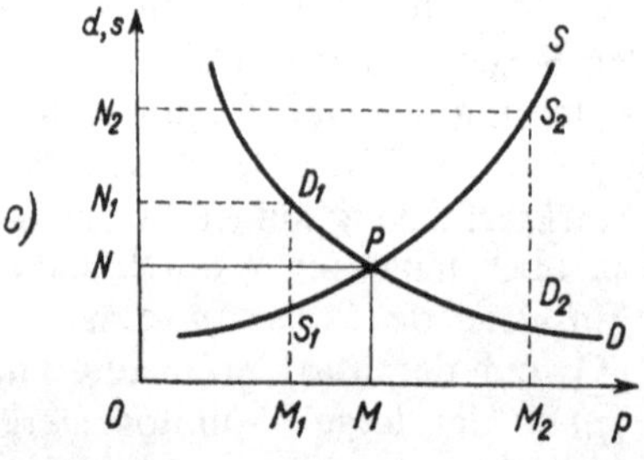

hat Aussichten, sich auf dem Markt durchzusetzen. Denn ist für einen gegebenen Preis $p_1 = OM_1$ die Nachfrage größer als das Angebot ($M_1D_1 > M_1S_1$), dann steigt – angesichts des Unterangebots des betreffenden Gutes auf dem Markt – der Preis des Gutes, da sich solche

Käufer finden, die gerne einen höheren Preis zahlen, um in den Besitz der benötigten Ware zu gelangen.

Ist umgekehrt beim Preis $p_2 = OM_2$ das Angebot größer als die Nachfrage ($M_2S_2 > M_2D_2$), dann finden sich solche Verkäufer, die bereit sind, zu niedrigerem Preis zu verkaufen, um die Ware loszuwerden; folglich wird der Preis der Ware sinken.

Der Preis $p = OM$, der dem Schnittpunkt P von Nachfragekurve D und Angebotskurve S entspricht, wird als *Gleichgewichtspreis* bezeichnet.

Die mathematische Formulierung des Gesetzes von Angebot und Nachfrage, das teilweise von Cournot entwickelt wurde, ist allgemein auch von anderen Wirtschaftswissenschaftlern übernommen worden. Sie wird von Leon Walras (1834–1910) in seiner klassischen Arbeit *Elements d'économie politique pure ou théorie de la richesse sociale* und von Alfred Marshall (1842–1924) in seinem Werk *Principles of Economics* benutzt.

Marshall betrachtet in seinen Untersuchungen über den Zusammenhang zwischen dem Preis p und der Nachfrage d (bzw. des Angebots s) die Nachfrage (bzw. das Angebot) als unabhängige Variable. Mit anderen Worten, die von Marshall eingeführten Funktionen sind Umkehrfunktionen der weiter oben angeführten Funktionen, also

$$p = f^{-1}(d) \qquad \text{und} \qquad p = \varphi^{-1}(s).$$

Da die Funktionen $f(p)$ und $\varphi(p)$ monotone Funktionen sind, existieren auch deren Umkehrfunktionen. Die Marshallschen Kurven werden daher, wie in den Abbildungen 24a, b, c dargestellt, konstruiert.

Die Marshallschen Funktionen, die die Beziehung zwischen dem Preis und der Nachfrage bzw. dem Angebot festlegen, haben eine bestimmte Bedeutung. Die Funktion $p = f^{-1}(d)$ gibt den Preis p an, zu dem eine bestimmte Menge d eines Gutes auf dem Markt verkauft werden kann. Daher kann die Funktion $p = f^{-1}(d)$ als *Absatzfunktion* bezeichnet werden.

Analog bestimmt die Funktion $p = \varphi^{-1}(s)$ den Preis p, der ein ganz bestimmtes Angebot s eines gegebenen Gutes bewirkt. Funktionen dieser Art können z. B. zur Bestimmung des Preises benutzt werden, der die Erzeugung einer bestimmten Menge an Fleisch, Getreide, usw. gewährleistet und ihren Verkauf ermöglicht. Auch bei Verwendung der beschriebenen Marshallschen Funktionen wird der Gleichgewichtspreis in ähnlicher Weise wie vorher bestimmt. Der Gleichgewichtspreis entspricht der Ordinate von P, des Schnittpunktes der Angebots- und Nachfragekurve.

Abb. 24a. Die Nachfragekurve D

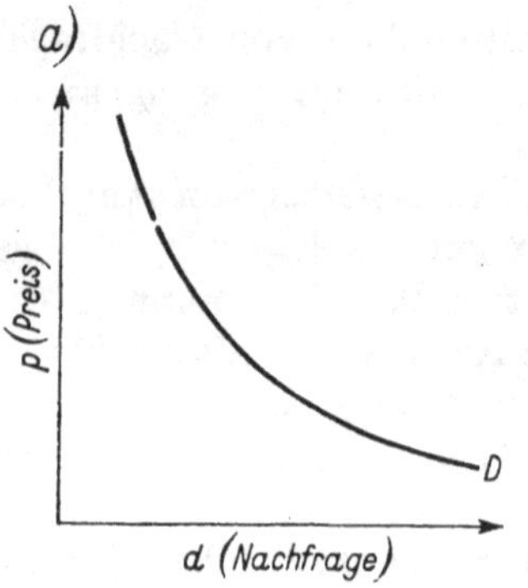

Abb. 24b. Die Angebotskurve S

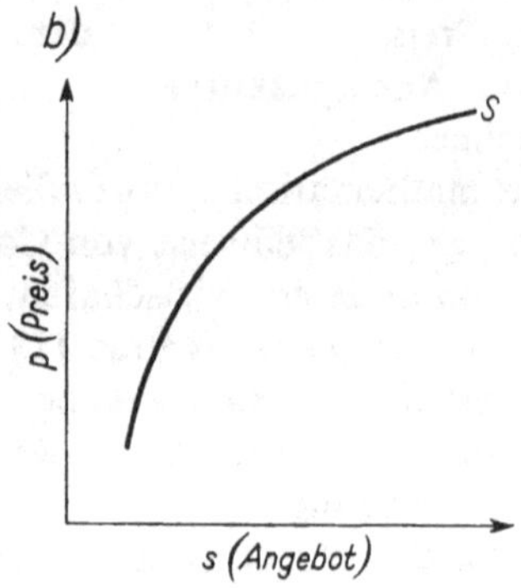

Abb. 24c. Die Nachfragekurve D und die Angebotskurve S

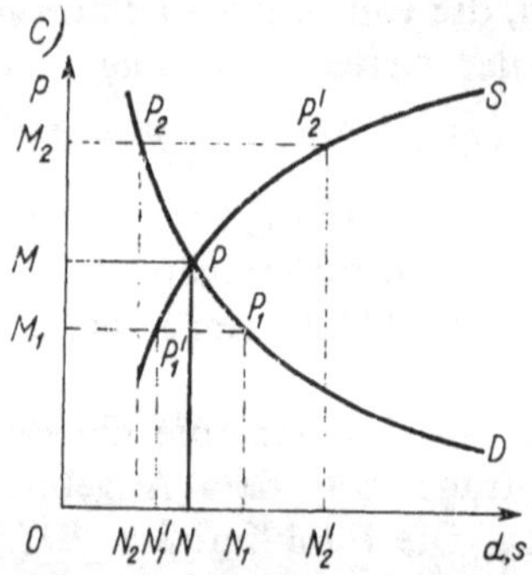

Wenn der Marktpreis $p_1 = OM_1$ kleiner ist als der Gleichgewichtspreis ($OM_1 < OM$), dann ist die Nachfrage größer als das Angebot. Um die Bedürfnisse der Gesamtbevölkerung zu befriedigen, muß man in diesem Falle zur Rationierung übergehen, da sonst das Gut von den Personen aufgekauft wird, die zuerst kommen, und für die übrigen reicht die Ware nicht mehr aus. Ist dagegen der Marktpreis $p_2 = OM_2$ höher als der Gleichgewichtspreis ($OM_2 > OM$), dann ist das Angebot größer als die Nachfrage, und ein Teil der Ware bleibt in Warenhäusern und Geschäften liegen.

Die englische und amerikanische Fachliteratur übernahm das Marshallsche System der Darstellung von Angebots- und Nachfragefunktionen und -kurven, während in der französischen Literatur meist Kurven in der Walrasschen Form verwendet werden. In unseren Ausführungen werden wir vorwiegend die zweite Art der Darstellung von Nachfrage- und Angebotskurven benutzen.

Nachfrage- und Angebotselastizitäten

Wir gehen jetzt zu einer ausführlichen Untersuchung von Nachfrage- und Angebotsschwankungen über, die unter dem Einfluß von Preisänderungen auftreten. Aus Erfahrung weiß man, daß Änderungen des Preises und der Nachfrage im allgemeinen entgegengesetzt gerichtet sind und daß darüber hinaus der Einfluß der Preisänderung auf die Nachfrage je nach Art des Gutes unterschiedlich ist. Z. B. vermindert eine Preiserhöhung für lebensnotwendige Güter die Nachfrage nur wenig. Dagegen kann eine nur geringfügige Preiserhöhung bei manchen Luxusartikeln zu einer starken Abnahme der Nachfrage führen. Aus diesen Beispielen ergibt sich, daß man die Waren entsprechend der Reaktion ihrer Nachfrage auf Preisänderungen klassifizieren kann.

A. Marshall führt als erster ein Maß für die quantitative Bestimmung des Einflusses von Preisänderungen auf die Nachfrage ein. Er nannte dieses Maß *Nachfrageelastizität* und definierte es als *Verhältnis von relativer Nachfrageänderung und relativer Preisänderung.*

Nehmen wir an, der ursprüngliche Preis eines Gutes $p = 10$ Zl. werde um $\Delta p = 2$ Zl. erhöht. Die relative Preisänderung beträgt dann:

$$\frac{\Delta p}{p} = \frac{2}{10} = 20\%.$$

Wenn der Nachfrage $d = 100$ ein Preis von $p = 10$ Zl. entspricht, und beispielsweise bei einer Nachfrage $d+\Delta d = 90$ der Preis $p+\Delta p = 10+2 = 12$ Zl. ist, dann beträgt die absolute Nachfrageänderung $\Delta d = -10$, und die relative Nachfrageänderung ist:

$$\frac{\Delta d}{d} = \frac{-10}{100} = -10\%.$$

Für die Nachfrageelastizität im angeführten Beispiel ergibt sich:

$$\frac{\Delta d}{d} : \frac{\Delta p}{p} = -\frac{10}{100} : \frac{2}{10} = -\frac{1}{2}.$$

Näherungsweise können wir sagen, daß die Elastizität angibt, um wieviel Prozent die Nachfrage abnimmt (eventuell zunimmt), wenn der Preis sich um 1 Prozent erhöht (evtl. fällt).

Um negative Zahlen als Elastizitätsmaße zu vermeiden, definierte Marshall die Nachfrageelastizität η gemäß der Formel[3]):

$$\eta = \frac{\Delta d}{d} : -\frac{\Delta p}{p} = -\frac{\Delta d}{\Delta p} \times \frac{p}{d}. \tag{1}$$

In dem betrachteten Zahlenbeispiel beträgt die Elastizität

$$\eta = -\frac{10}{100} : \frac{-2}{10} = \frac{1}{2}.$$

Die Formel (1) für die Nachfrageelastizität können wir noch in anderer Form darstellen. Als Grenzwert, d. h. wenn wir annehmen, daß $\Delta p \to 0$, erhält man $\frac{\Delta d}{\Delta p} \to f'(p)$, wobei $f(p) = d$ die Nachfragefunktion ist. Hieraus folgt, daß

$$\eta = -f'(p) \times \frac{p}{d}. \tag{2}$$

In ähnlicher Weise wie die Nachfrageelastizität definieren wir die *Angebotselastizität* ε als *Verhältnis von relativer Änderung des Angebots* s *und relativer Änderung des Preises* p:

$$\varepsilon = \frac{\Delta s}{s} : \frac{\Delta p}{p} = \frac{\Delta s}{\Delta p} \times \frac{p}{s}. \tag{3}$$

Als Grenzwert ergibt sich:

$$\varepsilon = \varphi'(p) \times \frac{p}{s}, \tag{4}$$

wobei $\varphi(p) = s$ die Angebotsfunktion ist.

[3]) Eine solche Formulierung der Elastizitätsdefinition entspricht mehr der Umgangssprache. Wenn nämlich die Nachfrageelastizität des ersten Gutes $\eta_1 = -2$ und des zweiten Gutes $\eta_2 = -1$ betrüge, so würden wir gewöhnlich sagen, daß die Nachfrageelastizität des ersten Gutes größer ist als die des zweiten, obwohl mathematisch $\eta_1 < \eta_2$.

Wir wollen nun die unmittelbare Bedeutung der Nachfrageelastizität für die Marktanalyse näher erläutern.

Die Gesamtausgaben der Bevölkerung für den Kauf irgendeines Gutes berechnen wir durch die Multiplikation der Absatzmenge mit dem Preis des Gutes: $p \times d$. Angenommen, der Preis des Gutes habe sich geändert. Wie, so fragen wir, wirkt sich die Preisänderung auf den wertmäßigen Gesamtumsatz des Gutes aus?

Nehmen wir z. B. an, der Zuckerpreis soll gesenkt werden. Dann wird man wissen wollen, wie diese Maßnahme die Ausgaben der Bevölkerung beeinflußt, die zweifelsohne die Preissenkung ausnutzen und eine größere Zuckermenge kaufen wird.

Das Problem läuft auf eine Betrachtung der ersten Ableitung der Funktion der Gesamtausgaben (oder der Marktumsätze) $pd = pf(p)$ nach dem Preis p hinaus:

$$\frac{d\,[pf(p)]}{dp} = f(p) + pf'(p) = f(p)\left[1 + \frac{pf'(p)}{f(p)}\right] = f(p)(1-\eta).$$

Wir wollen nun Fälle mit unterschiedlichen Werten der Nachfrageelastizität η untersuchen.

(1) Ist $\eta = 1$, dann ist die Ableitung der Gesamtausgaben gleich Null:

$$\frac{d\,[pf(p)]}{dp} = 0.$$

Das bedeutet, daß der Geldwert des Umsatzes $pf(p)$ konstant und unabhängig von den Preisänderungen ist.

(2) Ist $\eta > 1$, dann ist

$$\frac{d\,[pf(p)]}{dp} < 0,$$

was bedeutet, daß eine Preiserhöhung zu einem Rückgang des Umsatzes führt.

(3) Ist $\eta < 1$, dann ist

$$\frac{d\,[pf(p)]}{dp} > 0;$$

folglich erhöht sich mit steigendem Preis der Geldwert des Umsatzes.

Die Elastizität $\eta = 1$ ist von ausschlaggebender Bedeutung für die Bestimmung der erwarteten Umsätze. Ist η stets gleich eins, dann verhält sich die Nachfrage $d = f(p)$ umgekehrt proportional zum Preis. Wie wir gesehen haben, ist in diesem Falle das Produkt aus der Nachfrage $d = f(p)$ und dem Preis p eine Konstante, die wir mit c bezeichnen wollen. Es ist also

$$f(p) \times p = c,$$

und folglich:

$$f(p) = \frac{c}{p}.$$

Ist $\eta > 1$, dann fällt die Nachfrage gegenüber dem Preis überproportional, und daher nimmt die Funktion $p \times f(p)$ des Gesamtumsatzes ab. Ist $\eta < 1$, dann fällt die Nachfrage gegenüber dem Preis unterproportional, und die Funktion des Gesamtumsatzes steigt.

Die obigen Erörterungen machen es verständlich, warum die Bestimmung der Nachfrageelastizität für Monopolisten, die die Marktpreise festsetzen, von besonderer Bedeutung ist. Kennt man die Nachfrageelastizität für ein bestimmtes Gut, dann kann man berechnen, ob und in welchem Grade eine Preiserhöhung (bzw. Senkung) eine Zunahme des Umsatzes und der Gewinne des Monopolisten bewirkt. Die Kenntnis der Nachfrageelastizität hat auch für die Interventionspolitik des Staates große Bedeutung.

Die von A. Cournot eingeführte Theorie der Nachfragefunktion bezog sich auf Monopolpreise. A. Marshall hingegen verwendete den Begriff der Nachfrageelastizität auch unter Bedingungen der freien Konkurrenz, doch hatte dies keine größere praktische Anwendung zur Folge.

Die Nachfrageelastizität ist im allgemeinen in den einzelnen Punkten der Nachfragekurve unterschiedlich. Dasselbe gilt von der Angebotselastizität.

Nehmen wir als Beispiel eine in der Praxis übrigens selten auftretende lineare Nachfragefunktion, $d = f(p) = ap+b$, die in Abb. 25 dargestellt ist. Der Parameter b in der Gleichung der Geraden $d = ap+b$ ist bekanntlich gleich der Ordinate OB, und der Parameter a ist der Anstieg dieser Geraden, also $a = \tan \alpha$, wobei α der Winkel zwischen der Geraden und der positiven Richtung der Abszissenachse ist. Bei der Nachfragekurve ist der Richtungskoeffizient a in der Regel kleiner als Null.

Ist die Nachfragekurve D eine Gerade, so könnte man meinen, daß die Nachfrageelastizität in allen Punkten dieser Geraden dieselbe ist. Das ist aber nicht der Fall. Die Ableitung der Nachfragefunktion $f'(p)$ ist zwar konstant und gleich a, aber der Preis p und die Nachfrage d haben in den verschiedenen Punkten der Nachfragekurve D unterschiedliche Werte.

Abb. 25. Lineare Nachfragefunktion

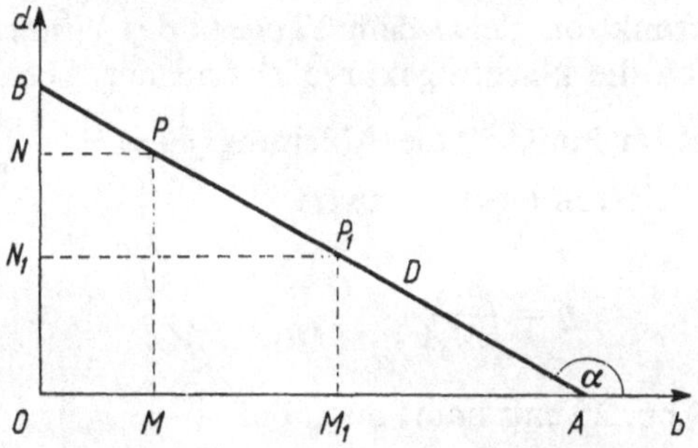

Abb. 26. Hyperbolische Nachfragefunktion

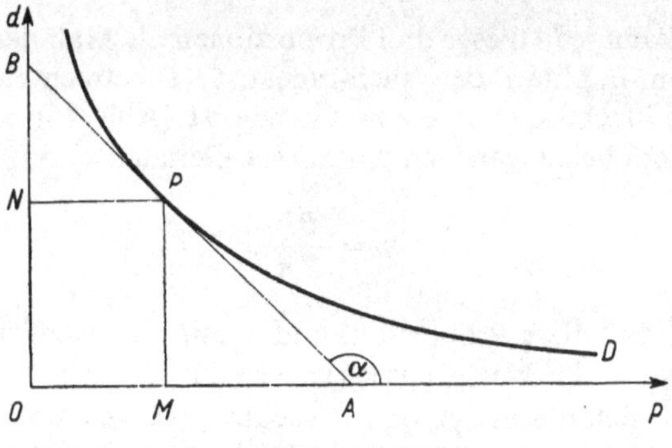

Folglich ändert sich die Nachfrageelastizität

$$\eta = -f'(p) \times \frac{p}{d},$$

wenn wir auf der Nachfragekurve von einem Punkt P zu einem anderen Punkt P_1 übergehen.

Betrachten wir dies etwas ausführlicher, indem wir die bei Marshall angegebene Methode anwenden, nämlich ein Verfahren zur graphischen Ermittlung der Nachfrageelastizität aus den Nachfragekurven.

Nehmen wir an, wir wollen die Nachfrageelastizität im Punkte P (mit den Koordinaten OM und ON) der Nachfragekurve $d = f(p)$ durch dieses graphische Verfahren bestimmen (Abb. 26). Hierzu zeichnen wir im Punkte P die Tangente an diese Kurve, die die Koordinatenachsen in den Punkten A und B schneidet. Da die Ableitung der Nachfragefunktion gleich dem Tangens des Winkels ist, der von der Tangente an die Nachfragekurve D und der Abszissenachse gebildet wird, ist im Punkt P die Ableitung $f'(p) = -\frac{MP}{MA}$, so daß die Nachfrageelastizität in diesem Punkte

$$\eta = \frac{MP}{MA} \times \frac{OM}{MP} = \frac{OM}{MA}$$

beträgt. Der Abb. 26 entnimmt man, daß

$$\frac{OM}{MA} = \frac{BP}{PA} = \frac{BN}{NO}$$

ist; daher kann jede dieser drei Proportionen als Maß der Nachfrageelastizität im Punkte P der Nachfragekurve D betrachtet werden.

Falls die Nachfragekurve eine Gerade ist (Abb. 25), ist die Elastizität in jedem beliebigen Punkt P dieser Geraden

$$\eta = \frac{BP}{PA}.$$

Es ist klar, daß diese Proportion, und damit die Nachfrageelastizität, in jedem Punkt der Nachfragekurve verschieden ist.

Es erhebt sich die Frage, ob es Nachfragekurven gibt, die in jedem Punkt die gleiche Elastizität haben. Solche Kurven gibt es tatsächlich, und ihre Gleichungen sind von der Form:

$$d = \frac{C}{p^\alpha} = Cp^{-\alpha}, \tag{5}$$

wobei $C > 0$ und $\alpha > 0$ Parameter der Nachfragefunktion sind.

Wir bestimmen nun die Nachfrageelastizität für eine durch diese Formel definierte Funktion. Da

$$f'(p) = -C\alpha p^{-\alpha-1},$$

ist

$$\eta = C\alpha p^{-\alpha-1} \times \frac{p}{Cp^{-\alpha}} = \alpha.$$

Demnach hat jede Kurve mit der Gleichung (5) in jedem Punkt die gleiche Elastizität α.

Umgekehrt kann man beweisen, daß, wenn die Nachfrageelastizität in jedem Punkt der Nachfragekurve konstant ist, die Nachfragefunktion die Gestalt (5) hat. Denn nehmen wir einmal an, die Nachfrageelastizität sei konstant und gleich α, dann ist in der Tat

$$-\frac{df(p)}{dp} \times \frac{p}{f(p)} = \alpha,$$

also

$$\frac{df(p)}{f(p)} = -\frac{dp}{p}\alpha$$

oder

$$d \log f(p) = -\alpha d \log p.$$

Durch Integration beider Seiten der letzten Gleichung ergibt sich

$$\log f(p) = \log C - \alpha \log p,$$

wobei $\log C$ eine Integrationskonstante ist.

Demnach ist

$$\log f(p) = \log Cp^{-\alpha},$$

oder

$$d = f(p) = Cp^{-\alpha},$$

was zu beweisen war.

Aus der Gleichung

$$d = \frac{C}{p}$$

ist zu ersehen, daß eine *Kurve mit konstanter Elastizität* eine Hyperbel ist, deren Gestalt vom Parameter α abhängt. Insbesondere ist für

$\alpha = 1$ die Kurve mit konstanter Elastizität eine gleichseitige Hyperbel, die bekanntlich das Schaubild einer umgekehrt proportionalen Abhängigkeit ist.

Beim graphischen Verfahren zur Elastizitätsbestimmung ist das Verhältnis der vom Tangentenpunkt und den Koordinatenachsen begrenzten Abschnitte der Tangente an die Hyperbel $d = Cp^{-\alpha}$ gleich der Nachfrageelastizität ($\eta = \alpha$), und man sieht, daß dieses Verhältnis in jedem Punkt der Hyperbel von der gleichen Größe ist (Abb. 27a).

Abb. 27. Graphische Ermittlung von Nachfrageelastizitäten

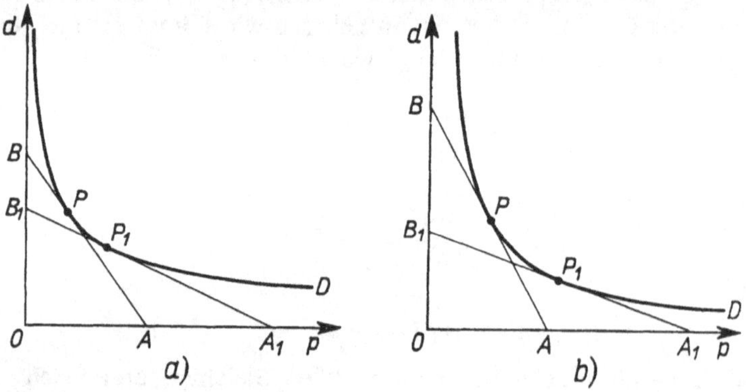

Wenn die Nachfrageelastizität gleich eins ist, ist die Nachfragekurve $d = Cp^{-1}$ eine gleichseitige Hyperbel, und der Berührungspunkt P teilt jedes der Tangentenstücke AB in gleiche Abschnitte (Abbildung 27b); denn aus

$$\frac{PB}{PA} = 1$$

folgt, daß

$$PB = PA.$$

Die graphische Analyse der Elastizität kann noch weiter vereinfacht werden. Ausgehend von der Elastizitätsdefinition

$$\eta = -\frac{\Delta d}{d} : \frac{\Delta p}{p}$$

und unter Berücksichtigung[4]) von

$$\frac{\Delta d}{d} = \Delta \log d \qquad \text{und} \qquad \frac{\Delta p}{p} = \Delta \log p$$

ergibt sich:

$$\eta = -\frac{\Delta \log d}{\Delta \log p}.$$

Als nächstes entwerfen wir ein Diagramm mit doppelt-logarithmischem Maßstab, in dem wir $\log d$ in Abhängigkeit von $\log p$ darstellen. Auf diese Weise erhalten wir eine fallende Kurve (Abb. 28), da sich der Wert von $\log d$ vermindert, wenn die Variable d abnimmt.

Die Elastizität kann in einem solchen Diagramm durch den Tangens des Winkels α, der von der Tangente an die Kurve und der positiven Richtung der Abszissenachse gebildet wird, ermittelt werden, da ja

$$\eta = -\frac{\Delta \log d}{\Delta \log p}.$$

Die Kurve mit konstanter Elastizität ist in einem Diagramm mit doppelt-logarithmischem Maßstab offensichtlich eine Gerade. Das

Abb. 28. Bestimmung der Nachfrageelastizität bei logaritmischer Darstellung

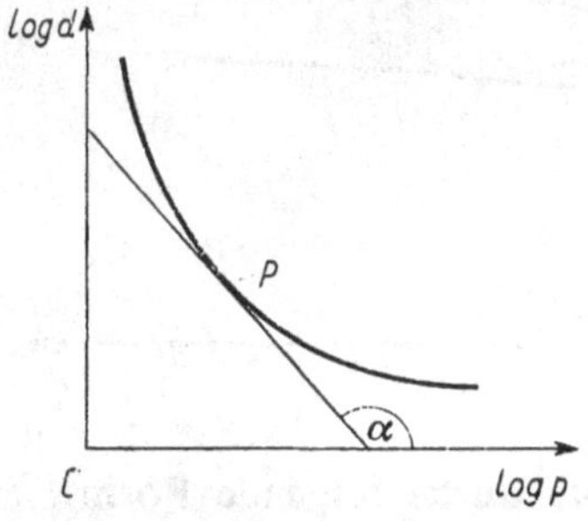

Abb. 29. Graphische Ermittlung von Angebotselastizitäten

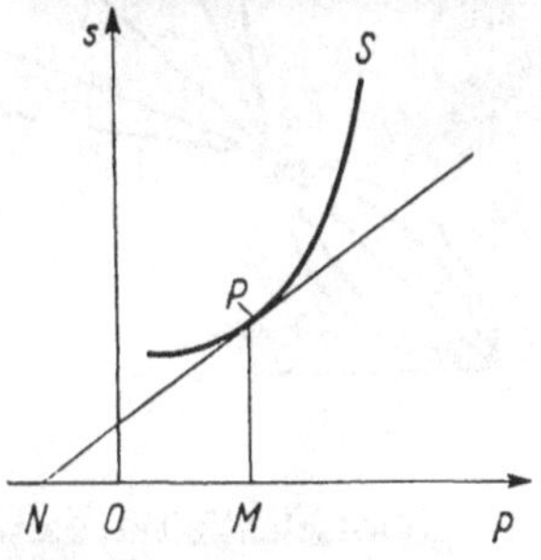

---

[4]) Aus der Differentialrechnung ist bekannt, daß für $y = \log x$, wobei log den natürlichen Logarithmus bezeichnet, $\frac{dy}{dx} = \frac{1}{x}$ ist. Im Text wird das Symbol $\frac{\Delta y}{\Delta x}$ anstelle von $\frac{dy}{dx}$ benützt, da mit dem Buchstaben d die Nachfrage benannt ist. Es kann gezeigt werden, daß die sich ergebenden Resultate auch für andere Logarithmen gelten, z.B. für dekadische Logarithmen.

kann auch direkt aus der Elastizitätsformel der Funktion $d = Cp^{-\alpha}$ abgeleitet werden, die durch Logarithmierung die Form

$$\log d = b - \alpha \log p$$

annimmt, wobei $b = \log C$ ist.

In analoger Weise untersuchen wir die Angebotselastizität:

$$\varepsilon = \frac{\Delta s}{\Delta p} \times \frac{p}{s}.$$

Es kann gezeigt werden, daß die Angebotselastizität durch das Verhältnis der Abschnitte *OM* und *NM* bestimmt ist (Abb. 29).

Ist die Angebotselastizität $\varepsilon = 1$, geht die Tangente durch den Ursprung des Koordinatensystems.

Abb. 30. Kurven $s = Cp^{\alpha}$

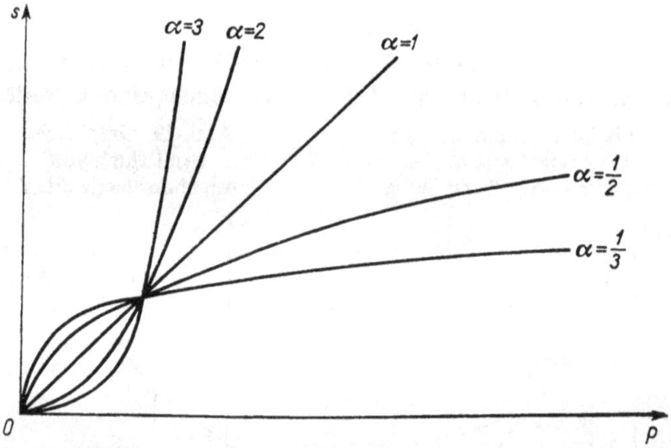

Die Angebotselastizität kann auch durch folgende Formel ausgedrückt werden:

$$\varepsilon = \frac{\Delta \log s}{\Delta \log p}.$$

Daher ist die Kurve mit konstanter Angebotselastizität, dargestellt in einem Schaubild mit doppelt-logarithmischem Maßstab, eine

Gerade und der Tangens ihres Neigungswinkels in bezug auf die Abszissenachse ist gleich der Angebotselastizität.

Die allgemeine Formel der Angebotskurve konstanter Elastizität ist $s = Cp^\alpha$, wobei $\alpha > 0$. Diese Abhängigkeit kann auch in der Form

$$\log s = b + \alpha \log p$$

geschrieben werden.

Aus der Gleichung $s = Cp^\alpha$ ist zu ersehen, daß die Kurven mit konstanter Angebotselastizität Parabeln sind, die alle durch den Ursprung des Koordinatensystems gehen und deren Gestalt vom Parameter $\alpha > 0$ abhängt (Abb. 30).

Im speziellen Fall $\alpha = 1$ ist das Diagramm der Angebotsfunktion konstanter Elastizität eine Gerade, die durch den Ursprung des Koordinatensystems verläuft.

Statistische Methoden zur Bestimmung der Nachfrage- und Angebotskurven

Das Problem, mit dem wir uns nun befassen wollen, besteht in der Bestimmung von Nachfrage- bzw. Angebotskurven an Hand statistischer Angaben. Untersuchungen auf diesem Gebiete wurden 1917 begonnen und in den zwanziger Jahren weitergeführt, zunächst vor allem in den USA.

Der erste Forscher, der einen Versuch unternahm, die Nachfrage- und Angebotskurven auf Grund statistischer Zahlen zu bestimmen, war der amerikanische Wirtschaftswissenschaftler H. L. Moore. Er versuchte u. a. zu ermitteln, wie sich der Preis für Baumwolle auf ihre Produktion und Nachfrage auswirkt[5]).

Die von H. L. Moore begonnenen Untersuchungen setzte sein Schüler, der amerikanische Nationalökonom Henry Schultz (gest. 1938) fort, der als ein Pionier der modernen Ökonometrie gilt. Die Hauptwerke von Schultz, *Die statistischen Gesetze von Nachfrage und Angebot* sowie *Theorie und Messung der Nachfrage*, gelten bis heute als die klassischen Lehrbücher auf diesem Gebiet[6]).

Im Jahre 1929 veröffentlichte in Deutschland der Nationalökonom W. Leontief (der jetzt in den USA lebt) einen Aufsatz mit dem Titel

---

5) H. L. Moore, *Forecasting the Yield and Price of Cotton*, New York 1917.

6) H. Schultz, *Statistical Laws of Demand and Supply, with Special Application to Sugar*, Chicago 1929; *The Theory and Measurement of Demand*, Chicago 1938.

Ein Versuch zur statistischen Analyse von Angebot und Nachfrage, der sich mit ähnlichen Problemen befaßte[7]).

Seit dieser Zeit erschien eine Fülle von Veröffentlichungen über statistische Methoden zur Bestimmung von Nachfrage- und Angebotsfunktionen für verschiedenartige Güter.

Die hauptsächlichen Verfahren können in zwei Gruppen eingeteilt werden: Die eine verwendet statistische Zahlen über den Markt (*Marktdaten*), die andere stützt sich auf die sogenannten *Haushaltsrechnungen.*

Die statistische Methode, bei der Marktdaten zur Bestimmung der Nachfragekurve verwendet werden, kann als das klassische Verfahren angesehen werden. Die Haushaltsrechnungen dienen eher dem Nachweis, wie sich die Nachfrage bei Einkommensänderungen – und nicht unter dem Einfluß von Preisschwankungen – verändert.

Die statistischen Angaben über den Markt, die zur Bestimmung der Nachfragekurve dienen, sind ihrer Art nach Zeitreihen, einmal für den Preis eines Gutes, zum anderen für die zu diesem Preis verkauften Mengen des Gutes. Als Beispiel verwenden wir ein Korrelationsdiagramm für Butterpreise und Buttermengen, ermittelt aus Verkäufen

Abb. 31. Butterpreise und Nachfrage nach Butter

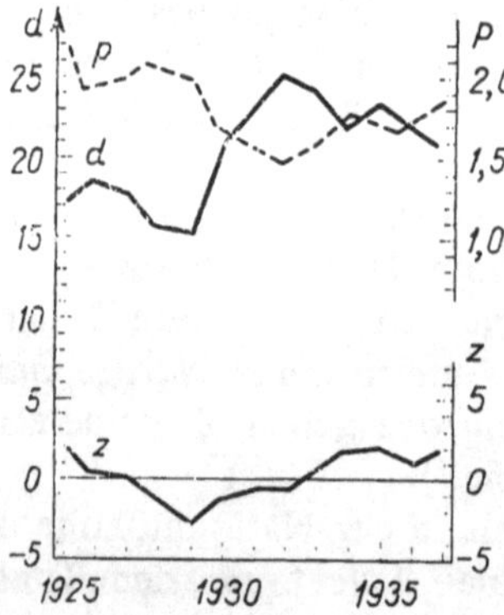

Abb. 32. Butterpreise und Nachfrage nach Butter. Doppelt-logarithmischer Maßstab

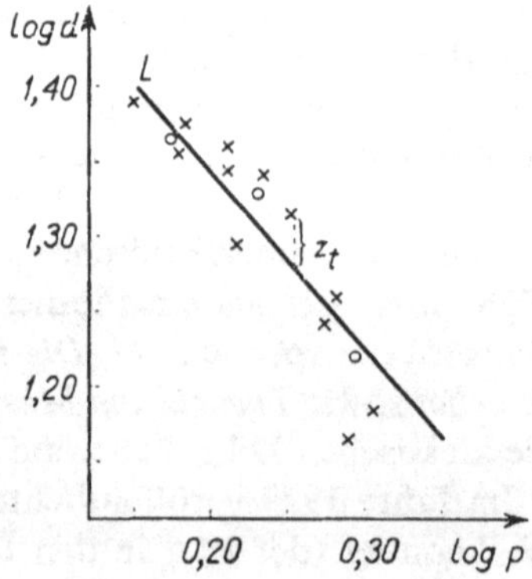

[7]) W. Leontief, *Ein Versuch zur statistischen Analyse von Angebot und Nachfrage*, (Weltwirtschaftliches Archiv, 1929).

Stockholmer Konsumgenossenschaften in der Zeit von 1925 bis 1937 (Abb. 31)[8]).

Auf der waagerechten Achse dieses Diagramms ist die Zeit abgetragen; die senkrechten Skalen beziehen sich auf die verkauften Buttermengen (linke Skala) und den Butterpreis (rechte Skala). Die Buttermengen d sind in kg pro Mitglied der Konsumgenossenschaft angegeben, und der Preis p ist ein Jahresdurchschnitt des Geldpreises der Butter je kg in schwedischen Kronen, dividiert durch den jährlichen Preisindex, mit anderen Worten, der sogenannte Realpreis.

Dem Diagramm entnimmt man, daß jedem Sinken des Preises (Linie p) eine Erhöhung der Nachfrage (Linie d) entspricht, und daß jede Preiserhöhung eine Verminderung der Nachfrage hervorruft.

Im großen und ganzen werden die Marktbeziehungen durch verschiedenartige Faktoren gestört und ergeben ein unklares Bild von der Abhängigkeit der Nachfrage vom Preis. Die einfache Nachfragefunktion $d = f(p)$ kann einen gewissen Zufallsfaktor z enthalten, so daß sich die Gestalt der Preisabhängigkeit der Nachfrage ändert: $d = f(p) + z$. Der Zufallsfaktor z kann z. B. nach der Methode der kleinsten Quadrate ausgeschaltet werden, indem man, wie im Kapitel I beschrieben, verfährt. Wir erhalten dann als angenähertes Bild der Preisabhängigkeit der Nachfrage eine geglättete Kurve, aus der der Zufallsfaktor z eliminiert ist.

Für ein solches Vorgehen sind die Daten der Abb. 31 ein geeignetes Beispiel. In Abb. 32 sind die einander entsprechenden Preis- und Nachfragegrößen sowie die nach der Methode der kleinsten Quadrate angepaßte Linie ausgewiesen. Im doppelt-logarithmischen Maßstab ergibt sich eine Gerade mit der Formel $\log d = 1{,}58 - 1{,}17 \log p$. Die Nachfrageelastizität ist konstant und beträgt 1,17.

Das ist ein klassisches, in der Praxis ziemlich selten anzutreffendes Beispiel für eine ungewöhnliche Übereinstimmung der Schwankungen des Preises und der Menge einer Ware, deren Verkauf dem Gesetz von Angebot und Nachfrage unterliegt. Schweden war eines der wenigen kapitalistischen Länder, das nicht allzusehr unter der Weltwirtschaftskrise litt. Dieser Staat verfolgte eine Politik der Vollbeschäftigung, und so ist es nicht verwunderlich, daß die Marktlage mehr

---

[8]) Das Beispiel stammt aus der Arbeit von H. Wold, *Demand Analysis. A Study in Econometrics*, Uppsala 1952.

oder weniger normal war. In der Regel werden jedoch sowohl der Preis als auch die Nachfrage in Übereinstimmung mit der allgemeinen Verbesserung oder Verschlechterung der Konjunkturlage steigen oder fallen.

Unter diesen Verhältnissen erfordert eine Analyse der Preisabhängigkeit der Nachfrage meist kompliziertere Untersuchungsmethoden. In dieser Hinsicht leisteten Moore und Schultz in ihrem Bemühen, Nachfrage- und Angebotskurven anhand von Marktstatistiken abzuleiten, Pionierarbeit.

Nehmen wir an, es seien eine Nachfragekurve D_{51} und eine Angebotskurve S_{51} für eine bestimmte Zeit, z. B. für Kartoffeln im Jahre 1951, gegeben; p_{51} sei der Gleichgewichtspreis, der bekanntlich dem Schnittpunkt dieser Kurven entspricht. Das heißt, wir gehen von der Annahme aus, daß die erzeugte und auf den Markt gebrachte Warenmenge restlos verkauft wird ($d_{51} = s_{51}$). Weiterhin setzen wir voraus, daß die Gleichgewichtspreise $p_{52}, p_{53}, p_{54}, \ldots$ in den folgenden Jahren auf dieselbe Weise durch die Angebots- und Nachfragekurve bestimmt sind. Im allgemeinen werden sich die Nachfragekurven $D_{51}, D_{52}, D_{53}, \ldots$ und die Angebotskurven $S_{51}, S_{52}, S_{53}, \ldots$. in aufeinanderfolgenden Jahren wegen der sich ändernden Markt- und Produktionslage in irgendeiner Weise verschieben, wie es in Abb. 33a schematisch dargestellt ist.

Die Punkte, die in den einzelnen Jahren dem Gleichgewichtszustand des Marktes entsprechen, tragen wir in ein gesondertes Dia-

Abb. 33 . Marktgleichgewicht bei sich ändernden Nachfrage- und Angebotskurven

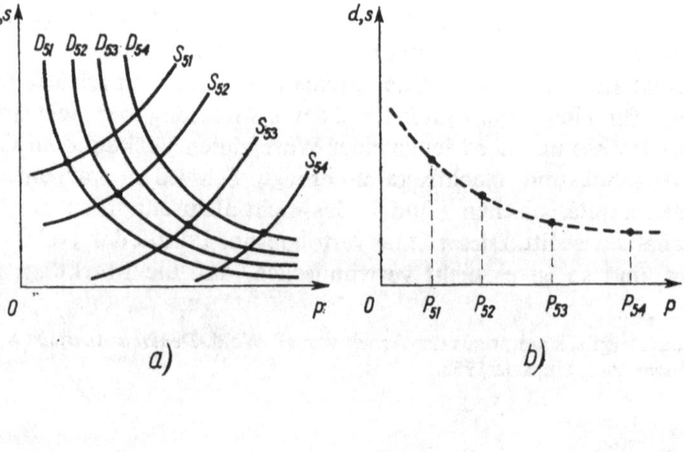

gramm ein (Abb. 33b). Durch Verbindung dieser Punkte ergibt sich eine bestimmte Kurve, die die Änderungen der Gleichgewichtspreise und der korrespondierenden Nachfragewerte in aufeinanderfolgenden Jahren veranschaulicht. Das ist eigentlich alles, was wir der Marktstatistik entnehmen können.

Wir wollen nun versuchen, das sich ergebende Bild der Gleichgewichtspreis- und der Nachfrageänderungen zu erklären. Hierzu überlegen wir uns, wie sich dieses Bild ändern würde, wenn sich während der Beobachtungsperiode nur die Angebotskurve, aber nicht die Nachfragekurve verschiebt. Die dementsprechenden Änderungen der Angebotskurve und die sich unter diesen Annahmen ergebenden Gleichgewichtspunkte sind in Abb. 34a und b graphisch dargestellt.

Abb. 34. Rekostruierte Nachfragekurve

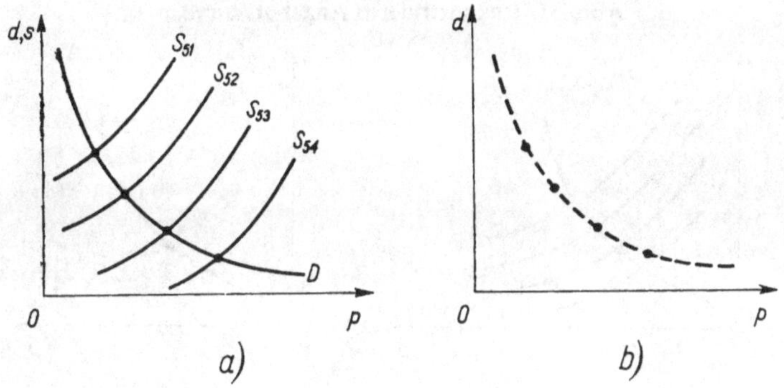

Aus dem Diagramm geht hervor, daß die die »Gleichgewichtspunkte« der einzelnen Jahre verbindende Linie eine *rekonstruierte Nachfragekurve* unter der Annahme ist, daß Gestalt und Lage derselben sich im vorgegebenen Zeitraum nicht verändert haben.

Im allgemeinen verwendet man zur Glättung der Kurve, die man durch Verbindung der »Gleichgewichtspunkte« – als die wir die Schnittpunkte der als invariant angenommenen Nachfragekurve mit den Angebotskurven in den einzelnen Jahren ansehen (Abb. 34b) – erhält, die Methode der kleinsten Quadrate. Die so erzielte Regressionslinie ist eine graphische Approximation der Nachfragekurve, aus der die zufälligen Störungen der Marktlage eliminiert wurden.

Die Anwendung eines derartigen Verfahrens zur statistischen Bestimmung der Nachfragekurve ist im allgemeinen bei landwirtschaftlichen Erzeugnissen möglich, deren Angebot mit den Ernteerträgen der betreffenden Jahre variiert, während die Schwankungen der Nachfragekurve kurzfristig relativ unbedeutend sind. Letzteres wird durch die Tatsache erklärt, daß die landwirtschaftlichen Produkte im großen und ganzen zu den Gütern des elementaren Bedarfs gehören, deren Nachfragebedingungen sich nur langsam ändern. Auf ähnliche Weise könnte man in gewissen Sonderfällen die Angebotskurve bestimmen. Wenn wir annehmen, daß die Angebotskurve sich über mehrere aufeinanderfolgende Jahre nicht ändert, während die Nachfragekurve sich von Jahr zu Jahr verschiebt (Abb. 35a), ergibt sich durch Verbindung der jährlichen »Gleichgewichtspunkte« eine rekonstruierte Angebotskurve (Abb. 35b).

Abb. 35. Rekonstruierte Angebotskurve

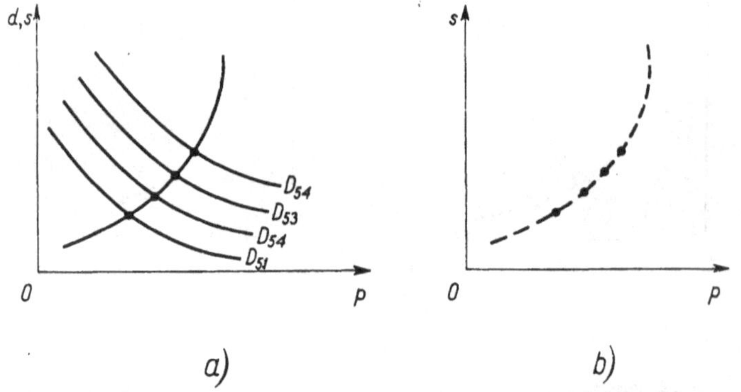

Die obige Analyse zeigt, daß es nur dann möglich ist, die statistischen Marktdaten zu entwirren und aus ihnen die Nachfrage- oder die Angebotskurve zu bekommen, wenn die Nachfrage- oder Angebotskurve im Untersuchungszeitraum keinen ins Gewicht fallenden Änderungen unterliegt. Im ersten Falle kann man die Nachfragekurve und im zweiten die Angebotskurve rekonstruieren. Ändern sich die Nachfrage- und die Angebotskurve gleichzeitig, dann ist es durch das eben beschriebene Verfahren unmöglich, die in der Zeitreihe der Änderungen des Gleichgewichtspreises und der Nachfrage enthaltenen statistischen Daten zu trennen. Die die »Gleichgewichtspunkte« der einzelnen Jahre verbindende Kurve hat dann keinen bestimmten ökonomischen Sinn.

Die Annahme z. B. einer konstanten Nachfrage- bzw. Angebotskurve, die wir bei der Anwendung dieser Methode machen, wird jedoch oft nicht exakt zutreffen. Die Praxis zeigt, daß bei der Verwendung dieser wie anderer ökonometrischer Verfahren die ursprünglichen theoretischen Annahmen oft abgeschwächt werden müssen. Man erhält dann mehr oder weniger gute Näherungswerte. Wenn sich z. B. die Angebotskurve bei einer zwar nicht invarianten, jedoch sich nur gering ändernden Nachfragekurve von Jahr zu Jahr verschiebt, dann ist die Verbindungslinie der »Gleichgewichtspunkte« ein angenähertes Bild der Nachfragekurve.

Das Problem der besten Anpassung der rekonstruierten Nachfragekurve (bzw. Angebotskurve) an die statistisch ermittelten Schnittpunkte von Nachfrage- und Angebotskurven der einzelnen Jahre entspricht der Aufgabe, die Gestalt und die Lage der Trendkurve (Kapitel I) einer Zeitreihe zu bestimmen. Die Festlegung der Gestalt einer solchen Kurve ist bekanntlich in hohem Maße willkürlich. In der Praxis verwendet man für die gesuchte Nachfragekurve (bzw. Angebotskurve) meist eine Kurve, die im doppelt-logarithmischen Diagramm eine Gerade ist, also eine Kurve der Form

$$\log x = a + \alpha \log p,$$

wobei x entweder die Größe der Nachfrage d oder des Angebots s ist, je nachdem mit welcher dieser Kurven wir uns gerade befassen.

Die Nachfrageelastizität (bzw. die Angebotselastizität) der Kurve mit der Gleichung

$$\log x = a + \alpha \log p$$

ist bekanntlich gleich dem Parameter α, wobei α im Falle der Nachfragekurve kleiner als Null und im Falle der Angebotskurve größer als Null ist.

Mit der Annahme, die Nachfragekurve (Angebotskurve) habe die Form $\log x = a + \alpha \log p$, setzen wir implizite voraus, daß die Nachfrageelastizität (Angebotselastizität) eine Konstante ist, d. h., daß sie in jedem Punkt der Kurve gleich ist. Die Wahl gerade einer solchen Nachfragekurve (Angebotskurve) ist ausschließlich von praktischen Erwägungen diktiert.

Wenn wir z. B. für die Funktion der Kartoffelnachfrage eine konstante Elastizität annehmen, erreichen wir auf diese Weise, daß die Nachfrageelastizität unabhängig vom Preis ist. Die Elastizität wird gewissermaßen zu einem quantitativen Merkmal des einzelnen Gutes, und die Frage nach der Nachfrageelastizität (Angebotselastizität) bestimmter Güter kann beantwortet werden.

Die Annahme einer konstanten Elastizität für ein bestimmtes Gut interpretiert man in der Praxis so, daß sich zwar die Elastizität beim Übergang von einem Punkt der Nachfragekurve (Angebotskurve) zum anderen ändert, daß aber die durchschnittliche Elastizität in einem bestimmten Intervall konstant ist.

Eine Rechtfertigung dieses Näherungsverfahrens leitet man aus der Tatsache ab, daß die Anpassung jeder beliebigen Kurve an die Punkte eines gegebenen Streuungsdiagramms stets eine Approximation ist. Zum Beispiel kann an die Punkte des Streuungsdiagramms in Abb. 36 ebensogut die Gerade k wie die Kurve l angepaßt werden. Als Ergebnis der Approximation wird man daher versuchen, eine Kurve zu erhalten, die für die Praxis am zweckmäßigsten ist. Es wäre ein Fehler, in solchen Fällen auf einer übertriebenen Genauigkeit zu beharren, die in Anbetracht der Ungenauigkeit des statistischen Materials illusorisch ist.

Es ist interessant, die bahnbrechenden Ergebnisse kennenzulernen, die Moore auf dem Gebiete der Bestimmung von Nachfrage- und Angebotskurven anhand von Marktstatistiken erzielte. Moore versuchte z. B., die Beziehung zwischen dem Preis und der Nachfrage von Mais in den USA in den Jahren 1866–1911 zu erforschen[9]). Ihm standen die folgenden statistischen Angaben zur Verfügung:

(a) x, die Höhe der jährlichen Maiserträge in Bushels,

(b) p, der durchschnittliche Jahrespreis für 1 Bushel Mais in Dollar.

Anhand dieser Angaben berechnete Moore die jährliche Zunahme (Abnahme) der Erträge Δx und die jährliche Zunahme (Abnahme) des Preises Δp im Vergleich zu den Erträgen und Preisen im Vorjahr; dann ermittelte er die jährlichen relativen Zunahmen (Abnahmen) der Erträge und Preise:

$$\frac{\Delta x}{x} \quad \text{und} \quad \frac{\Delta p}{p}.$$

[9]) H. L. Moore, *Economic Cycles: Their Law and Cause*, New York 1914.

Ein Ausschnitt aus der von Moore verwendeten statistischen Tabelle, die sich auf die Zeit von 1866–1882 bezieht, ist weiter unten wiedergegeben.

Abb. 36. Anpassung einer Kurve an vorgegebene Punkte

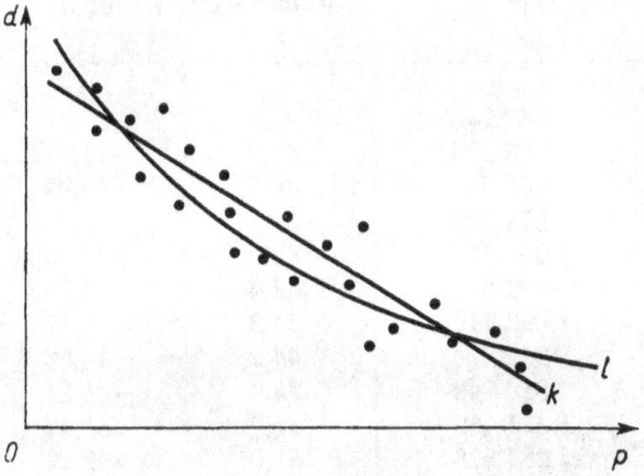

Der angelsächsischen Tradition entsprechend stellt Moore dann in einem Schaubild dar (Abb. 37), wie die relativen Preiszuwächse von den Nachfrageerhöhungen abhängen. Wir haben bereits erwähnt, daß die Behandlung des Preises als eine Funktion der Ernteerträge im Einklang mit der ökonomischen Analyse des Marktmechanismus steht. Die Höhe der Erträge entspricht den Ernten der betreffenden Jahre. Die Möglichkeit der Vorratsbildung (z. B. durch den Staat zu Interventionszwecken) außer Betracht lassend können wir voraussetzen, daß die Gesamternte auf den Markt gebracht wurde und daß der Preis des betreffenden Produktes sich nach der Höhe der Erträge richtet.

Die Kurve, in der $\frac{\Delta p}{p}$ in Abhängigkeit von $\frac{\Delta x}{x}$ dargestellt ist (Abb. 37), glättete Moore nach der Methode der kleinsten Quadrate, und er erhielt die folgende lineare Regressionsgleichung:

$$\frac{\Delta p}{p} = 7{,}79 - 0{,}8896 \frac{\Delta x}{x}\,.$$

Tabelle I

Relative Änderungen der Produktion und der Preise von Mais in den USA in den Jahren 1866–1882

Jahr	Maisproduktion in 1 000 Bushels x	Durchschnitts-preis je Bushel in \$ p	$\frac{\Delta x}{x}$ in %	$\frac{\Delta p}{p}$ in %
1866	867 946	47,4	.	.
1867	768 320	57,0	−11,48	+19,41
1868	906 527	46,8	+17,99	−17,89
1869	874 320	59,8	− 3,55	+27,78
1870	1 094 255	49,4	+25,15	−17,39
1871	991 898	43,4	− 9,35	−12,15
1872	1 092 719	35,3	+10,17	−18,66
1873	932 274	44,2	−14,68	+25,21
1874	850 148	58,4	− 8,81	+32,13
1875	1 321 069	36,7	+55,39	−37,16
1876	1 283 828	34,0	− 2,82	− 7,36
1877	1 342 558	34,8	+ 4,57	+ 2,35
1878	1 388 219	31,7	+ 3,40	− 8,91
1879	1 547 902	37,5	+11,50	+18,30
1880	1 717 435	39,6	+10,95	+ 5,60
1881	1 194 916	63,6	−30,42	+60,61
1882	1 617 025	48,5	−35,33	−23,74

Diese Gerade kann als angenäherte, statistisch ermittelte Nachfragekurve für Mais angesehen werden.

Moore befaßte sich auch mit der Nachfrageelastizität, die entsprechend unserer Definition durch

$$-\frac{\Delta x}{x} : \frac{\Delta p}{p}$$

gegeben ist. Die Größe der Nachfrageelastizität von Mais kann also direkt aus Tabelle I berechnet werden.

Ermutigt durch die Ergebnisse seiner Untersuchung der Zusammenhänge von Preis und Nachfrage bei Mais und Baumwolle, versuchte Moore, die Beziehungen zwischen Preis und Nachfrage bei industriellen Gütern zu ergründen. Ausgehend von statistischen Zahlen für den Zeitraum 1871–1891 erhielt er unter Anwendung eines Verfahrens, das dem bei der Ermittlung der Nachfragefunktion für Mais verwendeten entsprach, für Roheisen die folgende lineare Regressionsgleichung

$$\frac{\Delta p}{p} = -4{,}58 + 0{,}521 \frac{\Delta x}{x},$$

die er als Nachfragefunktion für Roheisen ansah.

Abb. 37. Die Beziehung zwischen relativen Preis- und Nachfragezuwächsen bei Mais

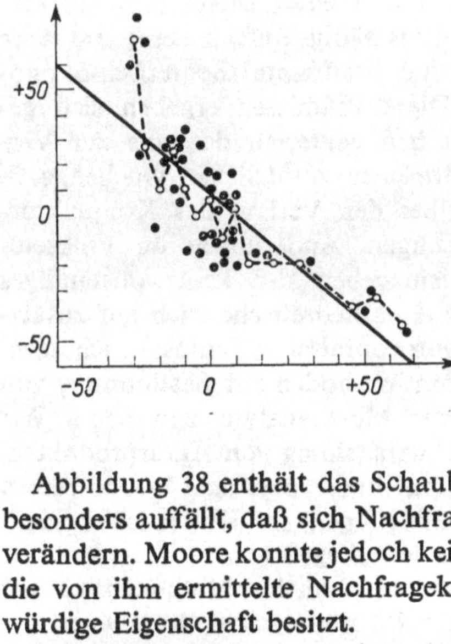

Abb. 38. Die Beziehung zwischen relativen Preis- und Nachfragezuwächsen bei Roheisen

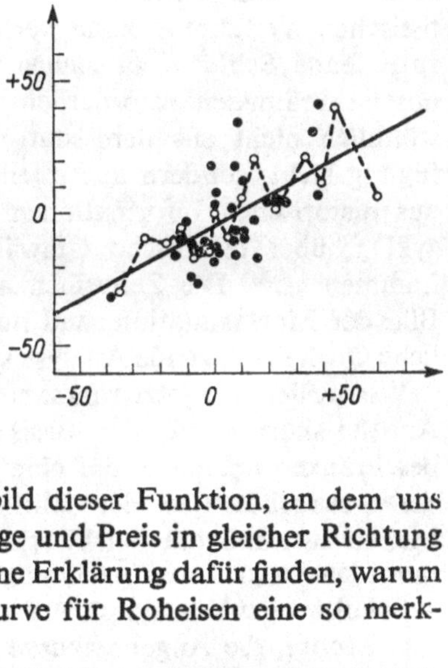

Abbildung 38 enthält das Schaubild dieser Funktion, an dem uns besonders auffällt, daß sich Nachfrage und Preis in gleicher Richtung verändern. Moore konnte jedoch keine Erklärung dafür finden, warum die von ihm ermittelte Nachfragekurve für Roheisen eine so merkwürdige Eigenschaft besitzt.

Eine genauere Analyse zeigte, daß die Mooresche Kurve für Roheisen in Wirklichkeit nicht die Nachfrage, sondern die Angebotskurve ist. In dem Zeitraum, für den Moore die Änderungen der Roheisenpreise und der Nachfrage nach Roheisen untersuchte, gab es keine großen technischen Umwälzungen, und die Produktionskosten blieben mehr oder weniger unverändert. Man kann also annehmen, daß die Angebotskurve in dieser Zeit annähernd konstant war, während die Nachfragekurve sich infolge der allgemeinen Konjunkturschwankungen änderte. Daher rekonstruierte Moore auf Grund der statistischen Daten für 1871–1891 die Angebots- und nicht, wie er annahm, die Nachfragekurve.

Es hätten sich jedoch während dieses Zeitraums auch sehr komplizierte Schwankungen ergeben können, deren Folge sowohl eine Änderung der Nachfrage- als auch der Angebotskurve gewesen wäre. In diesem Falle wäre es nicht möglich gewesen, aus der von Moore ermittelten linearen Regressionsgleichung irgendwelche Schlüsse über die Preisabhängigkeit der Nachfrage oder des Angebots von Roheisen zu ziehen.

Das obige Beispiel zeigt, wie vorsichtig man bei derartigen Untersuchungen sein muß. Die Entwicklung eines entsprechenden statistischen Verfahrens kann verhältnismäßig einfach sein; um aber zutreffende Schlüsse zu ziehen, sind bestimmte theoretisch-ökonomische Prämissen erforderlich. Diese Prämissen ergeben sich gewöhnlich nicht aus dem statistischen Material, das uns zur Verfügung steht, sondern aus irgendwelchen zusätzlichen Quellen, z. B. aus historischen Informationen über den Verlauf der Konjunkturzyklen, über technische Umwälzungen, Änderungen im Volkseinkommen usw. Die Zeitreihen allein geben also kein vollständiges Bild der Marktsituation, und nur eine theoretische, sich auf zusätzliche Quellen stützende Analyse kann vor falschen Schlüssen schützen.

Wir wollen uns jetzt wirksameren Methoden zur Bestimmung von Angebotskurven auf der Basis der Marktanalyse zuwenden. Wir beschränken uns dabei auf eine Untersuchung von Agrarprodukten, deren Angebot von der jährlichen Ernte abhängt. Weiter setzen wir voraus, daß die Nachfragebedingungen im Untersuchungszeitraum keinen größeren Änderungen unterliegen.

Schultz versuchte durch Anwendung ähnlicher Methoden wie vor ihm Moore, die Angebotskurve für Rüben, Zuckerrohr usw. zu bestimmen. An den Korrelationsdiagrammen, die auf Grund der Preis- und Nachfrageangaben der Produkte in den einzelnen Jahren gezeichnet wurden, war zu erkennen, daß man im allgemeinen eine Nachfragekurve erhielt.

Wie aber soll die Angebotskurve gefunden werden? Schultz kam auf den Gedanken, zu diesem Zweck die gleichen statistischen Angaben auszuwerten, die zur Ermittlung der Nachfragekurven führten. Jedoch sollte der Preis des Produktes im jeweiligen Jahr nicht mit dem Angebot des gleichen, sondern des folgenden Jahres verknüpft werden. In der Tat wird die Entscheidung der Landwirte, ob sie ihre Erzeugung, z. B. an Getreide oder Kartoffeln, steigern oder vermindern sollen, unter dem Einfluß des Preises im jeweiligen Jahr getroffen, während diese Entscheidung sich erst im folgenden Jahre auswirkt. So korrespondiert z.B. das Angebot x_2 im Jahre 2 mit dem Preis p_1 im Jahre 1, und analog korrespondiert das Angebot x_3 mit dem Preis p_2, Angebot x_4 mit dem Preis p_3 usw.

Im Verlauf dieses Prozesses können natürlich zufällige Abweichungen auftreten, vor allem deshalb, weil die Landwirte nicht in der Lage sind, Ernteschwankungen in ihren Kalkulationen vorauszusehen.

Die graphische Darstellung der Korrelation zwischen dem Preis eines bestimmten Jahres und der Produktion des gleichen Jahres interpretierte Schultz als Nachfragefunktion, und das Diagramm, das die Korrelation zwischen dem Preis in einem bestimmten Jahr und der Produktion des folgenden Jahres zeigt, als Angebotsfunktion. Die erste dieser Kurven war im allgemeinen fallend, die zweite steigend.

Die Schultzsche Methode ist aber nur zur Ermittlung von Angebotskurven für landwirtschaftliche Produkte zweckmäßig – vor allem für Getreide –, bei denen man es mit einer ganz bestimmten, meist jährlichen Produktionsperiode zu tun hat. Die Anwendung des gleichen Verfahrens zur Bestimmung der Angebotskurve für industrielle Erzeugnisse scheint nicht möglich zu sein, da die Schwankungen in der Industrieerzeugung ganz anderer Art sind.

Voranstehend haben wir eine vereinfachte Darstellung der Schultzschen Methode gegeben. Bei der praktischen Bestimmung der Nachfrage- und Angebotskurven stieß Schultz auf verschiedene Schwierigkeiten. Es kam z.B. vor, daß sich die Nachfrage vergrößerte, wenn die Preise stiegen. Irgendein zusätzlicher Faktor – höchstwahrscheinlich Einkommensänderungen – beeinflußte den beobachteten Verlauf. Schultz gab für diesen zusätzlichen Faktor keine genaue Erklärung, sondern schrieb die sich ergebenden Abweichungen lediglich der Entwicklung der allgemeinen Wirtschaftslage zu.

Um jedoch den Einfluß zusätzlicher Faktoren auf die Gestalt der

Nachfragekurven (bzw. Angebotskurven) aufzudecken, führte Schultz eine weitere Vereinfachung ein. Er unterstellte nämlich, daß die Nachfrage d nicht nur vom Preis p, sondern auch von anderen zusätz-

Abb. 39a. Zeitliche Verschiebungen der Nachfragekurve

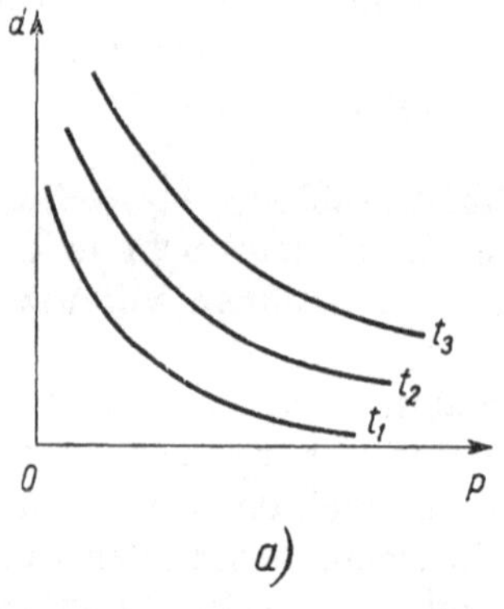

Abb. 39b. Zeitliche Verschiebungen der Angebotskurve

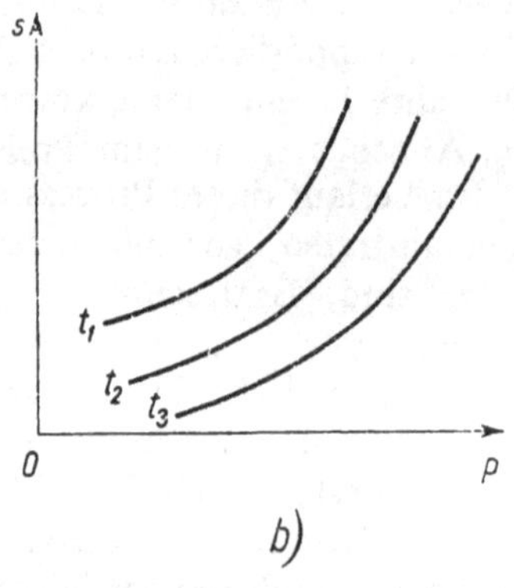

lichen Faktoren abhängig ist, deren Einfluß auf die Nachfrage durch eine bestimmte Zeitfunktion $h(t)$ ausgedrückt wird. Schultz setzte außerdem voraus, daß die Funktion $f(p)$, die den Einfluß des Preises auf die Nachfrage angibt, und die Funktion $h(t)$, in der die Einwirkung zusätzlicher Faktoren auf die Nachfrage zum Ausdruck kommt, additiv verknüpft sind, also:

$$d = f(p) + h(t).$$

Das bedeutet, daß Änderungen der Funktionswerte $h(t)$ zu einer Parallelverschiebung der Nachfragekurve $f(p)$ führen, ohne ihre Gestalt zu verändern (Abb. 39a).

Ähnliche Annahmen machte H. Schultz für die Angebotsfunktion und erhielt so die Gleichung einer Angebotskurve $s = \varphi(p) + g(t)$. Wie die Nachfragekurve verschiebt sich auch die Angebotskurve im Laufe der Zeit, ohne ihre Gestalt zu verändern (Abb. 39b). Die obigen Voraussetzungen sind sehr einschneidend[10]). Schultz hat selbst

[10]) Statt dessen nahm Schultz manchmal auch an, daß die Kurve im doppeltlogarithmischen Maßstab sich parallel verschiebt, also daß die Beziehung

$$\log d = f(\log p) + h(t)$$

zugegeben, daß er derartige Annahmen nur deshalb gemacht hat, um zu gewissen konkreten Ergebnissen zu gelangen. Es sollte jedoch hinzugefügt werden, daß auch Leontief in seiner bahnbrechenden Arbeit von ähnlichen Annahmen ausging.

Abb. 40. Angebots- und Nachfragekurven mit Trendkomponenten

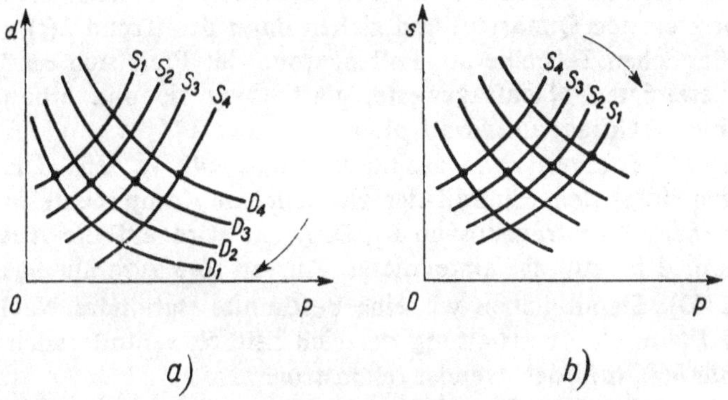

Wie können die Schultzschen Annahmen statistisch interpretiert werden? Die zusätzliche Komponente $h(t)$ in der Formel für die Nachfrage oder die Komponente $g(t)$ in der Formel für das Angebot können einfach als der Trend der Nachfrage bzw. des Angebots aufgefaßt werden. Die Nachfragefunktion erhält man daher, indem man den Trend $h(t)$ von der Reihe abzieht, die die Schwankungen der Nachfrage d darstellt.:

$$f(p) = d - h(t).$$

---

bzw.

$$\log s = \varphi(\log p) + g(t)$$

besteht. Das ist gleichbedeutend mit der Annahme, daß

$$d = e^{f(\log p) + h(t)}$$

oder

$$s = e^{\varphi(\log p) + g(t)} \quad \text{ist.}$$

Die Verfahrensweise ist identisch mit der im Text beschriebenen, nur daß anstelle der Gütermenge und des Preises die Logarithmen dieser Größen genommen werden. Die Nachfrage- bzw. Angebotselastizität ist dann direkt durch die Ableitungen $f'(\log p)$ und $\varphi'(\log p)$ gegeben.

Analog erhält man für die Angebotsfunktion:

$$\varphi(p) = d - g(t).$$

Daraus ergibt sich folgendes Verfahren zur statistischen Bestimmung der Nachfragekurve. Wir setzen voraus, daß die Nachfrage d in Abhängigkeit von der Zeit t in Form einer Zeitreihe gegeben ist. Aus dieser Reihe bestimmen wir den Trend $h(t)$, z. B. nach der Methode der kleinsten Quadrate, und ziehen dann den Trend $h(t)$ von der ursprünglichen Zeitreihe ab. Fallen, wenn der Preis sich erhöht, die trendbereinigten Nachfragewerte, glätten wir sie und erhalten die gesuchte Nachfragefunktion $f(p)$.

Dieses Verfahren kann graphisch dargestellt werden: Die Schar der sich unter dem Einfluß der zusätzlichen Komponente $h(t)$ verschiebenden Nachfragekurven D_1, D_2 $D_3, \ldots$ wird auf die Ausgangsposition, d.h. auf die erste dieser Kurven D_1, zusammengedrückt (Abb. 40). Damit haben wir eine bestimmte stationäre Nachfragekurve D_1 durch Ausschaltung der sich zeitlich verändernden Komponente $h(t)$, d.h. des Trends, rekonstruiert.

Ein ähnliches Verfahren kann zur Ermittlung der Angebotskurve verwendet werden. Indem wir die in ihrer Lage veränderten Angebotskurven auf ihre Ausgangsposition S_1 zusammenschieben (Abb. 40b), erhalten wir die über die Trendabweichungen $g(t)$ der Produktion s ermittelte rekonstruierte Angebotskurve $\varphi(p)$.

Wir müssen nun überlegen, ob ein solches Verfahren gerechtfertgt ist. Es stützt sich, wie wir gesehen haben, auf die Annahme, daß zwei verschiedenartige, voneinander unabhängige Komponenten die Form der Nachfrage bestimmen. Die Gestalt der ersten Komponente $f(p)$ ergibt sich aus dem Nachfragegesetz, nach dem die Nachfrage von der Struktur der Bedürfnisse der Bevölkerung, vom Grad der Schwierigkeit, diese Bedürfnisse zu befriedigen, usw. abhängt. Die Größe der zweiten Komponente $h(t)$ ist von anderen Faktoren, z.B. von der Größe des Volkseinkommens, abhängig. Diese beiden Komponenten sind additiv, d. h. durch gewöhnliche Summation, verknüpft.

Die obige Annahme mag vielleicht korrekt sein, wenn die Größe der Komponente $h(t)$, und damit der Trend, durch zeitliche Änderungen in der Höhe des Volkseinkommens bedingt ist. Jedoch kann, und dies gilt besonders langfristig, die Größe der Komponente $h(t)$ auch durch die ständigen Änderungen in der Bedürfnisstruktur beeinflußt werden, z.B. wird der Getreide- und Kartoffelverbrauch durch den Konsum an Fleisch ersetzt als Folge eines anhaltenden Wachstums des Volkseinkommens und der damit verbundenen neuen Ernährungsweise der Bevölkerung. In diesem Falle sind die Komponenten $f(p)$ und $h(t)$ nicht unabhängig, sondern irgendwie miteinander verbunden. Deshalb bestehen Zweifel, ob die von Schultz gemachten Annahmen zutreffen, da der Faktor $h(t)$ nicht nur eine Verschiebung, sondern auch eine Änderung der Gestalt der Kurve $f(p)$ bewirkt. Ähnlich ist die Situation im Falle der Angebotskurve.

Das von Schultz vorgeschlagene Verfahren zur Bestimmung der Nachfrage- bzw. Angebotskurven bedarf folglich stets einer ökonomisch-theoretischen Überprüfung. Eine Untersuchung der statistischen Unterlagen allein genügt nicht. Es müssen noch irgendwelche zusätzlichen, über die statistischen Zeitreihen der Produktion und der Preise hinausgehenden Informationen herangezogen werden.

Wiederum können wir folgern, daß ökonometrische Untersuchungen nicht in einer rein mechanischen Auswertung statistischen Materials bestehen können. Über das vorliegende Material hinaus müssen ergänzende Untersuchungen durchgeführt werden, die den Charakter des ökonomischen Prozesses erhellen. Nur dann kann man damit rechnen, daß brauchbare Untersuchungsergebnisse erzielt werden.

Wir geben einige Beispiele für Nachfragekurven, die Schultz und andere Ökonometriker aus Marktdaten ermittelt haben.

Beispiel 1: H. Schultz bestimmte auf Grund statistischer Zahlen aus den Jahren 1921–1934 die folgende Formel für die Weizennachfrage[11]):

$$\log d = 1{,}0802 - 0{,}2143 \log p - 0{,}00358\, t - 0{,}00163\, t^2.$$

In dieser Funktion ist d die Anzahl der Bushel Weizen pro Kopf der Bevölkerung nach Abzug des Saatgutes. Die Variable p bezeichnet den in Cents ausgedrückten Preis je Bushel Weizen, dividiert durch den vom Bureau of Labour Statistics berechneten Index der Großhandelspreise (1913 = 100). Die Zeitvariable t ist auf der Ab-

[11]) H. Schultz, *The Theory and Measurement of Demand*, Chicago 1938, S. 361.

szissenachse mit 1928 als Ursprung abgetragen. Die ersten zwei Glieder der Formel bilden eine Nachfragefunktion im üblichen Sinne,

$$\log d = 1{,}0802 - 0{,}2143 \log p,$$

die im Diagramm mit doppelt-logarithmischem Maßstab eine Gerade darstellt. Die Nachfragefunktion hat also in diesem Fall eine konstante und verhältnismäßig niedrige Elastizität $\eta = 0{,}2143$. Das bedeutet, daß eine Preiserhöhung um 1% eine Nachfragesenkung von nur 0,2% zur Folge hat. Für die Produzenten würde es sich lohnen, die Produktion einzuschränken, da sich dadurch ihr Ertrag aus dem Weizenverkauf vergrößert ($\eta < 1$).

Eine solche Verfahrensweise würde allerdings ein gemeinsames, aufeinander abgestimmtes Handeln der Landwirte erfordern, was angesichts ihrer großen Anzahl unmöglich ist. Jedoch verfolgte während der Wirtschaftskrise die Regierung der USA eine Politik der Verminderung der Weizenanbauflächen, und sie zahlte den Weizenproduzenten für nichtbestellte Äcker Prämien.

Die letzten zwei Glieder in der von Schultz ermittelten Nachfragefunktion für Weizen bilden einen parabolischen Nachfragetrend

$$h(t) = -0{,}00358\, t - 0{,}00163\, t^2,$$

in dem der Einfluß irgendwelcher, nicht näher bestimmter Faktoren zum Ausdruck kommt. Die Rolle der in der Trendgleichung auftretenden Zeit t ist substitutiver Art, da die Zeit als solche keine eigentliche Ursache für Nachfrageänderungen ist. Es wäre natürlich wünschenswert, wenn die Nachfragefunktion jene Realfaktoren, die sich im Zeitverlauf ändern, explizite enthielte.

Beispiel 2: Bei der Untersuchung der Nachfrage nach Rindfleisch d_b führte Schultz anstelle der Zeit eine andere Variable, nämlich den Index I ein, der die Höhe des jährlichen Lohnfonds angibt, und zwar bezogen auf einen Zeitabschnitt, der drei Monate vor dem liegt, für den die Nachfrage ermittelt wird. Der jährliche Lohnfonds hängt ziemlich eng mit dem Volkseinkommen zusammen; er bildet den Teil des Einkommens, der die Nachfrage nach solchen Konsumgütern wie Fleisch maßgeblich beeinflußt.

Darüber hinaus ist die Nachfrage nach Rindfleisch, wie aus Untersuchungen hervorgeht, nicht nur vom Preis des Rindfleisches p_b, sondern auch vom Preis des Schweinefleisches p_p abhängig.

H. Schultz erhielt anhand statistischer Zahlen für den Zeitraum 1922–1933 die folgende Beziehung[12]):

$$d_b = 3{,}4892 - 0{,}0899\, p_b + 0{,}0637\, p_p + 0{,}0187\, I.$$

Wir wollen diese Gleichung näher untersuchen. Schultz hat als zusätzlichen, die Nachfrage nach Rindfleisch beeinflussenden Faktor den Preis eines anderen Gutes eingeführt, in diesem Falle den Preis p_p für Schweinefleisch. Im allgemeinen kann davon ausgegangen werden, daß die Nachfrage d_1 nach einem bestimmten Gut nicht nur vom Preis p_1 dieses Gutes, sondern auch von den Preisen $p_2, p_3, p_4, \ldots$ anderer Güter abhängig ist, d.h.

$$d_1 = f(p_1, p_2, p_3, \ldots).$$

Es können folgende Fälle vorkommen:

(1) $\frac{\partial d_1}{\partial p_i} > 0$ $(i \neq 1)$, was bedeutet, daß die Preiserhöhung beim Gut Nummer $i \neq 1$ eine Steigerung der Nachfrage nach dem Gut Nummer 1 bewirkt. Von derartigen Gütern sagen wir, sie seien gegenseitig *substituierbar*. Im angegebenen Beispiel führt z. B. eine Erhöhung des Schweinefleischpreises zweifellos zur Steigerung der Nachfrage nach Rindfleisch, vorausgesetzt natürlich, daß die übrigen Größen unverändert bleiben, d. h., daß die klassische *Ceteris-paribus*-Bedingung erfüllt ist.

(2) $\frac{\partial d_1}{\partial p_i} < 0$, was bedeutet, daß eine Preiserhöhung beim Gut Nummer i ein Sinken der Nachfrage nach dem Gut Nummer 1 verursacht. Von derartigen Gütern sagt man, sie seien gegenseitig *komplementär*. Wenn z. B. die Automobilpreise steigen, dann wird die Nachfrage nach Benzin fallen.

Genauso wie wir die Elastizität der Nachfrage für das Gut Nummer 1 in bezug auf den Preis p_1 berechnet haben, kann man auch die Nachfrageelastizität für das Gut 1 z. B. in bezug auf den Preis des i-ten Gutes bestimmen; es ergibt sich die sogenannte *Kreuzpreiselastizität*:

$$\eta_{1i} = \frac{\partial d_1}{d_1} : \frac{\partial p_i}{p_i} = \frac{\partial d_1}{\partial p_i} \times \frac{p_i}{d_1}$$

---

[12]) H. Schultz, *The Theory and Measurement of Demand*, S. 582.

(für $i = 1$ erhält man die »einfache« Elastizität, für $i \neq 1$ die »gekreuzte« Elastizität). Man kann auch die Nachfrageelastizität in bezug auf das Einkommen m bestimmen:

$$\eta_m = \frac{\partial d}{d} : \frac{\partial m}{m} = \frac{\partial d}{\partial m} \times \frac{m}{d}.$$

Aus der obenstehenden, statistisch ermittelten Funktionalbeziehung zwischen der Nachfrage nach Rindfleisch und den Rind- und Schweinefleischpreisen sowie dem Lohneinkommen berechnete Schultz, daß (1) die Nachfrageelastizität für Rindfleisch in bezug auf den eigenen Preis −0,49 (zur Vergleichbarkeit behalten wir das Minuszeichen bei), (2) die Nachfrageelastizität für Rindfleisch in bezug auf den Preis für Schweinefleisch +0,46 und (3) die Nachfrageelastizität für Rindfleisch in bezug auf das Lohneinkommen +0,36 beträgt. Diese Elastizitäten wurden als Mittelwerte für den gesamten untersuchten Zeitraum berechnet (1922–1933).

Die obigen Ergebnisse kann man folgendermaßen interpretieren: Wenn der Preis für Rindfleisch um 1% steigt (und alle anderen Größen unverändert bleiben), dann fällt die Nachfrage nach Rindfleisch um ungefähr $\frac{1}{2}$%. Wenn der Preis für Schweinefleisch um 1% steigt, dann steigt die Nachfrage nach Rindfleisch um ungefähr $\frac{1}{2}$%. Schweinefleisch und Rindfleisch sind also substituierbare Güter. Steigt schließlich das Lohneinkommen um 1%, dann erhöht sich die Nachfrage nach Rindfleisch um etwas mehr als $\frac{1}{3}$%.

Derartige Informationen über die Nachfrageelastizität der einzelnen Güter können nicht nur für Monopolisten, sondern auch für die Wirtschaftspolitik des Staates große Bedeutung haben. Nehmen wir an, der amtliche Preis für Schweinefleisch werde um 10% erhöht; dann ist zu erwarten, daß die Nachfrage nach Rindfleisch sich um etwa 4,6% erhöht, und dementsprechend sollte die Rindfleischerzeugung gesteigert werden.

Ein anderes Beispiel: Nehmen wir an, daß eine 10%ige Lohnerhöhung geplant ist. Dann wird sich die Nachfrage nach Rindfleisch um etwa 3,6% erhöhen. Diese Tatsache sollte die Planung der Rindfleischerzeugung beeinflussen.

Beispiel 3. Interessante Ergebnisse auf dem Gebiet der statistischen Marktanalyse erzielte R. Stone, der die Nachfrage nach Konsumgütern in England und in den USA untersuchte. Stone analysierte u.a. die Nachfrage nach Bier, Spirituosen, Tabak, Seife, Telegrammen usw. in Großbritannien sowie nach Nahrungsmitteln, Tabak, Haushaltgeräten und Autos in den USA[13]).

Für die Nachfrage nach Bier erhielt er auf Grund statistischer Daten für der Zeitraum 1920–1938 die Beziehung

$$d = 1{,}058\, Q^{0{,}136} p^{-0{,}727} \pi^{0{,}914} g^{0{,}816},$$

wobei d der Bierverbrauch, Q der Einkommensindex, p der durchschnittliche Einzelhandelspreis für Bier, π der durchschnittliche Preisindex für die anderen Waren und g der Index für die Stärke des Bieres ist. Logarithmiert lautet diese Formel:

$$\log d = \log 1{,}058 + 0{,}136 \log Q - 0{,}727 \log p + 0{,}914 \log \pi + 0{,}816 \log g.$$

Aus Stones Formel für die Biernachfrage folgt unmittelbar, daß die Elastizität der Biernachfrage in bezug auf das Einkommen 0,136 beträgt. Eine 1%ige Einkommenserhöhung führt zu einer Erhöhung des Bierverbrauchs um etwa $\frac{1}{7}$% (*ceteris paribus*).

Die Elastizität der Biernachfrage in bezug auf den Einzelhandelspreis ist negativ. Eine Erhöhung des Bierpreises um 1% senkt den Verbrauch um etwa $\frac{7}{10}$%. Der positive Exponent des Index g weist darauf hin, daß die Verbraucher ein stärkeres Bier vorziehen, da eine Vergrößerung des Stärkeindex g eine Erhöhung der Nachfrage bewirkt. Auch in diesem Falle kann die Formel für die Biernachfrage vom Staat zur Festlegung des Bierpreises oder der Verbrauchssteuer für Bier verwendet werden.

Beispiel 4. Ein Beispiel der Nachfragebestimmung für nichtkonsumtiv verwendete Waren ist die von R. H. Whitman ermittelte Nachfragefunktion für Stahl, also für ein Produktionsmittel[14]). Whitman bestimmte die Stahlnachfrage unter Verwendung monatlicher statistischer Zahlen für den Zeitraum 1921–1930. Durch Anwendung

---

[13]) R. Stone, *The Analysis of Market Demand* (Journal of the Royal Statistical Society, 1945).

[14]) R. H. Whitman, *The Statistical Law of Demand for a Producers' Good, as Illustrated by the Demand for Steel* (Econometrica, 1936).

der klassischen Methode der kleinsten Quadrate gelangte er zu folgender interessanten Beziehung:

$$d = 1{,}49 - 1{,}27\,p + 6{,}27\,\frac{dp}{dt} + 4{,}64\,J - 0{,}03\,t;$$

hierbei ist d die verkaufte Stahlmenge (in Mill. t), p der Stahlpreis (in Cents je Pfd.), J ein Index des allgemeinen Stahlbedarfs der Volkswirtschaft, und zwar der Index der gesamten Industrieproduktion, und t die Zeit. Die eigentliche Nachfragefunktion für Stahl $f(p) = 1{,}49 - 1{,}27\,p$ hat normales Aussehen. Wenn der Preis p steigt, dann fällt die Stahlnachfrage. Die Preiselastizität der Stahlnachfrage beträgt $\eta = -1{,}27\,\frac{p}{d}$; sie unterscheidet sich in den einzelnen Punkten der Nachfragekurve. Wenn beim gegebenen Preis der Index J steigt, also eine Ausweitung der Industrieproduktion vorliegt, dann steigt auch die Stahlnachfrage. Erhöht sich jedoch gleichzeitig der Stahlpreis, dann wirkt dieser Tatbestand nachfragemindernd. Die Komponente $-0{,}03\,t$ bezeichnet einen bestimmten Trend, der das Resultat anderer, hier nicht berücksichtigter Komponenten ist, die die Nachfrage beeinflussen. Da wir es mit einem fallenden Trend zu tun haben (der Koeffizient $-0{,}03$ ist negativ), muß irgendein konstanter, den Stahlverbrauch in der Produktion vermindernder Prozeß vorliegen.

Besonders interessant ist die durch Whitman eingeführte dritte Komponente, die den Faktor $\frac{dp}{dt}$ enthält, den man als Tempo der zeitlichen Preisänderung bezeichnen kann. Der Faktor $\frac{dp}{dt}$ gibt angenähert die Preiserhöhung (Preissenkung) je Zeiteinheit an, z. B. in einem Zeitraum von einem Monat. Bekanntlich geht die Stahlnachfrage bei einer Erhöhung des Stahlpreises zurück, da die Abnehmer versuchen, den Stahlverbrauch einzuschränken. Aber nicht nur der Stahlpreis wirkt sich auf die Stahlnachfrage aus; schon allein die Tatsache, daß die Preise in die Höhe gehen, hat Einfluß auf die Nachfrage, und zwar in der gleichen Richtung wie die Preiserhöhung. In der Tat ist in unserem Beispiel der Koeffizient von $\frac{dp}{dt}$ positiv (gleich $+6{,}27$), was bedeutet, daß, falls der Stahlpreis steigt $\left(\frac{dp}{dt} > 0\right)$, die Stahlnachfrage ebenfalls zunimmt, und zwar ist die Nachfrageerhöhung um so größer, je größer das Tempo der Preissteigerung ist.

Der Ausdruck $6{,}27 \frac{dp}{dt}$ ist die sogenannte *Spekulationskomponente der Nachfrage.* Sie ist ökonomisch so zu deuten, daß die Käufer, wenn sie merken, daß die Stahlpreise steigen, mehr Stahl kaufen, als sie für ihre laufende Produktion brauchen; sie legen Vorräte an, weil sie damit rechnen, daß der Stahl künftig noch teurer wird. Umgekehrt, wenn der Stahlpreis fällt $\left(\frac{dp}{dt} < 0\right)$, halten die Käufer mit ihren Einkäufen soweit wie möglich zurück, um nach einiger Zeit Stahl zum niedrigeren Preis kaufen zu können. Die Spekulationskomponente ist ein Bestandteil der Nachfragefunktion aller Industrieerzeugnisse; sie ist gewissermaßen ein Indikator der erwarteten Marktänderungen. Daher besteht die Nachfragefunktion für Stahl – und entsprechend die Nachfragefunktion für andere Industrieerzeugnisse – aus: (1) einer normalen Nachfragefunktion, (2) einer Spekulationskomponente, (3) einer Komponente, die vom allgemeinen ökonomischen Bedarf, der an dem betreffenden Produkt besteht, abhängt, und (4) einer Art geringfügigem Trend, der durch die ersten drei Komponenten nicht erfaßt werden kann.

Beispiel 5. Ein interessantes Beispiel einer ökonometrischen Untersuchung ist die Bestimmung der Nachfragekurve für langlebige Konsumgüter durch C. F. Roos und V. von Szeliski. Sie haben folgende Nachfragefunktion für Personenkraftwagen in den USA ermittelt[15]):

$$d = 0{,}92 \times I^{1{,}07} \times P^{-0{,}74} \times T^{1{,}10};$$

sie kann auch in der Form

$$\log d = \log 0{,}92 + 1{,}07 \log I - 0{,}74 \log P + 1{,}10 \log T$$

dargestellt werden.

In dieser Gleichung ist d die Nachfrage nach Autos zu Ersatzzwekken, d. h. die Nachfrage nach sogenannten Austauschautos, die zum Ersatz abgenutzter Wagen bestimmt sind. Der Faktor I ist der »Überschuß« des Volkseinkommens, d. h. die Differenz zwischen dem gesamten Volkseinkommen und den Ausgaben, die zur Erhaltung

[15]) C. F. Roos and V. von Szeliski, *The Dynamics of Automobile Demand*, General Motors Corp., Detroit 1939.

eines bestimmten Lebensstandards erforderlich sind. Roos und v. Szeliski gingen also von der richtigen Voraussetzung aus, daß die Entscheidung über den Kauf bzw. die Erneuerung eines Kraftwagens in der Regel erst dann erfolgt, wenn gewisse lebensnotwendige Bedürfnisse befriedigt sind. Der Faktor P bezeichnet den durchschnittlichen Autopreis, und T ist ein Index für die Anzahl der zum Verschrotten verkauften Wagen. Der Index T kennzeichnet also im gewissen Grade die technische Effizienz des vorhandenen Autoparks. Ist dieser Index groß, so ist die technische Effizienz der Wagen niedrig, d. h. die Autos sind im allgemeinen alt und abgenutzt.

Die mittlere Preiselastizität der Autonachfrage, die sich aus der von Roos und v. Szeliski ermittelten Funktion ergibt, beträgt —0,74, und die Elastizität in bezug auf den »Überschuß« des Volkseinkommens ist 1,07.

Aus den Zahlenangaben für die Elastizität der Nachfrage nach Ersatzautos in bezug auf die Faktoren I, P und T kann eine Reihe praktischer Schlüsse gezogen werden. Es zeigt sich, daß die Nachfrage nach Ersatzautos, relativ gesehen, sich viel rascher infolge einer Erhöhung des »Überschusses« des Volkseinkommens I als infolge einer Senkung der Autopreise erhöht. Das entspricht der Tatsache, daß die Autos (in den USA) zur Kategorie der Halbluxusartikel gehören.

Darüber hinaus sieht man, daß z. B. eine Erhöhung des Index T um 10% eine Steigerung der Nachfrage nach Ersatzautos um etwa 11% zur Folge hat, natürlich unter der Bedingung, daß die anderen Variablen unverändert bleiben; mit anderen Worten, die Nachfrage nimmt annähernd in dem Maße wie die Anzahl der verschrotteten Autos zu, die gegen neue ersetzt werden. Für die Wirtschaftspolitik ist dies ein wichtiges Ergebnis. Eine Erhöhung des Index T, d. h. eine Erhöhung der Anzahl der verschrotteten Autos, kann sich z. B. als Folge eines Benutzungsverbotes für Autos ergeben, die ein gewisses Alter überschritten haben. Der Zweck eines solchen Verbotes kann die Erhöhung der Sicherheit im Straßenverkehr sein.

Aus den angeführten Beispielen für die statistische Bestimmung von Nachfragefunktionen ist zu ersehen, daß die Ökonometriker dazu neigen, immer neue Faktoren in die Nachfragefunktion einzuführen. Dadurch entfernt man sich jedoch beträchtlich von der originären klassischen Nachfragekurve $d = f(p)$, bei der die Nachfrage als ausschließlich vom Preis abhängig dargestellt ist. Die Ökonometriker haben sich im großen ganzen mehr mit der statistischen Ermittlung von Nachfragekurven als mit der Bestimmung von Angebotskurven befaßt. Interessante Ergebnisse auf diesem Gebiet erzielten vor allem Schultz sowie Shepherd, Johnson u. a.[16]).

Engel-Kurven

Wir gehen nun zu einer kurzen Erörterung des statistischen Verfahrens zur Bestimmung von Nachfragekurven über, das auf Haushaltsrechnungen basiert.

Auf die Größe der Nachfrage nach einem bestimmten Gut können bekanntlich verschiedene Faktoren einwirken: der Preis dieses Gutes, die Preise der Substitutions- und Komplementärgüter, das Volkseinkommen usw. Den entscheidenden Einfluß auf die Nachfrage üben jedoch meist der Preis p und das Volkseinkommen m aus. Wir können also im allgemeinen, mindestens in gewisser Annäherung, die Nachfrage als eine Funktion des Preises und des Einkommens, $d = f(p, m)$, betrachten, wobei sich die Preis- und Einkommenseinflüsse auf die Nachfrage nicht unbedingt summieren müssen. D. h., es wird nicht *a priori* vorausgesetzt, daß die Nachfrage eine Summe zweier Komponenten ist, wobei die eine den Preis p und die andere das Einkommen m enthält.

Da sich die Nachfrage in umgekehrter Richtung wie der Preis und in der gleichen Richtung wie das Einkommen ändert, werden im allgemeinen folgende Bedingungen erfüllt sein:

$$\frac{\partial d}{\partial p} < 0 \quad \text{und} \quad \frac{\partial d}{\partial m} > 0.$$

Diesbezüglich kann es Ausnahmen geben. Zum Beispiel sinkt gewöhnlich die Nachfrage nach inferioren Gütern (Kartoffeln, Margarine usw.), wenn das Volkseinkommen steigt. Das wird damit begründet, daß mit steigendem Einkommen die Bevölkerung zu einem vermehrten Konsum an qualitativ höheren Gütern wie Brot, Butter usw. übergeht.

---

[16]) H. Schultz, *Statistical Laws of Demand and Supply with Special Application to Sugar*, Chicago 1928; G. S. Shepherd, *Agricultural Price Analysis*, Ames, Iowa 1950; D. G. Johnson, *The Nature of the Supply Function of Agricultural Products* (American Economic Review, Bd. 40, 1950).

Gewisse Anomalien kann es auch bei Preisänderungen geben. Allgemein bekannt ist der in Irland aufgetretene Fall, daß eine Preiserhöhung für Brot zu einem erhöhten Verbrauch von Brot, also zu einer Steigerung der Nachfrage, führte (das sogenannten Giffensche Paradoxon). Marshall fand eine einfache Erklärung für diese Tatsache. Die arme Bevölkerung reagierte auf den höheren Brotpreis durch Verminderung des Verbrauchs an Fleisch und anderen teuren Waren und kaufte größere Mengen Brot, d. h., sie beschränkte den Konsum an superioren Gütern und ging zum erhöhten Verbrauch an inferioren Gütern über.

Bei einer Nachfragefunktion der Form $d = f(p, m)$ unterscheidet man zwei Arten der Nachfrageelastizität:

(a) *Preiselastizität der Nachfrage* η_p, die als Produkt aus partieller Ableitung der Nachfrage nach dem Preis und dem Quotienten Preis zu Nachfrage (bei negativem Vorzeichen) definiert ist (siehe Seite 73):

$$\eta_p = -\frac{\partial d}{\partial p} \times \frac{p}{d} = -\frac{\partial \log d}{\partial \log p};$$

(b) *Einkommenselastizität der Nachfrage* η_m:

$$\eta_m = \frac{\partial d}{\partial m} \times \frac{m}{d} = \frac{\partial \log d}{\partial \log m}.$$

Schon seit langer Zeit beschäftigen sich die Nationalökonomen mit der Beziehung zwischen Nachfrage und Einkommen. Bereits im 19. Jahrhundert formulierte der deutsche Statistiker Ernst Engel (1821–1896) auf Grund von Studien über die Ausgaben (Haushaltsrechnungen) von Familien eine gewisse Gesetzmäßigkeit, das sogenannte *Engelsche Gesetz*. Es besagt, daß *mit wachsendem Einkommen der Anteil, der für Nahrungsmittel ausgegeben wird, abnimmt*. Mit anderen Worten, das Verhältnis zwischen jenem Teil der persönlichen Ausgaben, der für Nahrungsmittelkäufe verwendet wird, und den persönlichen Ausgaben insgesamt vermindert sich mit wachsendem Einkommen.

Auf Grund dieser Gesetzmäßigkeit versuchte Engel, die Güter zu klassifizieren, indem er sie in inferiore und superiore Güter einteilte und sich bemühte festzustellen, wie die Ausgabenanteile der verschiedenen Güterarten auf Einkommensänderungen reagieren.

Die Nachfrage *d*, die wir als Funktion zweier Variablen, des Preises *p* und des Einkommens *m*, betrachten, kann man graphisch im dreidimensionalen Raum als eine bestimmte Fläche *D* darstellen (Abb. 41a).

Abb. 41. Darstellung der Nachfragefunktion $d = f(m, p)$

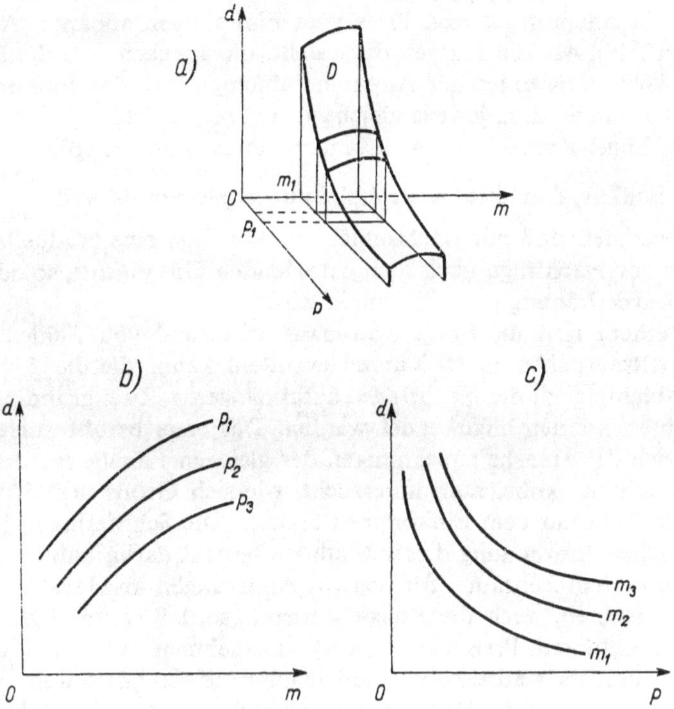

Wenn man annimmt, daß der Preis eine Konstante ist, z. B. $p = p_1$, so ist bei diesem Preis die Nachfrage $d = f(m, p_1)$ eine Funktion des Einkommens *m*. Im Schaubild (Abb. 41a) werden die Funktionen, für die $p = \text{const}$, durch Kurven dargestellt, die sich beim Schnitt der Fläche *D* mit den Ebenen ergeben, die senkrecht zur Achse *Op* stehen, auf der die Werte des Preises *p* gemessen werden. Sie sind als Engel-Kurven bekannt.

Nehmen wir dagegen an, daß das Einkommen konstant ist, z. B. $m = m_1$, dann ist bei diesem Einkommen die Nachfrage $d = f(m_1, p)$ eine Funktion des Preises p. In der graphischen Darstellung sind solche Funktionen (m = const) Kurven, die beim Schnitt der Fläche D mit den zur Achse Om senkrechten Ebenen entstehen.

In der zweidimensionalen Abb. 41b sind die Engel-Kurven bei konstanten Preisen $p_1, p_2, p_3, \ldots$ dargestellt; sie zeigen, wie die Nachfrage bei einem gegebenen Preis vom Einkommen abhängt. Analog sind in Abb. 41c die Kurven dargestellt, die angeben, wie die Nachfrage vom Preis unter der Annahme abhängt, daß das Einkommen eine Konstante, d. h. jeweils gleich $m_1, m_2, m_3, \ldots$ ist.

Die Engel-Kurven bei konstantem Preis sind gewöhnlich von unten konkav, d. h. ihre zweite Ableitung ist kleiner als Null: $\frac{\partial^2 d}{\partial m^2} < 0$. Das bedeutet, daß mit wachsendem Einkommen eine graduelle Sättigung der Nachfrage nach dem betreffenden Gut eintritt, so daß die Nachfrageerhöhung gimmer eringer wird.

Es erhebt sich die Frage, wie man auf Grund von Zahlen über Haushaltsausgaben Engel-Kurven ermitteln kann, die die Einkommensabhängigkeit der Nachfrage charakterisieren. Zwei grundlegende Verfahren können angewendet werden. Das erste beruht auf einem Vergleich der Haushaltsrechnungen der gleichen Familie in verschiedenen Jahren, wobei man untersucht, wie sich Größe und Struktur der Einkäufe mit dem Einkommen ändern. Die Schwierigkeit in der praktischen Anwendung dieser Methode besteht darin, daß im allgemeinen in dem Zeitraum, für den wir Änderungen im Haushaltsbudget beobachten, auch die Preise variieren, so daß es unmöglich ist, einen konstanten Preis (p = const) anzunehmen. Wir sind daher gezwungen, die statistische Untersuchung auf den Zeitraum zu beschränken, in dem die Preise des betreffenden Gutes, der Substitute und der Komplementärgüter keiner größeren Änderung unterliegen.

Meistens jedoch benutzt man zur Bestimmung der Engel-Kurven ein anderes Verfahren, das auf einer gleichzeitigen Untersuchung der Haushaltsrechnungen verschiedener Familien mit unterschiedlicher Einkommenshöhe beruht. Auf diese Weise erhält man die Größen $d_1, d_2, d_3, \ldots$ der Nachfrage nach dem betreffenden Artikel, die verschiedenen Einkommenshöhen $m_1, m_2, m_3, \ldots$ entsprechen. Durch Anwendung der Methode der kleinsten Quadrate bestimmen wir dann die Engel-Kurve $d = f(p_1, m)$ bei gegebenem Preis $p_1 = \text{const}$ (Abb. 42).

Abb. 42. Engel-Kurve

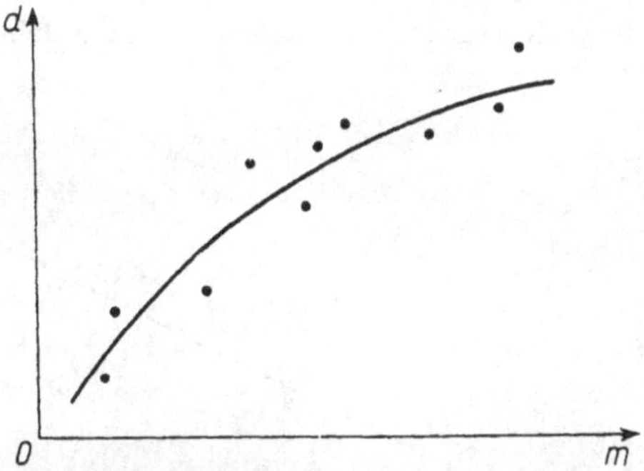

Das beschriebene Verfahren stützt sich auf die stillschweigende Annahme, daß die Struktur der Bedürfnisse der Haushalte mit verschiedenen Einkommen gleich ist. Nun hat eine Familie mit hohem Einkommen zweifellos eine andere gewohnheitsbedingte Bedürfnisstruktur, einen anderen »Lebensstil«, als eine Familie mit niedrigem Einkommen. Die Erhöhung des Einkommens einer armen Familie bedeutet noch keineswegs den Übergang zum Lebensstil einer reichen Familie.

In der Praxis wird, um den sich aus einer solchen Annahme ergebenden Fehler zu vermeiden, die Bevölkerung, deren Haushaltsrechnungen betrachtet werden, in Gruppen (Schichten) mit mehr oder weniger gleichen Lebensgewohnheiten eingeteilt, z. B. in Arbeiter, Intellektuelle, Mittelstand, Landwirte usw. Für jede dieser Gruppen werden getrennte Untersuchungen durchgeführt und gesonderte Schlüsse gezogen. Oft muß eine noch tiefere Schichtung der Bevölkerung verwendet werden, da z. B. in der Gruppe der Arbeiter die alte Arbeiterklasse sicherlich anders auf Einkommensänderungen reagieren wird als die Arbeiter, die vor kurzem vom Lande in die Stadt gekommen sind. Weiterhin wird man bei ledigen Personen diese, bei kinderlosen Ehepaaren jene und bei Familien mit Kindern wieder eine andere Reaktion auf Einkommensänderungen finden.

Offensichtlich ist das Problem auf Gebiete der Soziologie verlagert, und für eine sachgemäße Durchführung ökonometrischer Untersuchungen müssen zusätzliche, außerhalb der Statistik liegende Informationsquellen vorhanden sein.

Abb. 43. Engel-Kurve für schwedische Familien im Jahre 1913

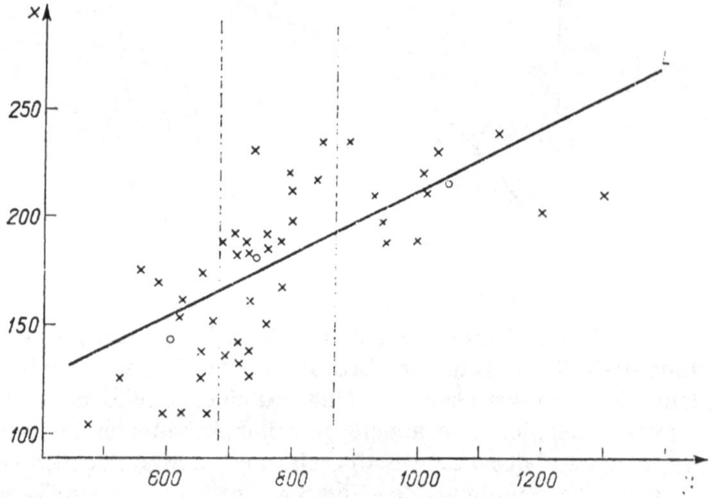

Als Beispiel einer statistischen Bestimmung der Einkommensabhängigkeit der Nachfrage auf der Grundlage von Haushaltsrechnungen führen wir Engel-Kurven an, die der schwedische Wissenschaftler Herman Wold, Professor der Statistik an der Universität Uppsala, ermittelte[17]). Anhand der Haushaltsrechnungen von 50 ungefähr gleich großen Familien von Arbeitern und Angestellten der mittleren Einkommensklasse, die 1913 in Göteborg wohnten, zeichnete Wold ein Korrelationsdiagramm, das die Abhängigkeit der Nahrungsmittelausgaben vom Einkommen darstellt (siehe Abb. 43). Jedes Kreuz des Schaubildes entspricht einer Familie. Auf der waagerechten Achse sind die Einkommen der Familien und auf der senkrechten die Nahrungsmittelausgaben abgetragen.

---

[17]) Beispiele stammen aus der Arbeit von H. Wold, *Demand Analysis. A Study in Econometrics*, Uppsala 1952, S. 6 ff.

Wold ermittelte die Engel-Kurve, in der die korrelative Verbundenheit von Nahrungsmittelausgaben und Einkommen zum Ausdruck kommt, folgendermaßen. Auf Grund der Verteilung der Punkte im Diagramm teilte er alle Familien in drei für bestimmte Einkommensniveaus repräsentative Gruppen ein, wie es im Diagramm durch die gestrichtelten Linien angezeigt ist. Für jede dieser Gruppen berechnete er das durchschnittliche Einkommen und die durchschnittlichen Nahrungsmittelausgaben. Punkte, die diesen Durchschnitten entsprechen, sind im Schaubild durch einen Kreis markiert. Sowohl die Verteilung der Punkte als auch die der Kreuze läßt erkennen, daß die Nahrungsmittelausgaben um so höher sind, je höher das Einkommen ist.

Es zeigt sich, daß die nach der Methode der kleinsten Quadrate auf Grund der Verteilung der Punkte (Kreuze), also der Angaben für jede Familie, ermittelte einfache Regression praktisch mit derjenigen Engel-Kurve übereinstimmt, die man erhält, wenn man die Punkte (Kreise) miteinander verbindet, welche sich aus den Durchschnittseinkommen und den durchschnittlichen Nahrungsmittelausgaben der Familiengruppen ergeben, die die drei Einkommensklassen darstellen.

Die Gleichung der einfachen Regression ist im vorliegenden Fall die folgende:

$$d = 65{,}1 + 0{,}143\, m.$$

Um die Beziehung zwischen $\log d$ und $\log m$ zu finden, ermittelte Wold die folgende Regressionsgleichung logarithmischer Form:

$$\log d = 0{,}189 + 0{,}71 \log m.$$

In ähnlicher Weise bestimmte Wold die in Abb. 44a (gewöhnlicher Maßstab) und in Abb. 44b (logarithmischer Maßstab) ausgewiesenen Engel-Kurven, die die Nahrungsmittelausgaben in der Familiengruppe der Arbeiter und Angestellten der unteren Einkommensklassen sowie in der Familiengruppe der Mittelschicht in den Jahren 1913, 1923 und 1933 darstellen. Die sich auf die Arbeiter- und Angestelltenfamilien beziehenden Kurven sind mit dicken, die für die Familien der Mittelschicht mit dünnen Linien gezeichnet, wobei die Kurve für 1913 ausgezogen —— ist; die Kurven für 1923 sind unterbrochen ----- und die für 1933 bestehen aus Strichpunkten -·-·-.

Die in diesem Diagramm eingezeichneten Kreise sind auf die gleiche Weise wie im vorliegenden Beispiel ermittelt worden.

Die Darstellungen in den Abb. 43 und 44 sind klassische Beispiele für Engel-Kurven, denen man in der Literatur über Haushaltsrechnungen von Familien begegnet.

Abb. 44. Engel-Kurven für schwedische Familien in doppelt-logarithmischem Maßstab

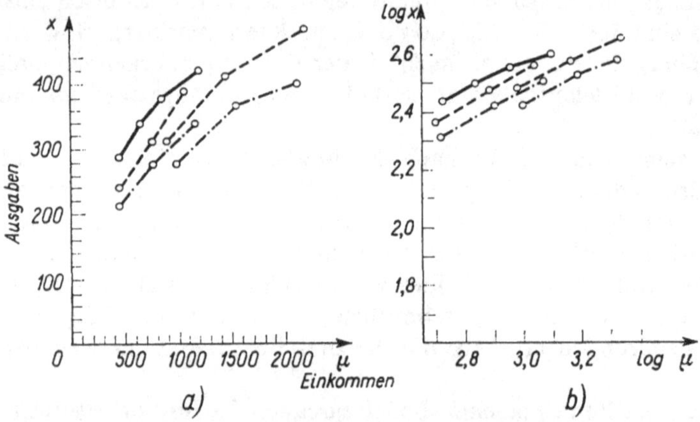

Wir wollen nun überlegen, wie man aus den für einzelne Bevölkerungsgruppen ermittelten Einkommenselastizitäten der Nachfrage die Einkommenselastizität der Nachfrage für die gesamte Volkswirtschaft berechnen kann. Eine solche Information kann von großer praktischer Bedeutung sein, z. B., um für Planungszwecke festzustellen, welcher Nachfragezuwachs bei Fleisch, Zucker usw. durch eine Erhöhung des Einkommens der Bevölkerung hervorgerufen wird.

Das Problem ist einfach, da es darauf hinausläuft, eine gewogene mittlere Elastizität zu bestimmen. Bei derartigen Berechnungen verwendet man den folgenden Satz:

Gegeben seien zwei Funktionen, z. B. zwei sich auf das Volkseinkommen beziehende Nachfragefunktionen $d_1 = f(m)$ und $d_2 = g(m)$ mit Einkommenselastizitäten η_1 bzw. η_2. Dann ist die Elastizität der Summe der Funktionen $f(m)+g(m)$ gleich:

$$\eta = \frac{\eta_1 d_1 + \eta_2 d_2}{d_1 + d_2}.$$

Denn offensichtlich ist

$$\eta_1 = f'(m) \times \frac{m}{d_1} \qquad \text{und} \qquad \eta_2 = g'(m) \times \frac{m}{d_2},$$

so daß man für die Elastizität der Summe der Funktionen $f(m)$ und $g(m)$

$$\eta = [f(m)+g(m)]' \times \frac{m}{d_1+d_2} = [f'(m)+g'(m)] \times \frac{m}{d_1+d_2}$$

$$= \frac{f'(m) \times m + g'(m) \times m}{d_1+d_2} = \frac{\eta_1 d_1 + \eta_2 d_2}{d_1+d_2}$$

erhält.

Obiger Satz läßt sich für die Summe einer beliebigen endlichen Anzahl von Funktionen verallgemeinern und kann daher zur Berechnung der Preiselastizität für die gesamte Volkswirtschaft verwendet werden, wenn man die Preiselastizitäten der Nachfrage der einzelnen Bevölkerungsschichten kennt.

Versuche zur Bestimmung der Einkommenselastizität der Nachfrage auf der Grundlage von Haushaltsrechnungen brachten im allgemeinen gute Ergebnisse, während Versuche, auf dieser Basis preisabhängige Nachfragekurven und Preiselastizitäten zu bestimmen, fehlschlugen. Man hat versucht, indirekte Methoden anzuwenden, indem man abzuleiten versuchte, wie sich Preisänderungen auf Grund des Einflusses, den Einkommensänderungen auf die Nachfrage haben, auf die Nachfrage auswirken. Es wurde folgendermaßen argumentiert: Die Preiserhöhung für ein bestimmtes Gut, z. B. Fleisch, ist gleichbedeutend mit einer Einkommensminderung. Denn wenn man weiß, daß bei einem bestimmten Konsumniveau für das teurer gewordene Fleisch z. B. 100 Zl. mehr ausgegeben werden müssen, dann ist dies gleichbedeutend mit einer Senkung des Realeinkommens um diesen Betrag.

Jedoch ist die Bestimmung von Nachfragefunktionen, die sich auf den Preis beziehen, mit Hilfe dieser Methoden deswegen nicht gelungen, weil die Nachfrage durch die Preiserhöhung nicht nur infolge von Rückgang des Realeinkommens, sondern auch infolge der Substitution der teuer gewordenen Ware durch andere Güter beeinflußt wird. So wird z. B., wenn der Preis für Fleisch steigt, der Fleischkonsum zum Teil durch den Verbrauch größerer Mengen anderer Konsumgüter, z. B. Brot, ersetzt.

Gegenwärtig werden meistens kombinierte statistische Methoden benutzt. Die Abhängigkeit der Nachfrage vom Einkommen wird durch Auswertung der Haushaltsrechnungen und die Nachfrage-Preis-Beziehung aus statistischen Angaben über den Markt bestimmt.

Solche kombinierte Untersuchungen führte auch Wold durch. Er ging davon aus, daß die Nachfragefunktion d die Summe zweier Komponenten ist, von denen die eine eine Funktion des Preises p, die andere eine Funktion des Einkommens m ist:

$$d = f(p) + g(m).$$

Jede dieser Komponenten wurde aus anderen Quellen ermittelt.

Man kann sich auch der Nachfragefunktion $d = kp^b m^c$ oder in logarithmischer Form $\log d = a + b \log p + c \log m$ bedienen, wobei $a = \log k$ ist, d. h. die Beziehung zwischen Nachfrage und Preis (bei konstantem Einkommen) oder zwischen Nachfrage und Einkommen (bei konstantem Preis) ist, wenn man sie in einem doppelt-logarithmischen Maßstab darstellt, eine Gerade.

Bei einer in logarithmischer Form dargestellten Nachfragefunktion $\log d = a + b \log p + c \log m$ ist die Preiselastizität der Nachfrage bekanntlich gleich dem Koeffizienten b und die Einkommenselastizität gleich dem Koeffizienten c.

Es lohnt sich, einige der Woldschen Ergebnisse kennenzulernen[18]).

Tabelle II enthält Einkommenselastizitäten der Nachfrage (Spalten 1 und 2) für bestimmte Nahrungsmittel, die anhand von Haushaltsrechnungen für die Zeit zwischen den beiden Weltkriegen berechnet wurden, und Preiselastizitäten der Nachfrage (Spalten 3 u. 4), die auf Grund statistischer Marktdaten ermittelt wurden, wobei in Spalte 4 die Nachfrageelastizität des jeweiligen Gutes in bezug auf den Preis seines Substitutes ausgewiesen ist.

Zur Orientierung sei hervorgehoben, daß die durchschnittliche Einkommenselastizität der Nachfrage für alle Nahrungsmittel, die Wold für Arbeiter- und Angestelltenfamilien in Schweden in dieser Periode (1933) ermittelte, 0,53 betrug. Das bedeutet, daß eine 10%ige Einkommenserhöhung zu einer Zunahme der Nahrungsmittelausgaben um 5,3% führt. Die Einkommenselastizitäten der Nachfrage für

[18]) H. Wold, *Demand Analysis*, S. 22.

die in Tabelle II angeführten Güter sind wesentlich niedriger als die mittlere Nachfrageelastizität für alle Nahrungsmittel.

Bei Mehl beträgt die Nachfrageelastizität für Arbeiterfamilien −0,50 und für die Gesamtbevölkerung −0,55; das besagt, daß die Ausgaben für dieses Gut in Haushalten mit kleinerem Einkommen größer sind. Das ist damit zu erklären, daß mit steigendem Einkommen der Mehlverbrauch zurückgeht, da das Mehl durch andere Nahrungsmittel, z. B. Brot, ersetzt wird. Ähnlich verhält es sich mit Kartoffeln, deren Einkommenselastizität der Nachfrage −0,20 beträgt. Milch gehört in Schweden zu den billigeren Nahrungsmitteln, und dies erklärt auch die Tatsache, daß die Nachfrageelastizität für Milch für die Gesamtbevölkerung gleich Null ist, d. h. eine Erhöhung bzw. eine Senkung des Einkommens keinen Einfluß auf die Größe des Milchverbrauchs hat.

Tabelle II

Einkommens- und Preiselastizitäten der Nachfrage für einige Nahrungsmittel

Art der Nahrungsmittel	Einkommenselastizität der Nachfrage für die		Nachfrageelastizität für die Gesamtbevölkerung Schwedens	
	Arbeiter u. Angestellten	Gesamtbevölkerung Schwedens	in bezug auf den Preis des betr. Gutes	in bezug auf den Preis des Substitutes
	1	2	3	4
Milch und Sahne	0,25	0,00	−0,30	—
Milch	0,20	0,00	−0,20	—
Butter u. Margarine	0,25	0,60	−0,70	—
Butter	0,40	0,55	−0,90	0,35
Käse	0,35	0,50	−0,20	—
Eier	0,50	0,60 oder 0,70	—	—
Fleisch einschließlich Schweinefleisch	0,25	0,30	−0,30	—
Fleisch ohne Schweinefleisch	0,30	0,30	−0,50	0,30
Schweinefleisch	0,10	0,30	−0,45	0,15
Mehl	−0,50	−0,55	−0,15	0,55
Zucker	0,25	0,30	−0,35	—
Kartoffeln	—	−0,20	0,20	—

Die Preiselastizität der Nachfrage (Spalten 3 und 4) wurde von Wold auf Grund statistischer Marktdaten in der oben erwähnten Weise ermittelt.

Als Preise der »Kollektivgüter«, z. B. für Butter und Margarine zusammen oder für Schweinefleisch und andere Fleischsorten insgesamt, wurden gewogene Mittel der Preise beider Güter verwendet.

Der Spalte 3 der Tabelle II entnimmt man, daß die Preiselastizität der Nachfrage bei Butter für die Gesamtbevölkerung Schwedens −0,90 beträgt. Das bedeutet, daß eine 10%ige Erhöhung des Butterpreises zu einer 9%igen Senkung der Butternachfrage führt. Die Nachfrageelastizität von Butter in bezug auf den Margarinepreis (Spalte 4) beträgt dagegen 0,35 (*ceteris paribus*). Also führt eine Erhöhung des Margarinepreises um 10% bei unveränderlichem Butterpreis zu einer Zunahme des Butterverbrauchs um 3,5%[19]). Interessant ist auch die Feststellung, daß für Kartoffeln eine Preiserhöhung zur Verbrauchssteigerung führt; hier tritt der Giffensche Effekt in Erscheinung. Auf einen ähnlichen Sachverhalt stößt man z. B. auch bei der Nachfrage nach Rindfleisch in Abhängigkeit vom Schweinefleischpreis.

Interessant sind ferner die Woldschen Ergebnisse über Einkommenselastizitäten der Nachfrage für Hauptausgabengruppen der Bevölkerung Schwedens[20]).

Wold ermittelte z. B. aus Haushaltsrechnungen für Familien von Arbeitern und Angestellten mit kleinerem Einkommen im Jahre 1933 für gewisse Ausgabengruppen die folgenden Einkommenselastizitäten:

Ausgabenelastizität	für Nahrungsmittel	0,33
„	„ Wohnung (Miete)	1,28
„	„ Heizung	0,67
„	„ Möbel	1,41
„	„ Bekleidung	0,96
„	„ Hygiene	1,09

[19]) Die Nachfrageelastizität gegenüber dem Preis wird hier definiert als:

$$\frac{\Delta d}{d} : \frac{\Delta p}{p},$$

d. h. ohne Minuszeichen.

[20]) H. Wold, *Demand Analysis*, S. 21.

„	„	Ausbildung	1,88
„	„	Steuern und Gewerkschaftsbeiträge	1,24
„	„	Dienstpersonal	1,73
„	„	andere Ausgaben	1,83
„	„	alle angeführten Ausgaben zusammen	0,97

Wold verglich die Ergebnisse seiner Untersuchungen über Einkommenselastizitäten der Nachfrage anhand von Haushaltsrechnungen mit den Forschungen der Ökonometriker in anderen Ländern und stellte fest, daß die gewonnenen Ergebnisse weitgehend übereinstimmen. Beim Vergleich der Nachfrageelastizitäten gleicher Güter in verschiedenen Ländern ist natürlich große Vorsicht geboten, da die wirtschaftlichen und sozialen Verhältnisse, der Lebensstil usw. in den einzelnen Ländern, ja sogar in verschiedenen Bezirken und Bevölkerungsgruppen völlig verschieden sein können.

Marktprognosen. Spezielle Zyklen

Die statistische Ermittlung von Nachfrage- und Angebotskurven dient hauptsächlich dem Zweck der Wirtschaftsprognose. Es handelt sich also darum zu bestimmen, wie sich die Nachfrage (Verbrauch) eines bestimmten Gutes ändert, wenn z. B. das Volkseinkommen wächst, der Preis fällt oder sich andere Faktoren ändern, die auf die Nachfrage nach dem betreffenden Gut Einfluß haben. Desgleichen kann beispielsweise die quantitative Bestimmung des Einflusses, den Preissteigerungen oder Änderungen anderer Faktoren auf die Zunahme des Angebots (Produktion) haben, für Wirtschaftsprognosen dienen.

Derartige Prognosen werden in den kapitalistischen Ländern durchgeführt. Wir wollen die Leistungsfähigkeit dieser Vorhersagen an einem konkreten Beispiel untersuchen.

Wold ermittelte auf Grund statistischer Angaben aus der Zeit vor dem zweiten Weltkrieg die Nachfragekurven und die Nachfrageelastizität für die Hauptnahrungsmittel als Funktionen des Volkseinkommens und des Preises. Auf Grund dieser Daten und anhand der Voraussagen über die Änderung des Volkseinkommens bestimmte er den jährlichen Pro-Kopf-Verbrauch an Hauptnahrungsmitteln in den Jahren 1949–1950.

Aus Tabelle III[21]) ist zu ersehen, inwieweit die Woldschen Voraussagen (siehe Spalte 2) mit den tatsächlichen statistischen Zahlen (Spalte 3) übereinstimmen. Außerdem entnimmt man der Tabelle III, wie sich der Verbrauch an Hauptnahrungsmitteln in den Jahren 1949–1950 gegenüber der Vorkriegszeit geändert hat. Um die Verbrauchsgrößen der verschiedenen Zeiträume vergleichen zu können, berechnete Wold sowohl das Einkommen als auch die Werte für den Verbrauch in konstanten Preisen eines Basisjahres.

Man überzeugt sich leicht, daß der Gesamtwert des Pro-Kopf-Verbrauchs in den Jahren 1949–1950 gegenüber der Vorkriegszeit merklich höher liegt, als dies nach der Prognose zu erwarten war. Der überwiegende Teil dieses Unterschiedes ist auf die gegenüber der Vorhersage wesentlich raschere Steigerung des Butter- und Eierverbrauchs zurückzuführen. Wold erklärt diesen Unterschied mit der

Tabelle III

Vorhersage und tatsächlicher Verbrauch ausgewählter Nahrungsmittel in Schweden 1949–1950

Art der Nahrungsmittel	Jährlicher Pro-Kopf-Verbrauch in schwedischen Kronen		
	1930–1939	1949–1950	
		Vorhersage	Tatsächlicher Wert
Milch und Sahne	86,0	91,7	88,0
Butter	59,9	64,4	76,7
Margarine	22,6	26,3	27,8
Käse	23,5	26,6	26,2
Eier	27,3	29,0	38,8
Fleisch (ohne Schweinefleisch)	86,8	83,9	75,7
Schweinefleisch	70,4	74,9	84,2
Weizen und Roggen	58,8	52,3	53,0
Zucker	38,1	42,7	42,2
Kartoffeln	33,1	30,7	31,0

[21]) H. Wold, *Demand Analysis*, S. 312.

Ungenauigkeit der statistischen Zahlen sowie damit, daß in der Nachkriegszeit der Verbrauch an anderen Fetten – außer Butter und Margarine – beträchtlich sank, was sich zwangsläufig in einem erhöhten Butter- und Margarineverbrauch äußerte.

Die Prognose für den Verbrauch der übrigen Güter erwies sich im vorliegenden Fall als durchaus zutreffend.

Auf ähnliche Weise erstellte Wold eine langfristige Prognose für den Verbrauch verschiedener landwirtschaftlicher Erzeugnisse in den Jahren 1960–1970. Diese Prognosen entwickelte Wold in drei Varianten, indem er den Berechnungen drei verschiedene Annahmen über die reale Erhöhung des Volkseinkommens zugrunde legte. Er unterstellte nämlich, daß das Realeinkommen, d. h. das zu Preisen eines Basisjahres berechnete Einkommen,

(1) schwach, d. h. in 10 Jahren um etwa 10% (pro Jahr 0,9%),
(2) mittel, d. h. in 10 Jahren um etwa 20% (pro Jahr 1,8%), und
(3) stark, d. h. in 10 Jahren um etwa 30% (pro Jahr 2,7%)

steigt.

Tabelle IV

Vorhersage des Nahrungsmittelverbrauchs in Schweden für die Jahre 1960 und 1970

Landwirtschaftliche Produkte	Jährlicher Verbrauch in 1000 t von 1930–1939	Jährlicher Verbrauch (in 1000 t) unter der Annahme, daß der Einkommenszuwachs ... ist					
		schwach		mittel		stark	
		1960	1970	1960	1970	1960	1970
Weizen und Roggen	704	692	671	663	632	641	606
Andere Getreidesorten	147	138	127	138	127	138	127
Zucker	302	373	385	389	410	404	432
Kartoffeln	983	1 046	1 032	1 025	1 005	1 012	984
Butter und Margarine	121	155	160	163	175	171	187
Milch und Sahne	1 597	1 892	1 912	1 912	1 947	1 933	1 968
Käse	34	50	52	53	57	56	62
Fleisch	290	347	356	359	373	368	387
Eier	50	68	72	74	82	79	91

Die Woldschen Schätzungen des Verbrauchsanstiegs (für Ernährungs- und Industriezwecke) für die wichtigsten landwirtschaftlichen Erzeugnisse in den Jahren 1960 und 1970 sind in Tabelle IV[22]) angegeben. Die Woldsche Prognose kann natürlich noch nicht überprüft werden.

Was kann allgemein über die Genauigkeit anderer bereits überprüfter Prognosen dieser Art gesagt werden? Vor allem, daß die Vorhersage bei den Gütern, die sich nur schwer durch andere Güter ersetzen lassen, besser mit der Wirklichkeit übereinstimmt. Die Prognosen sind ferner um so unsicherer, je weiter sie in die Zukunft gehen. Das ist damit zu erklären, daß das Zutreffen der Hypothesen weniger wahrscheinlich ist.

Im allgemeinen sind jedoch die Unterschiede zwischen den prognostizierten und den tatsächlichen Werten ziemlich groß. Die Richtung der prognostizierten Änderungen und deren Größenordnung stimmen dagegen eher mit der Wirklichkeit überein. Schon allein diese Tatsache spricht zugunsten ökonometrischer Untersuchungen, die Wirtschaftsprognosen dieser Art wenigstens angenähert ermöglichen.

Als nächstes behandeln wir ein Verfahren der Wirtschaftsprognose, bei dem von der Untersuchung *spezieller Zyklen* ausgegangen wird, die infolge technischer Ursachen, die eine Anpassung des Angebots an Preisänderungen verzögern, auftreten.

Wie wir gesehen haben, besteht eine der Methoden zur statistischen Bestimmung der Angebotskurven von landwirtschaftlichen Erzeugnissen, für die Angaben über die jährlichen Ernteerträge vorliegen, darin, daß die Erzeugung s_t des jeweiligen Jahres als eine Funktion des Preises p_{t-1} vom Vorjahr aufgefaßt wird.

Die Nachfragefunktion ist also von der Form

$$d_t = f(p_t),$$

und entsprechend die Angebotsfunktion

$$s_t = f(p_{t-1}).$$

Diese Annahmen führen zu interessanten Schlüssen über die Wirkung des Marktmechanismus.

Zur Veranschaulichung wollen wir die Nachfragekurve *D* und die Angebotskurve *S* für das gleiche landwirtschaftliche Produkt in ein

[22]) H. Wold, *Demand Analysis*, S. 314.

und dasselbe Diagramm einzeichnen (Abb. 45a). Der Einfachheit halber nehmen wir an, daß die Kurven *D* und *S* Geraden sind. Dies ist jedoch keine notwendige Voraussetzung, denn auch im allgemeinen Fall, wenn die Kurven *D* und *S* keine Geraden sind, führen analoge Überlegungen zu ähnlichen Schlüssen.

Abb. 45. Spinngewebemodell: Gedämpfte Schwingung

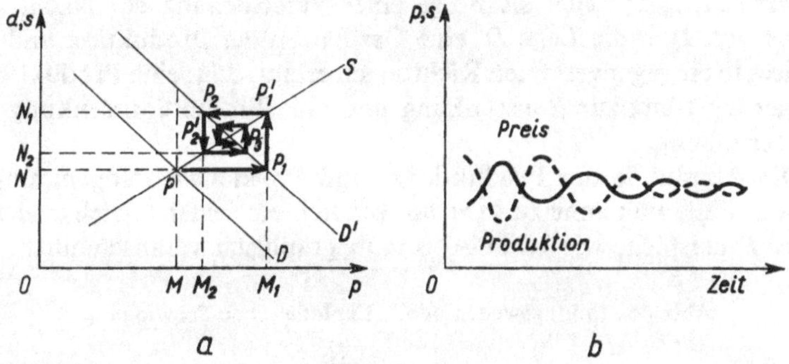

Nach dem Gesetz von Angebot und Nachfrage wird der Preis eines gegebenen Produktes durch den Gleichgewichtspunkt *P* bestimmt, der dem Preis *OM* und der Nachfrage *ON*, die gleich dem Angebot ist, entspricht. Nehmen wir an, daß auf dem Markt Änderungen aufgetreten sind, als deren Folge die Nachfragekurve *D* in die Lage *D'* verschoben wurde. Im Jahre 1951 z.B. entsprach der Preis für Kartoffeln dem Gleichgewichtsniveau, jedoch stieg infolge einer Vergrößerung der Schweinezucht im Jahre 1952 die Nachfrage nach Kartoffeln; dies hatte natürlich eine Verschiebung der Nachfragekurve und eine Aufhebung des Marktgleichgewichtes zur Folge. Sobald aber die Nachfragekurve die Lage *D'* annimmt, übersteigt beim gegebenen Preis *OM* die Nachfrage das Angebot; dadurch steigt der Preis, und man erhält P_1 als temporären Gleichgewichtspunkt. Bei einem Preis OM_1 sind die Bauern jedoch bereit, von dem betreffenden Produkt mehr zu produzieren, und sie beschließen, die Anbaufläche zu erweitern. Die Erhöhung des Angebotes erfolgt aber erst nach einem Jahr, wenn die neue Ernte auf den Markt gebracht wird. Das führt zum nächsten temporären Gleichgewichtspunkt P_1', bei dem das Angebot die Nachfrage übersteigt. Folglich kommt es wiederum zu einem Fallen des Preises von OM_1 auf OM_2 mit P_2 als temporärem Gleichgewichtspunkt. Der Preis OM_2 ist aber den Bauern zu niedrig und führt dazu, daß die Ernte für das nächste Jahr auf die Höhe ON_2 beschränkt wird, was dem Preis OM_2 entspricht, usw. Auf diese Weise wandert der temporäre Gleichgewichtspunkt von Punkt P zu Punkt P_1, dann zu P_1', P_2, P_2', P_3, ..., wie es in Abb. 45a dargestellt ist.

Wir sehen, daß sich als Folge einer Verschiebung der Nachfragekurve von D in die Lage D' eine Oszillation der Produktion und des Preises in entgegengesetzten Richtungen ergibt, d.h., eine Produktionssteigerung führt zur Preissenkung und eine Produktionssenkung zur Preiserhöhung.

Die Amplitude der Produktions- und Preisschwankung nimmt in diesem Falle von Jahr zu Jahr ab, bis sich ein neuer Gleichgewichtspreis P einspielt, wie es in Abb. 45b graphisch veranschaulicht ist.

Abb. 46. Spinngewebemodell: Explodierende Schwingung

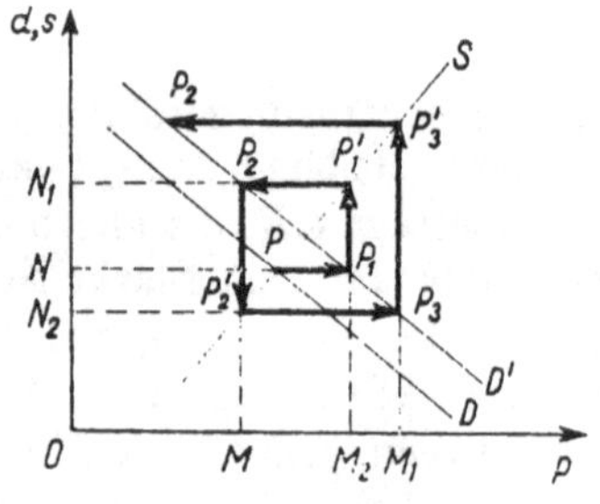

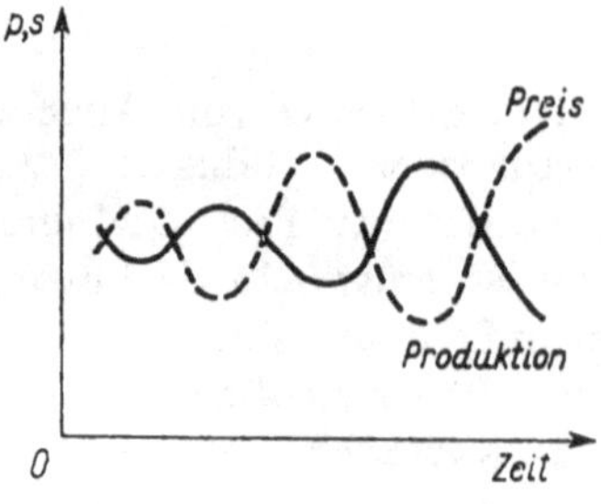

Die Wirkung des Marktmechanismus kann jedoch auch ein ganz anderes Ergebnis zeitigen. Sind nämlich die Nachfrage- und Angebotskurven gegenseitig so geneigt, wie es in Abb. 46a dargestellt ist, dann ist eine Verschiebung der Nachfragekurve aus der Lage D in die Lage D' Anlaß zu Produktions- und Preisschwankungen mit zunehmender Amplitude. Das bedeutet, daß derartige Schwankungen zu keinem neuen Marktgleichgewicht führen (Abb. 46b).

Schließlich können im Spezialfall die Nachfrage- und Angebotskurven so liegen, daß sich aus einer Störung des Marktgleichgewichtes eine periodische Schwankung des Preises und der Produktion mit konstanter Amplitude ergibt (Abb. 47a, b).

Jegliche Störung des Marktgleichgewichtes löst daher eine Schwingung des Preises und der Produktion aus, wobei drei Fälle möglich sind:

(1) *gedämpfte Schwingung*, die zu einem Gleichgewicht führt (Abb. 45a, b),

(2) *konstante periodische Schwingung* (Abb. 47a, b) und

(3) *explodierende Schwingung* (Abb. 46a, b).

Abb. 47. Spinngewebemodell: Konstante Schwingung

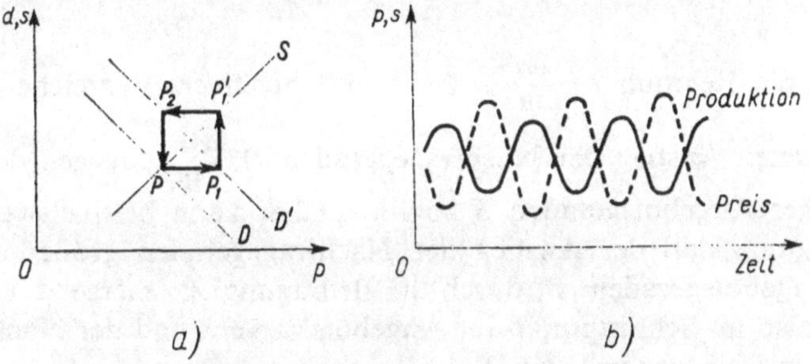

Man kann sich leicht überzeugen, daß der erste dieser Fälle dann eintritt, wenn der Anstieg der Nachfragegeraden in der neuen Position *D'* in bezug auf die Abszissenachse *OP*[23]), absolut genommen, größer ist als der absolute Wert des Anstiegs der Angebotsgeraden *S*. Ist der absolute Wert des Anstiegs der Nachfragegeraden *D'* kleiner als der der Angebotsgeraden *S*, dann liegt der Fall einer Schwingung mit zunehmender Amplitude vor. Wenn schließlich die absoluten Werte der Anstiege der Nachfragelinie *D'* und Angebotskurve *S* gleich sind, ergibt sich eine gleichbleibende periodische Schwingung.

Die Bedingungen, von denen die Art der Schwingung des Preises und der Produktion abhängen, können auch auf andere Weise formuliert werden. Im Schnittpunkt der Nachfragegeraden *D* mit der Angebotsgeraden *S* (Abb. 48) ist nämlich das Verhältnis der Elastizität η der Nachfragefunktion zur Elastizität ε der Angebotsfunktion gleich dem Verhältnis der Anstiege der Nachfrage- und Angebotsgeraden.

---

[23]) Der Anstieg der Geraden in bezug auf die *OP*-Achse ist gleich dem Tangens des Winkels zwischen der Geraden und der positiven Richtung der Achse.

In der Tat ist, entsprechend der Definition der Elastizität:

$$\eta = -\frac{\Delta d}{\Delta p} \times \frac{p_0}{d_0},$$

$$\varepsilon = \frac{\Delta s}{\Delta p} \times \frac{p_0}{s_0}.$$

Da im Schnittpunkt $d_0 = s_0$, ist

$$\eta : \varepsilon = -\frac{\Delta d}{\Delta p} : \frac{\Delta s}{\Delta p},$$

wobei die Relation $-\frac{\Delta d}{\Delta p} > 0$ den mit positivem Vorzeichen angenommenen Anstieg der Nachfragegeraden D, $\frac{\Delta s}{\Delta p}$ dagegen den Anstieg der Angebotsgeraden S angibt. Daher kann beispielsweise die Bedingung, daß der Anstieg der Nachfragegeraden größer als der der Angebotsgeraden ist, durch die Bedingung $\eta > \varepsilon$ ersetzt werden.

Ist also im Schnittpunkt der Angebotskurve S und der Nachfragekurve in ihrer neuen Lage D'

$\eta > \varepsilon$, dann ergeben sich gedämpfte Schwingungen des Preises und der Produktion;

$\eta < \varepsilon$, dann sind die Schwingungen explodierend;

$\eta = \varepsilon$, dann sind die Schwingungen periodisch.

Wir wollen uns noch die algebraische Formulierung des oben beschriebenen Marktprozesses überlegen. Zur Vereinfachung setzen wir wiederum voraus, daß die Nachfrage- und Angebotskurven im Diagramm mit gewöhnlichen Maßstäben (oder alternativ mit doppeltlogarithmischem Maßstab) Gerade sind. Die Gleichungen der Nachfragegeraden D und Angebotsgeraden S können dann in der Form

$$d_t = ap_t + k,$$

$$s_t = bp_{t-1} + l$$

geschrieben werden, wobei a und b die Anstiege der Geraden D und S und k und l gewisse konstante Parameter sind. Wir zeichnen nun das Diagramm dieser Funktionen (Abb. 49) und verschieben dann den Ursprung des Koordinatensystems in den Schnittpunkt P der Geraden D und S. Im neuen Koordinatensystem sind die Parameter

k und l gleich Null, und für die Nachfrage- und Angebotsgleichungen ergeben sich:

$$d_t = ap_t, \qquad s_t = bp_{t-1}.$$

Abb. 48. Gleichgewicht bei linearer Angebots- und Nachfragekurve

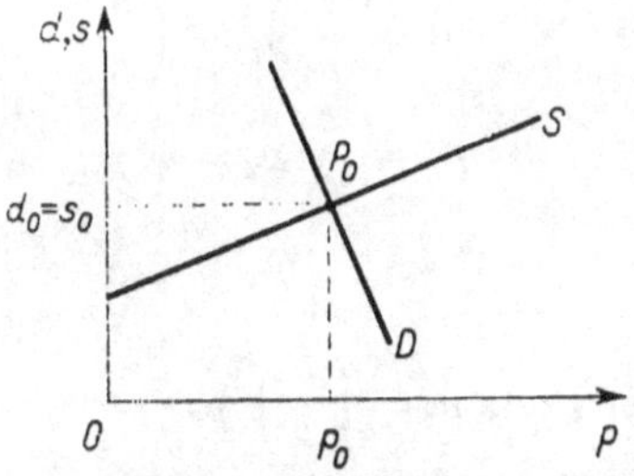

Abb. 49. Spinngewebemodell bei linearer Angebots- und Nachfragekurve

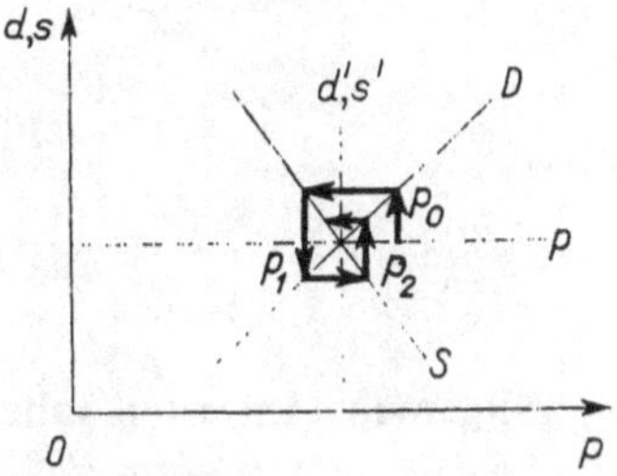

Die dem Gleichgewichtspunkt entsprechenden Koordinaten sind also gleich Null, und die Koordinaten der anderen Punkte der Nachfrage- und Angebotskurve entsprechen den Abweichungen des Preises und der Nachfrage vom Gleichgewichtspunkt.

Unterstellen wir einmal, das Gleichgewicht sei gestört worden und der Preis weiche vom Gleichgewichtspunkt um p_0 ab. In diesem Fall nimmt im nächsten Jahr das durch den neuen Preis p_0 bestimmte Angebot den Wert bp_0 an. Dieses Angebot in Höhe von bp_0 bestimmt wiederum den Preis p_1 des Produktes, den wir durch Gleichsetzen von Nachfrage und Angebot ermitteln. Das heißt, $bp_0 = ap_1$, und folglich:

$$p_1 = \frac{b}{a} p_0.$$

Der Preis p_1 ruft im nächsten Jahr ein Angebot in Höhe von bp_1 hervor; durch Gleichsetzen von Nachfrage und Angebot, $bp_1 = ap_2$, ergibt sich daher:

$$p_2 = \frac{b}{a} p_1.$$

Im dritten Jahr wird das Angebot gleich bp_2 sein, wobei $bp_2 = ap_3$ ist; daher ist der Preis im dritten Jahr

$$p_3 = \frac{b}{a} p_2,$$

usw.

Die so gewonnenen Ergebnisse über die Preisschwankungen in den einzelnen Jahren können wie folgt dargestellt werden:

Im Jahre 0 ist der Preis	p_0,
„ „ 1 „ „ „	$p_1 = \frac{b}{a} p_0$,
„ „ 2 „ „ „	$p_2 = \frac{b}{a} p_1 = \left(\frac{b}{a}\right)^2 p_0$,
„ „ 3 „ „ „	$p_3 = \frac{b}{a} p_2 = \left(\frac{b}{a}\right)^3 p_0$,

. . . .

. . . .

Allgemein: im n-ten Jahr beträgt der Preis $p_n = \left(\frac{b}{a}\right)^n p_0$.

Was folgt aus dieser Formel? Wenn der Preis $p_0 = 0$, d.h., wenn der Ausgangspreis dem Gleichgewichtspunkt entspricht, dann ist $p_n = 0$ für alle n, also gibt es keine Preisschwankungen. Ist jedoch $p_0 \neq 0$, wird eine Schwingung eingeleitet. Da die Angebotskurve in der Regel steigt, d.h. $b > 0$, und die Nachfragekurve fällt, d.h. $a < 0$, ist daher $\frac{b}{a} < 0$. Deshalb hängt das Vorzeichen des Ausdrucks $\left(\frac{b}{a}\right)^n$ von der laufenden Nummer des Jahres ab, und die Preisschwankungen sind alternierend positiv und negativ:

Laufende Nummer des Jahres	0, 1, 2, 3, 4, ...
Richtung der Preisschwankung	
falls der Ausgangspreis $p_0 > 0$:	+, −, +, −, +, ...
falls der Ausgangspreis $p_0 < 0$:	−, +, −, +, −, ...

Eine Störung des Marktgleichgewichtes löst daher bei einem Anfangspreis $p_0 \neq 0$ eine Preisschwingung aus, wobei je nach der absoluten Größe des Quotienten $\frac{b}{a}$ drei Fälle vorkommen können:

(a) Ist $\left|\frac{b}{a}\right| < 1$, was dann der Fall ist, wenn der Anstieg der Angebotskurve kleiner ist als der Anstieg der Nachfragekurve (mit positivem Vorzeichen), dann strebt $\left(\frac{b}{a}\right)^n \to 0$, wenn n zunimmt. Wir haben es dann mit einer gedämpften Schwingung zu tun.

(b) Ist $\left|\frac{b}{a}\right| = 1$, dann sind die aufeinanderfolgenden Preisschwankungen $p_0, -p_0, +p_0, -p_0, \ldots$, es liegt also eine periodische Schwingung vor.

(c) Ist $\left|\frac{b}{a}\right| > 1$, dann explodiert die Schwingung, da $\left(\frac{b}{a}\right)^n \to \infty$, wenn n zunimmt.

Hierfür geben wir einige Zahlenbeispiele an.

(1) Nehmen wir an, die Anstiege der Angebots- und Nachfragekurven betragen $b = 2$ bzw. $a = -4$, d.h. $\frac{b}{a} = -\frac{1}{2}$. Der Ausgangspreis sei $p_0 = 1$.

Für die aufeinanderfolgenden Preisschwankungen ergeben sich dann:

p_0	p_1	p_2	p_3	p_4	p_5	...
1	$-\frac{1}{2}$	$+\frac{1}{4}$	$-\frac{1}{8}$	$+\frac{1}{16}$	$-\frac{1}{32}$	...

Sie sind also eine gedämpfte Schwingung um den neuen Gleichgewichtspunkt.

(2) Wenn $a = -2$, $b = 4$ und $p_0 = 1$ ist, dann wird $\frac{b}{a} = -2$, und es ergeben sich die folgenden Preisschwankungen: 1, -2, $+4$, -8, $+16$, -32, ... Wir haben es daher mit einer explodierenden Schwingung zu tun, und es ist nicht zu erwarten, daß sich ein Gleichgewichtspreis einspielt.

(3) Ist $a = -2$, $b = 2$ und $p_0 = 1$, dann ist $\frac{b}{a} = -1$, und die Preise variieren in der Folge $+1, -1, +1, -1, +1, \ldots$; d.h., es ergibt sich eine periodische Schwingung.

Aus obigen Überlegungen folgt, daß eine Verzögerung der Reaktion des Angebots auf die Gleichgewichtsstörung zu Schwingungen im Preis und in der Produktion führt, deren Art von dem Verhältnis der Neigungen der Angebotskurve S und der Nachfragekurve D in ihrer neuen Lage abhängig ist. Diese Oszillation führt nicht unbedingt zu einem neuen Gleichcewichtszustand. In gewissen Fällen ergibt sich eine gleichmäßige periodische Schwingung oder eine Schwingung mit einer zunehmenden Amplitude.

In unseren theoretischen Überlegungen haben wir viele Faktoren nicht berücksichtigt, die in der Praxis möglicherweise einen entscheidenden Einfluß auf den beschriebenen Prozeßverlauf ausüben. Die Nachfrage- und Angebotskurven brauchen keine Geraden zu sein, wie wir das zur Vereinfachung der Überlegungen vorausgesetzt haben; außerdem kann man sich schwer vorstellen, daß die Preis- und Produktionsschwankungen in Wirklichkeit ins Unendliche anwachsen können. Was aber kann die unbegrenzte Zunahme der Amplitude dieses Schwingungsvorganges aufhalten und wie kann ein Marktgleichgewicht herbeigeführt werden? Vor allem ist zu erwarten, daß die Angebotselastizität (besonders bei landwirtschaftlichen Erzeugnissen) extrem zu fallen beginnt, wenn die Produktion eine gewisse Größe überschreitet, so daß eine Preiserhöhung keine Produktionssteigerung mehr hervorbringt.

Ein weiterer Faktor, der bremsend auf die Amplitude der Preis- und Produktionsschwankungen einwirkt, ist der sogenannte Spekulationsfaktor. In einem der vorhergehenden Abschnitte führten wir ein Beispiel an, bei dem die Nachfrage nach Stahl nicht nur vom Stahlpreis, sondern auch von dem Tempo, mit dem sich dieser Preis ändert, abhängt.

Bei Nachfrage- und Angebotsuntersuchungen für landwirtschaftliche Produkte ist die Situation ähnlich. Wenn z.B. der Kartoffelpreis steigt, werden nicht alle Bauern die Anbaufläche für diese Fruchtart vergrößern. Einige von ihnen werden sich überlegen, daß nach der neuen Ernte mit einem Fallen der Preise gerechnet werden muß, wenn viele Bauern unter dem Einfluß der zeitweiligen Preissteigerung mehr Kartoffeln anzubauen beabsichtigen. Angesichts dessen hat es also keinen Sinn, die Kartoffelanbaufläche zu vergrößern, da man sich sonst dem Risiko aussetzt, Verluste zu erleiden. Man sieht also, daß diese Gruppe vorsichtiger Bauern anders reagiert, als sie es entsprechend unseren theoretischen Überlegungen tun sollte.

Besonders – wenn auch nicht ausschließlich – können natürlich bei landwirtschaftlichen Produkten Preis- und Produktionsschwankungen begrenzten Ausmaßes beobachtet werden. Man hat z.B. in verschiedenen Ländern festgestellt, daß über längere Zeit hinweg das Angebot an Schweinen regelmäßigen Schwingungen mit einem 3-Jahres-Zyklus unterliegt. Solche Schwankungen im Preis und Angebot von Schweinen bezeichnet man als *Schweinezyklus.*

Zeichnet man in ein Diagramm (1) das Angebot an Schweinen, d.h. das Gewicht der an den Markt gelieferten Schweine in t, und (2) das Verhältnis zwischen dem Lebendgewichtpreis der Schweine und dem Preis des Hauptfutters für die Schweinemast (z.B. Kartoffeln bzw. in den USA Mais), so wird man feststellen, daß, wenn das Verhältnis zwischen dem Lebendgewichtpreis für Schweine und dem Futterpreis ansteigt, sich dann nach einer bestimmten Zeit (nach etwa 18 Monaten) das Schweineangebot vergrößert und dadurch bedingt die Schweinepreise fallen.

Abb. 50. Schweinefutter-Preisrelation (ausgezogene Kurve) und Schweinepreis (punktierte Kurve)

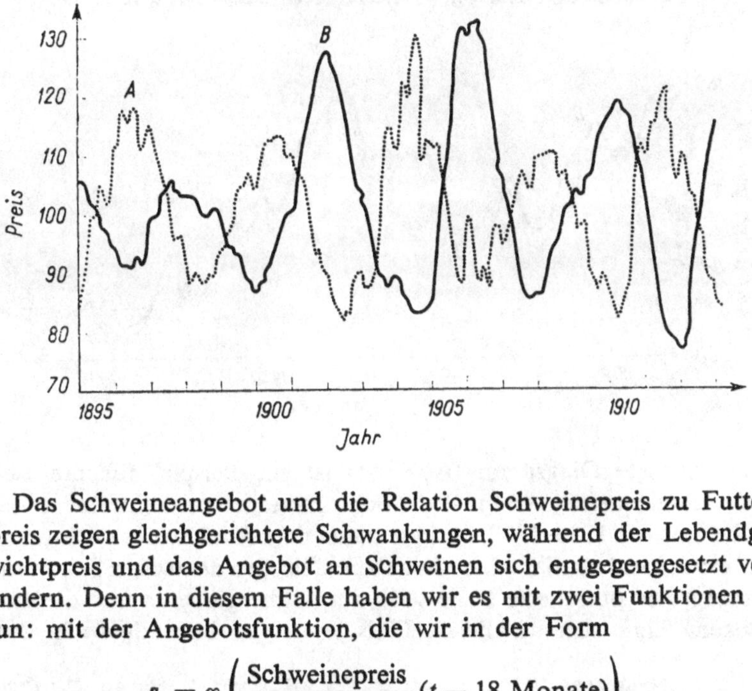

Das Schweineangebot und die Relation Schweinepreis zu Futterpreis zeigen gleichgerichtete Schwankungen, während der Lebendgewichtpreis und das Angebot an Schweinen sich entgegengesetzt verändern. Denn in diesem Falle haben wir es mit zwei Funktionen zu tun: mit der Angebotsfunktion, die wir in der Form

$$s_t = \varphi\left(\frac{\text{Schweinepreis}}{\text{Futterpreis}}(t - 18 \text{ Monate})\right)$$

schreiben können, und mit der Nachfragefunktion von der Form:

$$d_t = f(\text{Schweinepreis im gleichen Monat}).$$

Auf Grund dieses »Schweinezyklus«, der aufzeigt, wie die Änderung im Schweineangebot durch die Relation Schweinepreis zu Futterpreis beeinflußt wird, können die Schwankungen des Schweinepreises prognostiziert werden.

Abbildung 50 zeigt die Korrelation zwischen der Schweinefutter-Preisrelation und dem Lebendgewicht-Preis für Schweine, die sich auf Grund einer deutschen Statistik für die Jahre 1895–1914 ergibt. In diesem Schaubild ist die Preisrelation (ausgezogene Linie) gegenüber dem Schweinepreis (punktierte Linie) um 18 Monate verschoben.

Abb. 51. Leistungsfähigkeit der Schweinepreisprognose. Vorhergesagter Preis (punktierte Kurve), wirklicher Preis (ausgezogene Kurve)

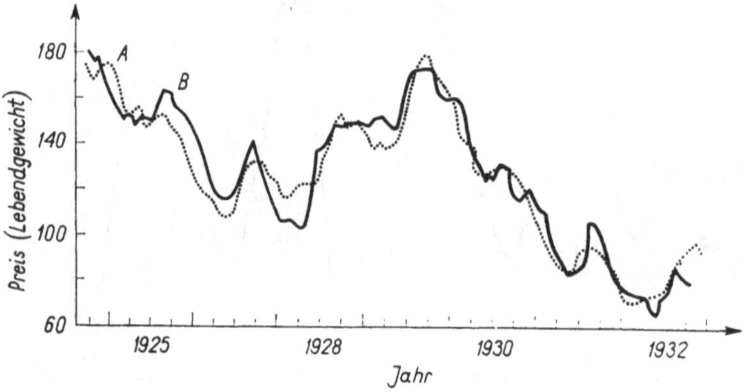

Das nächste Diagramm (Abb. 51) ist ein Beispiel für die Leistungsfähigkeit einer Prognose der Schwankungen des Schweinepreises für die Zeit von 1925–1932, basierend auf einer Analyse des »Schweinezyklus« anhand statistischer Angaben über den deutschen Schweinemarkt[24]). Die punktierte Linie stellt den vorhergesagten und die ausgezogene Linie den wirklichen Preis je 100 kg Lebendgewicht dar.

[24]) Die Abbildungen 50 und 51 wurden der Arbeit von A. Hanau, *Die Prognose der Schweinepreise*, Berlin 1928, entnommen. In Polen wurde eine Arbeit über die statistische Untersuchung des Schweinezyklus in der Zeit zwischen den beiden Weltkriegen von S. Schmidt und S. Mandecki veröffentlicht: *Badania nad cyklicznością trzody chlewnej*, Kraków 1933.

Überlegen wir nun, woher es kommt, daß die Schwankungen im Preis und Schweineangebot zyklisch sind. Von dem Zeitpunkt, da die Schweinepreise steigen, was die Landwirte auf höheren Gewinn hoffen läßt, bis zum Augenblick der Angebotssteigerung müssen 15 bis 18 Monate vergehen, wobei ein Zeitraum von ungefähr 3 Monaten eingerechnet ist, den die Schweinezüchter zu ihrer Orientierung in der neuen Situation brauchen. Diese 15 bis 18 Monate bilden eine Periode der Anpassung der Schweinezucht an den neuen vorteilhaften Preis. Am Ende dieses Zeitabschnitts macht sich allmählich das erhöhte Schweineangebot auf dem Markt bemerkbar.

Mit der Ausdehnung der Schweinezucht ist des öfteren gleichzeitig eine Preiserhöhung der Futtermittel, die zur Schweinemast verwendet werden, verbunden, insbesondere, wenn es sich um ein spezielles Futter handelt, wie Mais in den USA. Wir haben es also mit zwei parallel verlaufenden Prozessen zu tun – mit einer Ausdehnung der Schweinezucht und einer Preissteigerung bei den Futtermitteln. Sobald in zunehmendem Maße Schweine auf dem Markt angeboten werden, fällt ihr Preis. Das Angebot kann natürlich nicht sofort zurückgehen, da die Schweinezucht sich in voller Entwicklung befindet. Der Fall des Schweinepreises und die Preissteigerung bei Futtermitteln hält solange an, bis die Produktion und das Angebot an Schweinen zurückzugehen beginnt. Mit dem Rückgang der Schweinezucht ist eine Senkung des Futterpreises und ein Anziehen der Schweinepreise verbunden. Die Schweinezucht wird wieder rentabler, und die Bauern entschließen sich, sie zu erweitern. Es beginnt eine neue Periode im »Schweinezyklus«, welche erfahrungsgemäß etwa drei Jahre dauert.

Der oben beschriebene »Schweinezyklus« ist ein Beispiel für *spezielle Zyklen*, die nicht den allgemeinen Konjunkturzyklus wiedergeben, sondern die einen eigenen Mechanismus, einen gesonderten Ursachenkomplex und eine eigene Zyklusperiode haben. Der Schweinezyklus gehört zu den außergewöhnlich stabilen Zyklen, aber ähnliche Zyklen, meistens mit geringer Stabilität, wurden auf vielen anderen Gebieten des Wirtschaftslebens entdeckt. Das Auftreten eines Spezialzyklus ist mit dem Vorhandensein bestimmter technischer Ursachen verbunden, zu denen eine konstante zeitliche Verzögerung, z. B. in der Anpassung des Schweineangebotes, gehört. Wenn hingegen eine allmähliche Anpassung der Produktion an die Markterfordernisse möglich ist, dann sind keine speziellen Zyklen festzustellen[25]).

Der Ablauf eines Spezialzyklus kann über das *Spinngewebemodell* (cobweb model), d.h. über die Oszillation von Preis und Angebot infolge einer Störung des Marktgleichgewichts, von der zu Beginn dieses Abschnitts die Rede war, erklärt werden. Die Bezeichnung »Spinngewebemodell« stammt daher, daß die grafische Darstellung der Preis- und Angebotsoszillation in der Tat an ein Spinngewebe erinnert (vgl. Abb. 45a, 46a).

Ein Spezialzyklus existiert z.B. auch im Schiffbau, vor allem beim Bau von Tankern. Nehmen wir an, daß in einer bestimmten Periode ein großer Tankerbedarf bei hohen Frachtsätzen vorhanden ist. In dieser Zeit lohnt es sich, Schiffe dieses Typs zu bauen. Die Bauzeit für einen Tanker beträgt etwa zwei Jahre. Sobald mehr Tanker in Dienst gestellt werden, führt die Konkurrenz zwischen den Reedereien zur Senkung der Frachtsätze. Während der Zeit des verstärkten Tankerbaus steigen die Preise spezieller Materialien, die zur Herstellung dieser Schiffe benötigt werden. Infolge der Senkung der Relation zwischen den Frachtsätzen und den Herstellungskosten für Tanker wird ein weiterer Tankerbau unrentabel, und die Produktion beginnt zu sinken. Dies aber führt nach gewisser Zeit wiederum zur Steigerung der Frachtsätze und zur Erhöhung des Tankerbedarfs. Es beginnt dann ein neuer Zyklus im Tankerbau, die gewöhnlich zwei- bis dreimal so lange dauert wie die Bauzeit für ein Schiff. Der Hauptunterschied zwischen dem Zyklus im Tankerbau und dem Schweinezyklus liegt darin, daß der Tanker ein langlebiges Gut ist, das nach Fertigstellung für eine längere Zeit benutzt werden kann. Jedoch auch Tanker werden nach einiger Zeit außer Betrieb gesetzt und durch modernere Schiffe ersetzt.

Vor allem in der landwirtschaftlichen Erzeugung wurden viele spezielle Zyklen entdeckt. Bekannt ist z.B. der mit der Pflanzung von Kautschukbäumen und mit der Kautschukproduktion verbundene Zyklus. Auf anderen Gebieten ist das Erkennen eines speziellen Zyklus, insbesondere mit einer mehrjährigen Periode, mit großen Schwierigkeiten verbunden, da seine Wirkung sich mit dem allgemeinen Konjunkturzyklus der Wirtschaft vermischt.

---

[25]) Vgl. O. Lange, *Formen der Angebotsanpassung und wirtschaftliches Gleichgewicht* (Zeitschrift für Nationalökonomie, Wien 1935).

Die Entdeckung der speziellen Zyklen und die Ermittlung der Zusammenhänge zwischen den verschiedenen Größen in unterschiedlichen Zeitperioden, d.h. die Untersuchung von *Korrelationen mit verzögerten Variablen* (*lag correlation*), entwickelte sich zu einem Hauptverfahren der Wirtschaftsprognose.

Die entdeckten speziellen Zyklen gaben in den USA Anlaß zu Versuchen, ihren Ablauf abzuschwächen, d.h. man versuchte, die Oszillation der Preis- und Produktionsschwankungen durch Veröffentlichung von Prognosen zu vermindern. Damit tritt im Wirtschaftsprozeß ein neues Phänomen auf, das bei der Marktforschung zu berücksichtigen ist, nämlich der Einfluß, den die Veröffentlichung der Zyklusprognose auf den Zyklusablauf hat. Nehmen wir einmal an, die Wirtschaftswissenschaftler hätten eine richtige Prognose gestellt, die geheimgehalten wird. Das bedeutet, daß die Erwartungen sich bestätigen werden. Was geschieht jedoch, wenn die Vorhersage, die z.B. den Preis landwirtschaftlicher Erzeugnisse betrifft, veröffentlicht wird und wenn infolge einer geschickten Propaganda die Landwirte dieser Prognose vertrauen? Ohne Zweifel wird dies die Landwirte veranlassen, die Erzeugung bestimmter Produkte zu vergrößern bzw. zu vermindern; folglich wird sich die Art der betreffenden Angebotskurve ändern.

Die Veröffentlichung der Prognose und die Einwirkung der Produzenten auf den Mechanismus eines bestimmten Zyklus beeinflussen somit den Verlauf des Zyklus. Unter bestimmten Umständen kann ein Zyklus, dessen voraussichtlicher Verlauf öffentlich bekannt ist, überhaupt zu bestehen aufhören. Durch die Veröffentlichung der Prognosen wird in den Marktprozeß ein neues Element der Spekulation und Gegenspekulation eingeführt, das einen Einfluß auf das Marktverhalten ausübt. In der Wirtschaftspolitik wird von diesem Tatbestand oft Gebrauch gemacht. Wenn es z.B. unter bestimmten Verhältnissen zu einem Ansturm auf die Geschäfte und zu Massenkäufen von Waren zu überhöhten Preisen kommt, und wenn man gleichzeitig weiß, daß die Vorräte in den Lagerhäusern sich vergrößern, so wirkt die Bekanntmachung dieser Tatsache und die Voraussage, daß die Preise bald fallen werden, beruhigend auf den Verlauf des Wirtschaftsprozesses.

Marktanalysen, besonders die Schätzung der Nachfrage- und Angebotselastizität, entstanden in Verbindung mit den Bedürfnissen der kapitalistischen Wirtschaft, vor allem der kapitalistischen Monopole. Diese Untersuchungen sind auch eine Folge der Erfordernisse der Wirtschaftspolitik kapitalistischer Staaten, die in zunehmendem Maße in die volkswirtschaftlichen Vorgänge eingreifen. Um eine wirksame Interventionspolitik verfolgen zu können, muß der Staat die ökonometrischen (quantitativen) Gesetzmäßigkeiten kennen, die zwischen dem Preis und der Nachfrage, dem Preis und dem Angebot, dem Einkommen und der Nachfrage usw. bestehen.

Es erhebt sich die Frage, ob und in welchem Umfang sich ökonometrische Marktuntersuchungen zur Lenkung einer sozialistischen Wirtschaft eignen können. Ohne Zweifel existieren auch in der sozialistischen Wirtschaft ökonometrische Probleme, die den oben erwähnten ähnlich sind. Zum Beispiel ist ein typisches Problem sozialistischer Planung die Ermittlung des Einflusses, den das Volkseinkommen auf den Verbrauch bestimmter Konsumgüter ausübt. Die zahlenmäßige Bestimmung der Auswirkung eines Anstiegs des Volkseinkommens auf den Konsum kann man auch unter planwirtschaftlichen Verhältnissen mit Hilfe von Engel-Kurven durchführen, die aus Haushaltsrechnungen gewonnen werden.

Dasselbe gilt für die Untersuchung des Problems, wie Preisänderungen die Nachfrage beeinflussen. Auch in der sozialistischen Wirtschaft kommen Preiserhöhungen und Preissenkungen bei verschiedenen Waren vor. Die Möglichkeit, im voraus zu erkennen, welche Wirkung eine bestimmte Preisänderung auf die Nachfrage eines bestimmten Gutes hat, ist für die Wirtschaftspolitik nicht ohne Bedeutung. Ohne eine ökonometrische Analyse des Marktes sind die Folgen einer staatlichen Preispolitik unbekannt, und damit bleiben die Marktvorgänge unkontrollierbar. Eine geplante Wirtschaftspolitik verlangt eine ökonometrische Untersuchung des Marktes.

Besonders in der gegenwärtigen Periode der Anpassung der Preisstruktur an die Erfordernisse des Wertgesetzes könnten ökonometrische Marktuntersuchungen, die quantitative Schätzungen darüber ermöglichen, wie sich bestimmte Preisänderungen auf die Nachfrage auswirken, von großer Bedeutung sein.

Was die ökonometrische Untersuchung des Angebots anbelangt, so ist es vom Standpunkt der Planwirtschaft aus sehr wichtig zu wissen, in welchem Ausmaß sich eine Preisänderung auf den Anbau und den Ankauf pflanzlicher und tierischer Produkte auswirken kann. Diese Probleme entstehen auf Grund der Existenz von Kleinbetrieben.

Jedoch gibt es auch innerhalb des sozialistischen Sektors ähnliche Probleme, besonders, wenn die Produktion und die Lieferungen durch direkte Verträge zwischen den Unternehmungen festgelegt sind.

Abgesehen von der Marktbeobachtung gibt es in der sozialistischen Wirtschaft noch ein umfangreiches Gebiet, auf dem ökonometrische Verfahren mit Erfolg angewendet werden können. Es handelt sich um das Problem der Produktionskostenanalyse, nämlich herauszufinden, wie das Produktionsvolumen die Durchschnittskosten beeinflußt und wie die optimale Größe der Produktion für einen Produktionsbetrieb zu bestimmen ist. Die ökonometrischen Verfahren der Untersuchung der Produktionskosten sind den oben erwähnten Methoden der Marktforschung ähnlich. Wir wollen aber auf die Einzelheiten dieses Problems nicht näher eingehen.

Wir sehen also, daß die Durchführung ökonometrischer Untersuchungen, die im Rahmen der kapitalistischen Wirtschaft entstanden sind und sich besonders unter dem Einfluß der Erfordernisse des Monopolkapitalismus entwickelten, zweifellos auch in der sozialistischen Wirtschaft nützlich und notwendig ist und dazu dienen kann, ihre Funktionsweise zu verbessern.

Hinzugefügt sei, daß ökonometrische Untersuchungen und Prognosen in der sozialistischen Wirtschaft leichter als in den kapitalistischen Ländern durchgeführt werden können. Wir haben im allgemeinen wesentlich umfangreichere und bessere statistische Unterlagen. Auch sind die Annahmen weniger hypothetisch; z. B. sind die Angaben über das Volkseinkommen und seine Verteilung auf die verschiedenen Gesellschaftsschichten in den Wirtschaftsplänen enthalten.

Ob man die ökonometrischen Methoden, die in kapitalistischen Ländern Anwendung finden, ohne weiteres übernehmen und unmittelbar in der sozialistischen Wirtschaft einsetzen kann, ist im voraus schwer zu sagen. Es scheint, daß man die Eignung der ökonometrischen Werkzeuge in der Praxis untersuchen und prüfen muß, und das um so mehr, weil die ökonometrischen Methoden noch nicht ausgereift sind. Auch in den einzelnen kapitalistischen Ländern bedient man sich bei derartigen Untersuchungen unterschiedlicher Methoden. Die ökonometrischen Forschungen dienen dem Zweck, die Fähigkeit zu entwickeln, verschiedenartige Forschungsmethoden anzuwenden; das ist notwendig, um für nahezu alle Probleme das geeignetste konkrete Verfahren zu finden. Denn es gibt kein wissenschaftliches Werkzeug, das das eigene Denken ersetzen könnte.

Gesetz der Einkommensverteilung. Pareto-Kurve

Wir wenden uns nun einer Frage zu, die ein Grenzgebiet der Ökonometrie betrifft, die aber in der ökonometrischen und statistischen Literatur eine große Rolle gespielt hat. Es ist das Problem der personellen Einkommensverteilung.

Schon im Jahre 1897, also lange vor dem Auftreten ökonometrischer Untersuchungen im engeren Sinne des Wortes, hat der italienische Nationalökonom Vilfredo Pareto (1848–1923), ein Schüler Leon Walras' und dessen Nachfolger am Lehrstuhl für politische Ökonomie der Universität Lausanne, eine gewisse Regelmäßigkeit in der Einkommensverteilung kapitalistischer Staaten sowie in Ländern mit feudalen und frühkapitalistischen Verhältnissen festgestellt. Aus dieser Gesetzmäßigkeit wollte Pareto bestimmte allgemeingültige ökonomische und soziologische Schlüsse ziehen[26]).

Auf Grund von Statistiken verschiedener Länder erstellte Pareto kumulierte Häufigkeitsverteilungen, die aufzeigen, wieviele Personen ein Einkommen beziehen, das nicht kleiner als ein bestimmter in der Verteilung angegebener Betrag ist. Dann stellte er solche Verteilungen grafisch dar, wobei er auf der Abszisse das Einkommen x und auf der Ordinate die Anzahl der Personen, die ein Einkommen der Größe x oder darüber beziehen, abtrug. Pareto fand, daß in den meisten Fällen, die er untersuchte, die Kurven derartiger Einkommensverteilungen einander ähnlich und von der Gestalt einer Hyperbel sind, deren Gleichung durch die folgende Formel gegeben ist:

$$y = \frac{A}{(x-a)^{\alpha}};$$

hierbei ist a das niedrigste Einkommen, bei dem die Kurve anfängt, und A und α sind gewisse positive Parameter. Der Verlauf einer solchen Kurve, *Pareto-Kurve* genannt, ist in Abb. 52 dargestellt.

Der Gleichung der Kurve entnimmt man, daß, wenn $x \to a$, dann ist $y \to \infty$, und wenn $x \to \infty$, dann $y \to 0$; d.h., die Pareto-Kurve

[26]) V. Pareto, *Cours d'économie politique*, Lausanne 1897, Bd. 2, Teil 1, Kapitel I.

besitzt zwei Asymptoten $x = a$ und $y = 0$. Wenn wir die y-Achse in den Punkt P verschieben, der dem niedrigsten betrachteten Einkommen entspricht, dann ist $a = 0$ und die Gleichung der Pareto-Kurve nimmt die Form

$$y = \frac{A}{x^{\alpha}} \qquad \text{bzw.} \qquad y = Ax^{-\alpha}$$

an.

Gewöhnlich verwendet man diese vereinfachte Form der Pareto-Kurve, da man in der Praxis im allgemeinen nur mangelhafte Informationen über die Anzahl der Personen mit niedrigem Einkommen besitzt. In kapitalistischen Ländern werden Einkommensdaten hauptsächlich über Steuerstatistiken gewonnen; Personen mit niedrigem Einkommen zahlen aber keine Einkommenssteuer. Besäßen wir jedoch Informationen über die Personen mit niedrigstem Einkommen, dann würde die Kurve (Abb. 52) von einem bestimmten Punkt ab sich neigen und die Gerade $x = a$ schneiden. Auf niedrige Einkommen ist die Pareto-Formel nicht anwendbar.

Abb. 52. Pareto-Kurve

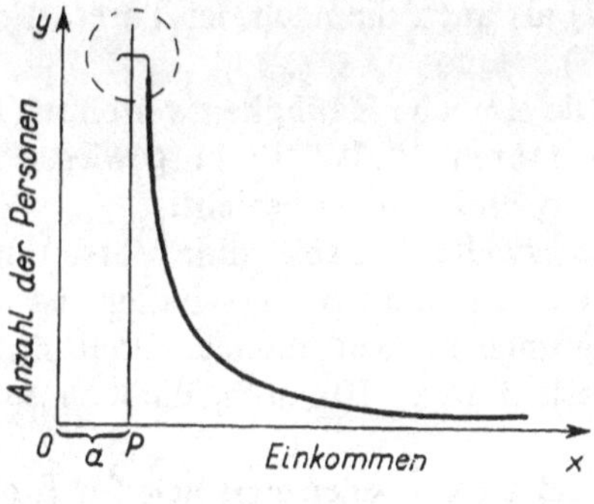

Wir wollen zwei Beispiele für Einkommensverteilungen anführen; das eine basiert auf einer amerikanischen, das andere auf einer englischen Statistik.

Tabelle V gibt die kumulierte Häufigkeitsverteilung der Einkommen in den USA im Jahre 1919 wieder[27]); sie enthält sowohl die tat-

[27]) Das Beispiel ist der Arbeit von Harold T. Davis, *The Theory of Econometrics*, Bloomington 1947, S. 29, entnommen.

Tabelle V

Kumulierte Häufigkeitsverteilung der Einkommen in den USA im Jahre 1919

Einkommen in $	Zahl der Personen mit Einkommen x und darüber in Tausend	
	beobachtet	berechnet
x	y	y'
500	35 541	50 722
1 000	23 010	15 648
1 500	10 512	7 864
2 000	5 290	4 827
3 000	2 225	2 426
5 000	842	1 020
10 000	254	315
25 000	62	66
50 000	21	21
100 000	7	6
200 000	2	2

sächlichen (Spalte 2) als auch die nach der Pareto-Formel berechneten Zahlen (Spalte 3).

In Tabelle VI ist die einfache Häufigkeitsverteilung der Einkommen in England in den Jahren 1911–1912 ausgewiesen[28]), die sich auf Personen mit höherem Einkommen bezieht.

Um sich in diesem zweiten Beispiel eine Vorstellung über die tatsächliche Einkommensverteilung zu verschaffen, ist zu berücksichtigen, daß die Einkommensklassen ungleich breit sind. Zunächst beträgt die Klassenbreite 5, dann 10 und schließlich 25 Tausend Pfund Sterling.

Wir wollen nun die angegebenen Beispiele für Einkommensverteilungen näher untersuchen. Die vereinfachte Gleichung der Pareto-Kurve $y = Ax^{-\alpha}$ kann in logarithmischer Form dargestellt werden: $\log y = C - \alpha \log x$, wobei $C = \log A$. Bekanntlich ist dann das Schaubild einer solchen Kurve im doppelt-logarithmischen Maßstab eine Gerade mit der Neigung $-\alpha$.

---

[28]) Das Beispiel ist der Arbeit von A. L. Bowley, *Elements of Statistics*, 6. Ausg., London 1948, S. 347, entnommen.

In Abb. 53 ist die Pareto-Kurve für die Häufigkeitsverteilung der Tabelle V in doppelt-logarithmischem Maßstab dargestellt. Die Gleichung dieser Kurve, an die gegebene Verteilung mittels der Methode der kleinsten Quadrate angepaßt, lautet: $\log y = 9{,}28462 - 1{,}69672 \log x$ oder in nicht-logarithmischer Form $y = 1925{,}5 \times 10^6\, x^{-1{,}69672}$. Aus Tabelle V ist zu ersehen, daß die Pareto-Kurve sich in ihrem linken Teil nicht allzugut an die statistischen Zahlen anpaßt, da die tatsächliche Anzahl der Personen mit einem Einkommen, das nicht geringer als 500 Dollar ist, viel geringer ist als die nach der Gleichung der Pareto-Kurve berechnete Anzahl. Bei den höheren Einkommen ist die Anpassung der Pareto-Kurve an die gegebene Häufigkeitsverteilung der Einkommen wesentlich besser.

Abb. 53. Pareto-Kurve. Doppelt-logarithmischer Maßstab

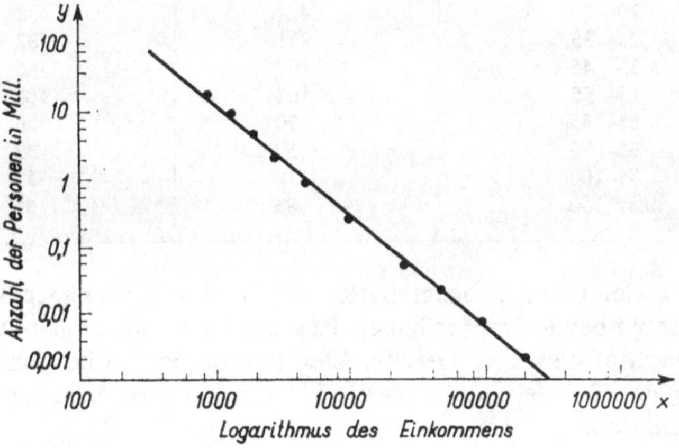

Im zweiten Beispiel ergeben sich für die Parameter der Pareto-Kurve, die ebenfalls nach der Methode der kleinsten Quadrate bestimmt wurde, die Näherungswerte $C = \log A = 9{,}618$, $\alpha = 1{,}5$, und die Gleichung dieser Kurve in logarithmischer Form lautet: $\log y = 9{,}618 - 1{,}5 \log x$.

Bei seinen Untersuchungen der Einkommensangaben in verschiedenen Ländern und unterschiedlichen Zeiträumen stellte Pareto fest, daß die Größe des Parameters α der Einkommensverteilungskurve im Intervall 1,2 bis 1,9 schwankt und im Mittel $\alpha = 1{,}5$ beträgt.

Der Parameter α kann als ein bestimmtes Maß für die Ungleichheit der Einkommensverteilung angesehen werden. Je größer der Wert des Parameters α ist, um so stärker ist die Hyperbel gekrümmt und um so größer sind die Unterschiede in den einzelnen Bevölkerungsklassen.

Tabelle VI

Häufigkeitsverteilung der Einkommen in Großbritannien in den Jahren 1911–1912

Einkommen in Tausend £	Anzahl der Personen in Tausend	
	beobachtet	berechnet
5– 10	7 546	7 411
10– 15	1 890	2 029
15– 20	790	787
20– 25	424	438
25– 35	411	382
35– 45	199	186
45– 55	103	107
55– 65	70	56
65– 75	50	37
75–100	118	55
über 100	85	66

Wir wollen nun die Eigenschaften der Pareto-Kurve näher betrachten. Wie wir bereits gesehen haben, ist diese Kurve im doppelt-logarithmischen Maßstab eine Gerade. Der Parameter $-\alpha$ bezeichnet den Anstieg der Geraden, und α ist die Elastizität der Einkommensverteilungsfunktion,

$$-\frac{d\log y}{d\log x} = \alpha,$$

d. h., die Elastizität der Personenzahl y in bezug auf die untere Einkommensgrenze x. Nimmt man an, daß $\alpha = 1{,}5$ ist und wird die untere Einkommensgrenze von 10 000 Zl. um beispielsweise 10% erhöht, also auf 11 000 Zl. verschoben, dann ist die Anzahl der Personen, die 11 000 Zl. und mehr verdienen, um 15% kleiner als die Anzahl der Personen mit einem Einkommen von 10 000 Zl. und mehr. Der Parameter α kann also als die Elastizität der Abnahme der Personenanzahl beim Übergang zu einer höheren Einkommensklasse interpretiert werden.

Es zeigt sich, daß in allen Untersuchungen der Parameter α größer als eins ist, d. h., das Gesamteinkommen xy der Personen, die x und mehr verdienen, nimmt ab, wenn x zunimmt[29]). Das heißt, daß beim Übergang von einer Einkommensklasse zu einer höheren die Abnahme der Personenanzahl so groß ist, daß das Gesamteinkommen xy der Personen mit einem Einkommen von x oder mehr abnimmt.

Man kann diesen Sachverhalt noch anders formulieren. Wenn wir die Ableitung der Einkommensverteilungsfunktion $y = Ax^{-\alpha}$ berechnen, ergibt sich:

$$\frac{dy}{dx} = -A\alpha x^{-\alpha-1} \quad \text{oder} \quad dy = -A\alpha x^{-\alpha-1}\,dx.$$

Folglich beträgt die relative Zunahme bzw. in unserem Falle die Abnahme der Personenanzahl

$$\frac{dy}{y} = \frac{-A\alpha x^{-\alpha-1}}{Ax^{-\alpha}}\,dx = -\alpha x^{-1}\,dx = -\frac{\alpha}{x}\,dx.$$

Dieses interessante Ergebnis ist so zu interpretieren: Eine Vergrößerung des Einkommens x um den Zuwachs dx, z. B. durch eine Erhöhung der unteren Einkommensgrenze um $dx = 1000$, also beispielsweise von 10 000 auf 11 000, führt angenähert zu einer relativen Abnahme der Personenanzahl von

$$\frac{dy}{y} = -\frac{\alpha}{10\,000} \times 1000 = -\frac{\alpha}{10}.$$

Bei einer weiteren Erhöhung der unteren Einkommensgrenze um $dx = 1\,000$ ergibt sich eine relative Abnahme der Personenanzahl von angenähert

$$\frac{dy}{y} = -\frac{\alpha}{11\,000} \times 1000 = -\frac{\alpha}{11},$$

die (prozentual) niedriger ist als die relative Abnahme beim Übergang vom Einkommen von 10 000 zum Einkommen von 11 000.

---

[29]) Man beachte, daß die Eigenschaften der Pareto-Kurve denen der Nachfragekurve mit konstanter Elastizität $d = Cp^{-\alpha}$ analog sind, deren Gestalt mit der Pareto-Kurve identisch ist. (Vgl. *Nachfrage- und Angebotselastizitäten* im vorliegenden Kapitel.)

Wir sehen also, daß *die relative Abnahme (Siebung) der Personenanzahl mit zunehmendem Einkommen immer kleiner wird und sich proportional zum Einkommen vermindert*:

$$\frac{dy}{y} = -\frac{\alpha}{x}\,dx.$$

Aus diesen Überlegungen folgt, daß ein Aufrücken in eine höhere Einkommensklasse für diejenigen Personen, die bereits ein hohes Einkommen beziehen, leichter ist als für diejenigen mit einem niedrigen Einkommen. Der Übergang in eine höhere Einkommensklasse erleichtert sich proportional zum Einkommen, das man besitzt. Wenn wir uns vorstellen, die einzelnen Einkommensniveaus seien durch »Siebe« getrennt, die ein Aufrücken erschweren, dann werden durch diese »Siebe« um so weniger Personen eliminiert, je höher das Einkommen ist, und der prozentuale Anteil der »gesiebten« Personen vermindert sich proportional zur Größe des Einkommens.

Die Situation ist ähnlich wie bei Prüfungen in verschiedenen Studienjahren. Die verhältnismäßig größte »Siebung« erfolgt während der Prüfungen im ersten Studienjahr, sie ist etwas kleiner im zweiten und noch kleiner im dritten Jahr usw.

Die einkommensproportionale Verminderung der relativen Abnahme (Siebung) der Personenanzahl beim Übergang zu immer höherem Einkommen ist das Wesentliche am sogenannten *Pareto-Gesetz*. Man kann sagen, daß dies die erste ökonometrische Untersuchung war; denn sie ist, obwohl mit den gegenwärtigen Forschungen dieser Disziplin nicht verbunden, ihrem Wesen nach typisch ökonometrisch.

Die Paretianische Formel kann wahrscheinlichkeitstheoretisch gedeutet werden. Wir können nämlich annehmen, daß die Pareto-Kurve nicht die exakte Anzahl der Personen, deren Einkommen nicht kleiner als x ist, sondern deren Mittelwert (mathematische Erwartung) angibt. Gemäß der Paretianischen Formel nimmt demnach *die mathematische Erwartung der relativen Siebung proportional zum Einkommen ab.*

Die Pareto-Kurve besitzt, wie wir weiter oben gezeigt haben, eine konstante Elastizität α, deren Wert nach den Erfahrungen um 1,5 schwankt. Dies ist eine andere Form des grundlegenden Theorems für die oben erwähnte Eigenschaft der Pareto-Kurve, nämlich, daß die relative Abnahme der Personenanzahl proportional der relativen Einkommenserhöhung ist mit α als Proportionalitätsfaktor:

$$\frac{dy}{y} = -\alpha \frac{dx}{x}.$$

Die Aussage des Pareto-Gesetzes ist an sich nicht überraschend. Wenn z. B. der Übergang zu einer höheren Einkommensstufe durch Akkumulation erfolgt, dann wird, bei der gleichen Akkumulationsrate, die Einkommenserhöhung tatsächlich proportional der jeweiligen Einkommenshöhe sein. Die mathematische Erwartung, in eine höhere Einkommensklasse zu gelangen, ist daher dem jeweiligen Einkommen proportional.

Ausgehend von den empirisch nachgewiesenen Regelmäßigkeiten, versuchte Pareto ein bestimmtes allgemeines soziologisches Gesetz abzuleiten, das er als ein für alle Zeiten und alle Gesellschaftssysteme geltendes Naturgesetz betrachtete. Es hat somit den Anschein, daß auf Grund dieses Gesetzes alle Sozialreformen, die Ungerechtigkeiten in der Verteilung des Volkseinkommens beseitigen sollen, von vornherein zum Scheitern verurteilt sind, da unter jeglichen Verhältnissen das Naturgesetz der Einkommensverteilung wirksam ist, und die Einkommensverteilung stets die Form hat, wie sie in der von ihm nachgewiesenen Formel festgelegt ist. Pareto drückte diesen Gedanken folgendermaßen aus:

»Angesichts der Tendenz, daß sich die Verteilung des Einkommens unter der Bevölkerung nach einer bestimmten Form vollzieht, werden alle Änderungen in einem Teil der Kurve auf die anderen Kurventeile Einfluß haben; schließlich kehrt die Gesellschaft zu ihrer Normalform zurück, ebenso wie die Lösung eines bestimmten Salzes immer gleiche Kristalle ergibt«[30]).

Dieser Standpunkt Paretos wird verständlich, wenn man weiß, daß er streng konservativ und Feind jeglicher Sozialreform war; er gehörte zu den ideologischen Vorgängern des italienischen Faschismus. In seinem Lehrbuch der politischen Ökonomie wandte er sich sogar gegen die Bekämpfung des Alkoholismus, dem – nach seiner Ansicht – nur schwache Individuen unterliegen, und es sei besser, wenn diese aus der Gesellschaft ausgeschieden würden.

[30]) V. Pareto, *Manuel d'économie politique*, Paris 1927, S. 392 f.

Zur Untermauerung seiner These, daß sein die Einkommensverteilung betreffendes Gesetz ein allgemeines Naturgesetz ist, führte Pareto die Tatsache an, daß sich seine Beobachtungen auf Statistiken verschiedener Länder und Zeitabschnitte beziehen. Z. B. untersuchte er unter diesem Gesichtspunkt die Situation in England, Preußen und Sachsen im 19. Jahrhundert, in Florenz in der Zeit der Renaissance, im mittelalterlichen Basel, in Augsburg im 15. und 16. Jahrhundert, in Peru Ende des 18. Jahrhunderts usw., und immer erzielte er die gleichen Ergebnisse. Die Gesellschaftssysteme ändern sich, aber das Gesetz der Einkommensverteilung behält – so behauptete Pareto – seine Gültigkeit.

In der ökonomischen Literatur sind zahlreiche soziologische Deutungen des Paretianischen Gesetzes bekannt.

Harold Davis, ein zeitgenössischer amerikanischer Ökonometriker, war der Ansicht, daß, falls der Koeffizient α in der Paretianischen Formel der Volkseinkommensverteilung einen Wert nahe 1,5 hat, in der betreffenden Gesellschaft ein Zustand des sozialen Gleichgewichts bestehe. Weicht der Wert des Koeffizienten beträchtlich von 1,5 ab, dann sei das Gleichgewicht gestört, und ist der Koeffizient α kleiner als 1,5, dann werde die Gesellschaft vom Faschismus bedroht, wie das in Spanien und anderen Ländern der Fall war. Auf der anderen Seite führe eine größere Abweichung des Koeffizienten α über 1,5 hinaus zur sozialen Revolution. Nach Davis' Ansicht ist die Gesellschaft irgendwie an eine Einkommensverteilung gewöhnt, die einer Kurve mit der Formel $y = Ax^{-\alpha}$ mit $\alpha = 1{,}5$ entspricht. Wenn hingegen die Ungleichheit der Einkommensverteilung zunimmt ($\alpha > 1{,}5$), beginnt das Volk zu rebellieren und strebt einen Umsturz an. Wird auf der anderen Seite die Einkommensverteilung gleichmäßiger ($\alpha < 1{,}5$), dann trachten die höheren Klassen in ihrem eigenen Interesse danach, ihre Macht zu festigen; dies führt zum Faschismus oder zu einer anderen undemokratischen Regierungsform der besitzenden Klasse.

Man versuchte oft, das Paretianische Gesetz so zu interpretieren, daß die Einkommensverteilung das Ergebnis der Verteilung menschlicher Fähigkeiten in der Gesellschaft ist. U. a. führt auch Davis Beispiele an, die zeigen, daß beispielsweise die Prüfungsergebnisse in Mathematik, die Zahl der Abhandlungen, die in wissenschaftlichen Zeitschriften veröffentlich werden, die Fertigkeit im Golfspiel usw. eine der Paretianischen Einkommensverteilung ähnliche Verteilung haben. Diese Beispiele zeigen, daß ein weiterer Fortschritt in der Entwicklung der wissenschaftlichen und physischen Leistungsfähigkeit für diejenigen Personen leichter ist, die bereits eine höhere Stufe erreicht haben. Von hier aus ist es nur ein Schritt zu der Folgerung, daß die Einkommensverteilung der Verteilung der menschlichen Fähigkeiten entspricht, und daß es einen bestimmten Wert des Koeffizienten α gibt, der der Normallage des sozialen Gleichgewichts entspricht.

So diente das Paretianische Gesetz, das als Naturgesetz der Verteilung der Fähigkeiten betrachtet wurde, als Rechtfertigung des kapitalistischen Systems und der ihm eigenen Einkommensverteilung.

Es entsteht die Frage, ob die durch Pareto entdeckte Regelmäßigkeit tatsächlich ein allgemeines Gesetz ist, das in allen Gesellschaftssystemen und unter allen historischen Verhältnissen Geltung hat. Wie z. B. verteilt sich das Einkommen in der Volksrepublik Polen und in anderen sozialistischen Staaten?

Abb. 54. Verteilung der Einkommen von Handwerkern und Arbeitern in Kopenhagen

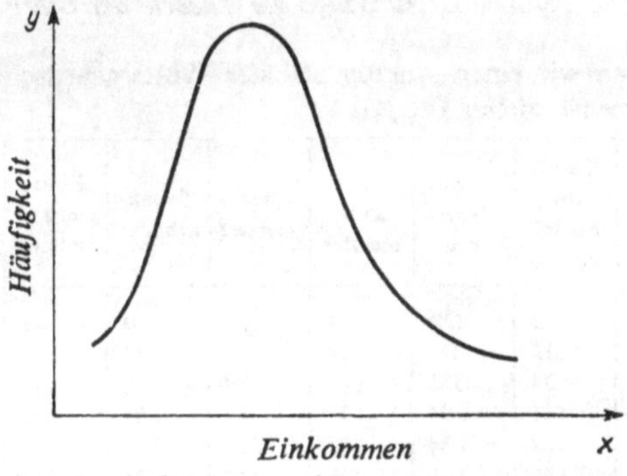

Vor allem ist darauf hinzuweisen, daß unter sozialistischen Verhältnissen die Kurve der Einkommensverteilung an einem gewissen Punkt abbricht, der annähernd der oberen Verdienstgrenze entspricht. Weiterhin ist zu bezweifeln, daß die Form der Einkommensverteilungskurve in ihrem den mittleren und niedrigen Einkommen entsprechenden Teil mit der Pareto-Kurve übereinstimmt. Darauf weisen neuere Untersuchungen der Einkommensverteilung in homogenen sozialen Gruppen hin.

Der dänische Statistiker Westergaard untersuchte 1920 die Einkommen homogener sozialer Gruppen (z. B. Bauern, Handwerker, Arbeiter usw.) in Kopenhagen und stellte fest, daß diese nicht ganz symmetrischen und an den Enden abgeschnittenen Einkommensverteilungen der Normalverteilung entsprechen (Abb. 54, Seite 147)[31]).

Das ist ohne weiteres zu verstehen. In der Handwerkergruppe besteht die Tendenz zur Bildung eines bestimmten Normaleinkommens, dessen Höhe jedoch Zufallseinflüssen unterliegt. Der eine Handwerker ist leistungsfähiger, der andere versteht sich besser auf den Umgang mit Kunden, die Werkstatt wieder eines anderen hat einen günstigeren Standort usw. Es ist also keineswegs überraschend, daß unter diesen Bedingungen die Einkommensverteilungen angenähert die Form einer Normalverteilung haben. Ähnliche Untersuchungsergebnisse erzielte noch früher Moore, der die Arbeitslöhne in homogenen Gruppen gelernter und ungelernter Arbeiter untersuchte und ebenfalls zu einer Normalverteilung der Einkommen gelangte[32]).

Untersuchungen in der Sowjetunion über prozentuale Normerfüllungen und Löhne führten ebenfalls zu dem Ergebnis, daß diejenigen

[31]) Westergaard und Nyboelle, *Grundzüge der Theorie der Statistik*, Jena 1928, S. 313.

Nachstehend geben wir einen Auszug aus der Westergaardschen Tabelle für männliche Einkommensbezieher (in %):

Einkommensgruppe	Groß- und Mittel-bauern	Klein-bauern	Bäker-meister	Maler-meister	Tabak-arbeiter	Maurer-gesellen	Ärzte	Rechts-anwälte
unter 1 000 dkr	3	132	9	23	10	28	5	9
1 000–1 500 ,,	13	297	24	48	24	56	9	11
1 500–2 000 ,,	34	325	40	79	45	88	10	13
2 000–3 000 ,,	141	204	133	237	181	240	23	34
3 000–4 000 ,,	182	34	144	224	269	241	33	59
4 000–5 000 ,,	168	6	128	142	235	144	45	64
5 000–10 000 ,,	378	2	317	199	236	194	237	313
10 000–20 000 ,,	76	—	160	35	—	9	404	289
20 000–50 000 ,,	5	—	43	11	—	—	220	168
über 50 000 ,,	—	—	2	2	—	—	14	40
	1 000	1 000	1 000	1 000	1 000	1 000	1 000	1 000

[32]) H. L. Moore, *The Law of Wages*. Zu einem ähnlichen Ergebnis gelangte Westergaard bei Lohnarbeitern in Kopenhagen, op. cit., S. 314 ff. Im Jahre 1909 gestalten sich die Löhne in den einzelnen Lohnarbeitergruppen in Kopenhagen wie folgt:

Arbeitereinkommen, die von den Arbeitsergebnissen abhängen, normalverteilt sind[33]).

In einigen statistischen Arbeiten wird die Verteilung des Logarithmus der Variablen x anstelle der Variablen selbst untersucht.

Der polnische Statistiker und Nationalökonom J. Wiśniewski stellte fest, daß die Einkommen von Angestellten im Vorkriegspolen logarithmisch normalverteilt waren, während die Verteilung der Kapitaleinkommen (also das aus Eigentum erzielte Einkommen) dem Paretianischen Gesetz entsprach[34]).

Aus obigen Beispielen ergibt sich, wie zu erwarten, daß die Einkommen homogener sozialer Gruppen normal oder logarithmisch normal verteilt sind. Denn die Tendenz, ein den Bedingungen der jeweiligen Gruppe entsprechendes charakteristisches Einkommen zu erzielen, wird von zufälligen Abweichungen überlagert, die durch zahlreiche sekundäre Einflüsse verursacht werden.

Mit einer Paretianischen Verteilung haben wir es demgegenüber in jenen Fällen zu tun, bei denen das Einkommen aus Kapitalvermögen oder Feudaleigentum stammt. Das ist auch verständlich; denn je höher das Vermögenseinkommen, um so leichter ist ohne Zweifel auch seine Vermehrung.

Abweichung vom Mittel in Dkr	Gelernte Arbeiter			Ungelernte Arbeiter			Arbeiterinnen		
	unter dem Durchschnitt	über dem Durchschnitt	erwartete Zahlen*)	unter dem Durchschnitt	über dem Durchschnitt	erwartete Zahlen*)	unter dem Durchschnitt	über dem Durchschnitt	erwartete Zahlen*)
0–100	232	183	181	208	215	192	232	223	213
100–200	148	102	145	151	174	147	160	146	154
200–300	91	83	94	75	92	93	90	52	87
300–400	47	48	50	20	21	44	37	28	34
400–500	19	29	21	6	14	18	—	18	10
500–600	44	9	7	6	4	5	—	14	2
über 600	0	5	2	14	—	1	—	—	—
Insgesamt	541	459	500	480	520	500	519	481	500

*) Nach der Normalverteilung. Es besteht eine gute Übereinstimmung mit der Normalverteilung. Kleinere Abweichungen kommen im allgemeinen öfter vor, als dies nach der Normalverteilung sein sollte. Nach Westergaards Meinung ist diese eine Folge der Lohntarife.

[33]) B. S. Jastremski, *O raspredeleni rabotschich po stepenjam wypolnenija norm wyrabotki* (*Utschonyje zapiski po statistike*, Bd. I, Moskau 1955, S. 254 f.).

[34]) Jan Wiśniewski, *Rozkład dochodów według wysokości*, Warszawa 1934.

Diese letzte Folgerung wird durch andere statistische Untersuchungen bestätigt. Man stellte z. B. fest, daß in Frankreich im Jahre 1921 die Häufigkeitsverteilung der Unternehmungen nach der Anzahl der Beschäftigten eine Kurve ergibt, die der Pareto-Kurve ähnlich ist[35]). Der englische Statistiker Yule führte ein interessantes Beispiel für die Verteilung von Jahresrenten aus Landgütern an, deren Besitzer am Jakobineraufstand im Jahre 1717 teilgenommen haben[36]). Auch diese Verteilung entspricht der Pareto-Kurve.

Dies alles weist darauf hin, daß die Verteilung des Bodens und des Kapitals derjenige Faktor war, der die Einkommensverteilung in Ländern mit feudalem oder kapitalistischem System bestimmte und ihr eine dem Pareto-Gesetz entsprechende Form gab.

In besonderen Fällen kann die Einkommensverteilung durch andere Faktoren beeinflußt werden, z. B. durch die hierarchische Struktur der Positionen und Gehälter entsprechend einer festgelegten Stufenleiter; z. B. ist die Einkommensverteilung von Personen, die in der Armee oder in der staatlichen Verwaltung beschäftigt sind, von der festliegenden Verteilung der Planstellen und der mit ihnen verbundenen Besoldung abhängig.

Es zeigt sich jedoch, daß nicht nur das Einkommen (unter bestimmten festliegenden Bedingungen), sondern auch andere statistische Größen nach der Pareto-Kurve verteilt sein können. Wir erwähnen zwei Beispiele.

W. Winkler[37]) untersuchte die Verteilung der Bevölkerung Wiens in Abhängigkeit von der Entfernung Wiens von dem Ort, aus dem der betreffende Einwohner ursprünglich stammt. Das ausgeglichene Schaubild dieser Verteilung entsprach einer Pareto-Kurve.

G. U. Yule[38]) analysierte die Verteilung der an Diphtherie Gestorbenen in England und Wales in den Jahren 1891–1900 nach dem Alter der gestorbenen Personen und stellte fest, daß diese Verteilung extrem asymmetrisch und der Pareto-Kurve ähnlich ist.

Es ließen sich viele ähnliche Beispiele anführen. Sie alle weisen darauf hin, daß die Paretianische Formel bei der Untersuchung be-

---

[35]) E. Morice und F. Chartier, *Méthode statistique*, I Partie, Paris 1954, S. 150.
[36]) G. U. Yule, *An Introduction to the Theory of Statistics*, London 1927, S. 100.
[37]) W. Winkler, *Grundfragen der Ökonometrie*, Wien 1951, S. 143 ff.
[38]) G. U. Yule, *An Introduction to the Theory of Statistics*, S. 98.

stimmter Erscheinungen, insbesondere des Ablaufs sogenannter *Siebungsprozesse* Anwendung finden kann.

Zum Abschluß unserer Überlegungen über »das Gesetz der Einkommensverteilung« wollen wir versuchen, die Pareto-Kurve an die Verteilung der gesamten Arbeiter und Angestellten Polens nach ihrem Verdienst im September 1955 anzupassen.

Der Versuch schlägt fehl, und dies bestätigt unsere Beurteilung des Paretianischen Gesetzes; er ist zugleich ein Beispiel dafür, wie man in der Praxis verfährt, um eine durch eine logarithmische Gleichung definierte Kurve an eine gegebene Häufigkeitsverteilung anzupassen.

Die kumulierte Häufigkeitsverteilung aller Arbeiter Polens nach ihren Verdiensten, die in Tabelle VII (Spalte 1 und 2) ausgewiesen ist, kann einer vom Zentralrat der Gewerkschaften durchgeführten Stichprobenerhebung entnommen werden[39].

Tabelle VII

Bestimmung der Parameter der Pareto-Kurve

Einkommen t_i	Anzahl der Personen in % x_i	$\log t_i$	$\log x_i$	$\log t_i \log x_i$	$(\log t_i)^2$	y_i
400	96,5	2,6021	1,9845	5,1639	6,7709	217,0
600	84,5	2,7782	1,9269	5,3533	7,7184	86,4
800	65,0	2,9031	1,8129	5,2630	8,4280	45,0
1 000	46,2	3,0000	1,6646	4,9938	9,0000	27,1
1 500	17,2	3,1761	1,2355	3,9241	10,0876	10,8
2 000	6,4	3,3010	0,8062	2,6613	10,8966	5,6
2 500	2,6	3,3979	0,4150	1,4101	11,5457	3,4
3 000	1,1	3,4771	0,0414	0,1440	12,0902	2,2
Insgesamt		24,6355	9,8870	28,9135	76,5374	

Um die früher verwendeten Bezeichnungen (vgl. Kapitel I, S. 23) beizubehalten, bezeichnen wir die unabhängige Variable, in diesem

[39]) *Rocznik Statystyczny 1956*, Warszawa 1956, S. 285.

Falle das Einkommen (Spalte 1 der Tabelle VII), mit t_i ($i = 1,2, \ldots,8$) und die tatsächlichen Werte der empirisch ermittelten Häufigkeiten, d.h. die Anzahl der in Spalte 2 der Tabelle VII eingetragenen Personen, mit x_i ($i = 1,2, \ldots,8$).

Die Gleichung der Pareto-Kurve, die wir an die Häufigkeiten der gegebenen Verteilung anpassen wollen, kann in der Gestalt $y = at^b$ oder in logarithmischer Form

$$\log y = \log a + b \log t$$

geschrieben werden.

Das Schaubild dieser Funktion im doppelt-logarithmischen Maßstab ist eine Gerade mit den Parametern log a und b.

Die sogenannten Normalgleichungen zur Bestimmung der Parameter dieser Geraden lauten[40]):

$$\sum \log x_i - n \log a - b \sum \log t_i = 0,$$

$$\sum \log x_i \log t_i - \log a \sum \log t_i - b \sum (\log t_i)^2 = 0.$$

Berücksichtigen wir, daß im gegebenen Fall $n = 8$ ist, so können obige Gleichungen umgeformt werden zu:

$$8 \log a + b \sum \log t_i = \sum \log x_i,$$

$$\left(\sum \log t_i\right) \log a + b \sum (\log t_i)^2 = \sum \log t_i \log x_i.$$

Wie man in der Praxis die Werte $\sum \log t_i$, $\sum \log x_i$, $\sum \log t_i \log x_i$ und $\sum (\log t_i)^2$ berechnet, ist aus Tabelle VII zu ersehen.

Wenn wir die in den Normalgleichungen auftretenden Glieder durch diese Werte ersetzen, ergibt sich das folgende Gleichungssystem:

$$8 \log a + 24{,}6355\, b = 9{,}8870,$$

$$24{,}6355 \log a + 76{,}5374\, b = 28{,}9135.$$

---

[40]) Diese Gleichungen ergeben sich auf Grund der im Kapitel I (S. 23) für die Gerade $y = a + bt$ abgeleiteten Beziehungen, nur daß wir $\log x_i$ anstelle von x_i (denn wir untersuchen die Abweichungen des Wertes $\log x_i$ vom theoretischen Wert $\log y_i$), log a anstelle von a und $\log t_i$ anstelle von t_i setzen.

Aus diesen Gleichungen bestimmen wir die Parameter $\log a$ und b, z. B. nach der Determinantenmethode; man erhält:

$$\log a = \frac{9{,}8870 \times 76{,}5374 - 28{,}9135 \times 24{,}6355}{8 \times 76{,}5374 - (24{,}6355)^2} \cong \frac{44{,}38}{5{,}39} \cong 8{,}2430,$$

$$b = \frac{8 \times 28{,}9135 - 24{,}6355 \times 9{,}8870}{8 \times 76{,}5374 - (24{,}6355)^2} \cong -\frac{12{,}26}{5{,}39} \cong -2{,}27,$$

mit $\log a = 8{,}2430$, da $a = 175 \times 10^6$.

Die Gleichung der Pareto-Kurve, die nach der Methode der kleinsten Quadrate an die gegebene statistische Verteilung angepaßt wurde, hat daher die Gestalt:

$$y = at^b = 175 \times 10^6 \times t^{-2{,}27}.$$

Die theoretischen (ausgeglichenen) Werte der Reihe y_i, die der Anzahl der Personen entsprechen, deren Einkommen nicht geringer als t_i ist, berechnen wir aus der Gleichung

$$\log y_i = \log a + \mathrm{b} \log t_i = 8{,}2430 - 2{,}27 \log t_i.$$

Die so für $i = 1, 2, \ldots, 8$ berechneten Werte y_i sind in der letzten Spalte der Tabelle VII angegeben.

Der unmittelbare Vergleich der empirischen und der theoretischen Zahlen (Spalte 2 und 7 in Tabelle VII) als auch die Abb. 55, in der die Kurve der empirischen Verteilung (ausgezogene Linie) und die an die Häufigkeitsverteilung angepaßte Kurve $y = at^b$ (gestrichelte Linie) dargestellt sind, zeigen, daß die Einkommen aller Arbeiter Polens sich keineswegs entsprechend der Paretianischen Formel verteilen. Vielmehr erinnert die Gestalt der ausgezogenen Linie, die die empirische Verteilung wiedergibt, an die rechtsseitige Hälfte der Kurve der Normalverteilung. Es scheint, daß es eine durch den Minimalwert in der Lohnskala festgelegte untere Verdienstgrenze gibt, und daß die Möglichkeit, einen höheren Verdienst zu erzielen, von vielen Einflußfaktoren abhängt, die im Ergebnis zu einer Kurve führen, die der Normalverteilung entspricht.

Dieses Ergebnis ist durch eine von Z. Pawłowski durchgeführte Untersuchung bestätigt worden[41]). Die Verteilung der Löhne in Po-

---

[41]) Zbigniew Pawłowski, *Badanie elastyczności popytu a rozkład dochodów* (Przegląd Statystyczny, H. 4, Warszawa 1960). Vgl. vor allem die Tabellen auf S. 457–459. Zu ähnlichen Schlüssen gelangt auch E. Vielrose in der Arbeit *Rozkład dochodów według wielkości*, Warszawa 1961, S. 11.

Abb. 55. Verteilung der Einkommen der Arbeiter und Angestellten in Polen, September 1955

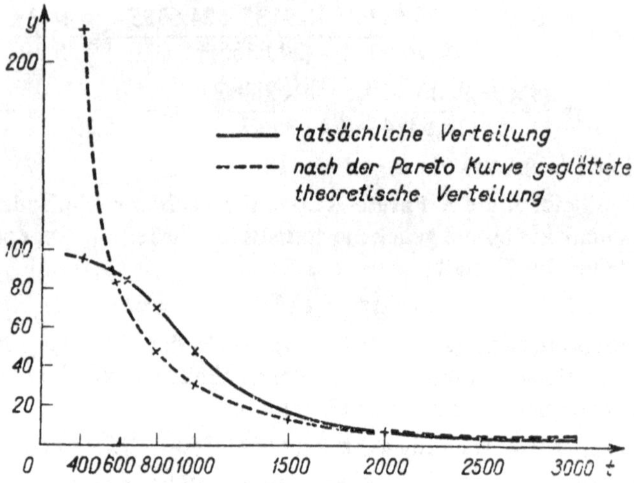

Tabelle VIII

Vergleich der Verteilung der Löhne in Polen im Jahre 1955 mit der logarithmischen Normalverteilung

Monatsverdienst in Tausend Zl.	Beobachtete Häufigkeiten	Berechnete Häufigkeiten	Differenz
Bis 0,4	0,035	0,035	0,000
0,4–0,5	0,054	0,055	−0,001
0,5–0,6	0,066	0,076	−0,010
0,6–0,7	0,090	0,095	−0,005
0,7–0,8	0,105	0,084	0,021
0,8–1,0	0,188	0,183	−0,005
1,0–1,2	0,148	0,142	0,006
1,2–1,5	0,142	0,149	−0,007
1,5–2,0	0,108	0,110	−0,002
2,0–2,5	0,038	0,045	−0,007
2,5–3,0	0,015	0,016	−0,001
3,0–5,0	0,010	0,010	0,000
5,0 u. mehr	0,001	0,000	0,001

len im Jahre 1955 zeigt eine hohe Übereinstimmung mit der logarithmischen Normalverteilung. Das geht auch aus Tabelle VIII hervor.

Eine ähnliche hohe Übereinstimmung mit der logarithmischen Normalverteilung zeigt die Verteilung der Löhne in den Jahren 1956–1958. Dies bestätigt die vorher erwähnte Vermutung, daß innerhalb homogener sozialer Gruppen, der Tendenz nach, die Einkommen normal oder logarithmisch-normal verteilt sind. Es scheint, daß dies das Gesetz der Einkommensverteilung ist, das in der sozialistischen Gesellschaft vorherrschen wird.

Um detaillierte Schlüsse ziehen zu können, wäre es interessant zu untersuchen, wie sich die Einkommen in den einzelnen Sektoren der Volkswirtschaft und in den verschiedenen Berufsgruppen, z.B. bei Bergarbeitern, Stahlarbeitern, Textilarbeitern, gelernten und ungelernten Arbeitern usw., verteilen.

KAPITEL III

DIE THEORIE DER PROGRAMMIERUNG

Allgemeine Bemerkungen

Wir wollen nun zur Behandlung des dritten und letzten Teiles der grundlegenden ökonometrischen Untersuchungsmethoden, nämlich der *Theorie der Programmierung gegenseitig abhängiger Aktivitäten*, kurz *Programmierungstheorie* genannt, übergehen. Es sei daran erinnert, daß in den zwanziger Jahren unseres Jahrhunderts in den kapitalistischen Ländern diejenigen ökonometrischen Probleme überwogen, die sich auf die Untersuchung und Prognose des allgemeinen Konjunkturzyklus bezogen. Dieser Forschungszweig wurde in hohem Maße durch die große Wirtschaftskrise in Mißkredit gebracht, die entgegen den Prognosen im Jahre 1929 ausbrach. Die Entwicklung der kapitalistischen Monopole und die verstärkte Intervention des Staates trugen zur Entstehung und Entwicklung ökonometrischer Untersuchungen anderer Art, nämlich der Marktanalyse, bei. Die Marktanalyse war in den dreißiger Jahren das vorherrschende Anwendungsgebiet ökonometrischer Untersuchungen.

Die Programmierungstheorie, heute der verbreitetste Zweig der ökonometrischen Forschung, entwickelte sich in den Vereinig ten Staaten von Nordamerika während des zweiten Weltkrieges im Zusammenhang mit einigen Problemen der Kriegswirtschaft, vor allem aber in Verbindung mit der Frage der Versorgung der Streitkräfte. Es war eines der wichtigsten Probleme der Kriegswirtschaft, sogenannte Engpässe zu verhindern. Die Entscheidung, die Produktion an Panzern, Flugzeugen usw. zu vergrößern, hatte zwangsläufig die Erhöhung der Stahlproduktion, die Mobilisierung einer entsprechenden Anzahl von Technikern und Facharbeitern usw. zur Folge. Mit anderen Worten, eine Entscheidung zog eine ganze Reihe weiterer Entscheidungen nach sich, und die Nichterfüllung auch nur einer von ihnen verhinderte die Verwirklichung der Gesamtentscheidung. Wir haben es also mit einer Reihe von Produktionsentscheidungen zu tun, die in irgendeiner Weise aufeinander abgestimmt werden müssen. Ähnliche Probleme entstanden in Verbindung mit der Organisation der Streitkräfte. Diese Aufgabe war mit der Frage der ausreichenden Versorgung der Truppe mit Uniformen, Schuhen, Munition, mit der Organisation des Transportes usw. verbunden. Alle diese Aufgaben mußten dabei sehr genau miteinander koordiniert werden.

Die Programmierungstheorie befaßt sich im Grunde genommen mit der gleichen Problemstellung wie die Planung in der sozialistischen Wirtschaft. Programmierung bedeutet jedoch keine Planung im Maßstab des ganzen Landes, was ein Wesensmerkmal der sozialistischen Planung ist. Die Programmierung dient vielmehr der Rationalisierung der Aktivitäten der Unternehmen und Konzerne sowie der zunehmenden Interventionstätigkeit des kapitalistischen Staates. Das erklärt auch, warum diese Rationalisierung der Aktivitäten, die nun einmal durch die kapitalistischen Wirtschaftsbedingungen beschränkt ist, eine andere Bezeichnung, eben Programmierung, erhielt.

Die Programmierungstheorie bildet einen Zweig der Ökonometrie, der vom Standpunkt der Anwendung in der sozialistischen Wirtschaft wohl zu den wichtigsten gehört. Das Anwendungsgebiet der Programmierung erweitert sich ständig, und ihre Bedeutung wird immer größer. Mit Programmierung verbundene ökonometrische Untersuchungen sind in den westlichen Ländern sozusagen Mode geworden. Der überwiegende Teil der gegenwärtigen ökonometrischen Literatur befaßt sich mit eben diesen Problemen. Die Arbeiten auf diesem Gebiet führten zu neuen statistischen und ökonometrischen Untersuchungsmethoden, deren Ergebnisse jedoch in der kapitalistischen Wirtschaft nicht anwendbar sind. Ein großer Teil der ökonometrischen Literatur in den westlichen Ländern betrifft Theorien und Methoden ökonometrischer Untersuchungen, die sich in diesen Ländern in der Praxis nicht anwenden lassen und die lediglich der Ausdruck eines »frommen Wunsches« der Verfasser sind. Die Programmierungstheorie in ihrer praktischen Anwendung überschreitet in ihrer gegenwärtigen Entwicklung die Möglichkeiten des Wirtschaftssystems der kapitalistischen Länder, sie kann aber ein besonders interessantes Anwendungsfeld in der sozialistischen Wirtschaft finden.

In diesem Zusammenhang ist es interessant zu wissen, daß Grundgedanken der Programmierungstheorie bereits früher in der Sowjetunion zu finden sind. Im Jahre 1939 veröffentlichte Prof. L. W. Kantorowitsch seine Arbeit: *Mathematische Methoden bei der Organisation und Planung der Produktion.* In dieser Arbeit sind die Grundideen der modernen Programmierungstheorie enthalten. Zunächst wurde dieser und ähnlichen Arbeiten wenig Aufmerksamkeit geschenkt. In letzter Zeit jedoch finden sie immer mehr Anerkennung und sie bilden den Ausgangspunkt für das weitverbreitete Interesse, das den Programmierungsproblemen in der Sowjetunion entgegengebracht wird.

Die Programmierungstheorie setzt sich aus zwei Teilen zusammen: Der erste von ihnen befaßt sich mit der *inneren Konsistenz von Programmen,* d.h. mit der Koordinierung einzelner gegenseitig abhängiger Entscheidungen, die abgestimmt werden müssen, um das Programm verwirklichen zu können. Den zweiten Teil der Programmierungstheorie bildet die *Frage nach der Optimalität des Programms.* Es zeigt sich nämlich, daß es in der Regel sehr viele (theoretisch unendlich viele) in sich konsistente Programme gibt, und es stellt sich die Aufgabe, unter allen möglichen Programmen das beste (optimale) auszusuchen.

Das Optimum ist ein relativer Begriff, und man muß in jedem konkreten Fall festlegen, welches Programm als das beste zu betrachten ist.

Wird das Programm für ein kapitalistisches Unternehmen ausgearbeitet, dann ist die Sache einfach; denn in der Regel wird das Programm als das beste betrachtet, dessen Verwirklichung den höchsten Gewinn verspricht. Unter Bedingungen, bei denen über die Wahl des Programms eine umfassende Wirtschaftspolitik entscheidet, kann das Zielkriterium für das optimale Programm unterschiedlich sein. Als bestes Programm kann z.B. dasjenige gelten, das zur größten Wachstumsrate des Volkseinkommens bzw. zum höchsten Beschäftigungsgrad der Arbeitskräfte führt, oder auch dasjenige, das einen maximalen Zufluß an ausländischen Devisen usw. ermöglicht. Die Optimalbedingungen eines Verpflegungsprogramms für die Armee können gewissen Diät- oder Hygieneanforderungen zu genügen haben wie z.B., daß die Soldaten bestimmte Mindestmengen an Kohlehydraten, Protein, Vitaminen usw. bei möglichst geringen Verpflegungskosten erhalten. Das letzte Problem war übrigens Gegenstand einer konkreten ökonometrischen Untersuchung während des zweiten Weltkrieges. Ein anderes Beispiel ist die Verteilung von Schiffsrouten zwischen Häfen in der Weise, daß der unausgenutzte Laderaum der Schiffe (t/km) auf ein Minimum beschränkt wird. In unseren Darlegungen werden wir uns hauptsächlich mit dem ersten Teil der Programmierungstheorie beschäftigen[1]).

Analyse interindustrieller Verflechtungen. Leontief-Tabelle

Es ist ein Grundprinzip der sozialistischen Planung, die innere Konsistenz von Programmen zu gewährleisten. Dies wird bekanntlich mit Hilfe der sogenannten *gesamtwirtschaftlichen Bilanzen* erreicht. Mit der Frage gesamtwirtschaftlicher Bilanzen hat sich auch der amerikanische Nationalökonom W. Leontief beschäftigt; sie wurde zum Ausgangspunkt der sogenannten *Input-Output-Analyse* (Einsatz-Ausstoß-Analyse). Die Input-Output-Analyse wird in der ökonomischen Literatur auch als *Analyse der interindustriellen (oder intersektoralen) Kreislaufströme* oder als *Analyse interindustrieller Verflechtungen* bezeichnet. Aus der Input-Output-Analyse entwickelten sich weitere Probleme der Programmierungstheorie.

Der Ausgangspunkt der Input-Output-Analyse Leontiefs war die Aufstellung einer volkswirtschaftlichen Bilanz, in der das Realprodukt aufgegliedert nach Sektoren der Volkswirtschaft ausgewiesen ist. Leontief stellte für die USA solche Bilanzen in Form entsprechender Tabellen für die Jahre 1919, 1929 und 1939 auf. Gegenwärtig werden ähnliche Tabellen in vielen kapitalistischen und neuerdings auch in einigen sozialistischen Ländern, darunter auch in der Sowjetunion und in Polen, erstellt.

Welche Struktur haben die Bilanzen Leontiefs? Die ganze Volkswirtschaft wird in mehrere Sektoren eingeteilt, z. B. Bergbau, metallgewinnende Industrie, Energieerzeugung, chemische Industrie, Landwirtschaft usw.; je nach Bedarf kann diese Einteilung mehr oder

---

[1]) Die vorliegende Darstellung des Problems der interindustriellen Beziehungen, vor allem in seinem dynamischen Teil, veröffentlichte der Verfasser zum ersten Male in seiner Arbeit: *Some Observation on Input-Output Analysis* (Sankhya, The Indian Journal of Statistics, Calcutta 1957). Einen Abdruck findet man in: *Essays in Economic Planning*, hrsg. v. Indian Statistical Institute, Calcutta 1959.

weniger fein sein. Wenn wir annehmen, daß die Volkswirtschaft in n Sektoren eingeteilt wird, können wir die Produktion je Zeiteinheit – z.B. in einem Jahr – in den einzelnen Sektoren mit $X_1, X_2, \ldots, X_n$ bezeichnen. So kann beispielsweise X_1 die Kohlenproduktion, X_2 die Stahlproduktion, X_3 die Elektroenergieerzeugung usw. bedeuten.

Ein Teil der Produktion jedes Sektors wird zurückbehalten und im gleichen Sektor verbraucht; im ersten Sektor z. B. bezeichnen wir diesen Produktionsteil mit x_{11}. Ein Teil der Produktion X_1, den wir mit x_{12} bezeichnen, fließt dem zweiten Sektor zu, x_{13} dem dritten, x_{14} dem vierten usw., d.h. x_{1j} bezeichnet die Produktion, die aus dem ersten Sektor in den j-ten Sektor fließt. Analog bezeichnen wir die Lieferungen des zweiten Sektors an den ersten, dritten, ..., n-ten Sektor mit $x_{21}, x_{23}, x_{24}, \ldots x_{2n}$. Ganz allgemein bedeutet x_{ij} den Teil der Produktion des i-ten Sektors, der dem j-ten Sektor zufließt; x_{ii} ist hingegen die Produktion des i-ten Sektors, die in demselben Sektor verbleibt.

Im allgemeinen fließt nicht die ganze Produktion X_i des i-ten Sektors den anderen Sektoren zu oder wird im i-ten Sektor selbst verbraucht. Meistens bleibt ein gewisser Überschuß, der für den Konsum, den Export, die Vorratserhöhung usw. bestimmt ist. Diesen Überschuß bezeichnen wir mit x_i.

Tabelle I

Schema der volkswirtschaftlichen Bilanz Leontiefs

X_1	x_{11}	x_{12}	...	x_{1n}	x_1
X_2	x_{21}	x_{22}	...	x_{2n}	x_2
.	.	.		.	.
.	.	.		.	.
.	.	.		.	.
X_n	x_{n1}	x_{n2}	...	x_{nn}	x_n

Während demnach mit $X_1, X_2, \ldots, X_n$ die *Produktionen* oder *Gesamtprodukte* der einzelnen Sektoren bezeichnet werden, bezeichnen die Überschüsse $x_1, x_2, \ldots, x_n$ die *Produktion für den Endverbrauch* oder die *Endprodukte* der entsprechenden Sektoren. Die Größen x_{ij} $(i = 1, 2, \ldots, n; j = 1, 2, \ldots, n)$ bezeichnen wir als *intersektorale Ströme*. Einige Größen können gleich Null sein; ist z. B. der intersektorale

Strom $x_{15} = 0$, so bedeutet dies, daß von der Produktion des ersten Sektors nichts an den fünften Sektor geht.

Die volkswirtschaftliche Bilanz nach dem von Leontief vorgeschlagenen System ist in Tabelle I dargestellt.

Am interessantesten ist der mittlere Teil dieser Tabelle, der vom mathematischen Standpunkt aus als eine quadratische *intersektorale Kreislaufmatrix* aufgefaßt werden kann:

$$\begin{Vmatrix} x_{11} & x_{12} & \dots & x_{1n} \\ x_{21} & x_{22} & \dots & x_{2n} \\ \cdot & \cdot & & \cdot \\ \cdot & \cdot & & \cdot \\ \cdot & \cdot & & \cdot \\ x_{n1} & x_{n2} & \dots & x_{nn} \end{Vmatrix}$$

Die Gesamtheit der Tabelle I, bestehend aus der intersektoralen Kreislaufmatrix und zwei Zusatzspalten, von denen die erste die Gesamtprodukte und die letzte die Endprodukte der einzelnen Sektoren enthält, ergibt die erweiterte Matrix der Produktionsbilanz.

Die unten angeführte Tabelle ist ein Auszug aus einer solchen Bilanz, die Leontief für die USA im Jahre 1939 aufgestellt hat[2]). Darüber hinaus sind zur Veranschaulichung im Anhang I die Input-Output-Bilanzen für Großbritannien im Jahre 1935, für die USA im Jahre 1947 und für Polen im den Jahren 1956 und 1957 zu finden.

Aus der Matrix der Produktionsbilanz kann die gegenseitige Abhängigkeit der einzelnen Bestandteile der Bilanz ermittelt werden.

Zunächst müssen wir uns aber über die Maßeinheit einigen, in der die in der Matrix der Produktionsbilanz auftretenden Größen ausgedrückt werden sollen. Die Produktion kann entweder in physischen Einheiten (Tonnen, Meter usw.) oder in Geldeinheiten angegeben werden. Wird die Produktion in physischen Einheiten ausgedrückt, dann können offensichtlich die Elemente einzelner Zeilen der Matrix summiert werden, da die Elemente jeder Zeile sich auf die Produktion des gleichen Sektors beziehen und somit homogen sind. Dagegen ist es nicht möglich, die Elemente einzelner Spalten zu summieren, weil diese Elemente, da sie die Produktionen verschiedener Sektoren betreffen, in unterschiedlichen Maßeinheiten an-

[2]) W. W. Leontief, *The Structure of American Economy 1919–1939*, 2. Ausg., New York 1951, S. 140.

Tabelle II

Intersektorale Verflechtung der Volkswirtschaft der USA, 1939
(in Mrd. $)

Sektoren der Volkswirtschaft	Gesamtprodukt	Intersektorale Ströme								Endprodukt
		1	2	3	4	5	6	7	8	
1	17,0					0,6		0,6	0,7	15,1
2	3,8	0,1		1,2				1,3	0,9	0,3
3	12,3	0,7	0,1		0,3	0,1	0,3	2,1	4,2	4,4
4	8,9	0,4	0,3	0,4		0,1	0,3	0,4	2,6	4,4
5	7,0	0,1		0,3				0,1	0,8	5,6
6	4,3	1,3	0,3	0,4	1,0			0,5		0,8
7	19,2	0,9	0,1	0,4	1,0	0,5	0,6		5,2	10,6
8	60,9	8,2	1,5	3,4	3,1	3,1	0,7	9,1		31,8

Sektoren der Volkswirtschaft: (1) Landwirtschaft und Nahrungsmittelindustrie, (2) Bergbau, (3) Metallindustrie, (4) Energieerzeugung, (5) Textil-, Leder- und Gummiindustrie, (6) Eisenbahnverkehr, (7) Chemische Industrie, Holz- und Papierindustrie, (8) andere Industriezweige.

gegeben sind. Wenn wir jedoch annehmen, daß die Produktion in Geldeinheiten ausgedrückt ist, dann können sowohl die Elemente der einzelnen Zeilen als auch die der Spalten summiert werden.

Unabhängig davon, ob nun die Produktion in physischen oder in Geldeinheiten ausgedrückt ist, ergibt die Summation der in den Zeilen stehenden Elemente, beginnend mit dem zweiten Glied jeder Zeile, die folgenden n Relationen erster Art,

$$X_i = \sum_{j=1}^{n} x_{ij} + x_i \qquad (i = 1, 2, \ldots, n), \tag{1}$$

die wir als *Gleichungen der Verteilung (Allokation) der Produktion (Output)* oder als *Bilanzgleichungen der einzelnen Sektoren der Volkswirtschaft* bezeichnen.

Diese Beziehungen bestätigen die offensichtliche Tatsache, daß das Gesamtprodukt eines Sektors der Summe der Ströme gleich ist, die von diesem Sektor in andere Sektoren fließen, zuzüglich der Produktion, die im betreffenden Sektor selbst verbraucht wird, und dem Endprodukt des betreffenden Sektors.

Die Tabelle I der Produktionsbilanz wird gewöhnlich durch eine gleich unter dem Tabellenkopf stehende Zeile ergänzt, die die Arbeitskräfte betrifft. Ist die Tabelle in Geldeinheiten ausgedrückt, kann im unteren Teil derselben Tabelle eine Zeile eingeführt werden, die die Gewinne $m_1, m_2, \ldots, m_n$ der einzelnen Produktionssektoren enthält. So entsteht die erweiterte Tabelle III, in der die Ausdrücke $x_{01}, x_{02}, \ldots, x_{0n}$ die Arbeitskräfte, entweder in physischen Einheiten (z.B. Arbeiter pro Tag) oder in Geldeinheiten ausgedrückt, bezeichnen, die in den Sektoren $1, 2, \ldots, n$ beschäftigt sind; x_0 bezieht sich auf die Erwerbspersonen, die in nicht-produktiven Sektoren beschäftigt sind (z.B. in Dienstleistungsbetrieben, Verwaltungen usw.) einschließlich der verfügbaren Arbeitskräftereserven; X_0 steht für die Gesamtheit der Erwerbspersonen, gleichgültig, ob sie in den produktiven oder in den nicht-produktiven Sektoren beschäftigt oder überhaupt nicht beschäftigt sind.

Tabelle III

Erweitertes Leontief-Schema

Gesamtprodukt	Intersektorale Ströme				Endprodukt
X_0	x_{01}	x_{02}	...	x_{0n}	x_0
X_1	x_{11}	x_{12}	...	x_{1n}	x_1
X_2	x_{21}	x_{22}	...	x_{2n}	x_2
.	.	.		.	.
.	.	.		.	.
.	.	.		.	.
X_n	x_{n1}	x_{n2}	...	x_{nn}	x_n
	m_1	m_2	...	m_n	
X	X_1	X_2	...	X_n	

Unter Berücksichtigung der in der Tabelle enthaltenen Ströme für die Arbeitskräfte ergeben sich $n+1$ Gleichungen vom Typ (1), d.h. die Allokationsgleichungen:

$$X_i = \sum_{j=1}^{n} x_{ij} + x_i \qquad (i = 0, 1, 2, \ldots, n). \tag{1a}$$

Die erste dieser Gleichungen, nämlich

$$X_0 = \sum_{j=1}^{n} x_{0j} + x_0,$$

ist eine Bilanz der Arbeitskräfte. Die übrigen Gleichungen (für $i = 1, 2, \ldots, n$) stellen die Produktionsbilanzen der einzelnen Sektoren dar.

Wenn die Elemente der Matrix in Geldeinheiten angegeben sind, dann können die Glieder der einzelnen Spalten summiert werden. Es ergeben sich dann die n folgenden Gleichungen:

$$Y_i = x_{0i} + \sum_{j=1}^{n} x_{ji} \qquad (i = 1, 2, \ldots, n),$$

wobei x_{0i} die Arbeitskosten der Beschäftigten des i-ten Sektors sind. Die Summe

$$\sum_{j=1}^{n} x_{ji} = x_{1i} + x_{2i} + \ldots + x_{ni}$$

setzt sich aus den Kosten der Produktionsmittel (die aus allen Sektoren stammen) zusammen, die in der Produktion des i-ten Sektors verbraucht werden. Daher stellen die Y_i die gesamten Produktionskosten des i-ten Sektors dar.

Da das Gesamtprodukt des i-ten Sektors X_i beträgt, ist die Differenz zwischen X_i und den Produktionskosten Y_i dieses Sektors der im i-ten Sektor erzielte Gewinn (Überschuß) m_i:

$$m_i = X_i - Y_i \qquad (i = 1, 2, \ldots, n).$$

Die Gewinne der Produktionssektoren $m_1, m_2 \ldots, m_n$ sind in der letzten Zeile der Tabelle III ausgewiesen.

Aus dieser letzten Gleichung und der Formel für die gesamten Produktionskosten

$$Y_i = x_{0i} + \sum_{j=1}^{n} x_{ji}$$

ergibt sich:

$$X_i = x_{0i} + \sum_{j=1}^{n} x_{ji} + m_i \qquad (i = 1, 2, \ldots, n). \tag{2}$$

Die obigen Beziehungen werden als *Kostengleichungen* bezeichnet.

Vergleicht man die Allokationsgleichungen (1) mit den Kostengleichungen (2), so sieht man, daß das Gesamtprodukt eines Produktionszweiges X_i sowohl durch Summieren der Zeilen als auch der Spaltenelemente der erweiterten Tabelle III ermittelt werden kann.

Aus den Allokationsgleichungen (1) der Produktion und aus den Kostengleichungen (2) kann ein drittes System von Abhängigkeiten, die zwischen den in der Leontief-Tabelle enthaltenen Elementen bestehen, abgeleitet werden. Aus einem Vergleich der rechten Seiten der Gleichungen (1) und (2) folgt:

$$\sum_{j=1}^{n} x_{ij}+x_i = x_{0i}+\sum_{j=1}^{n} x_{ji}+m_i \qquad (i=1,2,\ldots,n).$$

Man beachte, daß die auf beiden Seiten dieser Gleichungen auftretenden Summen $\sum_{j=1}^{n} x_{ij}$ und $\sum_{j=1}^{n} x_{ji}$ sich nicht aufheben, da in der ersten von ihnen die Summierung nach den Zeilen und in der zweiten nach den Spalten der intersektoralen Kreislaufmatrix erfolgt. Nur ein Glied dieser Summen ist identisch, und zwar x_{ii}, das sich auf den Teil der Produktion des i-ten Sektors bezieht, der in diesem Sektor selbst verbraucht wird. Wird das Glied x_{ii} eliminiert, erhält man[3]:

$$\sum_{j\neq i} x_{ij}+x_i = x_{0i}+\sum_{j\neq i} x_{ji}+m_i \qquad (i=1,2,\ldots,n), \tag{3}$$

Die obigen Beziehungen bezeichnen wir als *Gleichgewichtsbedingung der Kreislaufströme*. Sie besagen, daß der Produktionsstrom (in Geldeinheiten) aus dem i-ten Sektor in die anderen Sektoren $\sum_{j\neq i} x_{ij}$ zuzüglich dem Endprodukt x_i dieses Sektors dem Zufluß gleich ist, den der betreffende Sektor von den anderen Produktionssektoren erhält, nämlich $\sum_{j\neq i} x_{ji}$ zuzüglich des Arbeitsaufwandes x_{0i} und des Gewinnes m_i in diesem Sektor.

In der statistischen Literatur wird die Summe $x_{0i}+m_i$, die den über den Wert der von anderen Sektoren bezogenen Produktionsmittel hinausgehenden Beitrag des jeweiligen Sektors angibt, als *Wert-*

---

[3]) Symbol $\sum_{j\neq i}$ bedeutet, daß sich die Summation auf alle j erstreckt, die nicht gleich dem vorgegebenen i sind. Wenn z. B. $i = 2$ und $j = 1, 2, 3$, dann ist

$$\sum_{\cdot\neq i} x_{ij} = x_{21}+x_{23}.$$

schöpfung bezeichnet. Man kann also sagen, daß in jedem Sektor die Summe der Ströme in die anderen Sektoren und des Endproduktes gleich ist der Summe der Ströme aus anderen Sektoren und der Wertschöpfung.

Die Marxschen Schemata

Bereits eine oberflächliche Beschäftigung mit der Analyse interindustrieller Verflechtungen läßt vermuten, daß zwischen den von Leontief ermittelten Beziehungen und der von Karl Marx im zweiten Band des *Kapitals* dargestellten Analyse der Reproduktion eine große Ähnlichkeit besteht. Wir wollen uns kurz die Voraussetzungen der Marxschen Schemata vor Augen halten.

Marx nimmt an, daß der Wert des volkswirtschaftlichen Gesamtproduktes in einer bestimmten Periode, z. B. in einem Jahr, aus drei Teilen besteht: aus dem Wert der Produktionsmittel, die im betreffenden Zeitraum verbraucht werden – das ist das verzehrte konstante Kapital c; aus v, dem Wert der im Produktionsprozeß eingesetzten Arbeitskraft (das sogenannte variable Kapital) und aus dem Mehrwert (Profit) m. Das volkswirtschaftliche Gesamtprodukt beträgt also $c+v+m$.

Der Teil c umfaßt den Ersatz der verbrauchten Produktionsmittel, und die Summe $v+m$ bildet das Volkseinkommen.

Marx teilt die gesamte Volkswirtschaft in zwei Abteilungen ein: In der einen werden Produktionsmittel, in der anderen Konsumgüter*) hergestellt. Infolgedessen gilt

$$\begin{array}{l} \text{Gesamtwert der Produktion der Abteilung I} = c_1+v_1+m_1 \\ \underline{\text{Gesamtwert der Produktion der Abteilung II} = c_2+v_2+m_2} \\ \text{Wert des volkswirtschaftlichen Gesamtproduktes} = c+v+m, \end{array}$$

wobei

$$c = c_1+c_2, \qquad v = v_1+v_2, \qquad m = m_1+m_2.$$

Im Falle der einfachen Reproduktion, d. h. in einer stationären Volkswirtschaft, beträgt die Gesamtnachfrage nach Produktionsmitteln c_1+c_2 und nach Konsumgütern $v_1+v_2+m_1+m_2$. Mit anderen Worten: die Gesamtnachfrage nach Produktionsmitteln ist gleich dem

*) *Anm. d. Übersetzers:* Bei Marx als Konsumtionsmittel bezeichnet.

Ersatzbedarf an Produktionsmitteln in beiden Abteilungen, während die Gesamtnachfrage nach Konsumgütern aus der Summe von Lohnfonds und Mehrwert beider Abteilungen besteht.

Setzt man voraus, daß die Nachfrage und das Angebot an Produktionsmitteln gleich sind, so ergibt sich

$$c_1+c_2 = c_1+v_1+m_1,$$

und daraus:

$$c_2 = v_1+m_1.$$

Zu dem gleichen Ergebnis gelangt man, wenn angenommen wird, daß die Gesamtnachfrage und das Angebot an Konsumgütern gleich ist, d. h.

$$v_1+v_2+m_1+m_2 = c_2+v_2+m_2.$$

Daraus folgt:

$$v_1+m_1 = c_2.$$

Die Beziehung $c_2 = v_1+m_1$ ist eine Bedingung für das Gleichgewicht der Kreislaufströme zwischen den beiden Abteilungen der Volkswirtschaft im Falle der einfachen Reproduktion.

In der Tat läßt sich ein Schema entwerfen, das die Produktions- und Tauschzusammenhänge beider Abteilungen darstellt:

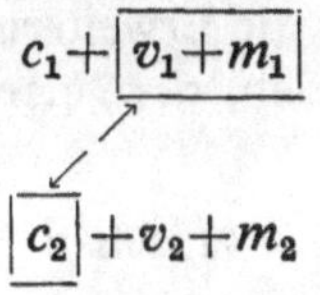

Aus diesem Schema geht hervor, daß ein Teil der Produktion der Abteilung I (in der Produktionsmittel hergestellt werden), nämlich c_1, in der gleichen Abteilung für die Reproduktion verbrauchter Produktionsmittel zurückbehalten wird. Die übrige Produktion der Abteilung I mit einem Wert von v_1+m_1 geht an die Abteilung II und wird gegen Konsumgüter getauscht. Abteilung II produziert Konsumgüter. Ein Teil ihrer Produktion mit einem Wert von c_2 geht an die Abteilung I und wird gegen die Produktionsmittel getauscht, die zum Ersatz der verbrauchten Produktionsmittel in Abteilung II notwendig sind. Die restliche Produktion der Abteilung II, v_2+m_2, verbleibt in der Konsumgüterabteilung. Damit der Produktionsprozeß störungsfrei verläuft, muß der Produktionsaustausch zwischen den beiden Abteilungen ausgeglichen sein, d.h. es muß $c_2 = v_1+m_1$ gelten.

Wir wollen nun annehmen, daß wir es mit einer wachsenden Wirtschaft zu tun haben, d.h. mit erweiterter Reproduktion. Dann wird bekanntlich nicht der ganze Mehrwert konsumiert, sondern ein Teil davon wird akkumuliert und zur Vergrößerung der Produktionsmittelausstattung sowie zur Beschäftigung von zusätzlichen Arbeitskräften verwendet. Diese Tatsache kann durch die Gleichung

$$m = \bar{m} + m_c + m_v$$

ausgedrückt werden, wobei $\bar{m}$ der Teil des Mehrwertes ist, der konsumiert wird, m_c ist der Teil des Mehrwertes, der zur Vergrößerung der Produktionsmittelausstattung und, m_v jener Teil, der zur Beschäftigung zusätzlicher Arbeitskräfte verwendet wird.

Indem wir wiederum die gesamte Volkswirtschaft in zwei Abteilungen aufteilen, erhalten wir die folgenden Beziehungen:

Gesamtproduktion an Produktionsmitteln	$= c_1 + v_1 + \bar{m}_1 + m_{1c} + m_{1v}$
Gesamtproduktion an Konsumgütern	$= c_2 + v_2 + \bar{m}_2 + m_{2c} + m_{2v}$
Volkswirtschaftliches Gesamtprodukt	$= c + v + \bar{m} + m_c + m_v$

Die Gesamtnachfrage nach Produktionsmitteln ist gleich der Summe der Produktionsmittel, die für die Reproduktion der verbrauchten Produktionsmittel und für die Erweiterung der Produktion in beiden Abteilungen benötigt werden, d. h. der Gesamtbedarf an den Produktionsmitteln beträgt:

$$c_1 + c_2 + m_{1c} + m_{2c}.$$

Die Gesamtnachfrage nach Konsumtionsmitteln ist gleich der Summe der Lohnfonds in den beiden Abteilungen plus dem Betrag, um den die Lohnfonds beider Abteilungen erhöht werden, zuzüglich des Teiles des Mehrwerts, der für die Konsumtion bestimmt ist; d.h. der Gesamtbedarf an Konsumtionsmitteln beträgt:

$$v_1 + v_2 + m_{1v} + m_{2v} + \bar{m}_1 + \bar{m}_2.$$

Da Nachfrage und Angebot an Produktionsmitteln einander entsprechen müssen, ergibt sich die folgende Gleichgewichtsbedingung:

$$c_1 + c_2 + m_{1c} + m_{2c} = c_1 + v_1 + \bar{m}_1 + m_{1c} + m_{1v}.$$

Daraus folgt:

$$c_2 + m_{2c} = v_1 + \bar{m}_1 + m_{1v}.$$

Das gleiche Ergebnis kann aus der Gleichgewichtsbedingung für die Nachfrage und das Angebot an Konsumgütern abgeleitet werden.

Die Gleichung $c_2+m_{2c} = v_1+\overline{m}_1+m_{1v}$ gibt die Beziehung wieder, die zwischen den Produktionskomponenten beider Abteilungen in einer sich erweiternden Wirtschaft besteht. Diese Beziehung können wir durch nachstehendes Schema darstellen:

$$c_1+m_{1c}+\boxed{v_1+\overline{m}_1+m_{1v}}$$

$$\swarrow$$

$$\boxed{c_2+m_{2c}}+v_2+\overline{m}_2+m_{2v}.$$

Ein Teil der Produktion der Abteilung I mit einem Wert von c_1+m_{1c} verbleibt in dieser Abteilung und ist für die Reproduktion der verbrauchten und für die Erhöhung der vorhandenen Produktionsmittel dieser Abteilung bestimmt. Die restliche Produktion mit einem Wert von $v_1+\overline{m}_1+m_{1v}$ geht im Austausch gegen Konsumgüter an Abteilung II. In Abteilung II wird ein Teil der Produktion mit einem Wert von $v_2+\overline{m}_2+m_{2v}$ zurückbehalten und konsumiert; der Rest, d.h. c_2+m_{2c}, geht an Abteilung I im Austausch gegen Produktionsmittel, die für die Reproduktion der verbrauchten und zur Erhöhung der vorhandenen Produktionsmittel in Abteilung II benötigt werden. Dieses Gleichgewicht zwischen den beiden Abteilungen der Volkswirtschaft wird durch die Gleichung

$$c_2+m_{2c} = v_1+\overline{m}_1+m_{1v}$$

dargestellt.

Wir wollen nun zeigen, daß man die intersektorale Input-Output-Analyse Leontiefs als eine Weiterentwicklung der Marxschen Schemata auffassen kann. Der Unterschied besteht darin, daß Marx in seiner Analyse so verfährt, daß er die Volkswirtschaft in zwei bzw. drei Hauptabteilungen aufgliedert[4]), während Leontief unterstellt, daß die Volkswirtschaft je nach Bedarf in eine beliebige Anzahl von Sektoren eingeteilt werden kann.

Historisch gesehen entstand die Leontiefsche Analyse wahrscheinlich unter dem Einfluß der Marxschen Reproduktionstheorie und

[4]) Im 2. Band des *Kapitals* unterteilt Marx die Produktion der Konsumtionsmittel in diejenige, die durch die Arbeiter, und diejenige, die durch die Kapitalisten konsumiert wird.

der praktischen Erfahrungen mit den Materialbilanzen in der Sowjetunion. Leontief war in seiner Jugend ein Mitarbeiter der Staatlichen Kommission für Wirtschaftsplanung der UdSSR und veröffentlichte seine ersten Gedanken noch in der Sowjetunion im Jahre 1925.

Wir erinnern uns, daß man das Gesamtprodukt eines jeden Sektors der Volkswirtschaft aus der in Geldeinheiten ausgedrückten Leontiefschen Tabelle der intersektoralen Lieferungen entweder durch Summation der Elemente entsprechender Zeilen oder Spalten ermitteln kann.

Die Summen der Zeilenelemente der Leontiefschen Tabelle führen zu Allokationsgleichungen der Produktion und die Summen der Spaltenelemente zusammen mit den Arbeitskosten und dem Gewinn zu Kostengleichungen. Das volkswirtschaftliche Gesamtprodukt X kann infolgedessen auf zweierlei Art ermittelt werden: entweder durch die Summation der einzelnen Zeilensummen (ohne Arbeitskosten)

$$X = \sum_{i=1}^{n} X_i, \quad \text{wobei} \quad X_i = \sum_{j=1}^{n} x_{ij} + x_i,$$

oder durch Summation der einzelnen Spaltensummen:

$$X = \sum_{i=1}^{n} X_i, \quad \text{wobei} \quad X_i = x_{0i} + \sum_{j=1}^{n} x_{ji} + m_i.$$

Setzt man die Werte, die sich durch diese zwei Verfahren für das volkswirtschaftliche Gesamtprodukt ergeben, einander gleich, so erhält man:

$$\sum_{i=1}^{n} \sum_{j=1}^{n} x_{ij} + \sum_{i=1}^{n} x_i = \sum_{i=1}^{n} x_{0i} + \sum_{i=1}^{n} \sum_{j=1}^{n} x_{ij} + \sum_{i=1}^{n} m_i.$$

Es ist zu bemerken, daß die Doppelsummen auf der linken und der rechten Seite dieser Gleichung dieselben sind, da in beiden alle Elemente der quadratischen Matrix in der Leontief-Tabelle summiert werden. Eliminiert man diese Doppelsummen in der letzten Gleichung, ergibt sich daher:

$$\sum_{i=1}^{n} x_i = \sum_{i=1}^{n} x_{0i} + \sum_{i=1}^{n} m_i.$$

Die linke Seite dieser Gleichung $\sum_{i=1}^{n} x_i$ bezeichnet das Endprodukt der gesamten Volkswirtschaft, die rechte Seite hingegen besteht aus den Aufwendungen für die in der Produktion beschäftigten Arbeiter

$\sum_{i=1}^{n} x_{0i}$ und der Summe der Gewinne $\sum_{i=1}^{n} m_i$, die in allen Produktionssektoren erzielt werden; mit anderen Worten: Die Seiten entsprechen dem Nettosozialprodukt bzw. dem Volkseinkommen nach der Marxschen Definition.

Über die Input-Output-Analyse Leontiefs sind wir somit zu der von Marx formulierten fundamentalen Beziehung gelangt, wonach das Nettosozialprodukt (ohne Berücksichtigung der sogenannten »nichtmateriellen Produktion«) dem Volkseinkommen gleich ist, oder mit anderen Worten: Das Nettosozialprodukt ist gleich der Summe von Löhnen und Gewinnen.

Weiterhin ist zu erkennen, daß die Beziehungen (2), d. h. die Leontiefschen Kostengleichungen, den Marxschen Beziehungen entsprechen, nach denen das Gesamtprodukt einer Abteilung gleich c_i+v_i+ $+m_i$ $(i = 1, 2)$ ist. In der Gleichung (2) bedeutet x_{0i} in der Tat die Ausgaben für die im i-ten Sektor beschäftigten Arbeitskräfte, die die Komponente v_i bilden; $\sum_{j=1}^{n} x_{ji} = x_{1i}+x_{2i}+ \dots +x_{ni}$ sind die Aufwendungen für die in der Produktion verbrauchten Produktionsmittel im i-ten Sektor und entsprechen daher der Komponente c_i; m_i ist der Gewinn des betreffenden Sektors, also der Mehrwert, der in diesem Sektor erzielt wird.

Es ist nicht schwer zu zeigen, daß die Input-Output-Analyse Leontiefs, auf zwei Sektoren angewendet, zu den Relationen von Marx führt, der die gesamte Volkswirtschaft in nur zwei Abteilungen aufgliedert – Abteilung I, in der die Produktionsmittel, und Abteilung II, in der die Konsumtionsmittel produziert werden. Im Falle des Zwei-Abteilungen-Modells vereinfacht sich die Leontiefsche Tabelle wie folgt:

X_0	x_{01}	x_{02}	x_0
X_1	x_{11}	x_{12}	x_1
X_2	0	x_{22}	x_2
	m_1	m_2	
X	X_1	X_2	x

In dieser Tabelle steht X_0 für den Wert des gesamten Arbeitseinsatzes, x_{01} und x_{02} bezeichnen die Ausgaben für die Arbeitskräfte, die in den Abteilungen I und II beschäftigt sind. x_0 bezieht sich auf Erwerbspersonen, die nicht an der Produktion teilhaben und interessiert uns deshalb hier nicht.

Das Symbol x_1 bezeichnet das Endprodukt der Abteilung I und x_2 das Endprodukt der Abteilung II. Wir setzen voraus, daß der Produktionsstrom von Abteilung II zu Abteilung I gleich null ist ($x_{21} = 0$), da es im Marxschen Schema keine Konsumgüter gibt, die zugleich als Produktionsmittel verwendet werden können.

Da der Wert der Produktion jedes Sektors gleich ist den Produktionskosten plus Gewinn (Mehrwert) dieses Sektors, ergibt sich für Sektor I die folgende Beziehung:

$$x_{11}+x_{12}+x_1 = x_{01}+x_{11}+m_1,$$

und daraus:

$$x_{12}+x_1 = x_{01}+m_1. \qquad \text{(a)}$$

Analog gilt für Sektor II:

$$x_{22}+x_2 = x_{02}+x_{12}+x_{22}+m_2,$$

und entsprechend:

$$x_2 = x_{02}+x_{12}+m_2. \qquad \text{(b)}$$

Unter Verwendung der von Marx eingeführten Bezeichnungen kann die Gleichung (a) in der Form

$$c_2+x_1 = v_1+m_1 \qquad \text{(a')}$$

geschrieben werden. Da x_{12} den Strom an Produktionsmitteln nach Abteilung II bezeichnet, ist somit $x_{12} = c_2$; x_{01} hingegen sind die Arbeitskosten der in der Produktion der Abteilung I Beschäftigten, d.h. $x_{01} = v_1$. Im Falle der einfachen Reproduktion wird in Abteilung I nichts akkumuliert, d.h. $x_1 = 0$. Gleichung (a') geht daher über in:

$$c_2 = v_1+m_1. \qquad \text{(a'')}$$

Diese Gleichung stellt bekanntlich die fundamentale Gleichgewichtsbedingung für die Ströme zwischen den Abteilungen I und II dar, die Marx für die einfache Reproduktion ermittelte.

Im Falle der erweiterten Reproduktion wird das Endprodukt x_1 der Abteilung I aufgegliedert in den Teil x_1', der für die Produktionserweiterung in Abteilung I, und den Teil x_1'', der für die Erweiterung in Abteilung II bestimmt ist, also:

$$x_1 = x_1' + x_1''.$$

Setzen wir außerdem voraus, daß m_1, d. h. der Gewinn der Abteilung I, zum Teil $\overline{m}_1$ für den Konsum und zum Teil m_{1v} zur Entlohnung der zusätzlichen Arbeitskräfte verwendet und der Rest m_{1c} zur Erhöhung der Produktionsmittel dieser Abteilung angelegt wird, so gilt:

$$m_1 = \overline{m}_1 + m_{1v} + m_{1c}.$$

Durch Einsetzen dieser Ausdrücke für x_1 und m_1 in Gleichung (a′) und unter Berücksichtigung von $x_{12} = c_2$, $x_{01} = v_1$, $m_{1c} = x_1'$ und $m_{2c} = x_1''$ ergibt sich

$$c_2 + x_1' + x_1'' = v_1 + \overline{m}_1 + m_{1v} + x_1',$$

und damit:

$$c_2 + m_{2c} = v_1 + \overline{m}_1 + m_{1v}.$$

Ausgehend von den Leontiefschen Relationen haben wir somit eine Gleichgewichtsbedingung für die Kreislaufströme zwischen den zwei Abteilungen im Falle der erweiterten Reproduktion erhalten, die dem Marxschen Schema entspricht.

Die hier angeführten Gleichgewichtsbedingungen der Kreislaufströme im Marxschen Schema stellen einen Sonderfall der allgemeinen Gleichungen (3) für das Gleichgewicht der intersektoralen Ströme dar:

$$\sum_{j \neq i} x_{ij} + x_i = x_{0i} + \sum_{j \neq i} x_{ji} + m_i \qquad (i = 1, 2, \ldots, n).$$

Diese Gleichungen besagen, daß die Summe der Ströme, die von einem Sektor an die übrigen Sektoren und an die Endnachfrage gehen, gleich ist der Summe der von anderen Sektoren empfangenen Ströme und der Neuwertschöpfung des betreffenden Sektors. Im Falle von zwei Sektoren läuft das auf die oben erwähnten Marxschen Bedingungen hinaus.

Die obigen Überlegungen zeigen, daß die Leontiefsche Theorie intersektoraler Beziehungen eine Weiterentwicklung der Marxschen Reproduktionstheorie ist und daß die Abhängigkeiten in der intersektoralen Input-Output-Tabelle Leontiefs analog denen in den Marxschen Schemata sind. Interessant ist auch die Tatsache, daß die Leontiefsche Analyse, die von empirischen Kriterien ausgeht, zu

Begriffen führt, die mit denjenigen übereinstimmen, die Marx in seinen theoretischen Arbeiten entwickelt hat, z. B. dem Begriff des Volkseinkommens als des Wertes des Endproduktes der Volkswirtschaft insgesamt.

Technische Produktionskoeffizienten. Konsistenzbedingungen für Produktionspläne

Bevor wir zur weiteren Betrachtung der Input-Output-Analyse übergehen, sei bemerkt, daß die Leontiefschen Tabellen nicht nur für die Untersuchung der interindustriellen Verflechtung verschiedener Produktionssektoren benutzt werden können. Man kann z. B. eine dem Leontiefschen Modell ähnliche Tabelle konstruieren, in der anstelle der Produktionssektoren verschiedene Verwaltungsregionen eines Landes (z. B. Bezirke) oder verschiedene Länder betrachtet werden. Es ergibt sich dann ein Schema, das die Untersuchung der interregionalen bzw. interstaatlichen Input-Output-Ströme erleichtert.

Eine andere Anwendung finden Tabellen, die in ihrem Aufbau den Leontiefschen intersektoralen Input-Output-Tabellen ähnlich sind, in Untersuchungen des Eisenbahnfrachtverkehrs. In diesen Tabellen des Eisenbahnfrachtverkehrs, die übrigens seit vielen Jahren aufgestellt werden, übernehmen die einzelnen Eisenbahnstationen die Rolle der »Produktionssektoren«. Die »intersektoralen Ströme« werden durch die Frachttonnage ersetzt, die von einer Station zur anderen übersandt wird. Daher sind die Elemente der Hauptdiagonale der »Kreislaufmatrix« gleich Null ($x_{11} = x_{22} = \ldots = x_{nn} = 0$). Die Elemente der letzten Spalte der Tabelle: $x_1, x_2, \ldots, x_n$ können z. B. leere Waggons bezeichnen, die auf den einzelnen Stationen stehen, usw.

Aus obigen Beispielen folgt, daß man die Leontief-Tabellen auf mannigfache Art interpretieren kann und daß sie in verschiedenartigen ökonometrischen Untersuchungen, die Kreislaufphänomene zwischen Sektoren, Regionen usw. betreffen, Verwendung finden können[5]).

Wir wollen nun untersuchen, wie sich die technischen Produktionsbedingungen auf die interindustriellen Abhängigkeiten auswirken.

---

[5]) Beispiele für solche erweiterte Anwendung der Input-Output-Tabellen findet man in der Veröffentlichung: *The Structural Interdependence of the Economy*, hrsg. von T. Barna, New York 1954. Vgl. auch H. B. Chenery and P. G. Clark, *Interindustry Economics*, New York 1959.

Zu diesem Zwecke setzen wir die Input-Output-Tabelle, die in Geldeinheiten ausgedrückt ist (Tabelle IVa), in Beziehung zur entsprechenden Input-Output-Tabelle mit physischen Einheiten (Tabelle IVb).

Um Mißverständnisse zu vermeiden, werden wir die in Geldeinheiten ausgedrückten Produktionsgrößen mit x und die in physischen Einheiten (Tonnen, Meter usw.) gemessenen mit q bezeichnen.

Tabelle IVa

Input-Output-Tabelle, in Geldeinheiten ausgedrückt

X_0	x_{01}	x_{02}	...	x_{0n}	x_0
X_1	x_{11}	x_{12}	...	x_{1n}	x_1
X_2	x_{21}	x_{22}	...	x_{2n}	x_2
.	.	.	.	.	.
.	.	.	.	.	.
.	.	.	.	.	.
X_n	x_{n1}	x_{n2}	...	x_{nn}	x_n

In Tabelle IVb steht daher Q_i für das Gesamtprodukt und q_i für das Endprodukt des i-ten Sektors, ausgedrückt in physischen Einheiten; q_{ij} $(i, j = 1, 2, \ldots, n)$ bedeutet hingegen den Produktionsstrom aus dem i-ten in den j-ten Sektor, ebenfalls in physischen Einheiten gemessen.

Analog bezeichnet Q_0 die Arbeitskräfte insgesamt, q_{0i} die im i-ten Sektor beschäftigten Arbeitskräfte und q_0 die Erwerbspersonen, die nicht in der Produktion eingesetzt sind, jedoch mit dem Unterschied,

Tabelle IVb

Input-Output-Tabelle, in physischen Einheiten ausgedrückt

Q_0	q_{01}	q_{02}	...	q_{0n}	q_0
Q_1	q_{11}	q_{12}	...	q_{1n}	q_1
Q_2	q_{21}	q_{22}	...	q_{2n}	q_2
.	.	.	.	.	.
.	.	.	.	.	.
.	.	.	.	.	.
Q_n	q_{n1}	q_{n2}	...	q_{nn}	q_n

daß die Größen Q_0, q_{i0} und q_0 ebenfalls in physischen Einheiten, z. B. Arbeiter-Stunden, Arbeiter-Tagen usw., ausgedrückt werden.

Um den Zusammenhang zwischen den Größen der Tabellen IVa und IVb zu ermitteln, müssen die Preise der Produkte jedes Sektors bekannt sein. Bezeichnet man diese Preise mit $p_1, p_2, \ldots, p_n$, so ergibt sich:

$$x_i = q_i p_i, \quad X_i = Q_i p_i \quad \text{und} \quad x_{ij} = q_{ij} p_i.$$

Für die Elemente der Tabelle IVb gilt die Beziehung:

$$Q_0 = \sum_{j=1}^{n} q_{0j} + q_0;$$

das ist bekanntlich die *Bilanz der Arbeitskräfte.*

Weiterhin gilt:

$$Q_i = \sum_{j=1}^{n} q_{ij} + q_i \qquad (i = 1, 2, \ldots, n);$$

das sind die *Gleichungen der Allokation der Produktion* (*Bilanz der Produktion*).

Es ist ganz klar, daß der Produktionsprozeß in den einzelnen Sektoren nur dann reibungslos und störungsfrei abläuft, wenn zwischen der Produktion der verschiedenen Sektoren gewisse Proportionen bestehen, die von den technischen Bedingungen der Produktion abhängen. Will man z. B. 1000 t Stahl erzeugen, so müssen bestimmte Mengen an Eisenerz, Kohle, Arbeitskraft usw. verfügbar sein.

Wir führen nun den Begriff des *technischen Produktionskoeffizienten* ein, der es uns ermöglichen wird, die technischen Bedingungen der Produktion zu formulieren. Und zwar definieren wir die technischen Koeffizienten a_{ij} der Produktion über die Formel:

$$a_{ij} = \frac{q_{ij}}{Q_j} \qquad (i, j = 1, 2, \ldots, n).$$

Der technische Produktionskoeffizient gibt an, wieviel Produkteinheiten des i-ten Sektors gebraucht werden, um eine Produkteinheit des j-ten Sektors herzustellen.

Wenn z. B. der j-te Sektor die Stahlproduktion und der i-te die Kohlenproduktion bedeutet, dann besagt der technische Produktionskoeffizient a_{ij}, wieviel Tonnen Kohle für die Erzeugung von 1 t Stahl benötigt werden.

Entsprechend zeigt der Koeffizient vom Typ

$$a_{0j} = \frac{q_{0j}}{Q_j}$$

an, wie groß der Arbeitsaufwand für die Erzeugung einer Produkteinheit des j-ten Sektors ist.

Insgesamt gibt es $n \times n = n^2$ technische Produktionskoeffizienten vom Typ a_{ij}, da sie für jedes Zahlenpaar $i, j = 1, 2, \ldots, n$ bestimmt sind.

Einige dieser technischen Koeffizienten sind vom Typ a_{ii}; sie geben an, welche Produktmenge des i-ten Sektors für die Herstellung einer Produkteinheit dieses Sektors benötigt wird. Wenn z. B. der i-te Sektor die Kohlenproduktion bedeutet, dann drückt der Koeffizient a_{ii} aus, welche Kohlenmenge für die Herstellung von 1 t Kohle erforderlich ist.

In seinen Untersuchungen verwendet Leontief statistisch ermittelte Produktionskoeffizienten: Sie werden z. B. aus der Tabelle IVb berechnet, die auf Grund statistischen Materials über die Volkswirtschaft erstellt wird. Die technischen Produktionskoeffizienten können aber auch durch technische Verfahren, d. h. durch Kenntnis der bei der Erzeugung des Produkts angewandten Technik, bestimmt werden.

In den sozialistischen Ländern finden die technischen Produktionskoeffizienten bei der Planung und Lenkung der Produktion Verwendung; sie werden als *technische Normen* bezeichnet. Diese Normen werden entweder statistisch oder durch technische Verfahren bestimmt.

Aus der Definition des technischen Produktionskoeffizienten folgt, daß $q_{ij} = a_{ij} Q_j$, was bedeutet, daß der Güterstrom vom i-ten Sektor nach dem j-ten Sektor gleich ist dem entsprechenden Produktionskoeffizienten a_{ij} multipliziert mit dem Gesamtprodukt des j-ten Sektors.

Wir können daher die Gleichungen für die Allokation der Produktion (Produktionsbilanzen) in der Form

$$Q_i = \sum_{j=1}^{n} a_{ij} Q_j + q_i \qquad (i = 1, 2, \ldots, n)$$

schreiben, oder auch:

$$Q_i - \sum_{j=1}^{n} a_{ij} Q_j = q_i \qquad (i = 1, 2, \ldots, n). \tag{4}$$

Wenn wir annehmen, daß die technischen Produktionskoeffizienten gegeben sind, dann enthält das Gleichungssystem (4), das aus n linearen Gleichungen besteht, $2n$ Unbekannte:

$$Q_1, Q_2, \ldots, Q_n \quad \text{und} \quad q_1, q_2, \ldots, q_n.$$

Um dieses Gleichungssystem zu lösen, können verschiedene Annahmen gemacht werden:

(1) Wir setzen z.B. die Gesamtprodukte der einzelnen Sektoren, wie sie im Wirtschaftsplan festgelegt sind, als bekannt voraus und ermitteln dann aus den Gleichungen (4) die Endprodukte $q_1, q_2, \ldots$ $\ldots, q_n$ der Sektoren.

(2) Man kann davon ausgehen, daß die Endprodukte gegeben, d.h. im Plan enthalten sind; dann berechnen wir aus den Gleichungen (4) die Gesamtprodukte $Q_1, Q_2, \ldots, Q_n$.

(3) Schließlich können im Plan ein Teil der Gesamtprodukte und ein Teil der Endprodukte, und zwar insgesamt n dieser Daten, festgelegt sein; in diesem Falle können die restlichen Gesamt- und Endprodukte aus den Gleichungen (4) eindeutig bestimmt werden.

In einem n Sektoren umfassenden Produktionsplan haben wir also $2n$ Unbekannte, von denen nur n beliebig festgesetzt werden können. Der Wert der übrigen Unbekannten ist durch die technischen Produktionsbedingungen, d.h. durch die Koeffizienten a_{ij}, determiniert. Aus diesem Grunde sagen wir, daß der Produktionsplan *n Freiheitsgrade* besitzt.

Die Gleichungen (4) stellen die *Bedingungen für die innere Konsistenz des Planes* dar; ohne diese Bedingungen wäre der Produktionsplan undurchführbar. Wären die Gleichungen (4) in der Praxis nicht erfüllt, dann würde sich herausstellen, daß gewisse Produkte in zu kleinen oder zu großen Mengen hergestellt werden.

Nehmen wir an, daß die Größen der Endprodukte q_i im Plan festgesetzt sind und daß wir auf Grund der Gleichungen (4) die Gesamtprodukte Q_i ermitteln wollen. Die Gleichungen (4) können wir in folgender Form schreiben[6]:

$$(1-a_{ii})Q_i - \sum_{j \neq i} a_{ij} Q_j = q_i \qquad (i = 1, 2, \ldots n). \tag{4a}$$

---

[6]) Das Glied $a_{ii}Q_i$ wurde vor das Zeichen Σ gesetzt, und die Summierung erstreckt sich daher auf alle Indizes j mit Ausnahme derjenigen, die mit dem Index i übereinstimmen.

Wir stellen nun dieses System in passender Form dar, indem wir die Reihenfolge einiger Glieder ändern:

$$\begin{array}{llllll} (1-a_{11})Q_1 & -a_{12}Q_2 & -a_{13}Q_3- & \ldots & -a_{1n}Q_n & = q_1, \\ -a_{21}Q_1 & +(1-a_{22})Q_2 & -a_{23}Q_3- & \ldots & -a_{2n}Q_n & = q_2, \\ \cdot & \cdot & \cdot & & \cdot & \cdot \\ \cdot & \cdot & \cdot & & \cdot & \cdot \\ \cdot & \cdot & \cdot & & \cdot & \cdot \\ -a_{n1}Q_1 & -a_{n2}Q_2 & -a_{n3}Q_3- & \ldots & +(1-a_{nn})Q_n & = q_n. \end{array} \tag{4b}$$

Man sieht, daß die Matrix der Koeffizienten des Gleichungssystems (4b) ausschließlich aus den technischen Produktionskoeffizienten besteht[7]):

$$A = \left\| \begin{array}{ccc} 1-a_{11} & -a_{12} \ldots & -a_{1n} \\ -a_{21} & 1-a_{22} \ldots & -a_{2n} \\ \cdot & \cdot & \cdot \\ \cdot & \cdot & \cdot \\ \cdot & \cdot & \cdot \\ -a_{n1} & -a_{n2} \ldots & 1-a_{nn} \end{array} \right\|$$

Daher bezeichnen wir diese Matrix als *Matrix der technischen Struktur der Volkswirtschaft* oder als *Matrix der Produktionstechnik*.

Durch Lösung des Gleichungssystems (4b) nach der Cramerschen Regel ergeben sich die Werte der Gesamtprodukte

$$Q_i = \frac{\sum_{j=1}^{n} q_j D_{ji}}{D} \qquad (i = 1, 2, \ldots, n), \tag{5}$$

---

[7]) W. Leontief verwendete in seinen Untersuchungen eine Matrix, in der alle Elemente der Hauptdiagonale gleich 1 waren, d. h. er nahm an, daß die technischen Koeffizienten vom Typ a_{ii} gleich Null sind; er berücksichtigte also nicht die Tatsache, daß ein Teil der Produktion eines bestimmten Sektors in diesem als Produktionsmittel verbleibt, z. B. in der Abteilung für landwirtschaftliche Erzeugung bleibt ein Teil des Getreides als Saatgut oder Futtermittel für das Vieh zurück. Wenn die Volkswirtschaft in eine geringe Anzahl von Sektoren aufgegliedert wird, kann die Größe der in der betreffenden Abteilung verbleibenden

wobei D die Determinante der Matrix der Produktionstechnik bezeichnet; D_{ji} sind die sogenannten Adjunkten der entsprechenden Elemente, d.h. Minoren (Unterdeterminanten) der Determinante D, die durch Streichen der j-ten Zeile und der i-ten Spalte in dieser Determinante, multipliziert mit $+1$, wenn $i+j$ gerade, bzw. mit -1, wenn $i+j$ ungerade ist, entstanden sind.

Wir wollen nun die Lösungen des Gleichungssystems (4b) näher betrachten und sie ökonomisch interpretieren

Vor allem sei darauf hingewiesen: Werden alle Endprodukte $q_j (j = 1, 2, ..., n)$, die im Plan willkürlich festgesetzt werden können, mit einer bestimmten Zahl multipliziert, erhöhen sich alle Gesamtprodukte $Q_i (i = 1, 2, ..., n)$ im gleichen Verhältnis. Daher sagen wir, daß die Lösungen des Gleichungssystems (4) homogen, d.h. proportional zum Maßstab des Planes sind. Man kann den Maßstab des Planes beliebig ändern, und trotzdem wird der Plan konsistent bleiben. Mit anderen Worten, *die Konsistenz des Wirtschaftsplanes ist nicht vom Maßstab des Planes, sondern nur von seiner Struktur (Proportionen) abhängig.*

Die nächste Bemerkung betrifft die Möglichkeit, die Werte Q_i aus dem Gleichungssystem (4) zu bestimmen. Aus der Algebra ist bekannt, daß das lineare Gleichungssystem (4) nur dann eindeutig gelöst werden kann, wenn die Determinante $D \neq 0$ ist, d. h., wenn die Matrix der technischen Struktur nicht singulär ist. Ist die Determinante $D = 0$, dann müssen wir die Adjunkten D_{ji} dieser Determinante untersuchen. Wenn sich zeigen sollte, daß mindestens eine der Adjunkten der Determinante D ungleich Null ist, dann können wir – obwohl wir nicht in der Lage sind, den Wert $Q_i (i = 1, 2, ... n)$ zu ermitteln – die Proportionen $\frac{Q_i}{Q_j}$ bestimmen. Unterstellt man für eines der Gesamtprodukte einen beliebigen Wert, dann sind die übrigen Gesamtprodukte eindeutig bestimmt.

Hieraus folgt: Ist die Matrix der Produktionstechnik singulär, aber ist mindestens einer ihrer Adjunkten ungleich Null, dann erhöht sich die Anzahl der Freiheitsgrade n des Planes um 1 und beträgt $n+1$. Das bedeutet, daß wir im Plan z.B. n Endprodukte und dar-

---

Produktion wesentlich sein, und die auf der Annahme $a_{ii} = 0$ basierenden Folgerungen können stark von der Wirklichkeit abweichen.

über hinaus das Gesamtprodukt eines Erzeugnisses im voraus festlegen können und daß dann die übrigen Elemente des Planes (Gesamtprodukte) eindeutig bestimmt sind.

Sind alle Adjunkten der Determinante D gleich Null, dann müßte man die Adjunkten der Unterdeterminanten der Determinante D untersuchen, und wenn mindestens eine von ihnen ungleich Null ist, dann würde die Anzahl der Freiheitsgrade des Planes $n+2$ betragen usw. Meistens wird jedoch vorausgesetzt, daß die Matrix der technischen Struktur der Volkswirtschaft nicht singulär ist, d.h., daß $D \neq 0$ ist, und daß daher die Anzahl der Freiheitsgrade des Planes n beträgt.

Im Zusammenhang mit der Frage nach der Existenz von Lösungen der Allokationsgleichungen und der Bestimmung der Anzahl der Freiheitsgrade des Planes kommt man, was die Methodologie des Planens anbelangt, zu einer wichtigen und interessanten Feststellung.

Bei der Produktionsplanung (und ähnlich bei der Planung der Akkumulation, der Investitionen, der Preise usw.) haben wir es mit bestimmten linearen Gleichungssystemen und Matrizen der Koeffizienten dieser Gleichungen zu tun. Es kann also in der Praxis vorkommen, daß viele Elemente einer solchen Matrix gleich Null sind. Als Beispiel hierfür seien die von Leontief entworfenen Tabellen angeführt, denen man entnimmt, daß viele der intersektoralen Ströme q_{ij} und demzufolge viele der technischen Produktionskoeffizienten a_{ij}, die die Elemente der Matrix der technischen Struktur der Produktion bilden, gleich Null sind. Im Eisenerzbergbau werden z.B. keine landwirtschaftlichen Erzeugnisse, in der Automobilindustrie keine Bäckereiprodukte benutzt usw.

Wir wollen einige Sonderfälle solcher Matrizen untersuchen, in denen viele Elemente gleich Null sind oder einen so geringen Wert haben, daß sie praktisch gleich Null gesetzt werden können.

Es kann auch vorkommen, daß eine solche Matrix nach entsprechender Umstellung ihrer Spalten und Zeilen zur Quasi-*Diagonal-Matrix*[8]) wird, d.h. daß ihre Null- und Nichtnullelemente wie

---

[8]) Als Diagonal-Matrix bezeichnen wir eine quadratische Matrix, bei der $a_{ij} = 0$ für alle $i \neq j$ ist. Mit anderen Worten, in der Diagonal-Matrix sind alle nicht auf der Hauptdiagonale liegenden Elemente gleich Null.

folgt angeordnet sind:

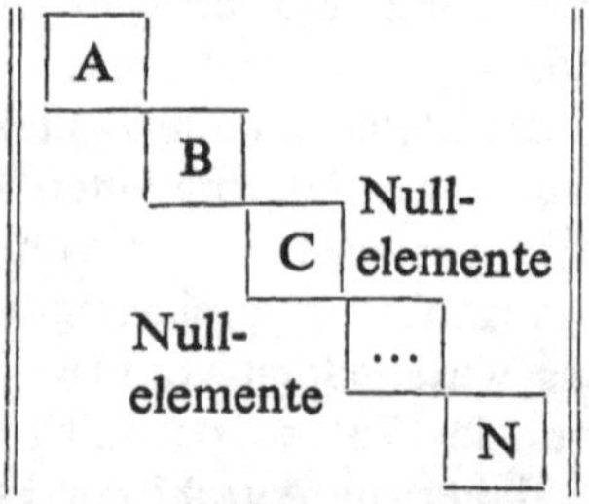

Die quadratischen Teile $A, B, C, \ldots, N$ liegen so, daß ihre Diagonalen mit der Hauptdiagonalen der Matrix zusammenfallen und Elemente enthalten, die nicht sämtlich verschwinden, während in den übrigen Teilen nur Nullelemente vorkommen.

Ein Beispiel für eine Quasi-Diagonal-Matrix siebenter Ordnung ist die folgende Matrix:

$$\left\| \begin{matrix} a_{11} & a_{12} & 0 & 0 & 0 & 0 & 0 \\ a_{21} & a_{22} & 0 & 0 & 0 & 0 & 0 \\ 0 & 0 & a_{33} & a_{34} & a_{35} & 0 & 0 \\ 0 & 0 & a_{43} & a_{44} & a_{45} & 0 & 0 \\ 0 & 0 & a_{53} & a_{54} & a_{55} & 0 & 0 \\ 0 & 0 & 0 & 0 & 0 & a_{66} & a_{67} \\ 0 & 0 & 0 & 0 & 0 & a_{76} & a_{77} \end{matrix} \right\|$$

Wenn die Matrix des Gleichungssystems eine Quasi-Diagonal-Matrix ist, dann läßt sich das betreffende Gleichungssystem in zwei oder mehr unabhängige Gleichungssysteme aufspalten, wovon jedes selbständig, d.h. unabhängig von den übrigen Gleichungen, gelöst werden kann (z.B. zerfällt in obiger Matrix siebenter Ordnung das System in drei unabhängige Gleichungssysteme[9]).

[9]) Wenn wir mit D die Determinante der Quasi-Diagonal-Matrix und mit $|A|, |B|, \ldots, |N|$ die Determinanten der entsprechenden Teile bezeichnen, dann ist $D = |A| \cdot |B| \ldots |N|$. Durch Anwendung der Cramerschen Regel auf das dieser Matrix entsprechende Gleichungssystem kann berechnet werden, daß z. B.

$$Q_1 = \frac{|D'|}{|D|} = \frac{|A'|}{|A|} \cdot \frac{|B|}{|B|} \cdot \frac{\ldots}{\ldots} \frac{|N|}{|N|} = \frac{|A'|}{|A|},$$

Wenn eine solche Quasi-Diagonal-Matrix im System der Allokationsgleichungen (4) auftritt, dann kann der Produktionsplan in zwei oder mehr unabhängige Teile aufgegliedert werden, z. B. in einen für bestimmte Industriezweige und einen für die restliche Produktion.

In der Praxis kann man den Plan auch dann in zwei verschiedene voneinander unabhängige Teile zerlegen, wenn zwischen beiden Teilen zwar eine Verbindung besteht, diese jedoch sehr schwach ist, d. h., wenn die entsprechenden Produktionskoeffizienten a_{ij} nahe bei Null liegen. Ein Beispiel für eine solche schwache Verbindung zweier Sektoren der Volkswirtschaft ist z. B. die Stahl- und die Lederproduktion. Für die Stahlproduktion werden nur geringe Mengen an Leder benötigt, und umgekehrt verbraucht die Lederindustrie verhältnismäßig kleine Stahlmengen.

Wenn demnach die Matrix der technischen Struktur des Planes viele Elemente enthält, die gleich bzw. angenähert Null sind, so ist es oft möglich, den Plan in unabhängige Teile aufzugliedern. Eine solche Aufteilung des Planes in Unterpläne hat große praktische Bedeutung, da dadurch die Planung wesentlich vereinfacht wird.

Wir wollen noch einen weiteren Sonderfall eines linearen Gleichungssystems betrachten, nämlich den mit einer *Quasi-Dreiecks-Matrix*[10]). Ein Beispiel für eine derartige Quasi-Dreiecks-Matrix ist

---

wobei $|A'|$ und D' die Determinanten bedeuten, die durch Einsetzen des Beschränkungsvektors des Gleichungssystems in $|A|$ und in D anstelle der Spalte der Koeffizienten Q_j entstehen. Da nach Voraussetzung $D \neq 0$ ist, sind daher $|B|, \ldots, |N|$ auch ungleich Null; daher ist obige Vereinfachung möglich. Aus der Formel $Q_1 = \frac{|A'|}{A}$ folgt, daß Q_1 ausschließlich von den Matrizenelementen abhängig ist, die in der Teilmatrix A enthalten sind. Das gleiche gilt für die anderen Lösungen von Q_i, deren Koeffizienten in der Untermatrix A enthalten sind. Durch eine solche Umstellung der Matrix, daß die Teilmatrix B sich in der linken oberen Ecke der Matrix befindet, ermitteln wir, daß die Lösungen Q_i, deren Koeffizienten in der Teilmatrix B enthalten sind, ausschließlich von den Elementen dieser Teilmatrix abhängig sind usw.

[10]) Als *Dreiecks-Matrix* bezeichnen wir eine quadratische Matrix, deren Elemente $a_{ij} = 0$ für $i < j$. Die Matrix

$$\begin{Vmatrix} a_{11} & 0 & 0 \\ a_{21} & a_{22} & 0 \\ a_{31} & a_{32} & a_{33} \end{Vmatrix}$$

ist z. B. eine Dreiecks-Matrix.

die folgende Matrix:

$$\begin{Vmatrix} a_{11} & a_{12} & 0 & 0 & 0 & 0 & 0 \\ a_{21} & a_{22} & 0 & 0 & 0 & 0 & 0 \\ a_{31} & a_{32} & a_{33} & a_{34} & a_{35} & 0 & 0 \\ a_{41} & a_{42} & a_{43} & a_{44} & a_{45} & 0 & 0 \\ a_{51} & a_{52} & a_{53} & a_{54} & a_{55} & 0 & 0 \\ a_{61} & a_{62} & a_{63} & a_{64} & a_{65} & a_{66} & a_{67} \\ a_{71} & a_{72} & a_{73} & a_{74} & a_{75} & a_{76} & a_{77} \end{Vmatrix}$$

Das lineare Gleichungssystem, dessen Koeffizienten die oben angeführte Quasi-Dreiecks-Matrix bilden, läßt sich nicht mehr in Systeme unabhängiger Gleichungen wie im Falle der Quasi-Diagonal-Matrix aufgliedern. Es tritt jedoch eine andere interessante Eigenschaft in Erscheinung.

Man betrachte das Gleichungssystem:

$$a_{i1}x_1 + a_{i2}x_2 + \ldots + a_{in}x_n = b_i \qquad (i = 1, 2, \ldots, n).$$

Ist die Matrix der Koeffizienten, wie im obigen Beispiel, eine Quasi-Dreiecks-Matrix, dann hängen die Werte der Lösungen x_1 und x_2 allein von den Koeffizienten ab, die in den ersten zwei Gleichungen des Systems auftreten:

$$a_{11}x_1 + a_{12}x_2 = b_1,$$
$$a_{21}x_1 + a_{22}x_2 = b_2.$$

Folglich sind die ersten beiden Gleichungen des gegebenen Systems von den übrigen Gleichungen unabhängig.

Haben wir einmal die Unbekannten x_1 und x_2 ermittelt, so können wiederum die Unbekannten x_3, x_4 und x_5 aus den drei folgenden Gleichungen

$$a_{31}x_1 + a_{32}x_2 + a_{33}x_3 + a_{34}x_4 + a_{35}x_5 = b_3,$$
$$a_{41}x_1 + a_{42}x_2 + a_{43}x_3 + a_{44}x_4 + a_{45}x_5 = b_4,$$
$$a_{51}x_1 + a_{52}x_2 + a_{53}x_3 + a_{54}x_4 + a_{55}x_5 = b_5,$$

unabhängig von den übrigen Gleichungen bestimmt werden usw.

Wenn demnach die Matrix eines gegebenen Systems von Allokationsgleichungen der Produktion eine Quasi-Dreiecks-Matrix[11]) ist, kann das System in zwei oder mehr einseitig abhängige Gleichungssysteme aufgeteilt werden. Das bedeutet, daß ein diesem System entsprechender Plan sich ebenfalls in einzelne einseitig abhängige Pläne aufspalten läßt.

Ein Teil des Gesamtplanes bildet gewissermaßen den Kern desselben, da die in diesem Teil des Planes auftretenden Größen nicht von denen anderer Teile abhängen. Von diesem grundlegenden Teil des Planes ist irgendein anderer Teil des Planes, von diesem wiederum ein dritter usw. abhängig.

Es kann sich z. B. herausstellen, daß es möglich ist, einen selbständigen Plan für die Erzeugung von Elektroenergie aufzustellen, und daß von diesem der Plan für den Maschinenbau, der die meiste Elektroenergie verbraucht, unmittelbar abhängig ist. Vom Plan für den Maschinenbau kann wiederum der Produktionsplan für andere Produktionsmittel, der entscheidend für den Produktionsplan der Konsumgüter ist, abhängen usw. Mit dem unabhängigen »Kern des Planes« beginnend, fügen wir so lange weitere einseitig abhängige Programme hinzu, bis wir einen umfassenden Plan ausgearbeitet haben.

---

[11]) Eine *Quasi-Dreiecks-Matrix* hat die Gestalt:

$$\left\| \begin{array}{cccc} A & \text{Null-} & & \\ & \text{ele-} & & \\ C & B & \text{mente} & \\ F & G & \dots & N \end{array} \right\|$$

worin $A, B, \dots$ quadratische Teilmatrizen sind und alle Elemente, die nicht zu diesen Teilmatrizen gehören und oberhalb der Hauptdiagonale liegen, Null sind. Die Determinante D einer solchen Matrix ist, ähnlich wie bei der Quasi-Diagonal-Matrix, $D = |A| \,.\, |B| \dots |N|$. Damit kann bewiesen werden, daß die Lösungen, deren Koeffizienten in der Teilmatrix A enthalten sind, ausschließlich von den Elementen der Teilmatrix A abhängen. Weiter ermitteln wir bei der Untersuchung eines Teiles der Matrix, nämlich

$$\left\| \begin{array}{cc} A & 0 \\ C & B \end{array} \right\|,$$

daß die Lösungen, deren Koeffizienten in der Teilmatrix B enthalten sind, von den Elementen der Teilmatrizen A, C, und B abhängen usw., bis schließlich die Lösungen, deren Elemente in der Teilmatrix N enthalten sind, von den Elementen aller Teilmatrizen abhängen.

Eine solche Methode der Planbildung ist natürlich bedeutend leichter und einfacher als die Aufstellung des Gesamtplanes im ganzen. Übrigens werden die Folgerungen, die sich aus theoretischen Überlegungen ergeben, durch die Praxis bestätigt, da in der Wirklichkeit die Methode des stufenweisen Hinzufügens einzelner Planteile an den Grundplan besonders bei der Erstellung von Industrialisierungsplänen angewandt wird.

Es wäre ohne Zweifel interessant, festzustellen, ob und in welchem Grade die obigen theoretischen Lösungen für die Verfahrensweise der Planung sich mit der Praxis decken.

Kehren wir nun zur ausführlichen Erörterung der Lösungen des Systems der Allokationsgleichungen (4) zurück.

Die Formel (5), die die Lösungen des Gleichungssystems (4) angibt, kann vereinfacht werden. Wenn wir die Bezeichnung

$$\frac{D_{ji}}{D} = A_{ij}$$

einführen, ergibt sich

$$Q_i = \sum_{j=1}^{n} A_{ij} q_j \qquad (i = 1, 2, \dots, n). \tag{5'}$$

Aus der Formel in dieser Gestalt ist zu ersehen, daß das Gesamtprodukt eines gegebenen Sektors gleich der gewogenen Summe der Endprodukte aller Sektoren ist. Das Gesamtprodukt des Sektors Kohlenbergbau ist z. B. eine gewogene Summe der Endprodukte Stahl, Maschinen, Waggons, Wohnungen usw. Man beachte, daß die Größen A_{ij} in der Formel (5′) ausschließlich von den technischen Produktionskoeffizienten abhängig sind, da sowohl die Determinante D als auch ihre Adjunkten D_{ji} nur von den technischen Koeffizienten abhängen.

Man kann zeigen, daß die Koeffizienten (Gewichte) A_{ij} Elemente der Inversen[12]) der technologischen Matrix A des Planes sind, d. h. sie sind Elemente der Matrix A^{-1}. Das ist der algebraische Sinn der Koeffizienten A_{ij}, aber was ist ihre ökonomische Bedeutung?

---

[12]) Die Matrix A^{-1} bezeichnen wir als *Inverse* der Matrix A, wenn das Produkt der Matrizen $A \times A^{-1} = A^{-1} \times A = I$ ist, wobei I die Einheitsmatrix ist. Als *Einheitsmatrix* wird eine quadratische Matrix bezeichnet, deren Elemente alle Null sind mit Ausnahme der Elemente der Hauptdiagonale, die 1 sind.

Die Koeffizienten A_{ij} können folgendermaßen interpretiert werden. Vor allem ist zu bemerken: Wenn wir das Endprodukt in einem der Sektoren, z. B. im k-ten Sektor, um eine Einheit erhöhen wollen, muß das Gesamtprodukt des i-ten Sektors um A_{ik} zunehmen.

In der Tat kann man die Formel (5) in der Form schreiben:

$$Q_i = \sum_{\substack{j=1 \\ j \neq k}}^{n} A_{ij} q_j + A_{ik} q_k.$$

Wird das Endprodukt des k-ten Sektors um eine Einheit vergrößert, d. h. ersetzt man q_k durch q_k+1, so ergibt sich:

$$Q_i + \Delta Q_i = \sum_{\substack{j=1 \\ j \neq k}}^{n} A_{ij} q_j + A_{ik}(q_k+1) = \sum_{j=1}^{n} A_{ij} q_j + A_{ik} = Q_i + A_{ik}.$$

Die Zunahme des Gesamtproduktes ist also $\Delta Q_i = A_{ik}$, d. h., das Gesamtprodukt Q_i nimmt, wenn man q_k um eins erhöht, tatsächlich um A_{ik} zu.

Die Koeffizienten A_{ik} werden als *Koeffizienten der zusätzlichen Nachfrage* oder *Koeffizienten des Produktionsbedarfs* bezeichnet. Den Sinn dieser Bezeichnung erläutern wir an einem Beispiel.

Nehmen wir z. B. an, der Sektor i sei die Kohlen- und der Sektor k die Stahlproduktion. Wenn wir nun die Stahlproduktion für den Endverbrauch q_k um 1 t steigern wollen, dann muß die Gesamtförderung an Kohle Q_i um A_{ik} erhöht werden.

Aus Formel (5′) kann leicht bewiesen werden, daß die Koeffizienten A_{ik} partielle Ableitungen der Gesamtprodukte Q_i nach den Endprodukten q_k sind:

$$\frac{\delta Q_i}{\delta q_k} = A_{ik}. \tag{6}$$

Folglich entspricht A_{ik} der Zunahme von Q_i, wenn q_k um eine Einheit wächst.

Schließlich sei auf folgendes hingewiesen: Werden die Endprodukte der einzelnen Sektoren der Volkswirtschaft um $dq_1, dq_2, \ldots, dq_n$ erhöht, muß das Gesamtprodukt des i-ten Sektors um

$$dQ_i = A_{i1} dq_1 + A_{i2} dq_2 + \ldots + A_{in} dq_n$$

wachsen.

Bedeutet der Sektor i die Kohlenproduktion, so kann jeder der Koeffizienten A_{ij} als Koeffizient des »Kohlenbedarfs« der einzelnen Produktionssektoren bezeichnet werden.

Diese Überlegungen zeigen, daß die Elemente der Matrix A^{-1}, d. h. der Inversen der Matrix der Produktionstechnik, einen bestimmten ökonomischen Sinn haben.

Bisher haben wir Lösungen von Systemen unabhängiger Gleichungen (4) untersucht, in denen keine Arbeitskräfte vorkamen. Wir wollen nun dem Gleichungssystem (4) die Bilanzgleichung für Arbeitskräfte hinzufügen:

$$Q_0 = \sum_{i=1}^{n} q_{0i} + q_0 .$$

Es zeigt sich, daß die Gleichung für die Arbeitskräfte vom Gleichungssystem (4) nicht unabhängig ist. Wir führen nun einen neuen Begriff ein (analog den technischen Produktionskoeffizienten), und zwar den *Arbeitskoeffizienten* a_{0i}, den wir als Verhältnis zwischen dem Arbeitsaufwand q_{0i} des betreffenden Produktionssektors und der Gesamtproduktion dieses Sektors definieren:

$$a_{0i} = \frac{q_{0i}}{Q_i} \qquad \text{oder} \qquad q_{0i} = a_{0i} Q_i .$$

Der Arbeitskoeffizient a_{0i} gibt an, wieviel Arbeitsaufwand für eine Einheit des Gesamtproduktes des i-ten Sektors erforderlich ist.

Unter Verwendung der Arbeitskoeffizienten a_{0i} kann die Bilanzgleichung der Arbeitskräfte folgendermaßen dargestellt werden:

$$Q_0 = \sum_{i=1}^{n} a_{0i} Q_i + q_0 .$$

Setzt man die Werte Q_i aus Formel (5') in diese Gleichung ein, so ergibt sich:

$$Q_0 = \sum_{i=1}^{n} a_{0i} \Big(\sum_{j=1}^{n} A_{ij} q_j \Big) + q_0 ,$$

und daraus:

$$\frac{\partial Q_0}{\partial q_k} = \sum_{i=1}^{n} a_{0i} A_{ik} , \tag{7}$$

was bedeutet, daß eine Erhöhung des Endproduktes im k-ten Sektor um eine Einheit einen zusätzlichen Arbeitskräftebedarf von

$$\sum_{i=1}^{n} a_{0i} A_{ik}$$

mit sich bringt.

Wie wir bereits gezeigt haben, müssen, um das Endprodukt im k-ten Sektor um eine Einheit zu erhöhen, die Gesamtprodukte der einzelnen Sektoren um $A_{1k}, A_{2k}, \ldots, A_{nk}$ zunehmen. Der Anstieg dieser Gesamtprodukte bedingt wiederum eine Erhöhung der Arbeitskräfte. Der zusätzliche Arbeitskräftebedarf insgesamt ergibt sich aus der Summe der Produkte aus den zusätzlich erforderlichen Bruttoproduktionen und der Arbeitskoeffizienten der einzelnen Sektoren, d. h. aus:

$$\sum_{i=1}^{n} a_{0i} A_{ik}.$$

Wenn z. B. das Endprodukt Stahl um 1 t vergrößert werden soll, dann muß die Gesamtproduktion an Stahl, Kohle, Eisenerz, elektrischer Energie usw. erhöht werden. Um diese zusätzlichen Produktionen hervorzubringen, werden zusätzliche Arbeitskräfte benötigt. Die Gesamtsteigerung des Arbeitskräftebedarfs infolge einer Erhöhung der Nettoproduktion an Stahl um 1 Tonne ergibt sich, wenn wir annehmen, daß Stahl im k-ten Sektor produziert wird, durch die folgende Formel:

$$\sum_{i=1}^{n} a_{0i} A_{ik} = a_{01} A_{1k} + a_{02} A_{2k} + \ldots + a_{0n} A_{nk}.$$

Obige Koeffizienten des Produkt- und Arbeitsbedarfs sind eine Verallgemeinerung der Keynesschen Multiplikatoren. Keynes untersuchte, welchen Einfluß eine Steigerung der Produktion an Konsum- oder Investitionsgütern auf die Beschäftigung hat, und versuchte, Multiplikatoren zu ermitteln, die es beispielsweise ermöglichen, die Auswirkung einer Steigerung der Konsumgüterproduktion auf die Beschäftigung zu bestimmen. In diesen Untersuchungen stützte sich Keynes jedoch auf gewisse psychologische »Verhaltensweisen« der Menschen. Aus der Leontiefschen Analyse ergibt sich, daß sich solche Probleme auf Grund einer Untersuchung der Beziehungen zwischen den einzelnen Sektoren der Volkswirtschaft lösen lassen. Mit anderen Worten: Sie sind ausschließlich von den technischen Bedingungen der Produktion abhängig, die durch die Elemente der Matrix der technischen Struktur der Volkswirtschaft charakterisiert sind.

Wie wir gesehen haben, gibt die physische Input-Output-Tabelle (Tabelle IVb) einen tiefen Einblick in die Konsistenzbedingungen der

Produktionspläne. Auf Grund dieser Tabelle können wir u. a. feststellen, (a) welche Proportionen die innere Konsistenz des Planes und die Kontinuität des Reproduktionsprozesses gewährleisten, (b) wie eine Erhöhung des Endproduktes in einem Sektor eine Erhöhung der Gesamtproduktion in anderen Sektoren bewirkt, (c) in welchem Maß ein Anstieg des Endproduktes in einem Sektor zu einer allgemeinen Erhöhung der Beschäftigung führt.

Die Untersuchungen der intersektoralen Input-Output-Beziehungen, in physischen Einheiten ausgedrückt, bilden daher eine Analyse, bei der das Problem des Wertes und des Wertgesetzes nicht in Erscheinung tritt. Dieses Problem tritt erst dann auf, wenn wir die Spalten der Input-Output-Tabelle summieren wollen; dann müssen wir die Elemente der Tabelle in Geldeinheiten ausdrücken (Tabelle IVa).

Mengen- und Wertpläne. Das Problem der Aggregation von Sektoren

Wir wenden uns nun der Bestimmung von Konsistenzbedingungen für Wertpläne (Wertprogramme) – d. h. den in Geldeinheiten ausgedrückten Plänen – zu und untersuchen, welche Zusammenhänge zwischen den Elementen der Wertpläne (Tabelle IVa) und den Mengenplänen (Tabelle IVb) bestehen. Analog zu den technischen Koeffizienten der Produktion und des Arbeitseinsatzes im vorhergehenden Abschnitt, führen wir zunächst den Begriff der Kostenkoeffizienten (Aufwandkoeffizienten) für Produktionsmittel und Arbeit ein.

Die *Kostenkoeffizienten* a'_{ji} *für Produktionsmittel* sind durch die Formel

$$a'_{ij} = \frac{x_{ij}}{X_j} \qquad (i, j = 1, 2, \ldots, n)$$

definiert.

Wenn z. B. im Sektor i Kohle und im Sektor j Eisen produziert wird, dann gibt der Koeffizient a'_{ij} den in Zloty ausgedrückten Wert der Kohlenmenge an, die zur Herstellung von Eisen im Wert von 1 Zl. erforderlich ist.

Ähnlich definieren wir den *Koeffizienten der Arbeitskosten* a'_{0j} über die Formel:

$$a'_{0j} = \frac{x_{0j}}{X_j} \qquad (j = 1, 2, \ldots, n).$$

Der Koeffizient a'_{0j} ist gleich den in Geld ausgedrückten Arbeitskosten, die zur Erzeugung einer Produktmenge im Werte von einem Zloty im j-ten Sektor erforderlich sind.

Die in Geldeinheiten ausgedrückten Allokationsgleichungen der Produktion stimmen mit den in Mengeneinheiten ausgedrückten Allokationsgleichungen der Produktion überein, jedoch mit dem Unterschied, daß X_i anstelle von Q_i, x_i anstelle von q_i steht und daß die Koeffizienten a'_{ij} an die Stelle der Koeffizienten a_{ij} treten.

Wir schreiben die Allokationsgleichungen für den Wertplan in ähnlicher Form wie die Gleichungen (4a), die im vorhergehenden Abschnitt abgeleitet wurden:

$$(1-a'_{ii})X_i - \sum_{\substack{j=1 \\ j\neq i}}^{n} a'_{ij}X_j = x_i \qquad (i = 1, 2, \dots, n). \tag{8}$$

Wenn wir annehmen, daß die Größen x_i, d. h. die Werte der Endprodukte der einzelnen Produktionssektoren, im Plan vorgegeben sind und daß die Werte der a'_{ij}, d.h. die Kostenkoeffizienten der Produktionsmittel, bekannt sind, dann können aus dem System der n linearen Gleichungen (8) die Werte der Gesamtprodukte X_i ermittelt werden. Analog kann man, wenn im Plan die Werte der X_i festgesetzt sind und die a'_{ij} bekannt sind, aus den Gleichungen (8) die Werte x_i bestimmen.

Um das Gleichungssystem (8) zu lösen, notieren wir zunächst die Matrix der Koeffizienten dieses Gleichungssystems:

$$A' = \begin{Vmatrix} 1-a'_{11} & -a'_{12} & \dots & -a'_{1} \\ -a'_{22} & 1-a'_{22} & \dots & -a'_{2} \\ \cdot & \cdot & & \cdot \\ \cdot & \cdot & & \cdot \\ \cdot & \cdot & & \cdot \\ -a'_{n1} & -a'_{n2} & \dots & 1-a'_{nn} \end{Vmatrix}$$

Diese Matrix bezeichnen wir als *Strukturmatrix der Produktionskosten* (*Produktionsaufwendungen*).

Wenn wir mit D' den Wert der Determinante dieser Matrix und mit D'_{ji} die Adjunkten (Kofaktoren) der entsprechenden Elemente der Determinante der Matrix A' benennen, dann ist:

$$X_i = \frac{\sum_{j=1}^{n} x_j D'_{ji}}{D'} \qquad (i = 1,2, \dots, n).$$

Bezeichnet man das Verhältnis $\frac{D'_{ji}}{D'}$ mit A'_{ij}[13]), so ergibt sich weiterhin:

$$X_i = \sum_{j=1}^{n} A'_{ij} x_j \qquad (i = 1, 2, \ldots, n). \tag{9}$$

Aus Formel (9) folgt, daß für beliebige k

$$\frac{\delta X_i}{\delta x_k} = A'_{ik}.$$

Entsprechend kann man zeigen (vgl. die analoge Gleichung im vorhergehenden Abschnitt), daß

$$\frac{\delta X_0}{\delta x_k} = \sum_{i=1}^{n} a'_{0i} A'_{ik}.$$

Die obigen Formeln erläutern den ökonomischen Sinn der Koeffizienten A'_{ik}, und zwar gibt A'_{ik} den wertmäßigen Zuwachs des Gesamtproduktes des i-ten Sektors an, wenn der Wert des Endproduktes der k-ten Abteilung um 1 Zl. zunimmt. Um die Erhöhung der Arbeitskosten bei einem Wertzuwachs des Endproduktes des k-ten Sektors um 1 Zl. zu ermitteln, summiert man die mit den entsprechenden A_{ik} multiplizierten Koeffizienten der Arbeitskosten a'_{0i} über alle Produktionssektoren ($i = 1, 2, \ldots, n$).

Wir wollen nun überlegen, wovon die Kostenkoeffizienten abhängig sind und wie sie mit den technischen Produktionskoeffizienten zusammenhängen. Um die Beziehung, die zwischen dem in Mengeneinheiten ausgedrückten Gesamtprodukt Q_i oder dem Endprodukt q_i und dem in Geldeinheiten ausgedrückten Gesamtprodukt X_i oder dem Endprodukt x_i besteht, ermitteln zu können, müssen wir die Preise $p_1, p_2, \ldots, p_n$ der Produkte der Sektoren kennen.
Es ist

$$X_i = Q_i p_i, \quad x_i = q_i p_i \quad \text{für} \quad i = 1, 2, \ldots, n,$$

und somit

$$a'_{ij} = \frac{x_{ij}}{X_j} = \frac{q_{ij} p_i}{Q_j p_j} = a_{ij} \frac{p_i}{p_j}. \tag{10}$$

Mit anderen Worten: Die Kostenkoeffizienten a'_{ij} sind gleich den

[13]) Die Koeffizienten A'_{ij} sind die Elemente der Inversen der Matrix der Struktur der Produktionsaufwendungen A'.

technischen Produktionskoeffizienten a_{ij} multipliziert mit dem Verhältnis der Preise $\frac{p_i}{p_j}$.

Die Kostenkoeffizienten a'_{ij} sind im Lichte der marxistischen Werttheorie einfach zu interpretieren. Wenn die Preise dem Wert der Produktion entsprechen, d. h. wenn sie proportional der Arbeitsmenge sind, die zur Herstellung einer Mengeneinheit des Produktes gesellschaftlich notwendig ist, so kann der Kostenkoeffizient a'_{ij} als der Betrag an gesellschaftlicher Arbeit angesehen werden, der in dem betreffenden Sektor erforderlich ist, um in einem anderen Sektor eine Produkteinheit, gemessen in gesellschaftlicher Arbeit, herstellen zu können; d. h., er gibt z.B. an, wieviel an gesellschaftlicher Arbeit im Sektor Kohle aufgewendet werden muß, um eine Stahlmenge im Werte einer Einheit gesellschaftlicher Arbeit herzustellen. Wenn p_i und p_j für alle i und j proportional dem Wert der Produkte (im Marxschen Sinn) der entsprechenden Sektoren sind, dann geben die Kostenkoeffizienten a'_{ij} den Betrag an gesellschaftlicher Arbeit an, der im i-ten Sektor aufgewendet werden muß, um im j-ten Sektor einen Output hervorzubringen, der einer Einheit gesellschaftlicher Arbeit entspricht. Die Größe dieser Koeffizienten ist ausschließlich von den technischen Bedingungen der Produktion abhängig.

Falls p_i und p_j für alle i und j proportional dem Wert der Produkte der entsprechenden Sektoren sind, gibt die Input-Output-Tabelle sowohl die Aufgliederung der gesellschaftlich notwendigen Arbeit auf die verschiedenen Sektoren der Volkswirtschaft als auch die intersektoralen Ströme der gesellschaftlichen Arbeit wieder. Der Übergang von der Input-Output-Tabelle in Mengeneinheiten zur Input-Output-Tabelle in Geldeinheiten bringt in diesem Falle eigentlich nichts Neues in unsere Überlegungen. Der Plan hängt weiterhin lediglich von den technischen Produktionsbedingungen ab.

Wenn hingegen p_i und p_j nicht dem Wert der Produkte (im Marxschen Sinne) proportional sind, ergibt sich eine wesentliche Komplikation. Die Matrix der Kostenstruktur spiegelt nicht mehr die technischen Produktionsbedingungen wider. Sind z. B. in der Volkswirtschaft Monopolpreise vorhanden, kommt in der Matrix der Struktur der Produktionsaufwendungen neben den technischen Produktionsbedingungen auch der »Monopolisierungsgrad« der Preise zum Ausdruck. Wenn z. B. die Stahlpreise durch Monopole hochgehalten werden, beeinflußt dies die Elemente der Matrix A'. Wir wissen, daß in der kapitalistischen Wirtschaft auch die Wettbewerbspreise nicht proportional dem Wert der Produkte sind, sondern ihrem »Produktionspreis« entsprechen; sie sind von der organischen Zusammensetzung des Kapitals abhängig. Das ist der zweite Faktor, der die Elemente der Matrix der Aufwendungen beeinflußt. Man kann jedoch zeigen, daß der Einfluß der organischen Zusammensetzung des Kapitals auf die Elemente der Matrix A' auf ihre Abhängigkeit von den technischen Produktionsbedingungen zurückgeführt werden kann; denn die organische Zusammensetzung des Kapitals ist letzten Endes durch die technischen Bedingungen des betreffenden Produktionszweiges bestimmt.

Die obigen Überlegungen führen zu folgenden Ergebnissen:

(1) Sind die Preise dem Wert proportional, so ist die Kostenmatrix durch die technischen Produktionsbedingungen bestimmt.

(2) Sind die Preise dem Wert nicht proportional, so können zwei Fälle vorkommen:

(a) die Preise entsprechen den »Produktionspreisen«; dann sind die Elemente der Kostenmatrix indirekt von den technischen Produktionsbedingungen abhängig;

(b) die Preise (oder wenigstens einige von ihnen) haben monopolistischen Charakter; dann hängen die Elemente der Kostenmatrix auch vom Monopolisierungsgrad der Preise, also, mit anderen Worten, von den Marktverhältnissen ab.

Hieraus folgt, daß die Input-Output-Tabelle unter Verhältnissen der kapitalistischen Wirtschaft nur ein ungenaues Bild der Aufgliederung der gesellschaftlich notwendigen Arbeit auf die einzelnen Sektoren der Volkswirtschaft gibt.

Wir wollen noch eine weitere Eigenschaft der Kostenkoeffizienten untersuchen, die das sogenannte Problem der Aggregation von Produktionssektoren betrifft.

Die Leontiefsche Input-Output-Tabelle ist für n Sektoren konstruiert. Es erhebt sich die Frage, in wieviel Sektoren die Volkswirtschaft in Wirklichkeit unterteilt ist. Wenn wertbezogene Input-Output-Tabellen (Tabelle IVa) als Grundlage für die Planung gewählt werden, kann man bekanntlich die einzelnen Sektoren, die diese Tabelle enthält, willkürlich zusammenfassen, indem man die Elemente der betreffenden Sektoren einfach summiert. Zum Beispiel kann man die Produktion von Roggen, Weizen, Hafer usw. zum Sektor Getreideerzeugnisse vereinigen. In ähnlicher Weise kann durch Zusammenlegung entsprechender Sektoren ein Sektor pflanzliche Produkte, ein Sektor Landwirtschaft usw. gebildet werden. Diese Art des Zusammenlegens von mehreren Sektoren zu einem gemeinsamen Sektor bezeichnet man als *Aggregation.*

Das Problem der Aggregation wird bedeutend komplizierter, wenn die Elemente der Input-Output-Tabelle in Mengeneinheiten ausgedrückt sind. Die Summation entsprechender Elemente der einzelnen Sektoren ist dann unmöglich. Sogar die scheinbar homogenen Produktionen sind in manchen Fällen in eine Reihe Untersektoren aufzugliedern; z. B. kann im Sektor Weizen eine Aufteilung der Produktion nach verschiedenen Weizensorten usw. erforderlich sein. Mit dem Problem der Aggregation bei mengenbezogenen Input-Output-Tabellen werden wir uns nicht befassen. Die Fachliteratur über dieses Problem ist noch sehr bescheiden[14]). Unter anderem sind gewisse Kriterien entwickelt worden, um zu erkennen, ob und in welchem Umfange eine Aggregation möglich ist. Es zeigt sich, daß man verschiedenartige Produktionssektoren dann aggregieren kann, wenn dadurch spezielle ökonomische Gesetzmäßigkeiten oder Theoreme weiter gültig bleiben. Diese Bedingung ist logisch richtig, und sie ist auch einleuchtend, da man sich nur schwer vorstellen kann, daß die ökonomischen Gesetzmäßigkeiten von der Art und Weise abhängig sein sollen, wie die Produktion der verschiedenen Sektoren zusammengelegt wird.

Das obige Prinzip der Invarianz der ökonomischen Gesetze ist dem Problem der Wahl des Koordinatensystems bei der Untersuchung physikalischer Phänomene ähnlich. Es ist bekannt, daß ein Koordinatensystem beispielsweise unter der Bedingung verändert werden kann, daß sich die physikalischen Gesetze im neuen System nicht ändern. Das ist der Grundgedanke der Relativitätstheorie.

---

[14]) Vgl. O. Lange, *Price Flexibility and Employment*, Bloomington 1945, S. 103 ff.; E. Malinvaud: (1) *Aggregation Problems in Input-Output Models*, in *The Structural Interdependence of the Economy*, New York, 1954; (2) *L'agregation dans les modèles économiques*, (Cahiers d'Econometrie, H. 4, Paris 1956); J. C. H. Fei, *A Fundamental Theorem for the Aggregation Problem of Input-Output Analysis* (Econometrica, 1956); T. Czechowski, *Kilka uwag o agregacji w statystycznym modelu Leontiefa*, (Przegląd Statystyczny, Bd. 7, H. 4, Warszawa 1960).

Aber kehren wir zum Problem der Aggregation im Falle wertbezogener Input-Output-Tabellen zurück. Setzen wir voraus, daß zwei Produktionssektoren gegeben sind, wobei z. B. der j-te Sektor die Stahlproduktion und der k-te Sektor die Roheisenproduktion bezeichnet, die zu einem Sektor, und zwar zum l-ten Sektor Eisenproduktion, zusammengefaßt werden. Dann ist natürlich:

$$X_l = X_j + X_k; \qquad x_{il} = x_{ij} + x_{ik} \quad \text{und} \quad x_l = x_j + x_k.$$

Der Kostenkoeffizient für das im l-ten Sektor verwandte Produkt des i-ten Sektors beträgt:

$$a'_{il} = \frac{x_{il}}{X_l} = \frac{x_{ij} + x_{ik}}{X_j + X_k},$$

oder

$$a'_{il} = \frac{a'_{ij} X_j + a'_{ik} X_k}{X_j + X_k}. \tag{11}$$

Der Formel (11) entnimmt man, daß der Kostenkoeffizient für das Produkt des i-ten Sektors, z. B. für Kohle, im zusammengefaßten l-ten Sektor, d. h. im vorliegenden Falle in der Eisenproduktion, das gewogene Mittel der Kostenkoeffizienten der Sektoren ist, die vereinigt wurden, also der Kostenkoeffizienten der Sektoren Stahl und Roheisen, wobei die Gewichte die Gesamtprodukte der beiden zusammengelegten Sektoren sind.

In ähnlicher Weise könnte man (durch vollständige Induktion) Formeln für den Kostenkoeffizienten des Sektors entwickeln, der durch Zusammenschluß von drei, vier,..., allgemein von m Sektoren entsteht, wobei $m \leqslant n$ ist.

Daraus folgt, daß wir die in Werteinheiten ausgedrückte Input-Output-Matrix durch Aggregation beliebig kürzen können, wobei der Grad der Matrix durch den Zusammenschluß der Sektoren erniedrigt wird, während die Art der Gesetzmäßigkeiten, die zwischen den Matrixelementen bestehen, unverändert bleibt.

Wir wenden uns nun der Bestimmung der Preise $p_1, p_2, \ldots, p_n$ der einzelnen Produkte und des Lohnsatzes p_0 auf Grund anderer Elemente des Planes zu. Ist die Input-Output-Tabelle in Werteinheiten gegeben, dann besteht bekanntlich neben den Allokationsgleichungen eine zweite Relation, in der die Interdependenz der Elemente des Planes zum Ausdruck kommt, nämlich die Kostengleichungen (2):

$$X_i = x_{0i} + \sum_{j=1}^{n} x_{ji} + m_i \qquad (i = 1, 2, \ldots, n).$$

Wir erinnern uns, daß x_{0i} den Wert des Arbeiterlohnes im i-ten Produktionssektor bezeichnet. $\sum_{j=1}^{n} x_{ji}$ sind die gesamten Kosten (Aufwendungen) für Produktionsmittel im i-ten Sektor und m_i ist der Gewinn des i-ten Sektors; entsprechen die Preise gleichzeitig dem Wert, dann ist m_i gleich dem im i-ten Sektor erzielten Mehrwert.

Nun ist:

$$X_i = p_i Q_i, \qquad x_{0i} = p_0 q_{0i} = p_0 a_{0i} Q_i; \qquad x_{ji} = p_j q_{ji} = p_j a_{ji} Q_i.$$

Wenn wir ferner annehmen, daß $m_i = \pi_i Q_i$ mit $\pi_i = \frac{m_i}{Q_i}$ der Gewinn[15]) pro Stück (Mengeneinheit) der Produktion des i-ten Sektors ist (z. B. der Gewinn pro Tonne geförderter Kohle), den wir als *Gewinn* oder *Überschuß pro Einheit* bezeichnen, können wir die Kostengleichungen (2) in der Form

$$p_i Q_i = p_0 a_{0i} Q_i + \sum_{j=1}^{n} p_j a_{ji} Q_i + \pi_i Q_i \qquad (i = 1, 2, \ldots, n),$$

darstellen. bzw., indem wir beide Seiten jeder Gleichung durch Q_i dividieren:

$$p_i = p_0 a_{0i} + \sum_{j=1}^{n} p_j a_{ji} + \pi_i \qquad (i = 1, 2, \ldots, n). \tag{12}$$

Obiges System von n Gleichungen legt bestimmte Relationen zwischen dem Lohnsatz p_0, den Preisen $p_1, p_2, \ldots, p_n$ der Produkte und den Stückgewinnen $\pi_1, \pi_2, \ldots, \pi_n$ in jedem Produktionssektor fest. Das System der n Gleichungen (12) enthält also $2n+1$ unbekannte Größen und besitzt folglich $(2n+1)-n = n+1$ Freiheitsgrade. Dar-

[15]) Oft wird in unserem Lande anstelle des Fachausdrucks »Gewinn« der Ausdruck »Akkumulation« gebraucht. Das ist nicht genau, da bekanntlich ein Teil des Gewinnes als Konsum in nicht-produktive Sektoren geht.

aus folgt, daß $n+1$ Größen, z. B. der Lohnsatz p_0 und die Preise $p_1, p_2, \dots, p_n$, im Plan beliebig gewählt werden können und daß die übrigen Größen, im gegebenen Beispiel die Stückgewinne, durch die Beziehungen (12) eindeutig bestimmt sind. Analog kann man im Plan den Lohnsatz und die Gewinne festsetzen und dann die Preise durch Lösung des Gleichungssystems (12) berechnen.

Falls die Matrix des Gleichungssystems singulär, d. h. ihre Determinante Null ist, erhöht sich die Azahl der Freiheitsgrade des Gleichungssystems (12) und damit auch die des Planes (vgl. die analogen Überlegungen im vorhergehenden Abschnitt).

Bevor wir dazu übergehen, das Gleichungssystem (12) zu lösen, sei zunächst erwähnt, daß die Relationen zwischen Preisen, Lohnsatz und Gewinnen allein von den technischen Koeffizienten der Produktion abhängen. Die Größe des Gesamtproduktes Q_i tritt in den Gleichungen (12) nicht auf. Das Problem, mit dem wir uns hier zu befassen haben – also z. B. die Bestimmung der Preise, wenn der Lohnsatz und die Stückgewinne gegeben sind –, ist demnach unabhängig vom Maßstab des Planes. Die geplante Größe der Produktion kann um das Zweifache, Dreifache usw. erhöht werden, ohne daß die Lösung des Gleichungssystems (12) beeinflußt wird.

Welche Relation besteht in der kapitalistischen Wirtschaft zwischen Lohnsatz und Gewinnen? Vor allem ist darauf hinzuweisen, daß im Gegensatz zur sozialistischen Wirtschaft die Gewinne nicht beliebig festgesetzt werden können. Es gibt also außer den Gleichungen (12) zusätzliche Abhängigkeiten, die die Anzahl der Freiheitsgrade des Planes vermindern. Zwar können in der sozialistischen Wirtschaft auch zusätzliche Bedingungen existieren, die ebenfalls die Anzahl der Freiheitsgrade des Planes begrenzen. Aber diese Bedingungen ergeben sich nicht aus der Konsistenz des Planes, sondern aus der Frage nach der Optimalität des Planes. Mit dem letzten Problem werden wir uns vorerst nicht befassen.

Wir unterstellen, daß im Plan der Lohnsatz p_0 und die Stückgewinne $\pi_1, \pi_2, \dots, \pi_n$ vorgegeben sind, so daß wir aus dem Gleichungssystem (12) die entsprechenden Produktpreise $p_1, p_2, \dots, p_n$ ermitteln können. Zu diesem Zweck bringen wir die Gleichungen (12) in folgende Form:

$$(1-a_{ii})p_i - \sum_{\substack{j=1 \\ j\neq i}}^{n} a_{ji}p_j = a_{0i}p_0 + \pi_i \qquad (i = 1, 2, \dots, n). \qquad \text{(12a)}$$

Die Koeffizientenmatrix dieses Gleichungssystems ist:

$$A^* = \left\| \begin{matrix} 1-a_{11} & -a_{21} \dots & -a_{n1} \\ -a_{12} & 1-a_{22} \dots & -a_{n2} \\ \cdot & \cdot & \cdot \\ \cdot & \cdot & \cdot \\ \cdot & \cdot & \cdot \\ -a_{1n} & -a_{2n} \dots & 1-a_{nn} \end{matrix} \right\|$$

Man beachte, daß diese Matrix, die wir mit A^* bezeichnen, der Matrix A der technischen Struktur der Produktion ähnlich ist, mit der wir es bei der Bestimmung der inneren Konsistenz der physischen Produktionsprogramme zu tun hatten. Diese beiden Matrizen A und A^* bestehen aus den gleichen Elementen, nur sind diese anders angeordnet. Die Zeilen der Matrix A^* sind in der Matrix A Spalten, während die Spalten der Matrix A^* die Zeilen der Matrix A bilden. Eine derartige Matrix A^* wird als *Transponierte* der Matrix A bezeichnet. Ist A^* die Transponierte der Matrix A, dann ist natürlich umgekehrt auch die Matrix A die Transponierte von A^*.

Da sich der Wert einer Determinante nicht ändert, wenn man die Zeilen durch die Spalten und die Spalten durch die Zeilen ersetzt, ist der Wert der Determinante der transponierten Matrix A^* genauso groß wie der Wert der Determinante der Matrix A.

Durch Anwendung der Cramerschen Regel ergibt sich:

$$p_i = \frac{\sum_{j=1}^{n} D_{ij}(a_{0j}p_0+\pi_j)}{D} \qquad (i = 1, 2, \dots, n), \tag{13}$$

wobei D die Determinante der Matrix A^* (bzw. der Matrix A) ist, und die D_{ij} die Adjunkten der Elemente a_{ji} der Matrix A sind. Durch Verwendung einer Bezeichnungsweise, die analog derjenigen ist, die wir im vorhergehenden Abschnitt bei der Lösung der Allokationsgleichungen der Produktion (4) benützt haben, können wir die Lösung (13) des Gleichungssystems (12) auch in der Form

$$p_i = \sum_{j=1}^{n} A_{ji}(a_{0j}p_0+\pi_j), \qquad (i = 1, 2, \dots, n) \tag{13a}$$

darstellen, wobei

$$A_{ji} = \frac{D_{ij}}{D}.$$

Aus dieser Lösung folgt, daß die Preise $p_1, p_2, \ldots p_n$ der Produkte (falls $D \neq 0$) eindeutig durch die technischen Produktionskoeffizienten sowie durch den im Plan vorgegebenen Lohnsatz p_0 und die Stückgewinne $\pi_1, \pi_2, \ldots, \pi_n$ bestimmt sind, wobei der Preis eines jeden Produktes gleich der gewogenen Summe aus dem Lohnsatz und den Stückgewinnen ist. Die Gewichte bestehen aus den Koeffizienten A_{ji}, die allein von den technischen Produktionskoeffizienten und den Arbeitskoeffizienten abhängen. Mathematisch gesehen, bilden die Koeffizienten A_{ji} bekanntlich die Elemente der Inversen der transponierten Matrix A^*.

Wir wollen nun die Koeffizienten A_{ji} ökonomisch interpretieren. Hierzu überlegen wir uns, wie sich eine Änderung der Gewinne je Einheit im k-ten Sektor auf den Preis im i-ten Sektor auswirkt. Dazu schreiben wir die Formel (13a) in der Form:

$$p_i = p_0 \sum_{j=1}^{n} A_{ji} a_{0j} + \sum_{j=1}^{n} A_{ji} \pi_j \qquad (i = 1, 2, \ldots, n).$$

Daraus folgt:

$$\frac{\partial p_i}{\partial \pi_k} = A_{ki} \qquad (i = 1, 2, \ldots, n). \tag{14}$$

Demnach geben die Koeffizienten A_{ki} an, wie sich eine Erhöhung des Stückgewinns in einem Sektor auf den Preis in einem anderen Sektor auswirkt. Aus diesem Grunde werden die Koeffizienten A_{ki} als *Koeffizienten der Preissensibilität in bezug auf die Änderung des Stückgewinns*[16]) bezeichnet. Ähnlich wird durch Berechnung der partiellen Ableitung des Preises p_i nach dem Lohnsatz p_0 der *Koeffizient der Preissensibilität in bezug auf Änderung des Lohnsatzes* ermittelt:

$$\frac{\partial p_i}{\partial p_0} = \sum_{j=1}^{n} A_{ji} a_{0j} \qquad (i = 1, 2, \ldots, n). \tag{15}$$

---

[16]) Die Sensibilitätskoeffizienten der Produktpreise im i-ten Sektor in bezug auf die Änderung des Stückgewinns im k-ten Sektor sind nicht gleichbedeutend mit der Elastizität des Preises p_i in bezug auf den Stückgewinn π_k. Wir sehen, daß man durch einfache Transformation der Formel (14) die Formel für Preiselastizität im i-ten Sektor in bezug auf den Gewinn des k-ten Sektors erhält. Diese Elastizität ist nämlich

$$\frac{\partial p_i}{\partial \pi_k} \cdot \frac{\pi_k}{p_i} = A_{ki} \frac{\pi_k}{p_i}.$$

Es sei auch erklärt, wie Änderungen des Lohnsatzes die Preise der Produkte beeinflussen. Eine Erhöhung des Lohnsatzes wirkt sich auf den Preis in ähnlicher Weise aus wie eine Erhöhung der Stückgewinne. Aber dieser Einfluß ist proportional dem Arbeitskoeffizienten a_{0j}; d. h., in Produktionssektoren, die wenig arbeitsintensiv sind, ist diese Wirkung schwächer als in den arbeitsintensiven Produktionssektoren.

Außerdem wirkt sich eine Änderung des Lohnsatzes auf die Preise der Produkte aller Sektoren aus. Wie man sieht, tritt in der Formel (15), die den Koeffizienten der Preissensibilität in bezug auf die Änderung des Lohnsatzes bestimmt, die Summe der Produkte $A_{ji}\,a_{0j}$ auf.

Es kann auch eine andere Interpretation des Koeffizienten der Preissensibilität in bezug auf den Lohnsatz gegeben werden. Wir wissen, daß der Preis p_i die gewogene Summe der Stückgewinne π_j und der Lohnkosten $a_{0j}p_0$ pro Produkteinheit ist. Die Summe $\pi_j+a_{0j}p_0$ entspricht daher der Wertschöpfung pro Produktionseinheit. Bezeichnen wir die Summe $\pi_j+a_{0j}p_0$ mit w_j, so ergibt sich $\frac{\partial p_i}{\partial w_k} = A_{ki}$. Demnach ist die Preissensibilität im i-ten Sektor in bezug auf Änderungen der Wertschöpfung im k-ten Sektor gleich dem Koeffizienten A_{ki}, d.h. gleich dem Koeffizienten der Preissensibilität im i-ten Sektor in bezug auf Änderungen des Stückgewinnes im k-ten Sektor.

Wir wollen nun die wichtigsten Ergebnisse, die sich aus der Untersuchung der inneren Konsistenz von wertbezogenen Produktionsplänen ergeben haben, zusammenfassen.

(1) Löhne, Produktpreise und Stückgewinne sind durch ein System von Bedingungen verbunden (Gleichungen, die ausschließlich durch die technische Produktionsstruktur bestimmt sind).

(2) Der wertbezogene Produktionsplan hat mindestens $n+1$ Freiheitsgrade; wir können im allgemeinen von den $2n+1$ Unbekannten (Lohnsatz p_0, Preise $p_1, p_2, \ldots, p_n$ und Stückgewinne $\pi_1, \pi_2, \ldots, \pi_n$) $n+1$ beliebig festsetzen; die übrigen sind durch die zwischen Löhnen, Produktionspreisen und Stückgewinnen bestehenden Beziehungen eindeutig bestimmt.

(3) Die Lösungen der Gleichungen, die Löhne, Preise und Stückgewinne verbinden, sind (wie bei der Untersuchung der physischen Konsistenz des Produktionsplanes) homogen, d. h., diese Größen

können mit einer beliebigen Zahl λ multipliziert werden, ohne daß die Gleichungen sich ändern. Mit anderen Worten, die Struktur der Preise, Löhne und Gewinne hängt ausschließlich von den technischen Bedingungen des Planes und nicht vom Maßstab des Planes ab.

Damit beschließen wir unsere Überlegungen über die innere Konsistenz der Produktionspläne. Sie bilden den ersten, statischen Teil der Input-Output-Analyse. Wir gehen in den nächsten Abschnitten zum dynamischen Teil dieser Analyse über. Dabei ist zu bemerken, daß die dynamische Input-Output-Analyse sich erst im Anfangsstadium der Entwicklung befindet, während die statische Input-Output-Analyse vollständig entwickelt ist und in der Fachliteratur eine beinahe klassische, völlig ausgereifte ökonometrische Theorie bildet.

Dynamische Input-Output-Analyse. Investition und Verbrauch

Den Ausgangspunkt für die dynamische Input-Output-Analyse bilden die Allokationsgleichungen, ausgedrückt in Mengeneinheiten (4a):

$$(1-a_{ii})Q_i - \sum_{j \neq i} a_{ij}Q_j = q_i \qquad (i = 1, 2, \ldots, n).$$

Die Endprodukte q_i, die in einem bestimmten Jahr in jedem Sektor der Volkswirtschaft erzeugt werden, können konsumiert oder akkumuliert, d. h. für eine zukünftige Nutzung aufbewahrt werden, oder schließlich auch in den Export eingehen. Das akkumulierte Produkt kann entweder für die zukünftige Konsumtion oder auch zur Erhöhung des Bestandes an Produktionsmitteln verwendet, d. h. im Produktionsprozeß investiert werden. Im ersten Falle betrachten wir die Akkumulation eines Teiles des Endproduktes als einen Sonderfall der Konsumtion; im zweiten Falle führt die Akkumulation zur Investition für Produktionszwecke. Zur Vereinfachung der Analyse werden wir den Teil des Endproduktes, der in den Export eingeht, in die Konsum- oder die Akkumulationskomponente des Endproduktes einbeziehen, und zwar je nachdem, ob der im Austausch erzielte Import für den Konsum oder für die Investition verwendet wird. Dadurch wird erreicht, daß das Endprodukt q_i eines bestimmten Sektors der Volkswirtschaft aus zwei Teilen besteht – dem ersten Teil $q_i^{(1)}$, der für den Verbrauch, und dem zweiten Teil $q_i^{(2)}$, der für die Investition bestimmt ist[17]), was folgendermaßen geschrieben werden kann:

$$q_i = q_i^{(1)} + q_i^{(2)} \qquad (i = 1, 2, \ldots, n).$$

Wir definieren nun die *sektorale Konsumquote* k_i durch die Formel:

$$k_i = \frac{q_i^{(1)}}{Q_i}$$

und entsprechend die sektorale Investitionsquote α_i:

$$\alpha_i = \frac{q_i^{(2)}}{Q_i}.$$

Nach diesen Formeln bezeichnet die Konsumquote den Anteil des Gesamtproduktes Q_i, der verbraucht wird, und entsprechend die Investitionsquote den Anteil, der investiert wird.

Im allgemeinen setzen wir voraus, daß die Quoten k_i und α_i im Plan vorgegeben sind. Unter Berücksichtigung von $q_i = k_i Q_i + \alpha_i Q_i = (k_i + \alpha_i) Q_i$ können die Allokationsgleichungen der Produktion in der Form

$$(1 - a_{ii}) Q_i - \sum_{j \neq i} a_{ij} Q_j = (k_i + \alpha_i) Q_i \qquad (i = 1, 2, \ldots, n)$$

oder

$$(1 - a_{ii} - k_i - \alpha_i) Q_i - \sum_{j \neq i}^{n} a_{ij} Q_j = 0 \qquad (i = 1, 2, \ldots, n) \qquad (16)$$

geschrieben werden. Wir erhalten somit ein System von n homogenen linearen Gleichungen für die n Unbekannten Q_i.

Damit ein solches Gleichungssystem eine von Null verschiedene

[17]) Der Ausdruck »Investition« wird hier sowohl in weiterem als auch in engerem Sinne als in der amtlichen polnischen Terminologie verwendet. Nach unserer Terminologie bedeutet die Investition eine Erhöhung des Bestandes an Produktionsmitteln, sowohl langlebiger als auch kurzlebiger. Darüber hinaus umfaßt dieser Terminus hier nicht die Erhöhung des Bestandes an solchen langlebigen Konsumtionsmitteln (z. B. Wohnhäuser), welche in der amtlichen polnischen Terminologie als nicht-produktive Investition bezeichnet wird. Nach unserer Terminologie ist dies Akkumulation für zukünftigen Verbrauch.

Lösung hat, muß die Determinante der Matrix der Koeffizienten dieses Systems gleich Null sein[18]).

Die Matrix der Koeffizienten der Gleichungen (16) lautet:

$$\begin{Vmatrix} 1-a_{11}-k_1-\alpha_1 & -a_{12} & \dots & -a_{1n} \\ -a_{21} & 1-a_{22}-k_2-\alpha_2 & \dots & -a_{2n} \\ . & . & \dots & . \\ . & . & & . \\ . & . & & . \\ -a_{n1} & -a_{n2} & \dots & 1-a_{nn}-k_n-\alpha_n \end{Vmatrix}$$

Die Bedingung für die Lösbarkeit des Gleichungssystems (16), nämlich, daß die Determinante der obigen Matrix gleich Null ist, beschränkt die Anzahl der Freiheitsgrade der Elemente dieser Determinante. Die technischen Koeffizienten sind vorgegeben, und im allgemeinen haben wir keinen Einfluß auf sie. Wir können lediglich die Konsumquote k_i und die Investitionsquote α_i festlegen, und zwar immer so, daß die Determinante der Matrix des Gleichungssystems (16) Null ist. Es können daher nicht alle Quoten k_i und α_i beliebig gewählt werden, da sonst der Plan in sich nicht konsistent, also nicht durchführbar ist.

Es dürfte schwer fallen, für die Bedingung der Lösbarkeit des Gleichungssystems (16) in allgemeiner Form eine bestimmte Interpretation zu geben. Wenn man sich auf die Untersuchung einer Volkswirtschaft mit zwei Sektoren beschränkt, ist es einfacher, zu einer Deutung zu gelangen. In diesem einfachen Falle lautet die Bedingung für die Lösbarkeit des Gleichungssystems (16):

$$\begin{vmatrix} 1-a_{11}-k_1-\alpha_1 & -a_{12} \\ -a_{21} & 1-a_{22}-k_2-\alpha_2 \end{vmatrix} = 0.$$

Daraus folgt:

$$(1-a_{11}-k_1-\alpha_1)(1-a_{22}-k_2-\alpha_2) = a_{12}a_{21}, \qquad (17)$$

oder:

$$\frac{1-a_{11}-k_1-\alpha_1}{a_{12}} = \frac{a_{21}}{1-a_{22}-k_2-\alpha_2}.$$

[18]) Der Fall, daß $Q_i = 0$ für alle $i = 1, 2, \dots, n$ ist, würde bedeuten, daß wir es mit einem Plan für eine Wirtschaft zu tun haben, in der nichts produziert wird. Eine solche triviale Lösung des Gleichungssystems (16) wird in unseren Überlegungen außer acht gelassen.

Man beachte, daß der Koeffizient a_{11} jenen Teil des Gesamtproduktes des ersten Sektors bezeichnet, der in diesem für die Reproduktion zurückbehalten wird. Infolgedessen bezieht sich $1-a_{11}-k_1-\alpha_1$ auf den Teil des Gesamtproduktes des ersten Sektors, der an den zweiten Sektor zur laufenden Verwendung in der Produktion geliefert wird. Entsprechend bezeichnet $1-a_{22}-k_2-\alpha_2$ den Teil des Gesamtproduktes des zweiten Sektors, der an den ersten Sektor zur laufenden Verwendung in der Produktion geliefert wird.

Die Bedingung (17) für die Lösbarkeit des Gleichungssystems im Falle einer Aufgliederung der Wirtschaft in zwei Sektoren bedeutet, daß der Teil des Gesamtproduktes jedes Sektors, der an den anderen geliefert wird, umgekehrt proportional den technischen Koeffizienten des ersten Sektors in bezug auf den zweiten, oder des zweiten Sektors in bezug auf den ersten ist. Wenn wir z. B. in Gleichung (17) die Konsumtionsquoten als konstant betrachten, kann die Investitionsquote in einem Sektor nur auf Kosten einer Verminderung der Investitionsquote in dem anderen Sektor erhöht werden. Eine entsprechende Beziehung besteht zwischen den Konsumquoten beider Sektoren, wenn die Investitionsquoten konstant sind.

Wir stellen also wiederum fest, daß die technischen Bedingungen der Produktion uns Beschränkungen auferlegen, die bei der Planung nicht zu umgehen sind.

Die Interpretation der Bedingung (17) für die Lösbarkeit des Gleichungssystems einer in zwei Sektoren aufgegliederten Volkswirtschaft wird noch einfacher, wenn wir voraussetzen, daß der erste Sektor nur Produktionsmittel und der zweite nur Konsumgüter herstellt. Dann werden die im ersten Sektor hergestellten Produktionsmittel für die Produktion der Konsumtionsmittel benötigt, aber nicht selbst konsumiert. Daher ist $a_{12} \neq 0$ und $k_1 = 0$. Wir setzen ferner voraus (wie im Marxschen Schema), daß die im zweiten Sektor hergestellten Konsumgüter nur für den Konsum verwendet werden; sie werden also für die laufende Produktion der Produktionsmittel nicht benötigt und auch nicht akkumuliert. Daher ist $a_{21} = 0$ und $\alpha_2 = 0$. Die Gleichung (17) nimmt daher die folgende Gestalt an:

$$(1-a_{11}-\alpha_1)(1-a_{22}-k_2) = 0. \qquad (17a)$$

Da die Konsumgüter, wie vorausgesetzt, nicht investiert werden, ist also das investierte Endprodukt des zweiten Sektors gleich Null,

d. h. $1-a_{22}-k_2 = 0$. Daher kann $(1-a_{11}-\alpha_1)$ nach Bedingung (17a) jeden beliebigen Wert annehmen.

Wir können also in diesem Sonderfall die Investitionsquote α_1 des ersten Sektors beliebig festsetzen. Dies ist zugleich ein außergewöhnliches Beispiel für eine einseitige Verbindung zweier Produktionssektoren, und zwar ist der zweite Produktionssektor für Konsumgüter mit dem ersten Produktionssektor für Produktionsmittel gekoppelt, aber das Gegenteil ist nicht der Fall, da der erste Sektor mit dem zweiten nicht verbunden ist. Zur Herstellung der Konsumgüter werden Produktionsmittel benötigt, aber zur Erzeugung von Produktionsmitteln sind keine Konsumgüter erforderlich.

Im allgemeinen haben wir es aber mit einer gegenseitigen Koppelung der Sektoren zu tun.

Investition und Produktionswachstum

Wir untersuchen nun, welchen Einfluß die Investition in einer bestimmten Zeit, z. B. im Jahre t, auf die Produktion in der nächsten Zeitperiode hat, z. B. im Jahre $t+1$. Die Plandaten für die Gesamtprodukte im Jahre t in den einzelnen Sektoren der Volkswirtschaft seien mit $Q_1(t), Q_2(t), \ldots, Q_n(t)$ und die Plandaten für die Endprodukte im gleichen Jahre mit $q_1(t), q_2(t), \ldots, q_n(t)$ bezeichnet. Entsprechend stehe $Q_1(t+1), Q_2(t+1), \ldots, Q_n(t+1)$ für die Plandaten der Gesamtprodukte im Jahre $t+1$, und die $q_1(t+1), q_2(t+1), \ldots, q_n(t+1)$ seien die Planangaben für die Endprodukte.

Der Plan für das nächste Jahr $t+1$ ist mit dem Plan des vorhergehenden Jahres t durch die im Jahre t erfolgte Akkumulation verbunden. Je größer die Akkumulation in dem betreffenden Jahre ist, um so größer ist der Vorrat an Mitteln, der in den Plan für das nächste Jahr einbezogen werden kann.

Das Endprodukt des i-ten Sektors im Jahre t, das $q_i(t)$ beträgt, besteht bekanntlich aus einem Teil $q_i^{(1)}(t)$, der in den Konsum, und einen Teil $q_i^{(2)}(t)$, der in die Investition eingeht, also

$$q_i(t) = q_i^{(1)}(t)+q_i^{(2)}(t) \qquad (i = 1, 2, \ldots, n).$$

Die Produktion des i-ten Sektors (z. B. die Kohlenproduktion) kann zur Erhöhung der Vorräte an Produktionsmitteln verschiedener Sektoren (der Produktion von Stahl, Maschinen, Ausrüstungsgegenständen usw.) verwendet werden. Wir bezeichnen mit $\Delta q_{ij}(t)$ den Teil des Endproduktes des i-ten Sektors (z. B. der Kohlenproduktion), der in den Produktionsmitteln des j-ten Sektors (z. B. der Stahlproduktion) investiert wird. Der Buchstabe t benennt den Zeitraum, in dem das Produkt investiert wird. Natürlich ist die Summe aller $j = 1, 2, \ldots, n$ Komponenten $\Delta q_{ij}(t)$ gleich dem gesamten Endprodukt des i-ten Sektors, das im Jahre t investiert wird; d. h.,

$$q_i^{(2)}(t) = \sum_{j=1}^{n} \Delta q_{ij}(t) \tag{18}$$

ist eine Allokationsgleichung, die für alle $i = 1, 2, \ldots, n$ erfüllt ist.

Wie wird sich eine derartige Transformation eines Teiles des Endproduktes zu Produktionsmitteln in den einzelnen Produktionssektoren auf das Wachstum des Gesamtproduktes in den verschiedenen Sektoren auswirken? Mit anderen Worten, welche Beziehung besteht zwischen $\Delta q_{ij}(t)$, d. h. dem Endprodukt des i-ten Sektors (z. B. der Kohlenproduktion), das im j-ten Sektor investiert wird (z. B. der Stahlproduktion), und $Q_j(t+1)-Q_j(t)$, d. h. der Steigerung des Gesamtproduktes im j-ten Sektor (z. B. in der Stahlproduktion)?

Im Falle der Sektoren »Kohle« und »Stahl« ist die Sache einfach, da die Kohle im allgemeinen im nächsten Jahr zur Herstellung einer größeren Stahlmenge vollständig verbraucht wird.

Da die Steigerung des Gesamtproduktes im j-ten Sektor um eine Einheit a_{ij} Einheiten des Produktes des i-ten Sektors erfordert, benötigt man zur Erhöhung des Gesamtproduktes des j-ten Sektors um $Q_j(t+1)-Q_j(t)$ demnach $a_{ij}[Q_j(t+1)-Q_j(t)]$ Produkteinheiten des i-ten Sektors:

$$\Delta q_{ij}(t) = a_{ij}[Q_j(t+1)-Q_j(t)] \qquad (i, j = 1, 2, \ldots, n). \tag{19}$$

Wir wollen annehmen, das Produkt des i-ten Sektors, das im j-ten Sektor investiert wird, habe die Form von Anlagegütern wie Maschinen, Geräten, Gebäuden usw. Weiter setzen wir voraus, daß die Nutzungsdauer (Amortisation) der im i-ten Sektor hergestellten und im j-ten Sektor investierten Mittel T_{ij} Jahre betrage. Zum Beispiel sollen die im i-ten Sektor produzierten und im j-ten Sektor installierten Maschinen nach $T_{ij} = 10$ Jahren abgenutzt sein. Um die Erzeugung des j-ten Sektors im folgenden Jahr um den Betrag $Q_j(t+1)-Q_j(t)$ erhöhen zu können, muß man in diesem Sektor das T_{ij}-fache des jährlichen Verschleißes an Produkt des i-ten Sektors, in unserem Beispiel also das Zehnfache von $a_{ij}[a_j(t+1)-a_j(t)]$, installieren. Demnach besteht die folgende Beziehung:

$$\Delta q_{ij}(t) = a_{ij} T_{ij}[Q_j(t+1)-Q_j(t)] \quad (i, j = 1, 2, \ldots, n). \quad (19a)$$

Wir sehen, daß, falls das investierte Produkt des i-ten Sektors die Form von Anlagegütern hat, zwei Faktoren, beide technischer Art, einen entscheidenden Einfluß auf das Wachstum der Erzeugung des j-ten Sektors ausüben, in dem ein Teil der Erzeugung des i-ten Sektors investiert wird. Diese Faktoren sind:

(1) die technischen Produktionskoeffizienten a_{ij}, die bekanntlich zeigen, wieviel vom Produkt des i-ten Sektors laufend (d. h. jährlich) verbraucht werden muß, um eine Produkteinheit des j-ten Sektors zu erzeugen, und

(2) die durchschnittliche Nutzungsdauer des Produktes des i-ten Sektors, das im j-ten Sektor investiert wird.

Dieser zweite Faktor, bezeichnet mit dem Symbol T_{ij}, wird *Nutzungsdauer* des Produktes des i-ten Sektors im j-ten Sektor genannt. Wir können ihn auch mit *Ersatzperiode* oder *Umschlagszeit* (wie bei Marx) bezeichnen.

Es ist zu beachten, daß die Perioden T_{ij} größer, kleiner oder gleich eins sein können. Wenn $T_{ij} > 1$ ist, hat das im j-ten Sektor investierte Produkt des i-ten Sektors eine durchschnittliche Nutzungsdauer von mehr als einem Jahr. Ist $T_{ij} < 1$, dann wird das Produkt des i-ten Sektors in einem Zeitraum von weniger als einem Jahr verbraucht. $T_{ij} = 1$ bedeutet, daß das Produkt des i-ten Sektors genau in einem Jahr verbraucht wird.

Für eine dynamische intersektorale Input-Output-Analyse ist es offensichtlich erforderlich, neben der Tabelle für die technischen Produktionskoeffizienten eine zweite Tabelle für die Nutzungsdauer der Produktionsmittel einzuführen.

Der Einfluß, den beide Koeffizienten a_{ij} und T_{ij} – beide technischer Natur – auf das Wachstum der Gesamterzeugung des j-ten Sektors haben, kann ersetzt werden durch einen Koeffizienten $b_{ij} = a_{ij} T_{ij}$, der als *technischer Investitionskoeffizient* oder einfach als *Investitionskoeffizient* bezeichnet wird.

Indem wir die Investitionskoeffizienten b_{ij} in unsere Betrachtungen einbeziehen, können wir die Formel (19a) in der Form schreiben:

$$\Delta q_{ij}(t) = b_{ij}[Q_j(t+1)-Q_j(t)] \quad (i, j = 1, 2, \ldots, n). \quad (19b)$$

Aus Gleichung (19b) folgt, daß der Investitionskoeffizient b_{ij}, der gleich dem Produkt aus technischem Produktionskoeffizienten und Nutzungsdauer ist, angibt, wieviel vom Produkt des i-ten Sektors (z. B. Stahlerzeugung) im j-ten Sektor (z. B. in der chemischen Industrie) investiert werden muß, um das Gesamtprodukt des j-ten Sektors um eine Einheit zu erhöhen. In der Tat ist:

$$b_{ij} = \frac{\Delta q_{ij}(t)}{Q_j(t+1) - Q_j(t)} \qquad (i, j = 1, 2, \ldots, n).$$

Die Kenntnis der Investitionskoeffizienten b_{ij} ermöglicht es, festzustellen, wieviel von dem in einem bestimmten Jahr in den einzelnen Sektoren gewonnenen Endprodukten im j-ten Sektor investiert werden sollte, um die Produktion in diesem Sektor um eine Produkteinheit zu steigern. Wir sehen, daß die technischen Daten der Produktion, die in der Matrix der technischen Struktur:

$$\begin{Vmatrix} a_{11} & a_{12} & \ldots & a_{1n} \\ a_{21} & a_{22} & \ldots & a_{2n} \\ \cdot & \cdot & & \cdot \\ \cdot & \cdot & & \cdot \\ \cdot & \cdot & & \cdot \\ a_{n1} & a_{n2} & \ldots & a_{nn} \end{Vmatrix}$$

und in der Matrix der Investitionskoeffizienten:

$$\begin{Vmatrix} b_{11} & b_{12} & \ldots & b_{1n} \\ b_{21} & b_{22} & \ldots & b_{2n} \\ \cdot & \cdot & & \cdot \\ \cdot & \cdot & & \cdot \\ \cdot & \cdot & & \cdot \\ b_{n1} & b_{n2} & \ldots & b_{nn} \end{Vmatrix},$$

die wir auch in der Form:

$$\begin{Vmatrix} a_{11}T_{11} & a_{12}T_{12} & \ldots & a_{1n}T_{1n} \\ a_{21}T_{21} & a_{22}T_{22} & \ldots & a_{2n}T_{2n} \\ \cdot & \cdot & & \cdot \\ \cdot & \cdot & & \cdot \\ \cdot & \cdot & & \cdot \\ a_{n1}T_{n1} & a_{n2}T_{n2} & \ldots & a_{nn}T_{nn} \end{Vmatrix}$$

darstellen können, enthalten sind, die Produktionspläne in den aufeinanderfolgenden Jahren miteinander verbinden.

Die Ergebnisse unserer bisherigen Überlegungen seien mit Hilfe einer *Investitionstabelle der Produkte*, oder, mit anderen Worten, durch eine *Investitionsbilanz* erläutert:

$Q_1(t+1)$	$\Delta q_{11}(t)$	$\Delta q_{12}(t)$	...	$\Delta q_{1n}(t)$	$q_1^{(2)}(t)$
$Q_2(t+1)$	$\Delta q_{21}(t)$	$\Delta q_{22}(t)$	...	$\Delta q_{2n}(t)$	$q_2^{(2)}(t)$
.	.	.		.	.
.	.	.		.	.
.	.	.		.	.
$Q_n(t+1)$	$\Delta q_{n1}(t)$	$\Delta q_{n2}(t)$	...	$\Delta q_{nn}(t)$	$q_n^{(2)}(t)$

In der letzten Spalte dieser Tabelle sind die Beträge der Endprodukte der einzelnen Sektoren, die im Jahre t erzeugt und in verschiedenen Produktionssektoren investiert werden, ausgewiesen.

Der mittlere Teil der Tabelle enthält die Größen $\Delta q_{ij}(t)$ für $i, j = 1, 2, \ldots, n$, die zeigen, wieviel vom Endprodukt des i-ten Sektors im Jahre t im Sektor j investiert wird. Die Zusammenhänge zwischen den Größen, die in der letzten Spalte und im mittleren Teil der Investitionstabelle der Produkte stehen, werden bekanntlich durch die Allokationsgleichungen (18) wiedergegeben.

Infolge der Aufteilung der Produktion des Jahres t mit dem Ziel, die Produktionsmittel im Jahre $t+1$ zu erhöhen, werden die Gesamtprodukte des nächsten Jahres $Q_1(t+1), Q_2(t+1), \ldots, Q_n(t+1)$, die in der ersten Spalte der Investitionstabelle enthalten sind, größer als die entsprechenden Gesamtprodukte des Jahres t sein. Diese Produktionssteigerung kann über die Beziehung (19b) ermittelt werden, wenn die Investitionskoeffizienten $b_{ij} = a_{ij} T_{ij}$ bekannt sind.

Unter Berücksichtigung der Beziehung (19b) kann man die Allokationsgleichungen (18) in die folgende Form bringen:

$$\sum_{j=1}^{n} b_{ij}[Q_j(t+1) - Q_j(t)] = q_i^{(2)}(t) \qquad (i = 1, 2, \ldots, n). \qquad (20)$$

In dieser Form sind die Allokationsgleichungen Ausdruck der Beziehungen, die zwischen der Größe des für die Investition in den verschiedenen Sektoren der Volkswirtschaft bestimmten Endproduktes jedes Sektors und der Zunahme des Gesamtproduktes in den einzelnen Sektoren im nächsten Jahr bestehen.

Aus den Allokationsgleichungen (20) folgt, daß die Zunahmen der Gesamtprodukte in den verschiedenen Produktionssektoren nicht willkürlich sind. Wenn die Investitionskoeffizienten b_{ij} gegeben sind und die Produktmengen $q_i^{(2)}(t)$, die für die Investitionszwecke in den einzelnen Abteilungen vorgesehen sind, festliegen, sind die Zunahmen der Gesamtprodukte $Q_j(t+1)-Q_j(t)$ eindeutig bestimmt. Liegen umgekehrt das Programm der Steigerung der Gesamtprodukte und die Investitionskoeffizienten fest, so sind die Mengen, die investiert werden müssen, bestimmt. Entscheidend für die Ermittlung der Zunahmen der Gesamtprodukte (oder alternativ der zu investierenden Mengen) sind somit die Elemente der Matrix der Investitionskoeffizienten, also wiederum technische Bedingungen der Produktion.

Wir lösen nun das System der n Allokationsgleichungen (20) nach der Cramerschen Regel. Bezeichnen wir mit Δ die Determinante der Matrix der Investitionskoeffizienten und mit Δ_{ji} die Kofaktoren der Elemente der Matrix, so ergibt sich:

$$Q_i(t+1)-Q_i(t) = \frac{\sum_{j=1}^{n} \Delta_{ji} q_j^{(2)}(t)}{\Delta} \qquad (i = 1, 2, \ldots, n)$$

oder, wenn man $\frac{\Delta_{ji}}{\Delta}$ mit B_{ij} bezeichnet:

$$Q_i(t+1)-Q_i(t) = \sum_{j=1}^{n} B_{ij} q_j^{(2)}(t) \qquad (i = 1, 2, \ldots, n). \tag{21}$$

Daraus geht hervor, daß die Zunahme des Gesamtproduktes des i-ten Sektors die gewogene Summe der für die Investition vorgesehenen Endprodukte ist mit den Koeffizienten $B_{ij} = \frac{\Delta_{ji}}{\Delta}$, die Elemente der Inversen der Matrix der Investitionskoeffizienten sind, als Gewichten.

Vom ökonomischen Standpunkt aus gesehen, bezeichnen die Koeffizienten B_{ij} den sich im i-ten Sektor ergebenden Produktionszuwachs als Folge davon, daß das im j-ten Sektor für Investitionszwecke akkumulierte Produkt um eine Einheit erhöht wird. Ausgehend von Formel (21) können wir nämlich schreiben:

$$Q_i(t+1) = Q_i(t) + \sum_{j=1}^{n} B_{ij} q_j^{(2)}(t) \qquad (i = 1, 2, \ldots, n).$$

Hieraus folgt:

$$\frac{\partial Q_i(t+1)}{\partial q_k^{(2)}(t)} = B_{ik}.$$

B_{ik} gibt also tatsächlich an, wie sich eine Erhöhung des durch den k-ten Sektor akkumulierten Produktes um eine Einheit auf die Zunahme der Produktion im i-ten Sektor auswirkt. Aus diesem Grunde können die B_{ij} als *Koeffizienten des intersektoralen Nutzeffektes der Investition* bezeichnet werden.

Die Koeffizienten B_{ij} des intersektoralen Nutzeffektes sind von den Investitionskoeffizienten b_{ij} und diese bekanntlich wiederum von den technischen Produktionskoeffizienten a_{ij} und der Umschlagszeit T_{ij} abhängig.

Wir haben gezeigt, daß die Bereitstellung eines Teiles des Endproduktes eines Jahres für Investitionen zur Erhöhung der Produktion im nächsten Jahre führt. Wenn die im nächsten Jahr $t+1$ investierten Mengen bekannt sind, kann die Produktion im Jahre $t+2$ berechnet werden usw. Wir können somit die Produkte der aufeinanderfolgenden Jahre ermitteln:

$$Q_i(t),\ Q_i(t+1),\ Q_i(t+2),\ \ldots \qquad (i = 1, 2, \ldots, n).$$

Die im ersten Jahr durchgeführten Investitionen leiten einen stetigen Entwicklungsprozeß des Gesamtproduktes ein, dessen Verlauf für aufeinanderfolgende Jahre auf Grund der Allokationsgleichungen vom Typ (20) ermittelt werden kann.

Wir betrachten nun den Einfluß des Investitionsplanes auf die Produktionsentwicklung für den Fall, daß diese Größen in Werteinheiten ausgedrückt sind. Wie im Falle der Pläne in Mengeneinheiten, unterteilen wir das im i-ten Sektor im Jahre t gewonnene Endprodukt $x_i(t)$ in den konsumierten Teil $x_i^{(1)}(t)$ und den investierten Teil $x_i^{(2)}(t)$:

$$x_i(t) = x_i^{(1)}(t) + x_i^{(2)}(t).$$

Der investierte Teil des Endproduktes wird in den einzelnen Sektoren der Volkswirtschaft investiert, wobei für jeden Sektor i die folgende Allokationsgleichung

$$x_i^{(2)}(t) = \sum_{j=1}^{n} \Delta x_{ij}(t) \qquad (i = 1, 2, \ldots, n) \tag{22}$$

erfüllt ist, wobei Δx_{ij} den Wert jenes Teiles des im i-ten Sektor akkumulierten Endproduktes bezeichnet, der im j-ten Sektor investiert wird.

Die nachstehende Tabelle veranschaulicht die Aufteilung der investierten Endprodukte $x_1^{(2)}(t), x_2^{(2)}(t), \ldots, x_n^{(2)}(t)$, ausgedrückt in Geldeinheiten, auf die einzelnen Sektoren der Volkswirtschaft:

$\Delta x_{11}(t)$	$\Delta x_{12}(t)$	...	$\Delta x_{1n}(t)$	$x_1^{(2)}(t)$
$\Delta x_{21}(t)$	$\Delta x_{22}(t)$	...	$\Delta x_{2n}(t)$	$x_2^{(2)}(t)$
.	.		.	.
.	.		.	.
.	.		.	.
$\Delta x_{n1}(t)$	$\Delta x_{n2}(t)$	...	$\Delta x_{nn}(t)$	$x_n^{(2)}(t)$

Die Investitionskoeffizienten in Geldeinheiten, d. h. *die Koeffizienten des Investitionsaufwandes*, sind durch die Formel

$$b'_{ij} = a'_{ij} T_{ij} \qquad (i, j = 1, 2, \ldots, n)$$

definiert, wobei a'_{ij} die entsprechenden Aufwandskoeffizienten sind.

Die Matrix der Koeffizienten der Investitionsaufwendungen hat folgendes Aussehen:

$$\begin{Vmatrix} b'_{11} & b'_{12} & \ldots & b'_{1n} \\ b'_{21} & b'_{22} & \ldots & b'_{2n} \\ \cdot & \cdot & & \cdot \\ \cdot & \cdot & & \cdot \\ \cdot & \cdot & & \cdot \\ b'_{n1} & b'_{n2} & \ldots & b'_{nn} \end{Vmatrix} \quad \text{oder} \quad \begin{Vmatrix} a'_{11} T_{11} & a'_{12} T_{12} & \ldots & a'_{1n} T_{1n} \\ a'_{21} T_{21} & a'_{22} T_{22} & \ldots & a'_{2n} T_{2n} \\ \cdot & \cdot & & \cdot \\ \cdot & \cdot & & \cdot \\ \cdot & \cdot & & \cdot \\ a'_{n1} T_{n1} & a'_{n2} T_{n2} & \ldots & a'_{nn} T_{nn} \end{Vmatrix}$$

Unter Berücksichtigung der Definition des Aufwandskoeffizienten $a'_{ij} = a_{ij} \dfrac{p_i}{p_j}$, wobei p_i und p_j die Preise der Produkte der entsprechenden Sektoren sind, ergibt sich die Formel für die Koeffizienten der Investitionsaufwendungen:

$$b'_{ij} = a_{ij} \frac{p_i}{p_j} T_{ij} \qquad \text{oder} \qquad b'_{ij} = b_{ij} \frac{p_i}{p_j}.$$

Das heißt, der Koeffizient des Investitionsaufwandes b'_{ij} ist gleich dem technischen Investitionskoeffizienten multipliziert mit dem Verhältnis der Preise p_i und p_j.

Wenn die Preise dem Wert der Produkte proportional sind, dann drücken die Koeffizienten der Investitionsaufwendungen die Mengen an gesellschaftlicher Arbeit aus, die in Form des Produktes des i-ten Sektors im j-ten Sektor investiert werden muß, um in letzterem einen Produktionszuwachs zu erzielen, der dem Werte nach gleich ist einer Einheit an gesellschaftlicher Arbeit.

Im Falle der Aggregation von Sektoren verhalten sich auch die Koeffizienten des Investitionsaufwandes wie die vorher betrachteten Kostenkoeffizienten. Wenn wir den j-ten Sektor und den k-ten Sektor zu einem neuen Sektor vereinigen, den wir als l-ten Sektor bezeichnen, dann ist

$$b'_{il} = \frac{b'_{ij}[X_j(t+1)-X_j(t)]+b'_{ik}[X_k(t+1)-X_k(t)]}{[X_j(t+1)-X_j(t)]+[X_k(t+1)-X_k(t)]}$$

gleich dem gewogenen Mittel der ursprünglichen Koeffizienten des Investitionsaufwandes. Der Beweis dafür ist ähnlich wie im Falle der Kostenkoeffizienten der im Produktionsprozeß verbrauchten Produktionsmittel.

Da

$$\Delta x_{ij}(t) = b'_{ij}[X_j(t+1)-X_j(t)]$$

ist, können die Allokationsgleichungen (22) in der Form:

$$\sum_{j=1}^{n} b'_{ij}[X_j(t+1)-X_j(t)] = x_i^{(2)}(t) \qquad (i = 1, 2, \ldots, n) \qquad (23)$$

geschrieben werden.

Die Lösung des Gleichungssystems (23) entspricht derjenigen, die wir bei der Untersuchung des Programmes in Mengeneinheiten erhielten:

$$X_i(t+1)-X_i(t) = \frac{\sum_{j=1}^{n} \Delta'_{ji} x_j^{(2)}(t)}{\Delta'} \qquad (i = 1, 2, \ldots, n),$$

wobei Δ' die Determinante der Matrix der Koeffizienten des Investitionsaufwandes und Δ'_{ji} der Kofaktor des entsprechenden Elementes der Determinante ist.

Schreibt man $B'_{ij} = \frac{\Delta'_{ji}}{\Delta'}$, so ergibt sich:

$$X_i(t+1) - X_i(t) = \sum_{j=1}^{n} B'_{ij} x_j^{(2)}(t) \qquad (i = 1, 2, \ldots, n). \tag{24}$$

Die Koeffizienten B'_{ij} sind Elemente der Inversen der Matrix der Koeffizienten des Investitionsaufwandes; sie zeigen die Produktionssteigerung (wertmäßig ausgedrückt) an, die im i-ten Sektor dadurch erzielt wird, daß die Akkumulationsmittel für Investitionszwecke des Produktes des j-ten Sektors um eine Einheit erhöht werden. Die Koeffizienten B'_{ij} sind also *wertbezogene Koeffizienten des intersektoralen Nutzeffektes der Investition.*

Bei der Untersuchung des Einflusses der Investition auf die Steigerung des Gesamtproduktes setzen wir voraus, daß die Produktionsbedingungen, d. h. die Matrix der Koeffizienten des Investitionsaufwandes und die investierten Beträge $x_j^{(2)}(t)$, bekannt sind. Auf Grund dieser Angaben können wir unter Verwendung der Gleichungen (24) die Werte der Gesamtprodukte im folgenden Jahr bestimmen: $X_1(t+1)$, $X_2(t+1), \ldots, X_n(t+1)$. Aus diesen Werten für die Gesamtprodukte im Jahre $(t+1)$ kann man die Werte der Endprodukte ermitteln, die sich im Jahre $(t+1)$ bei einer Investition $x_j^{(2)}(t)$ ergeben. Danach berechnen wir wiederum unter Verwendung der Gleichungen (24) die Gesamtprodukte im Jahre $(t+2)$ und durch wiederholte Anwendung der Formel (24) die Gesamtprodukte in den Jahren $(t+3)$, $(t+4)$ usw.

Die obigen Berechnungen wären sehr viel komplizierter, wenn die Investitionskoeffizienten, z. B. als Folge des technischen Fortschritts, ihren Wert von Jahr zu Jahr ändern würden. Dann müßte man die Investitionskoeffizienten zeitlich indizieren $b_{ij}(t)$, $b_{ij}(t+1), \ldots$, und in dieser Form in die oben beschriebenen Berechnungen einführen. Änderungen der Investitionskoeffizienten führen zu Änderungen der Koeffizienten B_{ij}, die ebenfalls entsprechend der aufeinanderfolgenden Perioden zu indizieren wären.

Auswirkung der physischen Investitionsstruktur auf das Wachstum des Sozialproduktes

Wir wollen nun untersuchen, wie sich der Investitionsplan auf die Entwicklung des Sozialproduktes und (im nächsten Abschnitt) auf die Entwicklung der Beschäftigung auswirkt.

Wenn wir, wie vorhin, mit $X_1(t), X_2(t), \ldots, X_n(t)$ die Gesamtprodukte der einzelnen Sektoren der Volkswirtschaft, ausgedrückt in Geldeinheiten, bezeichnen und mit $x_1(t), x_2(t), \ldots, x_n(t)$ die Endprodukte im Jahre t, dann ist

$$X(t) = \sum_{i=1}^{n} X_i(t)$$

das *volkswirtschaftliche Gesamtprodukt* und

$$x(t) = \sum_{i=1}^{n} x_i(t)$$

das *Nettosozialprodukt* oder das *Volkseinkommen.*

Infolgedessen beträgt die Zunahme des volkswirtschaftlichen Gesamtproduktes im Jahre $t+1$ gegenüber dem Jahre t[19]):

$$X(t+1)-X(t) = \sum_i [X_i(t+1)-X_i(t)] = \sum_i \sum_j B'_{ij} x_j^{(2)}(t). \qquad (25)$$

Der Wert der Investition in den einzelnen Sektoren der Volkswirtschaft im Jahre t kann als ein Bruchteil der Gesamtinvestition der Volkswirtschaft angegeben werden. Die Gesamtinvestition im Jahre t betrage $\alpha(t)X(t)$, wobei $X(t)$ das volkswirtschaftliche Gesamtprodukt und $\alpha(t)$ die Investitionsquote ist, die anzeigt, welcher Teil des volkswirtschaftlichen Produktes investiert wird. Bezeichnet man mit $\mu_i(t)$ den auf den i-ten Sektor entfallenden Anteil (Bruchteil) an der Gesamtinvestition, so ergibt sich

$$x_i^{(2)}(t) = \mu_i(t)\alpha(t)X(t),$$

wobei die $\mu_i(t)$ definitionsgemäß der Bedingung $\sum_i \mu_i(t) = 1$ genügen. Die Koeffizienten $\mu_i(t)$ wollen wir als Koeffizienten der physischen Investitionsstruktur bezeichnen.

Den obigen Ausführungen entsprechend, können wir die Gleichung (25) in die Form bringen:

$$X(t+1)-X(t) = \sum_i \sum_j B'_{ij}\mu_j(t)\alpha(t)X(t).$$

[19]) Wenn keine Gefahr eines Mißverständnisses besteht, verwenden wir die vereinfachten Summensymbole $\sum_i$ und $\sum_j$, die bedeuten, daß sich die Summation auf alle Glieder unter dem Summenzeichen von Nummer 1 bis n erstreckt.

Hieraus folgt:

$$\frac{X(t+1)-X(t)}{X(t)} = \alpha(t) \sum_i \sum_j B'_{ij}\mu_j(t). \tag{26}$$

Die linke Seite der Gleichung (26) ist gleich der *Wachstumsrate des volkswirtschaftlichen Gesamtproduktes*, die wir mit $R(t)$ bezeichnen.

Die Doppelsumme auf der rechten Seite dieser Gleichung $\sum_i \sum_j B'_{ij}\mu_j(t)$ bezeichnen wir zur Vereinfachung mit $\beta(t)$. Da $\sum_j \mu_j(t) = 1$ ist, kann der Koeffizient $\beta(t)$ als *gewogener durchschnittlicher Nutzeffekt der gegebenen physischen Investitionsstruktur* interpretiert werden[20]).

Folglich nimmt Gleichung (26) die Form an:

$$R(t) = \alpha(t) \cdot \beta(t). \tag{27}$$

Diese Beziehung kann in Worten wie folgt ausgedrückt werden: *Die Wachstumsrate $R(t)$ des volkswirtschaftlichen Gesamtproduktes ist gleich der Gesamtinvestitionsquote $\alpha(t)$ multipliziert mit dem durchschnittlichen Nutzeffekt $\beta(t)$ der gegebenen physischen Investitionsstruktur.*

Die Beziehung (27) ist in jüngster Zeit wiederholt in der westlichen Fachliteratur untersucht und diskutiert worden, oft auf theoretisch zweifelhafte Weise. Bezeichnen wir das Sozialprodukt mit X und nehmen wir an, daß infolge der Investitionsausgaben I das Sozialprodukt um ΔX erhöht worden ist. Dann ist $\frac{\Delta X}{X} = \frac{I}{X} \cdot \frac{\Delta X}{I}$, wobei $\frac{I}{X}$ die Investitionsquote (Akkumulationsquote) und $\frac{\Delta X}{I}$ der durchschnittliche Nutzeffekt der Investition *(output-investment ratio)* ist.

Diese Abhängigkeit bringen die bürgerlichen Wirtschaftswissenschaftler mit dem mystischen Begriff der Kapitalproduktivität in Verbindung, die den Zuwachs des Sozialproduktes bestimmt. In unseren Erörterungen haben wir gezeigt, daß solche Begriffe wie Nutzef-

---

[20]) Der Ausdruck $\beta(t) = \sum_i \sum_j B'_{ij}\mu_j(t)$ kann auch in der Form $\beta(t) = \sum_j \beta_j \mu_j(t)$ geschrieben werden, wobei $\beta_j = \sum_i B'_{ij}$ der gesamte Nutzeffekt der Investition des Produktes des Sektors j ist.

fekt der Investition sich aus den technischen Bedingungen der Produktion ergeben. Sie enthalten keinen mystischen Bestandteil in Form einer angeblichen »Kapitalproduktivität«. Im allgemeinen kommen wir überhaupt ohne den Begriff des »Kapitals« aus, der ein für die kapitalistische Wirtschaft geeigneter Begriff ist, wo er die Verfügung über die Produktionsmittel und die Arbeitskraft zur Aneignung des Mehrwertes bedeutet. Da wir den Nutzeffekt der Investition auf die technischen Produktionsbedingungen, die in der Matrix der Investitionskoeffizienten zum Ausdruck kommen, zurückführen, verschwindet die mystische Rolle des »Kapitals«. Es verbleibt nur die technische Rolle der Produktionsmittel und der Arbeit im Produktionsprozeß.

In vielen Ländern hat man versucht, den durchschnittlichen gesellschaftlichen Nutzeffekt der Investition zu berechnen.

Nach statistischen Unterlagen schwankte in der Zeit zwischen 1879 und 1950 der durchschnittliche gesellschaftliche Nutzeffekt der Investition in den Vereinigten Staaten um die Zahl $\frac{1}{3}$[21]); d. h., daß z. B. die Investition von 1 Mill. Dollar einen Zuwachs des Sozialproduktes von $\frac{1}{3}$ Mill. Dollar ermöglicht. Den Kehrwert des Nutzeffektes der Investition bezeichnet man als *Kapitalkoeffizienten* (capital ratio), der in diesem Falle 3 beträgt; um einen Zuwachs des Sozialproduktes von 1 Mill. Dollar zu erzielen, ist also eine Investition von 3 Mill. Dollar erforderlich. Der durchschnittliche Nutzeffekt der Investition in England schwankte in den Jahren 1870–1938 zwischen $\frac{1}{3}$ und $\frac{1}{4}$[22]), in anderen westlichen Staaten (Schweiz, Norwegen u. a.) zwischen $\frac{1}{3}$ und $\frac{1}{5}$.

Auf Grund von Berechnungen, die von B. Zielinska im Institut für Wirtschaftsforschung der Planungskommission in Polen angestellt wurden, betrug in der Zeit zwischen 1950 und 1955 die jährliche Zuwachsrate des Volkseinkommens 8,9% und der Anteil der für produktive Zwecke vorgesehenen Investitionen 16,3% des Volkseinkommens. Setzt man voraus, daß das volkswirtschaftliche Gesamtprodukt annähernd in derselben Rate wie das Volkseinkommen gewachsen ist, und berücksichtigt man die Tatsache, daß in dieser Zeit das Gesamtprodukt ungefähr das Zweifache des Volkseinkommens betrug, so ergibt sich, daß die Investition für Produktionszwecke

---

[21]) W. Fellner, *Trends and Cycles in Economic Activity*, New York, 1956, S. 244 f.

[22]) E. H. Phelps Brown und B. Welser, *Accumulation, Productivity and Distribution in the British Economy 1870–1938*. (The Economic Journal, 1953, S. 266).

etwa 8,15% des volkswirtschaftlichen Gesamtproduktes ausmachte. Der durchschnittliche Nutzeffekt der Investition in Polen betrug demnach ungefähr:

$$\beta(t) = \frac{R(t)}{\alpha(t)} = \frac{8{,}9}{8{,}15} = 1{,}1.$$

Generell kann gesagt werden, daß der Nutzeffekt der Investition in sozialistischen Ländern bedeutend größer als in kapitalistischen ist. Der verhältnismäßig hohe Nutzeffekt der Investition in Polen erklärt sich dadurch, daß die vorhandene Produktionskapazität nicht voll ausgenutzt wurde. Es gibt in der Produktion Engpässe, und außerdem besitzen wir Fabrikanlagen, die noch nicht fertiggestellt oder noch nicht voll in Betrieb sind. Die Inbetriebnahme dieser Anlagen und die Beseitigung der Engpässe führt zu einer raschen Steigerung des volkswirtschaftlichen Gesamtproduktes und ergibt einen hohen Nutzeffekt der Investition. Wir wollen nun berechnen, welche Wirkung ein gegebenes Investitionsprogramm auf die Höhe des volkswirtschaftlichen Gesamtproduktes in einem bestimmten Zeitraum von mehreren Jahren ausübt. Wie wir wissen, ist ein Investitionsprogramm dann festgelegt, wenn für die aufeinanderfolgenden Jahre $t_0, t_1, \ldots, t_n$ die Investitionsquoten $\alpha(t_0), \alpha(t_1), \ldots, \ldots, \alpha(t_n)$ und die Koeffizienten der physischen Investitionsstruktur $\mu_i(t_0), \mu_i(t_1), \ldots, \mu_i(t_n)$ bekannt sind, die anzeigen, welcher Anteil der Gesamtinvestition auf den i-ten Sektor entfällt ($i = 1, 2, \ldots, n$).

Ist ein so festgelegtes Investitionsprogramm vorhanden und sind die Investitionskoeffizienten b_{ij} $(i, j = 1, 2, \ldots, n)$ bekannt, können die durchschnittlichen Nutzeffekte $\beta(t_0), \beta(t_1), \ldots, \beta(t_n)$ in den einzelnen Jahren bestimmt werden.

Wird mit $X(t_0) = \sum_i X_i(t_0)$ das volkswirtschaftliche Gesamtprodukt in der Ausgangsperiode (im ersten Jahr) bezeichnet, so beträgt das volkswirtschaftliche Gesamtprodukt im Jahre t_s (wobei $t_s > t_0$):

$$X(t_s) = \prod_{t=t_0}^{t_s} [1+\alpha(t)\beta(t)]X(t_0). \tag{28}$$

Sind die Investitionsraten $\alpha(t)$ und die Koeffizienten $\mu_i(t)$ in allen Perioden dieselben, und zwar gleich α bzw. μ_i, und ist somit $\beta(t) = \beta$, nimmt (28) die Form:

$$X(t_s) = (1+\alpha\beta)^{t_s-t_0} \cdot X(t_0) = (1+R)^{t_s-t_0} \cdot X(t_0), \tag{28a}$$

an, wobei $\alpha\beta$ gleich R, d. h. gleich der Zuwachsrate des volkswirtschaftlichen Gesamtproduktes ist.

Des weiteren lohnt es sich, den Zusammenhang zwischen der Wachstumsrate des volkswirtschaftlichen Gesamtproduktes und der Wachstumsrate des Volkseinkommens zu untersuchen.

Das Volkseinkommen im Jahre t ist bekanntlich gleich der Summe der Werte der Endprodukte aller Sektoren der Volkswirtschaft: $x(t) = \sum_i x_i(t)$. Aus den Allokationsgleichungen für die Produktion (in Geldeinheiten) erhält man:

$$x_i(t) = X_i(t) - \sum_j a'_{ij} X_j(t) \qquad (i = 1, 2, \ldots, n).$$

Unter Berücksichtigung von

$$\sum_i X_i(t) = X(t)$$

ergibt sich hieraus:

$$x(t) = X(t) - \sum_{i=1}^{n} \sum_{j=1}^{n} a'_{ij} X_j(t).$$

In diesem Ausdruck bezieht sich die Doppelsumme auf den Teil des volkswirtschaftlichen Gesamtproduktes, der für die Erneuerung der in der betreffenden Periode, z. B. in einem Jahr, verbrauchten Produktionsmittel – also für die «einfache Reproduktion» der Produktionsmittel – vorgesehen ist. Bezeichnen wir die Reproduktionsquote im Jahre t mit

$$\sigma(t) = \frac{\sum_{i=1}^{n} \sum_{j=1}^{n} a'_{ij} X_j(t)}{X(t),},$$

dann können wir schreiben:

$$x(t) = X(t)[1 - \sigma(t)]. \tag{29}$$

Wird mit $r(t)$ die Wachstumsrate des Volkseinkommens bezeichnet, erhält man:

$$\frac{x(t+1)}{x(t)} = 1 + r(t) = \frac{X(t+1)[1 - \sigma(t+1)]}{X(t)[1 - \sigma(t)]}$$

oder:

$$1 + r(t) = [1 + R(t)] \frac{1 - \sigma(t+1)}{1 - \sigma(t)}, \tag{30}$$

In dieser Formel ist $1+r(t)$ der Wachstumskoeffizient des Volkseinkommens und $1+R(t)$ der Wachstumskoeffizient des volkswirtschaftlichen Gesamtproduktes; $1-\sigma(t)$ und $1-\sigma(t+1)$ zeigen an, welcher Bruchteil des volkswirtschaftlichen Gesamtproduktes des betreffenden Jahres nicht verbraucht wird, also das Endprodukt ausmacht. Den zuletzt erwähnten Anteil könnte man als Rate des Endproduktes oder als Nettoproduktionsrate bezeichnen. Wir sehen demnach, daß der Wachstumskoeffizient des Volkseinkommens gleich ist dem Wachstumskoeffizienten des volkswirtschaftlichen Gesamtproduktes multipliziert mit einem Koeffizienten, der die Änderung in der Rate des Endproduktes anzeigt.

Ähnlich wie im Fall des volkswirtschaftlichen Gesamtproduktes überlegt man sich für das Volkseinkommen: Wenn es $x(t_0)$ im Jahre t_0 beträgt, so ergibt sich im Jahre t_s ein Volkseinkommen von:

$$x(t_s) = \prod_{t=t_0}^{t_s} [1+r(t)]x(t_0)$$

oder, falls $r(t) = \text{const}$, von:

$$x(t_s) = (1+r)^{t_s-t_0} x(t_0).$$

Investition und Beschäftigungswachstum

Wir untersuchen nun, welche Auswirkungen die Investition auf die Zunahme der Beschäftigung hat. Dabei werden wir wie im vorhergehenden Abschnitt verfahren.

Wie wir wissen, ist der Wert des Arbeitsaufwandes, der erforderlich ist, um eine Produktmenge im Werte einer Geldeinheit im i-ten Sektor herzustellen, gleich a'_{0i}, d.h. gleich dem Koeffizienten der Arbeitskosten im i-ten Sektor. Wenn der Zuwachs des Gesamtproduktes im i-ten Sektor $X_i(t+1)-X_i(t)$ beträgt, dann muß zur Erzeugung dieses zusätzlichen Produktes die Beschäftigung im i-ten Sektor um $a'_{0i}[X_i(t+1)-X_i(t)]$ (in Geldeinheiten) erhöht werden.

Unter Berücksichtigung der Gleichung (24), wonach der Zuwachs des Gesamtproduktes im i-ten Sektor

$$X_i(t+1)-X_i(t) = \sum_j B'_{ij} x_j^{(2)}(t)$$

beträgt, ergibt sich eine Zunahme der Beschäftigung im i-ten Sektor von

$$a'_{0i}\,[X_i(t+1)-X_i(t)] = a'_{0i} \sum B'_{ij} x_j^{(2)}(t),$$

während für die gesamte Volkswirtschaft gilt

$$\sum_i a'_{0i}[X_i(t+1)-X_i(t)] = \sum_i a'_{0i} \sum_j B'_{ij} x_j^{(2)}(t). \qquad (31)$$

Die Gleichung (31) vereinfacht sich, wenn wir den Ausdruck

$$\sum_i a'_{0i} B'_{ij} = \gamma_j \qquad (j = 1, 2, \ldots, n),$$

einführen, wobei γ_j die Beschäftigungszunahme insgesamt (in Geldaufwendungen) ist, die durch eine investierte Produkteinheit des j-ten Sektors herbeigeführt wird. Aus diesem Grunde kann γ_j als *Beschäftigungskoeffizient der Investition des Produktes* des j-ten Sektors bezeichnet werden.

Ausgehend vom Wert γ_j und unter Anwendung einer Transformation, die analog der im vorhergehenden Abschnitt durchgeführten ist, können wir die Gleichung (31) in folgender Form schreiben:

$$\sum_i a'_{0i}[X_i(t+1)-X_i(t)] = \sum_j \gamma_j x_j^{(2)}(t)$$
$$= \sum_j \gamma_j \alpha(t)\mu_j(t)X(t) = \alpha(t)X(t) \sum_j \gamma_j \mu_j(t),$$

wobei $\alpha(t)$ die Investitionsquote und $X(t)$ das volkswirtschaftliche Gesamtprodukt darstellt; folglich ist $\alpha(t)X(t)$ der Wert der Investition im Jahre t und $\mu_j(t)$ ist der Koeffizient der physischen Investitionsstruktur.

Wenn wir schließlich $\sum_j \gamma_j \mu_j(t) = \gamma(t)$ setzen, wobei der Koeffizient $\gamma(t)$ der *durchschnittliche Beschäftigungskoeffizient der Investition der Produkte aller Sektoren der Volkswirtschaft* ist, ergibt sich für den gesamten Beschäftigungszuwachs:

$$\sum_i a'_{0i}[X_i(t+1)-X_i(t)] = \alpha(t)X(t)\gamma(t). \qquad (31a)$$

Wir ermitteln nun die *Wachstumsrate der Beschäftigung* $P(t)$, indem wir den Beschäftigungszuwachs durch die Beschäftigung $\sum_i a'_{0i}X_i(t)$ im Jahre t dividieren:

$$P(t) = \frac{\sum_i a'_{0i}[X_i(t+1)-X_i(t)]}{\sum_i a'_{0i}X_i(t)} = \frac{\alpha(t)X(t)\gamma(t)}{\sum_i a'_{0i}X_i(t)}.$$

Nach Einführung des Begriffs des *durchschnittlichen Beschäftigungskoeffizienten des volkswirtschaftlichen Gesamtproduktes*

$$a_0'(t) = \frac{\sum_i a_{0i}' X_i(t)}{X(t)}$$

erhalten wir die folgende Formel für die Wachstumsrate der Beschäftigung:

$$P(t) = \alpha(t) \frac{\gamma(t)}{a_0'(t)}. \qquad (32)$$

Die Wachstumsrate der Beschäftigung ist also gleich dem Produkt aus der Investitionsquote $\alpha(t)$ und dem Verhältnis zwischen dem durchschnittlichen Beschäftigungskoeffizienten $\gamma(t)$ und der mittleren Arbeitsintensität des volkswirtschaftlichen Gesamtproduktes $a_0'(t)$.

Wenn wir also das Beschäftigungswachstum steigern wollen, so können wir entweder die Investitionsquote erhöhen oder den durchschnittlichen Arbeitskostenkoeffizienten vergrößern, d. h. in den Zweigen der Volkswirtschaft investieren, die einen hohen Arbeitskostenkoeffizienten haben.

Um zu erfahren, ob die Beschäftigung oder das volkswirtschaftliche Gesamtprodukt schneller anwächst, vergleichen wir die Wachstumsrate des volkswirtschaftlichen Gesamtproduktes $R(t) = \alpha(t)\,\beta(t)$ mit der der Beschäftigung $P(t) = \frac{\alpha(t)\gamma(t)}{a_0'(t)}$.

Ist das Verhältnis $\frac{R(t)}{P(t)} > 1$, so wächst das volkswirtschaftliche Gesamtprodukt rascher als die Beschäftigung; wenn hingegen $\frac{R(t)}{P(t)} < 1$ ist, dann nimmt das volkswirtschaftliche Gesamtprodukt langsamer als die Beschäftigung zu.

Aus der Gleichung $\frac{R(t)}{P(t)} = \frac{\beta(t)}{\gamma(t)} a_0'(t)$ ist zu ersehen, daß das volkswirtschaftliche Gesamtprodukt, falls $\beta(t) > \frac{\gamma(t)}{a_0'(t)}$ ist, schneller als die Beschäftigung zunimmt.

Wenn hingegen $\beta(t) < \frac{\gamma(t)}{a_0'(t)}$ ist, dann wächst das volkswirtschaftliche Gesamtprodukt langsamer als die Beschäftigung. Im Falle

$\beta(t) = \frac{\gamma(t)}{a_0'(t)}$ sind die Wachstumsraten des volkswirtschaftlichen Gesamtproduktes und der Beschäftigung einander gleich.

Obige Ableitungen stehen mit einem bestimmten wirtschaftspolitischen Problem in Verbindung. Bei Arbeitslosigkeit kann die Planung der physischen Investitionsstruktur auf zweifache Art erfolgen. Nämlich entweder so, daß eine maximale Zunahme des volkswirtschaftlichen Gesamtproduktes erreicht wird – man setzt die physische Investitionsstruktur derart fest, daß der durchschnittliche Nutzeffekt $\beta(t)$ den größtmöglichen Wert annimmt–oder in der Weise, daß der Beschäftigungszuwachs maximal ist, d. h. so, daß der durchschnittliche Beschäftigungskoeffizient $\gamma(t)$ bei gegebener physischer Investitionsstruktur den größtmöglichen Wert annimmt.

Mit anderen Worten, man kann entweder in Wirtschaftszweigen investieren, in denen die Investition den höchsten Produktionszuwachs bringt, oder in Zweigen, in denen die Investition den größten Anstieg der Beschäftigung bewirkt.

Eine Wahl zwischen diesen beiden Arten der Planung ist jedoch nur dann möglich, wenn sich der Plan auf einen kurzen Zeitraum erstreckt. Bei langfristiger Planung ist es immer ratsam, einen solchen Plan der physischen Investitionsstruktur zu wählen, der die größtmögliche Wachstumsrate des volkswirtschaftlichen Gesamtproduktes hervorbringt, da dies letzten Endes auch zur größten Beschäftigung führt.

Diese Tatsache wird im folgenden Diagramm (Abb. 56) veranschaulicht. Kurve I stellt das Wachstum der Beschäftigung für den Fall dar, daß nach dem Plan die größte Beschäftigung bereits in den ersten Jahren erzielt werden soll; Kurve II zeigt das Anwachsen der Beschäftigung, wenn im Plan eine maximale Zunahme des volkswirtschaftlichen Gesamtproduktes vorgesehen ist. Es zeigt sich, daß, obwohl von t_0 bis t_k die Beschäftigung nach Plan II weniger zunimmt, als es nach Plan I der Fall ist, im Jahre t_k der Beschäftigungszuwachs der gleiche ist, und in den folgenden Jahren bewirkt Plan II eine größere Zunahme der Beschäftigung als Plan I.

Die Erklärung ist folgende: Mit einem schnelleren Wachstum des volkswirtschaftlichen Gesamtproduktes ist auch eine beschleunigte Zunahme der Investition verbunden, und nach einer bestimmten Zeitspanne ist, obwohl der durchschnittliche Beschäftigungskoeffizient klein ist, der Beschäftigungszuwachs infolge der höheren Gesamtinvestition größer.

Abb. 56. Beschäftigungswachstum bei verschiedenen Verfahren der Investitionsplanung

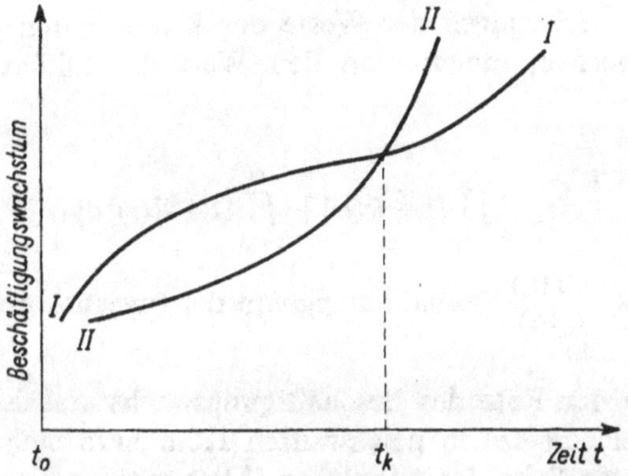

Wir wollen nun obige Feststellung rechnerisch nachprüfen. Vorausgesetzt wird, daß im jeweiligen Jahr die Investitionsquote dem volkswirtschaftlichen Gesamtprodukt proportional ist, d. h. $\alpha(t) = \alpha X(t)$, wobei $0 < \alpha < 1$; für die Rate des Beschäftigungswachstums ergibt sich somit:

$$P(t) = \frac{\alpha\gamma(t)}{a_0'(t)} X(t).$$

Unter Berücksichtigung von Gleichung (28), die das volkswirtschaftliche Gesamtprodukt im Jahre t_s festlegt, kann die Rate des Beschäftigungswachstums nach k Jahren folgendermaßen dargestellt werden:

$$P(t_k) = \frac{\alpha\gamma(t_k)}{a_0'(t_k)} X(t_0) \cdot \prod_{t=t_0}^{t_k} [1+R(t)]; \tag{33}$$

hierbei ist $X(t_0)$ das volkswirtschaftliche Gesamtprodukt im Ausgangsjahr t_0.

Im Spezialfall, wenn die Wachstumsrate des volkwirtschaftlichen Gesamtproduktes $R(t)$ in allen Jahren die gleiche ist, erhält man:

$$P(t_k) = \frac{\alpha\gamma(t_k)}{a_0'(t_k)} X(t_0)[1+R(t)]^{t_k-t_0}. \tag{33a}$$

Aus Gleichung (33a) ist zu erkennen, daß die Rate des Beschäftigungswachstums im Jahre t_k proportional dem Wachstum des volkswirtschaftlichen Gesamtproduktes während der Zeitspanne zwischen den Jahren t_0 und t_k ist. Änderungen in der Rate des Beschäftigungswachstums als Folge von Änderungen in der physischen Investitionsstruktur (d. h. von Änderungen der Werte der Koeffizienten $\mu_i(t)$), können ermittelt werden, indem man den Wert des Differentials $dP(t_k)$ bestimmt[23]):

$$dP(t_k) = \frac{\alpha X(t_0)}{a_0'(t_k)} \left\{ \gamma(t_k)\, d \prod_{t=t_0}^{t_k} [1+R(t)] + \prod_{t=t_0}^{t_k} [1+R(t)]\, d\gamma(t_k) \right\}, \quad (34)$$

wobei der Ausdruck $\frac{\alpha X(t_0)}{a_0'(t_k)}$ – unabhängig von der Investitionsstruktur – positiv ist.

Die Änderung in der Rate des Beschäftigungswachstums ist also je nach dem Vorzeichen des in geschweiften Klammern stehenden Ausdrucks der rechten Seite der Gleichung (34) positiv, gleich Null oder negativ, d. h. sie ist abhängig davon, ob

$$\frac{d \prod_{t=t_0}^{t_k} [1+R(t)]}{\prod_{t=t_0}^{t_k} [1+R(t)]} \gtreqless - \frac{d\gamma(t_k)}{\gamma(t_k)} \quad (35)$$

gilt.

Ist die linke Seite der Beziehung (35) größer als die rechte, dann kann durch eine Änderung der Investitionsstruktur der Beschäftigungszuwachs beschleunigt werden. Wenn die linke Seite der Gleichung (35) kleiner ist als die rechte, verlangsamt eine Änderung der Investitionsstruktur die Zunahme der Beschäftigung. Sind schließlich die beiden Seiten der Beziehung (35) gleich, dann ist die Rate des Beschäftigungswachstums konstant.

---

[23]) Der durchschnittliche Beschäftigungskoeffizient der Investitionsstruktur im Jahre t_k, d. h. $\gamma(t_k)$, ist ausschließlich von den Werten der Koeffizienten $\mu_i(t_k)$ im Jahre t_k abhängig. Die Wachstumsrate $R(t)$ des gesamtwirtschaftlichen Produktes hängt hingegen vom Wert $\mu_i(t)$ in den Jahren zwischen dem Anfangsjahr t_0 und dem Jahr t_k ab. Das folgt unmittelbar aus der Definition von $\beta(t)$, $R(t)$ und $\gamma(t)$.

Die linke Seite der Gleichung (35) kann als Differential eines Logarithmus geschrieben werden, d. h., sie kann in folgender Form dargestellt werden[24]):

$$d \log \prod_{t=t_0}^{t_k} [1+R(t)] = d \sum_{t=t_0}^{t_k} \log[1+R(t)] = \sum_{t=t_0}^{t_k} d \log [1+R(t)]$$

$$= \sum_{t=t_0}^{t_k} \frac{d[1+R(t)]}{1+R(t)} = \sum_{t=t_0}^{t_k} \frac{dR(t)}{1+R(t)} .$$

Die Bedingung (35) kann demnach durch die folgende ersetzt werden:

$$\sum_{t=t_0}^{t_k} \frac{dR(t)}{1+R(t)} \gtrless - \frac{d\gamma(t_k)}{\gamma(t_k)} . \qquad (35a)$$

Nehmen wir an, es existiere ein Anfangsplan, der für einen maximalen Beschäftigungszuwachs berechnet worden ist, und wir steigern nun durch Änderung der physischen Investitionsstruktur (Änderung der Koeffizienten $\mu_i(t)$) in den nächsten Jahren die Wachstumsrate des volkswirtschaftlichen Gesamtproduktes und vermindern den durchschnittlichen Beschäftigungskoeffizienten der Investition. In diesem Falle erfüllen die Differentiale auf beiden Seiten von (35a) für alle Werte von t die Ungleichungen $dR(t) > 0$ und $d\gamma(t_k) < 0$, d. h. alle Komponenten der Summen, die auf der linken Seite der Beziehung (35a) auftreten, sind positiv, und auch die rechte Seite der Beziehung (35a) ist positiv:

$$- \frac{d\gamma(t_k)}{\gamma(t_k)} > 0 .$$

Wenn sich die Summation auf der linken Seite der Bedingung (35a) auf eine genügend große Anzahl von Gliedern erstreckt (d. h., wenn t_k genügend groß ist), wird die linke Seite der Beziehung (35a) bestimmt größer werden als die rechte. Das bedeutet, daß man durch eine Änderung der physischen Investitionsstruktur nach einer gewissen Zeit eine höhere Rate des Beschäftigungswachstums erzielt als

---

[24]) Wir verwenden die folgende Formel aus der Differentialrechnung:

$$d \log f(x) = \frac{df(x)}{f(x)} .$$

im Falle eines Investitionsplanes, der anfänglich zu einem rascheren Wachstum der Beschäftigung, also zu einer rascheren Zunahme in den ersten Jahren führt.

Wir können das Beschäftigungswachstum auch direkt untersuchen. Durch eine ähnliche Berechnung wie jene für das volkswirtschaftliche Gesamtprodukt können wir die Gesamtbeschäftigung im Jahre t_k ermitteln:

$$\sum_i a'_{0i} X_i(t_k) = \sum_i a'_{0i} X_i(t_0) \cdot \prod_{t=t_0}^{t_k} [1+P(t)]. \tag{36}$$

Logarithmiert man beide Seiten dieser Gleichung, ergibt sich die Zunahme des Logarithmus der Beschäftigung als:

$$d \log \sum_i a'_{0i} X_i(t_k) = d \sum_{t=t_0}^{t_k} \log [1+P(t)],$$

oder entsprechend obiger Transformation:

$$d \log \sum_i a'_{0i} X_i(t_k) = \sum_{t=t_0}^{t_k} \frac{dP(t)}{1+P(t)}. \tag{37}$$

Wie wir gesehen haben, führt eine Änderung der physischen Investitionsstruktur in der Weise, daß $R(t)$ in jedem Jahr maximal ist, dazu, daß, von einem bestimmten Jahr beginnend, $dP(t) > 0$ ist und daß folglich die rechte Seite der Gleichung (37) monoton zunimmt, wenn t_k wächst. Wählt man t_k entsprechend groß, kann man immer erreichen, daß die rechte Seite positiv ist, d. h. bewirken, daß die Gesamtbeschäftigung größer ist als sie sein würde, wenn die Wachstumsrate des volkswirtschaftlichen Gesamtproduktes in jedem Jahr nicht maximal wäre.

Die Ergebnisse unserer Untersuchungen können wir wie folgt zusammenfassen:

Wenn der Plan für die Entwicklung der Produktion, Investition und Beschäftigung nur eine kurze Zeitspanne umfaßt, dann ist es durchaus nicht dasselbe, ob der Plan eine größere Zuwachsrate der Produktion $R(t)$ oder eine größere Zuwachsrate der Beschäftigung $P(t)$ vorsieht. Plant man jedoch für einen langen Zeitraum, dann lohnt es sich immer, die physische Investitionsstruktur so festzulegen, daß der größte Zuwachs des volkswirtschaftlichen Gesamtproduktes erzielt wird, da diese Art des Planens auch zu einem maximalen Ansteigen der Beschäftigung führt. Mit anderen Worten, für eine langfristige Planung gibt es kein Problem der Wahl von Plänen der Investitionsstruktur, die einen rascheren Zuwachs der Beschäftigung anstelle eines rascheren Wachstums des volkswirtschaftlichen Gesamtproduktes ergeben.

Die Bedingungen, die die Verteilung der Investition auf die einzelnen Sektoren der Volkswirtschaft betreffen, werden komplizierter, wenn – neben dem Hauptziel der Wirtschaftspolitik, nämlich ein normales Wachstum des Sozialproduktes oder eine maximale Zunahme der Beschäftigung während einer bestimmten Periode zu erreichen – zusätzliche Bedingungen existieren, wie z. B. die Gewährleistung einer geeigneten Wachstumsrate des Verbrauchs. Solche Probleme kann man (über die oben abgeleiteten Beziehungen) mit Hilfe der bei der linearen Programmierung angewandten Methoden lösen, deren Grundzüge im letzten Abschnitt behandelt werden[25]).

Investitionsstruktur und sektoraler Nutzeffekt der Investition

Bei der Behandlung des Einflusses der Investitionen auf das Wachstum des volkwirtschaftlichen Gesamtproduktes und der Beschäftigung haben wir die ökonomischen Auswirkungen der physischen Investitionsstruktur untersucht. Dabei haben wir vorausgesetzt, daß das Produkt jedes Sektors entsprechend den Allokationsgleichungen (22) in den verschiedenen Sektoren investiert wird. Davon ausgehend haben wir die Koeffizienten B_{ij}, die den Nutzeffekt der im j-ten Sektor für Investitionszwecke akkumulierten Produkteinheit für den Produktionszuwachs im Sektor i ausdrücken, die Koeffizienten β_j, die den Gesamtnutzeffekt der investierten Produktion des j-ten Sektors bezeichnen, und $\beta(t)$, den durchschnittlichen Nutzeffekt der Investition insgesamt in der t-ten Zeiteinheit (Jahr), definiert. Auf ähnliche Weise bestimmten wir die Arbeitsintensität der Investition des Produktes des j-ten Sektors γ_j sowie die durchschnittliche Arbeitsintensität der Gesamtinvestition in der t-en Zeiteinheit $\gamma(t)$. Wir erörterten die Beziehungen, die zwischen dem ökonomischen Effekt einer Steigerung des Sozialproduktes oder der Beschäftigung und der physischen Investitionsstruktur bestehen.

Für den Entwurf eines Programmes oder Planes in der Praxis ist jedoch nicht nur die Kenntnis des ökonomischen Effektes der physi-

[25]) Vgl. auch *Produkcyjno-techniczne podstawy efektywności inwestycji.* (Ekonomista, Bd. VI.) Warszawa 1959.

schen Investitionsstruktur, sondern auch die ökonomische Wirkung der in den einzelnen Sektoren erfolgten Investition von Interesse. Mit anderen Worten: Wir wollen untersuchen, welche Wirkung der Einsatz der Investitionen in den einzelnen Sektoren der Volkswirtschaft auf das Wachstum des Sozialproduktes oder der Beschäftigung ausübt; wir wollen den Nutzeffekt oder den Beschäftigungseffekt der in den einzelnen Sektoren durchgeführten Investition ermitteln, z. B. der Investitionen im Kohlenbergbau oder in der chemischen Industrie. Es ist dies das Problem der *sektoralen Aufgliederung der Investition.*

Zu diesem Zweck erstellen wir eine Tabelle der Aufteilung der Gesamtinvestition auf die einzelnen Sektoren der Volkswirtschaft:

$b'_{11}[X_1(t+1)-X_1(t)]$	$b'_{12}[X_2(t+1)-X_2(t)]$	...	$b'_{1n}[X_n(t+1)-X_n(t)]$	$x_1^{(2)}(t)$
$b'_{21}[X_1(t+1)-X_1(t)]$	$b'_{22}[X_2(t+1)-X_2(t)]$	...	$b'_{2n}[X_n(t+1)-X_n(t)]$	$x_2^{(2)}(t)$
.	.		.	.
.	.		.	.
.	.		.	.
$b'_{n1}[X_1(t+1)-X_1(t)]$	$b'_{n2}[X_2(t+1)-X_2(t)]$	...	$b'_{nn}[X_n(t+1)-X_n(t)]$	$x_n^{(2)}(t)$
$[X_1(t+1)-X_1(t)]\sum_j b'_{j1}$	$[X_2(t+1)-X_2(t)]\sum_j b'_{j2}$	...	$X_n[t+1)-X_n(t)]\sum_j b'_{jn}$	$a(t)X(t)$

In der inneren quadratischen Matrix dieser Tabelle sind die Werte der einzelnen Produkte, die in bestimmten Sektoren der Volkswirtschaft investiert werden, zu finden. Wenn z. B. das Gesamtprodukt des i-ten Sektors um den Wert $X_i(t+1)-X_i(t)$ vergrößert werden soll, dann ist es erforderlich, im i-ten Sektor Erzeugnisse des j-ten Sektors im Werte von $b'_{ji}[X_i(t+1)-X_i(t)]$ zu investieren; um die Produktion um eine Einheit zu erhöhen, muß b'_{ij} oder, mit anderen Worten, ein Wert, der gleich dem Koeffizienten des Investitionsaufwandes ist, investiert werden.

Summiert man die Zeilen der quadratischen Matrix, so ergeben sich die uns bekannten Allokationsgleichungen (23), die den Ausgangspunkt für unsere bisherigen Überlegungen bildeten, und zwar

$$\sum_i b'_{ji}[X_i(t+1)-X_i(t)] = x_j^{(2)}(t) \qquad (j = 1, 2, \ldots, n).$$

Will man hingegen die wirtschaftliche Auswirkung der Investitionen untersuchen, die in einzelnen Sektoren der Volkswirtschaft durchgeführt werden, so müssen die Spaltensummen der inneren Matrix betrachtet werden. Diese Summen ergeben den Wert der gesamten Investitionsaufwendungen in den einzelnen Sektoren. Wenn z. B. die Produktion des i-ten Sektors um $X_i(t+1)-X_i(t)$ steigen soll, dann sind in diesem Sektor Investitionsaufwendungen in Höhe von

$$[X_i(t+1)-X_i(t)] \sum_j b'_{ji}$$

erforderlich.

Demzufolge entstehen bei einer Vergrößerung der Produktion des i-ten Sektors um eine (wertmäßige) Einheit in diesem Sektor Investitionsauslagen in Höhe von $\sum_j b'_{ji}$.

Schließlich sei noch erwähnt, daß die gesamten Investitionsaufwendungen der Volkswirtschaft gleich der Summe der investierten Produktionen der einzelnen Sektoren sein müssen, d. h.

$$\sum_i [X_i(t+1)-X_i(t)] \sum_j b'_{ji} = \sum_j x_j^{(2)}(t) = \alpha(t)X(t), \tag{38}$$

wobei wie vorher $\alpha(t)$ die Investitionsquote und $X(t)$ das volkswirtschaftliche Gesamtprodukt im Jahre t bedeutet.

Die Gesamtinvestition, die im i-ten Sektor erforderlich ist, um in diesem Sektor die Produktion wertmäßig um eine Einheit zu erhöhen, beträgt, wie wir gesehen haben, $\sum_j b'_{ji}$.

Weiter bilden wir:

$$\eta_i = \frac{1}{\sum_j b'_{ji}} \qquad (i = 1, 2, \ldots, n). \tag{39}$$

Dieser Koeffizient entspricht der Relation: Produktionszuwachs (wertmäßig) im i-ten Sektor zu den in diesem Sektor geleisteten Investitionsausgaben, oder, anders ausgedrückt, dem Produktionszuwachs je Einheit Investitionsaufwendungen. Wir nennen dies den *Nutzeffekt der Investition* im i-ten Sektor oder den *sektoralen Nutzeffekt der Investition.*

Die gesamten Investitionsaufwendungen der Volkswirtschaft, die in Übereinstimmung mit (38) gleich der gesamten investierten Produktion sind, haben einen Wert von $\alpha(t)X(t)$. Wir bezeichnen mit $v_i(t)$ den Bruchteil des gesamten Investitionsaufwandes, der im Jahre t im i-ten Sektor der Volkswirtschaft investiert wird; es gilt daher: $\sum_i v_i(t) = 1$. Die Quotienten v_i wollen wir als *Koeffizienten der sektoralen Aufteilung* (*Struktur*) *der Investitionen* bezeichnen.

Der Wert der Investitionsaufwendungen im i-ten Sektor beträgt demnach:

$$[X_i(t+1)-X_i(t)] \sum_j b'_{ji} = v_i(t)\alpha(t)X(t).$$

Unter Berücksichtigung des in (39) definierten Koeffizienten ergibt sich somit:

$$X_i(t+1)-X_i(t) = \alpha(t)X(t)\eta_i v_i(t) \qquad (i = 1, 2, \ldots, n). \tag{40}$$

Werden die Gleichungen (40) über alle Sektoren summiert, erhält man für den Zuwachs des volkswirtschaftlichen Gesamtproduktes:

$$X(t+1)-X(t) = \alpha(t)X(t) \sum_i \eta_i v_i(t) \tag{41}$$

und somit für die Wachstumsrate des volkswirtschaftlichen Gesamtproduktes:

$$R(t) = \alpha(t) \sum_i \eta_i v_i(t). \tag{42}$$

Diese Formel zeigt, wie die Wachstumsrate des volkswirtschaftlichen Gesamtproduktes von der Verteilung der gesamten Investitionsaufwendungen auf die einzelnen Sektoren der Volkswirtschaft und von dem Nutzeffekt der Investition in diesen Sektoren abhängig ist.

Nach Einführung des *durchschnittlichen sektoralen Nutzeffektes der Investition der Volkswirtschaft*,

$$\eta(t) = \sum \eta_i v_i(t), \tag{43}$$

können wir die Wachstumsrate des volkswirtschaftlichen Gesamtproduktes in der Form:

$$R(t) = \alpha(t)\eta(t), \tag{44}$$

also als *Produkt aus Investitionsquote und durchschnittlichem sektoralem Nutzeffekt der Investition* darstellen.

Vergleicht man dieses Ergebnis mit Formel (27):

$$R(t) = \alpha(t)\beta(t),$$

so ergibt sich:

$$\eta(t) = \beta(t), \tag{45}$$

was bedeutet, daß der durchschnittliche sektorale Nutzeffekt der Investition dem durchschnittlichen Nutzeffekt der physischen Investilionsstruktur gleich ist.

Diese Gleichung ergibt sich unmittelbar aus der Identität von gesamtem Investitionsaufwand und investiertem Gesamtprodukt der Volkswirtschaft. Aus Gleichung (38) folgt nämlich unter Berücksichtigung von (41) und (26), daß:

$$\alpha(t)\,X(t) \sum_i \eta_i \nu_i(t) = \alpha(t)\,X(t) \sum_j \beta_j \mu_j(t)$$

oder

$$\sum_i \eta_i \nu_i(t) = \sum_j \beta_j \mu_j(t),$$

und folglich:

$$\eta(t) = \beta(t).$$

In ähnlicher Weise untersuchen wir die Auswirkung der Investitionsaufwendungen in den einzelnen Sektoren auf die Beschäftigung der Arbeitskräfte in der Volkswirtschaft. Die Zunahme der Beschäftigung im i-ten Sektor beträgt $a'_{0i}[X_i(t+1) - X_i(t)]$, wobei, wie vorhin, a'_{0i} der Beschäftigungskoeffizient ist. Damit erhält man in Anlehnung an (40)

$$a'_{0i}[X_i(t+1) - X_i(t)] = \alpha(t)\,X(t)\,a'_{0i}\eta_i\nu_i(t) \qquad (i = 1, 2, \ldots, n)$$

oder, unter Einführung von

$$\xi_i = a'_{0i}\eta_i \qquad (i = 1, 2, \ldots, n) \tag{46}$$

als *Beschäftigungskoeffizienten der Investition* im i-ten Sektor:

$$a'_{0i}[X_i(t+1) - X_i(t)] = \alpha(t)\,X(t)\,\xi_i\nu_i(t) \qquad (i = 1, 2, \ldots, n).$$

Summiert man die Beschäftigungszunahme über alle Sektoren der Volkswirtschaft, ergibt sich für den Beschäftigungszuwachs insgesamt:

$$\sum_i a'_{0i}[X_i(t+1) - X_i(t)] = \alpha(t)\,X(t) \sum_i \xi_i\nu_i(t). \tag{47}$$

Wenn wir den vorher definierten durchschnittlichen Beschäftigungskoeffizienten des volkswirtschaftlichen Gesamtproduktes

$$a'_0(t) = \frac{\sum_i a'_{0i}X_i(t)}{X(t)}$$

einführen, erhalten wir die Wachstumsrate der Beschäftigung in der Volkswirtschaft:

$$P(t) = \frac{\alpha(t) \sum_i \xi_i v_i(t)}{a_0'(t)}. \tag{48}$$

Diese Beziehung zeigt die Abhängigkeit der Wachstumsrate der Beschäftigung von der Verteilung der gesamten Investitionsausgaben auf die einzelnen Sektoren der Volkswirtschaft und von den Beschäftigungskoeffizienten der Investition in diesen Sektoren.

Führt man den *durchschnittlichen Beschäftigungskoeffizienten der Investition für die Volkswirtschaft*

$$\xi(t) = \sum_i \xi_i v_i(t) \tag{49}$$

ein, ergibt sich für die Wachstumsrate der Beschäftigung die Formel:

$$P(t) = \alpha(t) \frac{\xi(t)}{a_0'(t)}. \tag{50}$$

Die Wachstumsrate der Beschäftigung ist demnach gleich dem *Produkt aus Investitionsquote und dem Verhältnis von durchschnittlichem Beschäftigungskoeffizienten der Investition zum mittleren Beschäftigungskoeffizienten des volkswirtschaftlichen Gesamtproduktes.*

Vergleicht man dieses Ergebnis mit Formel (32), nämlich

$$P(t) = \frac{\alpha(t)\gamma(t)}{a_0'(t)},$$

erkennt man, daß

$$\xi(t) = \gamma(t), \tag{51}$$

oder in Worten: Der durchschnittliche Beschäftigungskoeffizient der Investition in den einzelnen Sektoren der Volkswirtschaft ist gleich dem durchschnittlichen Beschäftigungskoeffizienten der physischen Investitionsstruktur. Dies folgt auch unmittelbar aus der Gleichheit von Investitionsaufwand ingesamt und investiertem Gesamtprodukt.

Die im vorhergehenden Abschnitt für die physische Investitionsstruktur abgeleiteten Ergebnisse – mit anderen Worten – die Wahl der Anteile $\mu_j(t)$ ($j = 1, 2, \ldots, n$), die den größten Zuwachs des Sozialproduktes bzw. der Beschäftigung ergeben, lassen sich uneingeschränkt auch auf die Aufteilung der Investitionsaufwendungen auf die einzelnen Sektoren anwenden, d. h. auf die Wahl der Anteile $v_i(t)$ $(i = 1, 2, \ldots, n)$, also auf die sektorale Aufteilung der Investition. Es ergeben sich analoge Formeln.

Abschließend sei noch erwähnt, daß die Koeffizienten des Nutzeffektes der Investition sich auf die Koeffizienten der Investitionsaufwendungen und die Umschlagszeiten zurückführen lassen. Da $b'_{ji} = a'_{ji} T_{ji}$, ist folglich:

$$\eta_i = \frac{1}{\sum_j a'_{ji} T_{ji}}.$$

Sind (im Sinne der Marxschen Werttheorie) die Preise der Produktionsmittel ihren Werten proportional, dann ist der Nutzeffekt der Investition ausschließlich von den technischen Bedingungen der Produktion abhängig. Das gleiche gilt für die Beschäftigungskoeffizienten der Investition. Auf Grund von (46) ergibt sich nämlich:

$$\xi_i = \frac{a'_{0i}}{\sum_j a'_{ji} T_{ji}}.$$

Optimale Programme. Lineare Programmierung

Die Theorie der Programmierung besteht aus zwei Teilen. Im ersten geht es darum, zu konsistenten Plänen (Programmen) zu gelangen, im zweiten geht es um die Auswahl optimaler Pläne. Die gesamte in den vorhergehenden Abschnitten behandelte Input-Output-Analyse ist nichts anderes als eine Untersuchung der inneren Konsistenz von Programmen.

Zwei die Optimalität von Programmen betreffende Fragen haben wir bereits erörtert. Die erste von ihnen bestand in der Bestimmung der Gesamtprodukte $X_1, X_2, \ldots, X_n$ und der Endprodukte $x_1, x_2, \ldots, x_n$ unter Berücksichtigung, daß diese Größen über die Allokationsgleichungen

$$X_i = \sum_{j=1}^{n} a_{ij} X_j + x_i \qquad (i = 1, 2, \ldots, n)$$

miteinander verbunden sind.

Wir sahen, daß ein in sich konsistentes Programm im allgemeinen n Freiheitsgrade besitzt, d. h., man kann z. B. ein Programm für die

Gesamtprodukte X_i aufstellen und die Endprodukte x_i aus den Gleichungen ermitteln.

Auf jeden Fall kann man bei Produktionsplänen, die in sich konsistent sind, einen Teil der Größen beliebig festlegen, und es erhebt sich die Frage, wie sie auszuwählen sind. Wie wir bereits erwähnt haben, gibt es für optimale Pläne verschiedene Kriterien: z. B. kann ein Plan dann als optimal betrachtet werden, wenn das Volkseinkommen maximal ist, d. h. wenn $\sum_{i=1}^{n} x_i = \text{Max.}$ (Diese Bedingung bedeutet, daß der kleinstmögliche Teil der Produktion im Reproduktionsprozeß verbraucht werden soll). Darüber hinaus müssen zusätzliche Bedingungen erfüllt sein,) und zwar gelten die n Ungleichungen: $x_i \geqslant 0$ $(i = 1, 2, \ldots, n)$; wegen der Allokationsgleichungen hängen, da der Plan ausführbar, also in sich konsistent sein muß, die Größen x_i linear voneinander ab.

Die Lösung einer derartigen Aufgabe, das Maximum einer einfachen oder gewogenen Summe[26]) irgendwelcher Größen zu ermitteln, die bestimmten linearen Beziehungen und zusätzlichen Bedingungen in Form einfacher Ungleichungen, d. h. sogenannten *Randbedingungen* unterliegen, bildet den Gegenstand der *linearen Programmierung.*

Es erhebt sich die Frage, ob die zwischen den untersuchten Größen bestehenden Beziehungen notwendigerweise linear sein müssen. Das ist natürlich keine notwendige Bedingung. Jedoch führen lineare Beziehungen zu verhältnismäßig einfachen Lösungen, und offenbar gibt es gerade für lineare Programmierungen einen überaus großen praktischen Anwendungsbereich. Auch die neuere ökonometrische Literatur hat sich bisher hauptsächlich mit Fällen befaßt, bei denen die untersuchten Größen durch lineare Beziehungen verbunden sind.

Ein zweites Problem, das wir in Verbindung mit optimalen Programmen bereits erörtert haben, betraf die Investitionsplanung.

Wir haben nämlich berechnet, daß der jährliche Zuwachs des volkswirtschaftlichen Gesamtproduktes

$$X(t+1)-X(t) = \sum_i \sum_j B'_{ij} x_j^{(2)}(t)$$

beträgt, und untersucht, wie die physische Investitionsstruktur beschaf-

[26]) Eine solche Summe wird in der Mathematik als *Linearform* bezeichnet.

fen sein sollte, um einen maximalen Zuwachs des Sozialproduktes zu erhalten.

Zu diesem Zwecke ermittelten wir die Wachstumsrate des volkswirtschaftlichen Gesamtproduktes:

$$R(t) = \frac{X(t+1)-X(t)}{X(t)} = \alpha(t) \sum_i \sum_j B'_{ij}\mu_j(t) = \alpha(t)\beta(t).$$

In diesem Falle haben wir das Problem auf die Aufgabe zurückgeführt, die Koeffizienten $\mu_j(t) \geqslant 0$ ($j = 1, 2, \ldots, n$), die einer zusätzlichen Bedingung, nämlich $\sum_j \mu_j(t) = 1$ genügen, so zu bestimmen, daß $\beta(t) = \text{Max}$. Analog besteht, wenn wir von der Gleichung

$$R(t) = \alpha(t) \sum_i \xi_i \nu_i(t) = \alpha(t)\xi(t)$$

ausgehen, das Problem darin, die Koeffizienten $\nu_i(t)$ ($i = 1, 2, \ldots, n$) der sektoralen Aufteilung des Investitionsaufwandes so zu wählen, daß sie die Bedingung $\sum_i \nu_i(t) = 1$ erfüllen und daß der durchschnittliche Nutzeffekt der Investition $\xi(t) = \text{Max}$.

Mit dieser Art Problemen befaßt sich die Programmierungstheorie keineswegs nur bei derartig generellen, die gesamte Volkswirtschaft betreffende Fragen, es werden auch – und sogar hauptsächlich – spezielle, sich nur auf einen Teil der Volkswirtschaft beziehende Fragen gelöst. Die Tabelle und Input-Output-Analyse Leontiefs eignen sich, wie wir zu Beginn dieses Kapitels erwähnt haben, für verschiedenartige praktische Anwendungen.

Wir veranschaulichen die Problemstellungen und die Methoden der linearen Programmierung an einigen typischen Beispielen, die keineswegs das umfangreiche Gebiet der gegenwärtigen Anwendungen dieser Theorie erschöpfen.

1. Beispiel: Der bekannte Wirtschaftswissenschaftler T. C. Koopmans löste das Problem der günstigsten Aufteilung der Seetransporte auf die Schiffahrtslinien zwischen den wichtigsten Welthäfen[27]).

---

[27]) T. C. Koopmans, *Optimum Utilization of the Transportation System*, veröffentlicht im Bericht *The Econometric Society Meeting* (August 1947, Washington) und in »Cowles Commission Papers«, New Series, H. 34, sowie die Arbeit von T. C. Koopmans und S. Reiter, *A Model of Transportation*, im Buch: *Activity Analysis of Production and Allocation*, New York 1951.

In den einzelnen Häfen werden nicht immer die gleichen Warenmengen umgeschlagen. Infolgedessen werden einige Schiffsfahrten nicht voll ausgenutzt (da nicht alle Schiffe voll beladen sind). Das Problem besteht darin, einen solchen Transportplan aufzustellen, der den geringsten unausgenutzten Laderaum der Schiffe (in t/km) garantiert.

Nehmen wir an, es werden n Häfen betrachtet. Wir bezeichnen die Tonnage der aus diesen Häfen in einem bestimmten Zeitraum versandten Waren mit $w_1, w_2, \ldots, w_n$, die Tonnage der während dieser Zeit empfangenen Waren mit $p_1, p_2, \ldots, p_n$ und die Tonnage des Warenstroms von Hafen i nach Hafen j mit x_{ij} $(i, j = 1, 2, \ldots, n)$.

Nach dem Vorbild der Tabelle Leontiefs entwerfen wir eine *Tabelle der Warenströme* (*Transporte*):

w_1	0	x_{12}	...	x_{1n}
w_2	x_{21}	0	...	x_{2n}
.	.	.		.
.	.	.		.
.	.	.		.
w_n	x_{n1}	x_{n2}	...	0
	p_1	p_2	...	p_n

Man beachte, daß im vorliegenden Fall alle Ströme $x_{ii} = 0$ $(i = 1, 2, \ldots, n)$ sind, was bedeutet, daß keine Waren aus dem Hafen Nummer i in den gleichen Hafen i befördert werden.

Die Summe der Glieder der einzelnen Zeilen der Tonnage-Tabelle der Transporte ist gleich dem Tonnengehalt der Waren, die aus dem betreffenden Hafen abgesandt werden, und die Summe der Glieder der einzelnen Spalten ist gleich dem Tonnengehalt der Waren, die in dem betreffenden Hafen ankommen. Demnach gibt es für jeden Hafen eine Bilanzgleichung der Zuflüsse und eine Bilanzgleichung der Abflüsse an Waren:

$$\sum_{j=1}^{n} x_{ij} = w_i \quad (i = 1, 2, \ldots, n),$$

$$\sum_{i=1}^{n} x_{ij} = p_j \quad (j = 1, 2, \ldots, n).$$

Für jeden Hafen kann man außerdem eine Transportbilanz aufstellen, in der diejenige Warenmenge b_i ($i = 1, 2, \ldots, n$) ausgewiesen ist, die im Endergebnis im jeweiligen Hafen zurückgeblieben ist:

$$b_i = p_i - w_i \quad (i = 1, 2, \ldots, n).$$

Allgemein haben wir $3n$ Gleichungen, die die betrachteten Größen w_i, p_i, x_{ij} und b_i ($i, j = 1, 2, \ldots, n$) verbinden. Von diesen Gleichungen sind aber nur $3n-1$ unabhängig; und zwar aus dem Grunde, weil sich aus den Bilanzgleichungen der Warenzu- und -abflüsse (durch Addition derselben) für den Welttransport die Bilanzgleichung

$$\sum_{j=1}^{n} p_j = \sum_{i=1}^{n} w_i$$

ergibt.

Daraus folgt, daß eine der vorhergehenden Gleichungen aus den übrigen abgeleitet werden kann[28]).

Obige Tabelle und die erwähnte Bilanzgleichung sind die Daten unseres Problems.

Als nächstes erstellen wir eine zweite Übersicht: eine Tabelle der eingesetzten Schiffstonnage, wobei $\overline{w}_i$ die Schiffstonnage ist, die vom jeweiligen Hafen abgeschickt wird (d. h. die Ladefähigkeit der Schiffe, die den betreffenden Hafen verlassen); $\overline{p}_i$ ist die Schiffstonnage, die im betreffenden Hafen ankommt, und mit $\overline{x}_{ij}$ ($i, j = 1, 2, \ldots, n$) wird der Tonnengehalt der Schiffe, die vom Hafen i zum Hafen j fahren, bezeichnet:

$\overline{w}_1$	0	$\overline{x}_{12}$	$\ldots$	$\overline{x}_{1n}$
$\overline{w}_2$	$\overline{x}_{21}$	0	$\ldots$	$\overline{x}_{2n}$
.	.	.		.
.	.	.		.
.	.	.		.
$\overline{w}_n$	$\overline{x}_{n1}$	$\overline{x}_{n2}$	$\ldots$	0
	$\overline{p}_1$	$\overline{p}_2$	$\ldots$	$\overline{p}_n$

[28]) In der Tat kann z. B. die Gleichung

$$b_n = p_n - w_n$$

aus den Gleichungen

$$b_i = p_i - w_i \quad (i = 1, 2, \ldots, n-1)$$

in Verbindung mit der Gleichung

$$\sum_{j=1}^{n} p_j = \sum_{i=1}^{n} w_i$$

abgeleitet werden. Wir haben dann insgesamt $3n-1$ unabhängige Bilanzgleichungen.

Für die Schiffstonnage kann man $3n$ Gleichungen aufstellen, die den Bilanzgleichungen der Zu- und Abflüsse und der Transporte der Waren entsprechen. Die Zahl unabhängiger Gleichungen beträgt, wie im vorhergehenden Fall, $3n-1$.

Die Tabelle der eingesetzten Schiffstonnage enthält die Unbekannten unseres Problems.

Die zu lösende Aufgabe besteht in der Ermittlung der $\bar{x}_{ij}$ für $i, j = 1, 2, \ldots, n$ (mit Ausnahme von $i = j$), die in der Tabelle der eingesetzten Schiffstonnage enthalten sind, also in der Bestimmung von $n^2 - n$ Unbekannten.

Die $3n$ Gleichungen, nämlich die Bilanzgleichungen für den Warenzu- und -abfluß und den Warentransport, bilden eine Basis für die Lösung des Problems; von diesen Gleichungen sind jedoch nur $3n-1$ unabhängig. Daraus folgt, daß das Programm der Verteilung der Transporttonnage zwischen den n Häfen $n^2-n-3n+1 = n(n-4)+1$ Freiheitsgrade besitzt.

Außer den $3n-1$ Beziehungen, die erfüllt werden müssen, damit das Programm in sich konsistent ist, gibt es jedoch noch bestimmte zusätzliche Beschränkungen; und zwar kann die zwischen zwei Häfen eingesetzte Schiffstonnage nicht geringer als die beförderte Warenmenge sein. Diese Bedingungen können in Form von Ungleichungen geschrieben werden:

$$\bar{x}_{ij} \geqslant x_{ij} \qquad (i, j = 1, 2, \ldots, n).$$

Wir wenden uns nun der mathematischen Formulierung der Bedingung für das optimale Programm zu, nach der die Summe der Tonnenkilometer des ausgenützten Laderaumes ein Minimum sein soll.

Zu diesem Zweck erstellen wir noch eine weitere Tabelle, die die zusätzlichen Angaben unseres Problems enthält, nämlich die Matrix der Entfernungen zwischen den Häfen:

$$\begin{Vmatrix} 0 & s_{12} & \ldots & s_{1n} \\ s_{21} & 0 & \ldots & s_{2n} \\ \cdot & \cdot & & \cdot \\ \cdot & \cdot & & \cdot \\ \cdot & \cdot & & \cdot \\ s_{n1} & s_{n2} & \ldots & 0 \end{Vmatrix}$$

Die Elemente s_{ij} geben die Entfernung zwischen dem Hafen i und dem Hafen j an. Es ist zu bemerken, daß die Koeffizienten s_{ij} eine ähnliche Rolle wie die technischen Produktionskoeffizienten a_{ij} spielen, die wir in den vorhergehenden Abschnitten erwähnt haben. Natürlich ist $s_{ji} = s_{ij}$.

Der leere Schiffsraum der Route vom Hafen i zum Hafen j beträgt $\bar{x}_{ij}-x_{ij}$, und die Anzahl der Tonnenkilometer des unausgenutzten Laderaumes ist gleich $s_{ij}(\bar{x}_{ij}-x_{ij})$. Daher ist die Anzahl der unausgenutzten Tonnenkilometer vom Hafen i zu allen anderen Häfen

$$\sum_{j=1}^{n} s_{ij}(\bar{x}_{ij}-x_{ij}),$$

und für die Gesamtanzahl der unausgenutzten Tonnenkilometer aller Wege ergibt sich

$$L = \sum_{i=1}^{n} \sum_{j=1}^{n} s_{ij}(\bar{x}_{ij}-x_{ij}).$$

In Übereinstimmung mit dem festgelegten Kriterium für optimale Programme sollen die $\bar{x}_{ij}$ so gewählt werden, daß die Größe L den geringsten Wert annimmt, d. h. $L = \text{Min}$.

Wir haben also $3n-1$ unabhängige Gleichungen, die (n^2-n) Unbekannte $\bar{x}_{ij}$ enthalten, die außerdem die sogenannten Nebenbedingungen $\bar{x}_{ij} \geqslant x_{ij}$ erfüllen müssen. Unter diesen Voraussetzungen sind die Unbekannten $\bar{x}_{ij}$ so zu bestimmen, daß die Linearform

$$L = \sum_{i=1}^{n} \sum_{j=1}^{n} s_{ij}(\bar{x}_{ij}-x_{ij})$$

ein Minimum annimmt.

Das beschriebene Problem gehört zu den klasscishen Problemen der linearen Programmierung. Wir wollen überlegen, welche Bedingungen erfüllt sein müssen, damit die Lösung des beschriebenen Problems im Weltmaßstab praktische Bedeutung hat. Unerläßlich ist natürlich eine zentralisierte Disposition über den gesamten Schiffsraum der Welt. An diesem Beispiel erkennen wir, daß die Probleme der Theorie der linearen Programmierung und die Möglichkeit ihrer praktischen Anwendung oft über die tatsächlichen sozialen und ökonomischen Bedingungen der kapitalistischen Wirtschaft hinausgehen.

Das Problem, eine optimale Aufteilung der Transporte zu erreichen, kann auch als ein Kostenproblem aufgefaßt werden. Wenn nämlich die Transportkosten proportional dem Produkt aus Tonnengehalt und zurückgelegter Strecke sind, dann ist das Problem, die geringste Anzahl an unausgenutzten Transporttonnenkilometern zu erhalten, äquivalent dem Problem der Minimierung der Transportkosten.

Historisch gesehen tauchte das Problem der Aufstellung eines optimalen Planes für Seetransporte nicht in Verbindung mit dem Problem der Kostenminimierung, sondern aus ganz anderen Gründen auf. Während des zweiten Weltkrieges wurde über die Handelsflotten der Alliierten zentral verfügt. Es ging darum, die Gefahr des Torpedierens leerer Transportschiffe durch die deutschen Unterseeboote möglichst auf ein Minimum zu beschränken, also die Verluste an Schiffen zu vermindern, die nicht zur Beförderung von Kriegsmaterial – ihrer eigentlichen Aufgabe – eingesetzt waren. Setzt man voraus, daß die Unterseeboote über den gesamten Ozean gleichmäßig verteilt sind, dann ist die Gefahr des Torpedierens leerer Schiffe um so größer, je länger die von unbeladenen Schiffen zurückzulegenden Fahrtstrecken sind. Folglich ließ sich das Problem, dem das Kommando der alliierten Seestreitkräfte gegenüberstand, auf das oben beschriebene Problem zurückführen, da in der Kriegszeit die Verfügungsgewalt über die alliierten Schiffe tatsächlich an einer Stelle konzentriert war.

Man kann jedoch unterstellen, daß unter bestimmten Bedingungen trotz des Bestehens privater Schiffahrtslinien, die selbständig die Routeni hrer Schiffe festlegen, die Verteilung der Transporte entsprechend den Bedingungen des optimalen Programms für die Handelsschiffahrt erfolgt. Das würde die Existenz einer internationalen Agentur erforderlich machen, die die Frachttarife derart festsetzt, daß die Reedereien durch ökonomische Anreize dazu veranlaßt werden, den Schiffsverkehr mit unausgenutztem Laderaum einzuschränken. Dann würde sich nach gewisser Zeit von selbst ein Transportplan ergeben, bei dem der Wert der oben angeführten Linearform zu einem Minimum wird. Aber auch dieses Ergebnis wäre auf eine Intervention der erwähnten internationalen Agentur zurückzuführen.

2. Beispiel: Prof. W. Sadowski veröffentlichte[29]) ein interessantes Beispiel für die Anwendung der Theorie der linearen Programmie-

---

[29]) »Przegląd Statystyczny« (H. 4, 1956).

rung zur Bestimmung einer zweckentsprechenden regionalen Großhandelsstruktur im Sinne einer optimalen Zuordnung zwischen den Produktionszentren und den Großhändlern.

Wir setzen voraus, daß m Produktionsbetriebe, mit P_i ($i = 1, 2, \ldots, m$) bezeichnet, vorhanden sind, die n Großhandlungen, die wir H_j ($i = 1, 2, \ldots, n$) nennen, mit einer bestimmten Ware versorgen. Das Problem der regionalen Zuordnung (Allokation) besteht darin, herauszufinden, welche Produktionsbetriebe an welche Großhandlungen Waren liefern sollen unter der Bedingung, daß die entstehenden Transportkosten insgesamt ein Minimum sind. In diesem Falle sind also minimale Transportkosten das Kriterium für das optimale Programm.

Um die regionale Zuordnung zu bestimmen, müssen vor allem Informationen über die Kosten der Transporte von den einzelnen Betrieben P_i nach allen Großhandlungen H_j vorliegen. Diese Kosten werden in der Matrix (Tabelle) der Transportkosten je Einheit:

$$\left\| \begin{matrix} c_{11} & c_{12} & \ldots & c_{1n} \\ c_{21} & c_{22} & \ldots & c_{2n} \\ \cdot & \cdot & & \cdot \\ \cdot & \cdot & & \cdot \\ \cdot & \cdot & & \cdot \\ c_{m1} & c_{m2} & \ldots & c_{mn} \end{matrix} \right\|$$

festgelegt, wobei c_{ij} die Transportkosten (mit den billigsten Transportmitteln) je Einheit, z. B. je Tonne, für die betreffende Ware vom Produktionsbetrieb P_i zur Großhandlung H_j angeben.

Mit x_{ij} bezeichnen wir ferner die Warenmenge, die vom Produktionsbetrieb P_i an die Großhandlung H_j geliefert wird. Im gegebenen Falle hat die Input-Output-Tabelle, »Allokationstabelle der Lieferungen« genannt, das folgende Aussehen:

$$\begin{array}{c|cccc} a_1 & x_{11} & x_{12} & \ldots & x_{1n} \\ a_2 & x_{21} & x_{22} & \ldots & x_{2n} \\ \cdot & \cdot & \cdot & & \cdot \\ \cdot & \cdot & \cdot & & \cdot \\ \cdot & \cdot & \cdot & & \cdot \\ a_m & x_{m1} & x_{m2} & \ldots & x_{mn} \\ \hline & b_1 & b_2 & \ldots & b_n \end{array}$$

In der »Allokationstabelle der Lieferungen« stehen die Symbole $a_1, a_2, \ldots, a_m$ für den jeweiligen Ausstoß der verschiedenen Betriebe, und mit den Symbolen $b_1, b_2, \ldots, b_n$ wird der Bedarf der einzelnen Großhandlungen im betreffenden Zeitabschnitt bezeichnet. Zur Vereinfachung sei angenommen, daß der Gesamtbedarf des Großhandels an einer bestimmten Ware der Gesamtproduktion aller Betriebe gleich ist:

$$\sum_{i=1}^{m} a_i = \sum_{j=1}^{n} b_j .$$

Außer der obigen Bedingung existieren noch die Bilanzgleichungen:

$$\sum_{j=1}^{n} x_{ij} = a_i \qquad (i = 1, 2, \ldots, m)$$

und

$$\sum_{i=1}^{m} x_{ij} = b_j \qquad (j = 1, 2, \ldots, n).$$

Somit haben wir $m+n-1$ unabhängige Gleichungen als Bedingungen für die innere Konsistenz des Planes und mn Unbekannte x_{ij} $(i = 1, 2, \ldots, m;\ j = 1, 2, \ldots, n)$; im vorliegenden Fall hat das Programm also $mn-(m+n-1)$ Freiheitsgrade. Unter der Annahme, daß die Warenströme nur in der Richtung von den Produktionsbetrieben zu den Großhandlungen verlaufen, unterliegen darüber hinaus die Größen x_{ij} den Nebenbedingungen:

$$x_{ij} \geqslant 0 \qquad (i = 1, 2, \ldots, m; \quad j = 1, 2, \ldots, n).$$

Wir wollen nun die Bedingung für das optimale Programm formulieren. Der Transport der Waren vom Betrieb P_i zur Großhandlung H_j kostet $c_{ij}\, x_{ij}$; daher entstehen für die Beförderung der Waren aller Betriebe zur Großhandlung H_j Kosten in Höhe von $\sum_{i=1}^{m} c_{ij} x_{ij}$, und die Gesamtkosten für alle Waren betragen:

$$L = \sum_{j=1}^{n} \sum_{i=1}^{m} c_{ij} x_{ij} .$$

Die Unbekannten x_{ij} müssen so gewählt werden, daß die gesamten

Transportkosten möglichst klein werden; die Bedingung $L = \text{Min}$ ist daher das Optimalitätskriterium des Programmes.

Das Problem, für die regionale Großhandelsversorgung des Marktes ein optimales Allokationsprogramm auszuarbeiten, kann auf die Lösung der folgenden mathematischen Aufgabe zurückgeführt werden. Es handelt sich nämlich darum, die Werte der x_{ij} so zu bestimmen, daß

(1) die Bedingung

$$L = \sum_{j=1}^{n} \sum_{i=1}^{m} c_{ij} x_{ij} = \text{Min},$$

(2) die $m+n-1$ unabhängigen Bilanzgleichungen

$$\sum_{j}^{n} x_{ij} = a_i, \qquad \sum_{i}^{m} x_{ij} = b_j \qquad \text{und}$$

(3) die mn Randbedingungen

$$x_{ij} \geqslant 0 \qquad (i = 1, 2, \ldots, m; j = 1, 2, \ldots, n)$$

erfüllt sind.

Die Lösung dieser Aufgabe ist mathematisch nicht schwierig, jedoch bei großen Werten für m und n werden die erforderlichen Berechnungen sehr mühsam. Daher werden derartige Berechnungen im allgemeinen mit Hilfe von Elektronenrechnern durchgeführt[30]).

Prof. W. Sadowski führt in seinem Artikel, der im *Przegląd Statystyczny* von 1956, Heft 4, veröffentlicht wurde, ein einfaches Beispiel für die rechnerische Lösung eines solchen Problems (im Falle von vier Großhandlungen und drei Produktionsbetrieben) mittels gewöhnlicher Tischrechenmaschinen an, und zwar nach dem von G. B. Dantzig ausgearbeiteten Iterationsverfahren[31]).

3. Beispiel: Das nächste Beispiel betrifft die Aufstellung eines optimalen Planes für die Produktion verschiedener Warenarten sowie eines optimalen Planes für die Ausnutzung der Produktionskapazitäten einzelner Betriebe, die Teile eines bestimmten Unternehmens sind.

---

[30]) Eine solche Rechenmaschine wurde vor einigen Jahren im Mathematischen Institut der Polnischen Akademie der Wissenschaften erbaut.

[31]) G. B. Dantzig, *Application of the Simplex Method to a Transportation Problem, Activity Analysis of Production and Allocation*, Hrsg. T. G. Koopmans, New York 1951.

Es wird angenommen, das betreffende Unternehmen erzeuge n verschiedene Produkte (Autos, Motorräder, Fahrräder usw.) in einer Stückzahl von $x_1, x_2 \ldots, x_n$ und bestehe aus m Betrieben, deren Produktionskapazitäten (z. B. in Arbeiterstunden gemessen) $c_1, c_2, \ldots, c_m$ betragen. Mit a_{ij} bezeichnen wir die im j-ten Betrieb zur Herstellung einer Produkteinheit der i-ten Warenart (z. B. ein Kraftwagen) in Anspruch genommene Produktionskapazität. Die Matrix der Kapazitätsbelastung je Produkteinheit in den einzelnen Betrieben sei:

$$\begin{Vmatrix} a_{11} & a_{12} & \ldots & a_{1m} \\ a_{21} & a_{22} & \ldots & a_{2m} \\ \cdot & \cdot & & \cdot \\ \cdot & \cdot & & \cdot \\ \cdot & \cdot & & \cdot \\ a_{n1} & a_{n2} & \ldots & a_{nm} \end{Vmatrix}.$$

Sind die Elemente dieser Matrix bekannt, so kann man die Kapazitätsbelastung bestimmen, die im j-ten Betrieb eintritt, wenn sich dieser an der Herstellung von x_i Einheiten des i-ten Gutes beteiligt. Diese Belastung beträgt $a_{ij} x_i$.

Mit $q_1, q_2, \ldots q_m$ bezeichnen wir die Kosten der Inanspruchnahme einer Kapazitätseinheit (z. B. einer Arbeiterstunde) in den einzelnen Betrieben und mit $p_1, p_2, \ldots p_n$ den Absatzpreis der einzelnen Produkte.

Da die Kosten pro eingesetzter Produktionskapazität im j-ten Betrieb q_j betragen und da die Herstellung einer Menge x_i vom i-ten Produkt im j-ten Betrieb eine Kapazitätsbelastung von $a_{ij} x_i$ Einheiten mit sich bringt, entstehen in dem j-ten Betrieb durch Beteiligung an der Herstellung von Produkt i Kosten in Höhe von $a_{ij} q_j x_i$. Die gesamten Kosten für die Herstellung des i-ten Produktes sind infolgedessen

$$\sum_{j=1}^{m} a_{ij} q_j x_i,$$

und die Herstellungskosten für das gesamte Fertigungsprogramm betragen

$$\sum_{i=1}^{n} \sum_{j=1}^{m} a_{ij} q_j x_i.$$

Die Produktion des betrachteten Unternehmens hat einen Wert von $\sum_{i=1}^{n} p_i x_i$; für den Gesamtgewinn des Unternehmens ergibt sich daher:

$$L = \sum_{i=1}^{n} p_i x_i - \sum_{i=1}^{n} \sum_{j=1}^{m} a_{ij} q_j x_i = \sum_{i=1}^{n} \left[p_i - \sum_{j=1}^{m} a_{ij} q_j\right] x_i .$$

Für ein bestimmtes Unternehmen sehen wir dasjenige Produktionsprogramm als optimal an, für das der Gesamtgewinn L ein Maximum ist, d. h.

$$\sum_{i=1}^{n} \left[p_i - \sum_{j=1}^{m} a_{ij} q_j\right] x_i = \text{Max};$$

also wiederum soll eine gewogene Summe (Linearform) einen maximalen Wert annehmen.

Das Problem kann auf die Aufgabe zurückgeführt werden, n Unbekannte x_i ($i = 1, 2, \ldots, n$), d. h. die Daten des Fertigungsprogramms, zu bestimmen, wobei außer der Optimumsbedingung ($L = \text{Max}$) auch die folgenden, die innere Konsistenz betreffenden Bedingungen erfüllt sein müssen:

$$\sum_{i=1}^{n} q_{ij} x_i \leqslant c_j \qquad (j = 1, 2, \ldots, m).$$

Sie bedeuten, daß die einzelnen Betriebe nicht über ihre Produktionskapazität hinaus belastet werden können[32]). Diese Forderungen könnte man durch die strengeren Bedingungen

$$\sum_{i=1}^{n} a_{ij} x_i = c_j$$

ersetzen, die besagen würden, daß die Produktionskapazitäten aller oder einiger Betriebe voll ausgenutzt werden sollen. Außerdem müssen die weiteren Bedingungen $x_i \geqslant 0$ erfüllt sein, da die Produktion nicht negativ sein kann.

Eine leichte Modifizierung des Problems ergibt sich, wenn man als Bedingung für das optimale Programm z. B. die größtmögliche

---

[32]) Da in diesem Falle die Konsistenzbedingungen des Programms die Form von Ungleichungen haben, hat das Programm theoretisch eine unendliche Anzahl von Freiheitsgraden.

Bruttoproduktion ($\sum_i p_i x_i = \text{Max}$), die maximale Ausnutzung der Produktionskapazität der Betriebe ($\sum_j [c_j - \sum_i a_{ij} x_i] = \text{Min}$) oder die Herstellung des vorgesehenen Fertigungsprogramms bei geringsten Kosten betrachtet.

4. Beispiel: Das letzte Beispiel, das wir betrachten wollen, betrifft die Anwendung der linearen Programmierung, um für eine Armee einen optimalen Verpflegungsplan aufzustellen.

Nehmen wir an, daß wir m Nahrungsmittel (Brot, Fleisch, Zucker, Gemüse usw.) zur Verfügung haben, die n Nährstoffe (Proteine, Vitamine, Kohlehydrate usw.) enthalten. Wir bezeichnen mit a_{ij} die Menge des j-ten Nährstoffes (z. B. Kohhlehydrate im i-ten Nahrungsmittel (z. B. im Fleisch) und mit b_j ($j = 1, 2, \ldots, n$) den täglichen Mindestbedarf an Nährstoffen, der für eine vernünftige Ernährungsweise der Soldaten erforderlich ist.

Die Matrix der Nährstoffe, die in den einzelnen Nahrungsmitteln enthalten sind, lautet:

$$\begin{Vmatrix} a_{11} & a_{12} & \ldots & a_{1n} \\ a_{21} & a_{22} & \ldots & a_{2n} \\ \cdot & \cdot & & \cdot \\ \cdot & \cdot & & \cdot \\ a_{m1} & a_{m2} & \ldots & a_{mn} \end{Vmatrix}.$$

Wenn wir mit $x_1, x_2, \ldots, x_m$ die Mengen der einzelnen Nahrungsmittel bezeichnen, die ein Soldat täglich erhält, dann muß ein zulässiger Verpflegungsplan so zusammengesetzt sein, daß die folgenden Bedingungen erfüllt sind:

$$\sum_{i=1}^{m} a_{ij} x_i \geqslant b_j \qquad (j = 1, 2, \ldots, n).$$

Aus den verschiedenen Varianten des Verpflegungsplanes, die obigen Bedingungen genügen, wird man die billigste auswählen; sie bestehe aus den Nahrungsmittelmengen $x_1, x_2, \ldots, x_m$. Wenn wir mit $p_1, p_2, \ldots, p_m$ die Preise der einzelnen Nahrungsmittel und mit L die täglichen Verpflegungskosten bezeichnen, dann kann die Bedingung für einen optimalen Verpflegungsplan folgendermaßen geschrieben werden:

$$L = \sum_{i=1}^{m} p_i x_i = \text{Min}.$$

Außerdem müssen die Nebenbedingungen $x_i \geqslant 0$ erfüllt sein.

Wir wollen jetzt ein einfaches Zahlenbeispiel für die Lösung einer solchen Aufgabe betrachten.

Wir setzen voraus, daß der Verpflegungsplan aus $m = 2$ Nahrungsmitteln, z. B. aus Fleisch und Brot, bestehe, die $n = 2$ Nährstoffe, z. B. Kohlehydrate und Eiweiß, enthalten. Weiterhin sei angenommen, daß eine Gewichtseinheit Brot eine Einheit Eiweiß ($a_{11} = 1$) und fünf Kohlehydrateinheiten ($a_{12} = 5$) enthalte und daß im Fleisch je Gewichtseinheit fünf Eiweißeinheiten ($a_{21} = 5$) und eine Kohlehydrateinheit ($a_{22} = 1$) enthalten sind. Die Matrix der Nährstoffe sieht in diesem Falle wie folgt aus:

$$\begin{Vmatrix} a_{11} & a_{12} \\ a_{21} & a_{22} \end{Vmatrix} = \begin{Vmatrix} 1 & 5 \\ 5 & 1 \end{Vmatrix}.$$

Wenn die Mindestmengen an Nährstoffen für einen Soldaten $b_1 = 15$ und $b_2 = 15$ betragen – d. h. ein Soldat sollte täglich mindestens 15 Kohlehydrateinheiten und 15 Eiweißeinheiten bekommen – und der Brotpreis $p_1 = 1$ und der Fleischpreis $p_2 = 3$ Geldeinheiten beträgt, dann lautet die Bedingung für den optimalen (besten) Verpflegungsplan:

$$L = p_1 x_1 + p_2 x_2 = x_1 + 3x_2 = \text{Min}.$$

Die Konsistenzbedingungen des Programms, die im Verpflegungsplan die Mindestmengen an Nährstoffen sicherstellen, können daher geschrieben werden als:

$$a_{11} x_1 + a_{21} x_2 = x_1 + 5x_2 \geqslant 15,$$
$$a_{12} x_1 + a_{22} x_2 = 5x_1 + x_2 \geqslant 15.$$

Außerdem müssen die zusätzlichen Bedingungen $x_1 \geqslant 0$ und $x_2 \geqslant 0$ erfüllt sein.

Wird diese Aufgabe rechnerisch gelöst, erhält man unmittelbar $x_1 = x_2 = \frac{5}{2} = 2{,}5$, was besagt, daß der optimale (billigste) Speisezettel aus 2,5 Gewichtseinheiten Brot und 2,5 Gewichtseinheiten Fleisch bestehen sollte.

Beträge der Brotpreis $p_1 = 1$ und der Fleischpreis $p_2 = 20$, ergäbe sich, wie man leicht nachprüfen kann, $x_1 = 15$ und $x_2 = 0$. Das würde bedeuten, daß die Soldaten nur mit Brot allein verpflegt werden sollen, und zwar in solchen Mengen, daß das Brot sowohl den Protein- als auch den Kalorienbedarf deckt.

Zur Veranschaulichung der graphischen Methode, mit der die Probleme der Theorie der linearen Programmierung dargestellt und gelöst werden können, betrachten wir die graphische Lösung der obigen Aufgabe. Zu diesem Zwecke tragen wir auf der horizontalen Achse eines rechtwinkligen Koordinatensystems die Mengen des ersten Nahrungsmittels (d. h. des Brotes) x_1 und auf der vertikalen Achse die Mengen des zweiten Nahrungsmittels (d. h. des Fleisches) x_2 ab (Abb. 57).

In diesem Schaubild stellen wir nun die »Gleichung der täglichen Verpflegungskosten« dar, die in unserem Beispiel

$$x_1 + 3x_2 = L,$$

lautet oder als explizite Funktion:

$$x_2 = -\frac{1}{3}x_1 + \frac{1}{3}L.$$

Das graphische Bild dieser Gleichung für einen gegebenen Wert von L ist eine Gerade mit einer Neigung zur Abszissenachse von $-\frac{1}{3}$ und einem Ordinatenabschnitt von $\frac{1}{3}L$. Wenn L verschiedene Werte annimmt, dann erhalten wir im Diagramm eine Schar paralleler Geraden mit einer konstanten Neigung von $-\frac{1}{3}$. Darüber hinaus stellen wir im gleichen Diagramm die Beziehungen dar, die sich aus den Konsistenzbedingungen des Programms

$$x_1 + 5x_2 \geqslant 15,$$
$$5x_1 + x_2 \geqslant 15,$$

ergeben, indem wir jede von ihnen als Funktion behandeln, die die Abhängigkeit der Variablen x_2 von der Variablen x_1 ausdrückt.

Der in Abbildung 57 schraffierte Bereich (zusammen mit den Geraden, die den Bereich begrenzen) ist das *Gebiet der für unsere Aufgabe zulässigen Lösungen.*

In der Tat erfüllen die Koordinaten x_1 und x_2 jedes Punktes dieses Gebietes sowohl die Ungleichung $x_1+5x_2 \geqslant 15$, da sie über der Geraden $x_1+5x_2 = 15$ liegen, als auch die Ungleichung $5x_1+x_2 \geqslant 15$, da sie über der Geraden $5x_1+x_2 = 15$ liegen, sowie die zusätzlichen Bedingungen $x_1 \geqslant 0$ und $x_2 \geqslant 0$.

Abb. 57. Graphische Ermittlung des optimalen Verpflegungsplanes ($p_1=1, p_2=3$)

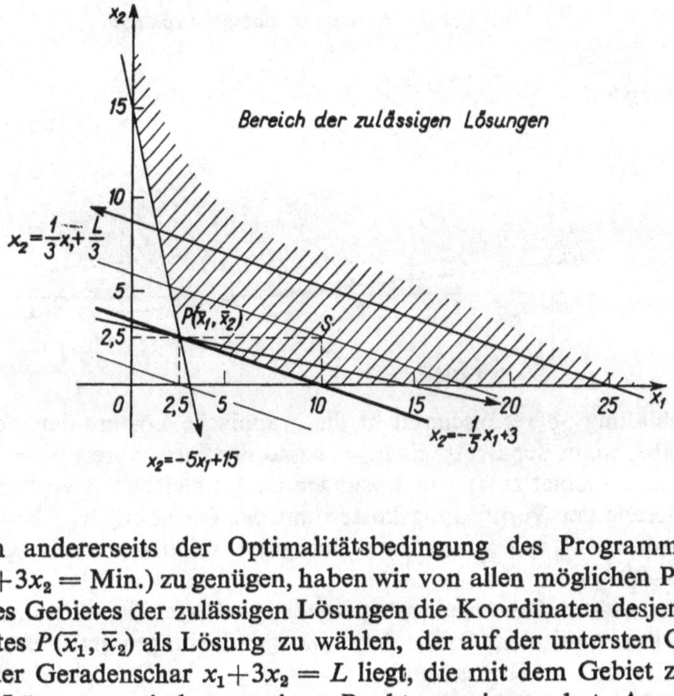

Um andererseits der Optimalitätsbedingung des Programms ($L = x_1+3x_2 =$ Min.) zu genügen, haben wir von allen möglichen Punkten des Gebietes der zulässigen Lösungen die Koordinaten desjenigen Punktes $P(\bar{x}_1, \bar{x}_2)$ als Lösung zu wählen, der auf der untersten Geraden der Geradenschar $x_1+3x_2 = L$ liegt, die mit dem Gebiet zulässiger Lösungen mindestens einen Punkt gemeinsam hat. Aus dem Schaubild ist unmittelbar zu erkennen, daß diejenige Gerade der Schar $x_1+3x_2 = L$ eine die »Verpflegungskosten minimierende« Gerade ist, die durch den Schnittpunkt P der Geraden $x_2 = -\frac{1}{5}x_1+3$ und $x_2 = -5x_1+15$ geht. Der Punkt P ist der einzige Punkt dieser Kurve, der zum Gebiet zulässiger Lösungen gehört. Die Koordinaten dieses Punktes $\bar{x}_1 = 2,5$ und $\bar{x}_2 = 2,5$ stellen daher die Lösung der Aufgabe dar.

Anhand der Albildung kann leicht festgestellt werden, daß jeder andere Punkt des Gebietes der zulässigen Lösungen, z. B. der Punkt S, oberhalb der Geraden minimaler Verpflegungskosten liegt und daß deshalb für diese Punkte $x_1+3x_2 > \bar{x}_1+3\bar{x}_2$ gilt.

Abb. 58. Graphische Ermittlung des optimalen Verpflegungsplanes ($p_1 = 1, p_2 = 20$)

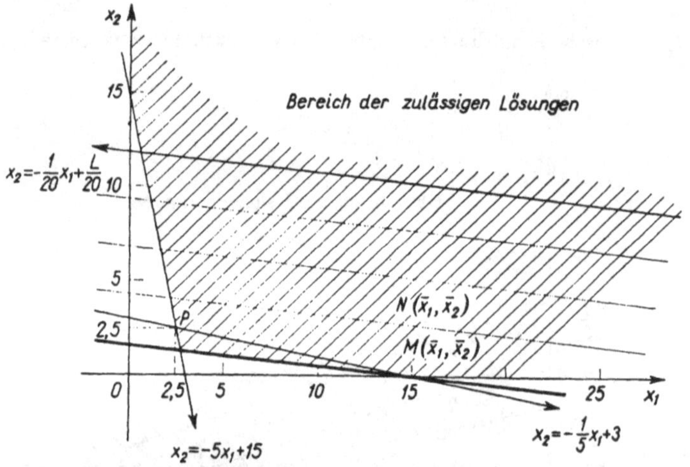

Abbildung 58 veranschaulicht die graphische Lösung der gleichen Aufgabe, wenn der Brotpreis $p_1 = 1$ und der Fleischpreis $p_2 = 20$ beträgt. Das Gebiet zulässiger Lösungen ist das gleiche wie vorher, aber die Gerade der Verpflegungskosten mit der Gleichung $x_1+20x_2 = L$ oder $x_2 = -\frac{1}{20}x_1+\frac{L}{20}$ hat eine geringere Neigung als die Gerade $x_2 = -\frac{L}{5}x_1+3$.

Man, sieht daß die niedrigst gelegene Kostengerade, die mindestens einen Punkt mit dem Gebiet der zulässigen Lösungen gemeinsam hat, eine Gerade der Kurvenschar $x_2 = -\frac{1}{20}x_1+\frac{1}{20}L$ ist, die durch M, den Schnittpunkt der Geraden $x_2 = -\frac{1}{5}x_1+3$ mit der Abszissenachse, geht. Die Koordinaten des Punktes M, d. h. $\bar{x}_1 = 15$ und $\bar{x}_2 = 0$, sind die Lösung der Aufgabe.

Auch in diesem Falle ist leicht zu beweisen, daß jeder andere Punkt des Gebietes der zulässigen Lösungen, z. B. Punkt N mit den Koordinaten x_1 und x_2, zu einer Kostengeraden gehört, die oberhalb der durch den Punkt $M(\bar{x}_1, \bar{x}_2)$ gehenden Geraden der minimalen Verpflegungskosten liegt; für diese Punkte gilt: $x_1+20x_2 > \bar{x}_1+20\bar{x}_2$.

Zum Abschluß dieser Überlegungen über die Theorie der linearen Programmierung wollen wir versuchen, eine allgemeine mathematische Formulierung zu geben. Alle Problemstellungen der linearen Programmierung sind zurückzuführen auf die Bestimmung von n Unbekannten $x_1, x_2, \ldots, x_n$ unter der Voraussetzung, daß gewisse Koeffizienten gegeben sind (z. B. technische Produktionskoeffizienten, Investitionskoeffizienten, Preise, Transportdistanzen usw.).

Zwischen den Unbekannten $x_1, x_2, \ldots, x_n$ und den Koeffizienten bestehen gewisse lineare Relationen (die meistens als Bilanzgleichungen oder, allgemeiner, als Gleichungen, in denen Konsistenzbedingungen der Programme zum Ausdruck kommen, bezeichnet werden), die in allgemeiner Form

$$a_{i0} + \sum_{j=1}^{n} a_{ij} x_j = 0 \qquad (i = 1, 2, \ldots, m).$$

geschrieben werden können[33]).

Die Elemente a_{ij} $(i = 1, 2, \ldots, m;\ j = 1, 2, \ldots, n)$ der Koeffizientenmatrix dieser Gleichungen sind gegeben.

Ist die Anzahl der linearen Relationen gleich der Anzahl der Unbekannten, d. h. $m = n$, und ist die Matrix der Koeffizienten der linearen Relationen nicht singulär (d. h. ist die Determinante dieser Matrix nicht Null), dann sind alle Unbekannten $x_1, x_2, \ldots, x_n$ eindeutig bestimmt, d. h. es gibt nur ein einziges konsistentes Programm.

Im allgemeinen ist jedoch die Anzahl linearer Gleichungen kleiner als die Anzahl der Unbekannten, d. h. $m < n$. Dann besitzt das Pro-

---

[33]) Diese Relationen – einige oder alle – können auch Ungleichungen sein, wie das in den Beispielen 3 und 4 der Fall war, z. B.:

$$a_{i0} + \sum_{j=1}^{n} a_{ij} x_j \leqslant 0 \qquad \text{oder} \qquad a_{i0} + \sum_{j=1}^{n} a_{ij} x_j \geqslant 0.$$

Diese Ungleichungen verwandeln wir durch Einführung einer Hilfsvariablen y_i für jede Ungleichung in Gleichungen. Anstelle der Ungleichung haben wir dann die Gleichung:

$$a_{i0} + \sum_{j=1}^{n} a_{ij} x_j + y_i = 0,$$

wobei $y_i \geqslant 0$ oder $y_i \leqslant 0$, je nachdem, ob die Ungleichung vom Typ »$\leqslant 0$« oder vom Typ »$\geqslant 0$« ist. Als Ergebnis halten wir fest, daß die linearen Beziehungen immer zu Gleichungen umgeformt werden können.

gramm $n-m$ Freiheitsgrade, d. h. von den n Unbekannten können $n-m$ beliebig gewählt werden, und die übrigen sind auf Grund der linearen Beziehungen (Gleichungen der Konsistenzbedingungen) eindeutig bestimmt.

Die Unbekannten $x_1, x_2, \ldots, x_n$ sollen so gewählt werden, daß eine bestimmte Optimalitätsbedingung des Programms erfüllt ist, die besagt, daß die Linearform vom Typ $L = \sum_{i=1}^{n} p_i x_i$ (die sogenannte *Zielfunktion*) einen minimalen oder maximalen Wert annehmen soll, d. h. $L =$ Max bzw. $L =$ Min.

Außer den Gleichungen der Konsistenz und der Optimalitätsbedingung müssen die Variablen die zusätzlichen Nebenbedingungen $x_i \geqslant 0$ $(i = 1, 2, \ldots, n)$ erfüllen. Ist dem Problem entsprechend $x_i \leqslant 0$, wechselt man, um zu einheitlichen Bedingungen $x_i \geqslant 0$ zu gelangen, das Vorzeichen von x_i. Ergibt sich aus der Art des Problems, daß $x_i \geqslant c_i$, wobei c_i vorgegeben ist, kann diese Bedingung in die Form $x_i \geqslant 0$ gebracht werden, indem man den Ursprung des Koordinatensystems so wählt, daß $c_i = 0$.

Vom mathematischen Standpunkt reduziert sich daher die Theorie der linearen Programmierung auf die Bestimmung der Unbekannten $x_1, x_2, \ldots, x_n$, die $m < n$ lineare Gleichungen der Konsistenzbedingungen erfüllen, und den Bedingungen des optimalen Programms und den Nebenbedingungen genügen. Theoretisch ist die Lösung einer solchen Aufgabe einfach, aber praktisch sind, wenn die Anzahl der Unbekannten n und der Bilanzgleichungen m groß ist, die Berechnungen sehr mühsam und zeitraubend. Aus diesem Grunde muß man zur Lösung solcher Aufgaben der linearen Programmierung elektronische Rechenmaschinen zu Hilfe nehmen.

Die Lösungen der linearen Programmierungsaufgaben gestatten die folgende geometrische Interpretation: Zu bestimmen sind die Koordinaten $x_1, x_2, \ldots, x_n$ eines Punktes P im n-dimensionalen euklidischen Raum, die die m Gleichungen erfüllen, in denen die Konsistenzbedingungen, die Optimalitätsbedingung und die Nebenbedingungen festgelegt sind.

Die die Konsistenzbedingungen ausdrückenden Gleichungen bestimmen im n-dimensionalen Raum m Hyperebenen, jede von der Dimension $n-1$. Die zulässigen Lösungen, d. h. Lösungen, bei denen die Konsistenz des Programms gewährleistet ist, werden durch Punkte dargestellt, die simultan auf allen m Hyperebenen liegen (denn diese erfüllen das System der m linearen Gleichungen); mit anderen Worten: Die Lösungen entsprechen der Punktmenge, die durch den Schnitt dieser Hyperebenen erzeugt wird. Der Schnitt der Hyperebenen bildet einen konvexen Polyeder. Als Schnitt von m Hyperebenen der Dimension $n-1$ ist dieser Polyeder ein $(n-m)$-dimensionales geometrisches Gebilde. In der Tat bilden die zulässigen Lösungen eine Punktmenge, die auf diesem Polyeder liegt, und da diese Lösungen $n-m$ Freiheitsgrade besitzen, so kann man sich in diesem Polyeder in $n-m$ senkrecht aufeinander stehenden Richtungen bewegen.

Das Kriterium für das optimale Programm wird durch eine Schar von $(n-1)$-dimensionalen Hyperebenen im n-dimensionalen Raum dargestellt. Die einzelnen Hyperebenen dieser Schar sind durch den Wert des Parameters L gekennzeichnet. Aus dieser Schar wählen wir diejenige Hyperebene aus, die den Wert des Parameters L unter Einhaltung der Konsistenzbedingungen des Programms maximiert oder minimiert. Die ausgewählte Hyperebene ist – vom Ursprung des Koordinatensystems gemessen – die am höchsten bzw. am tiefsten liegende Ebene, die mindestens einen Punkt mit der Menge der zulässigen Lösungen gemeinsam hat. Da die Menge der zulässigen Lösungen gleich der Oberfläche eines $(n-m)$-dimensionalen Polyeders ist, wird dieser gemeinsame Punkt in der höchsten oder niedrigsten Ecke des Polyeders liegen. Diese Ecke stellt die optimale Lösung dar.

Die optimale Lösung ist eindeutig, wenn nur eine Ecke des Polyeders die Hyperebene berührt, die als Optimalitätskriterium des Programms fungiert. Gibt es zwei derartige Ecken, dann berührt die gesamte Kante, die zwei Ecken des Polyeders verbindet, die Hyperebene; in diesem Falle sind alle Punkte dieser Kante eine optimale Lösung. Wenn drei Ecken die betreffende Hyperebene berühren, gilt dies auch für die gesamte zweidimensionale Oberfläche des Dreiecks, das durch diese drei Punkte gebildet wird; die optimale Lösung ist dann durch alle Punkte dieses Dreiecks gegeben. Verallgemeinernd folgt, daß, wenn k Ecken (wobei $k \leqslant n-m$) die Hyperebene berühren, die optimale Lösung aus allen Punkten eines $(k-1)$-dimensionalen Simplex, das von diesen Ecken erzeugt wird, besteht.

Die Nebenbedingungen $x_i \geqslant 0$ $(i = 1, 2, \ldots, n)$ schränken die Menge der zulässigen Lösungen auf jenen Teil des $(n-m)$-dimensionalen Polyeders ein, der im n-dimensionalen Raum mit nichtnegativen

Koordinatenwerten liegt. Die Ecke (oder Ecken), die einer optimalen Lösung entspricht, liegt in diesem Teil des Raumes. Die sich außerhalb dieses Teiles des Raumes befindenden Ecken interessieren uns nicht.

Diese geometrische Interpretation kann graphisch am besten dargestellt werden, wenn $n-m = 2$ oder $n-m = 3$ ist. Die Menge der zulässigen Lösungen ist dann ein in der Ebene liegendes Polygon oder ein dreidimensionaler Polyeder.

Abb. 59. Ein- oder mehrdimensionale optimale Lösungen

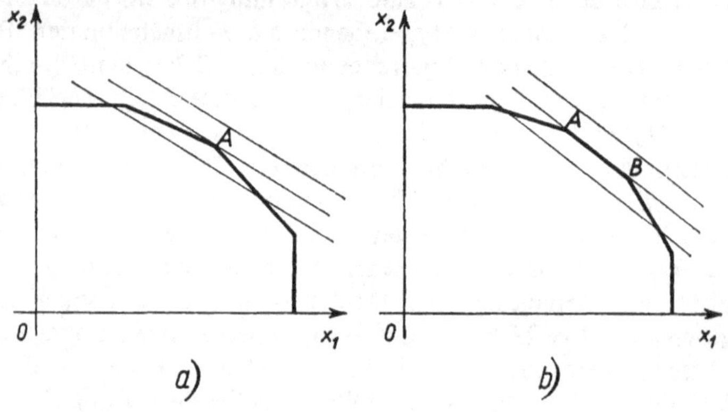

Es sei z. B. $n = 10$ und $m = 8$. Die Menge der zulässigen Lösungen ist dann ein in der Ebene liegendes Polygon, wie in Abb. 59a und 59b veranschaulicht wurde. Wegen der Nebenbedingungen $x_i \geqslant 0$ interessiert uns nur dieser Teil des Polygons, der zu nichtnegativen Koordinatenwerten gehört. Die das Optimalitätskriterium des Programms darstellenden Hyperebenen werden in die Ebene (x_1, x_2) als Geradenschar projiziert. Die optimale Lösung liegt (in unserem Fall) in der äußersten Ecke des Polygons, die mit einer Geraden einen gemeinsamen Punkt hat. Im Falle der Abb. 59a gibt es nur eine solche Ecke, nämlich A. In Abb. 59b gibt es zwei solche Ecken, A und B; die optimale Lösung ist dann durch die Strecke AB gegeben.

Ist z. B. $n = 10$ und $m = 7$, dann ist das Gebiet der zulässigen Lösungen ein dreidimensionaler Polyeder. Seine Begrenzungen sind gewöhnliche Ebenen. Die das Optimalitätskriterium darstellenden

Hyperebenen werden in den dreidimensionalen Raum als gewöhnliche Ebenen projiziert. Die optimale Lösung wird durch die höchste (oder niedrigste) Ecke des Polyeders gegeben, der mit einer dieser Ebenen einen Punkt gemeinsam hat. Im besonderen Falle kann eine solche Ebene die Kante oder die Begrenzungsebene des Polyeders berühren; die optimale Lösung ist dann durch diese Kante oder Fläche gegeben.

Im oben erwähnten Beispiel des optimalen Verpflegungsplanes ist $n = 2$, und es existieren zwei Ungleichungen. Die Hyperebenen reduzieren sich zu Geraden, ihr Schnitt erzeugt ein nach oben geöffnetes Dreieck, und die optimale Lösung ist durch die Ecke dieses Dreiecks gegeben (vgl. Abb. 57 und 58).

Diese geometrische Deutung der Lösungen der Theorie der linearen Programmierung ermöglicht eine eingehende Untersuchung der Eigenschaften sowohl der zulässigen Lösungen als auch der optimalen Lösung. Sie bildet auch die Grundlage des Verfahrens zur numerischen Bestimmung der optimalen Lösung.

Die Theorie der linearen Programmierung als das sich gegenwärtig am raschesten entwickelnde Teilgebiet der Ökonometrie verdient, daß man sich näher mit ihr befaßt, da die Möglichkeiten ihrer praktischen Anwendung bei der Lösung ökonomischer Probleme unter den Bedingungen der sozialistischen Wirtschaft groß und die bisherigen Ergebnisse auf diesem Gebiet ermutigend sind.

Besonders vielversprechende Erfolge sind bei der Anwendung der linearen Programmierung in der Investitionsplanung erzielt worden. Daher wollen wir zum Abschluß unserer Darlegungen noch ein Beispiel behandeln, das diesmal die Investitionsplanung, und zwar das Problem der Errichtung von Kraftwerken und seine Lösung in Frankreich betrifft[34]). In Frankreich ist die Elektroenergieerzeugung verstaatlicht und ihre Entwicklung wird staatlich geplant. Das im Jahre 1955 durch die Nationalversammlung beschlossene Entwicklungsprogramm für die Elektroenergieerzeugung sieht eine Steigerung der Jahresproduktion um 7200 GWh (Gigawattstunden) vor. Die zu diesem Zweck neu zu errichtenden Kraftwerke sollen eine Spitzenkapazität von insgesamt 2307 MW (Megawatt) bei einer garantierten Mindestkapazität von insgesamt 1692 MW besitzen. Die garantierte und die Spitzenka-

[34]) Vgl. E. Ventura, *Un exemple de recherche operationelle: la determination d'un plan optimum de production d'énergie électrique par la théorie des programmes linéaires*, Paris 1956.

pazität wurden in der Höhe des voraussichtlichen Bedarfs an Werktagen des Monats Dezember geplant. Die garantierte Kapazität entspricht dem voraussichtlichen mittleren Stundenverbrauch an Elektroenergie im Dezember und die Spitzenkapazität entspricht den voraussichtlichen Spitzen dieses Verbrauchs.

Der Plan für die Errichtung der Kraftwerke sieht fünf Typen der Kraftwerke vor, und zwar: (1) Wärmekraftwerke, (2) Wasserkraftwerke mit Staubecken, (3) Kraftwerke an Flüssen, (4) Kraftwerke mit installierten Schleusen, (5) Ebbe- und Flutkraftwerke. Die folgende Tabelle enthält die technischen Grunddaten je Einheit garantierter Kapazität für jeden dieser Kraftwerktypen:

	Typ des Kraftwerks					Einheit
	1	2	3	4	5	
Garantierte Kapazität a_i	1	1	1	1	1	MW
Spitzenkapazität b_i	1,15	1,20	1,10	3	2,13	MW
Jahresproduktion c_i	7	1,30	1,20	7,35	5,45	GWh
Baukosten (Investitionskosten) k_i	97	130	420	310	213	Mill. fr.
Jährliche Betriebskosten s_i	136	101	56	104	79	Mill. fr.

Gebaut werden können Kraftwerke der fünf Typen mit verschiedenen Kapazitäten. Wir bezeichnen die garantierte Gesamtkapazität jedes dieser Kraftwerktypen mit x_1, x_2, x_3, x_4, x_5. Demnach erfordert der von der Nationalversammlung verabschiedete Plan die Erfüllung der folgenden Ungleichungen:

$$x_1+x_2+x_3+x_4+x_5 \geqslant 1692$$
$$1{,}15x_1+1{,}20x_2+1{,}10x_3+3x_4+2{,}13x_5 \geqslant 2307$$
$$7x_1+1{,}3x_2+1{,}2x_3+7{,}35x_4+5{,}45x_5 \geqslant 7200.$$

Daneben gilt natürlich:

$$x_1 \geqslant 0, \quad x_2 \geqslant 0, \quad x_3 \geqslant 0, \quad x_4 \geqslant 0, \quad x_5 \geqslant 0.$$

Das sind die Bedingungen, denen der Plan für die Errichtung der Kraftwerke zu genügen hat. Im Rahmen dieser Bedingungen kann man Kraftwerke aller Typen und Kapazitäten errichten, d. h., es bestehen für die Realisierung der Planziele Wahlmöglichkeiten. Jede Möglichkeit ist durch die Wahl von fünf Zahlen x_1, x_2, x_3, x_4, x_5 gekennzeichnet, die die obigen Ungleichungen erfüllen; oder, anders ausgedrückt, sie kann durch einen Punkt $(x_1, x_2, x_3, x_4, x_5)$ im fünfdimensionalen Raum dargestellt werden. Die oben erwähnten Ungleichungen bestimmen in diesem Raum den Bereich der zulässigen Lösungen. Die Aufgabe besteht nun darin, in diesem Bereich den Punkt oder das Gebiet der ökonomisch optimalen Lösung zu suchen.

Hierzu ist es erforderlich, das Optimalitätskriterium zu definieren. Im Prinzip gibt es in diesem Fall drei Möglichkeiten: Als optimal kann eine Lösung angesehen werden, in der die gesamten Errichtungskosten aller Kraftwerke (Investitionskosten) ein Minimum sind. Als optimal kann aber auch eine Lösung betrachtet werden, bei der die jährlichen Betriebskosten der errichteten Kraftwerke minimal sind. Schließlich kann als optimal auch eine Lösung gelten, bei der die Gesamtkosten, sowohl Errichtungs- als auch Betriebskosten, ein Minimum sind. Diese Fragen hängen mit dem Problem der Kriterien für den Nutzeffekt der Investition zusammen.

Im konkreten Fall des Kraftwerkbaus in Frankreich wurden als Optimalitätskriterium die minimalen Errichtungs- und Betriebskosten insgesamt gewählt, diskontiert mit 8%. Unter der Annahme, daß die durch obige Ungleichungen dargestellten Nebenbedingungen erfüllt sind, ist das Problem auf die Bestimmung des Minimums der folgenden Linearform zurückzuführen[35]):

$$L = \sum_{i=1}^{5} k_i x_i + \frac{1}{r} \sum_{i=1}^{5} s_i x_i,$$

wobei r der Diskontsatz ist. Unter Berücksichtigung, daß im gegebenen Fall

$$r = 0{,}08 \quad \text{oder} \quad \frac{1}{r} = 12{,}5,$$

[35]) Aus der Zinstheorie wissen wir, daß der diskontierte Wert einer voraussichtlichen Jahresausgabe s sich beläuft auf:

$$s\left(\frac{1}{1+r} + \frac{1}{(1+r)^2} + \ldots\right) = \frac{s}{r}.$$

ergibt sich, indem wir die Koeffizienten k_i und s_i ($i = 1, 2, 3, 4, 5$) durch die Werte aus obiger Tabelle ersetzen:

$$L = (97+12{,}5\times 136)x_1+(130+12{,}5\times 101)x_2+(420+12{,}5\times 56)x_3+$$
$$+(310+12{,}5\times 104)x_4+(213+12{,}5\times 79)x_5,$$

oder

$$L = 1797x_1+1392{,}5x_2+1120x_3+1610x_4+1200{,}5x_5.$$

Da die rechnerische Lösung unserer Aufgabe mit fünf Veränderlichen mühsam ist, begnügen wir uns mit einem einfachen Beispiel, bei dem nur zwei Typen von Kraftwerken betrachtet werden. Wir setzen voraus, daß wir nur zwischen den Wärme- und Wasserkraftwerken wählen können, d. h., wir betrachten nur die Spalten 1 und 2 obiger Tabelle.

Dann lauten die Ungleichungen, die das Gebiet der zulässigen Lösungen festlegen, folgendermaßen:

$$x_1+x_2 \geqslant 1692$$
$$1{,}15x_1+1{,}2x_2 \geqslant 2307$$
$$7x_1+1{,}3x_2 \geqslant 7200$$
$$x_1 \geqslant 0, \quad x_2 \geqslant 0,$$

wobei x_1 die garantierte Gesamtkapazität der Wärmekraftwerke und x_2 die garantierte Gesamtkapazität der Wasserkraftwerke ist. Die Linearform, die das Optimalitätskriterium ausdrückt, nimmt nunmehr die Form an:

$$L = 1797x_1+1392{,}5x_2.$$

Am einfachsten kann das gestellte Problem graphisch gelöst werden. In Abbildung 60 sind eingetragen:

Die Gerade P_1 mit der Gleichung $x_1+x_2 = 1692$.
Die Gerade P_2 „ „ „ $1{,}15x_1+1{,}2x_2 = 2307$.
Die Gerade P_3 „ „ „ $7x_1+1{,}3x_2 = 7200$.

Wir betrachten diese Geraden nur in jenem Teil der Ebene mit nichtnegativen Koordinaten, da ja $x_1 \geqslant 0$ und $x_2 \geqslant 0$. Das schraffierte Gebiet ist die Menge der zulässigen Lösungen.

Man erkennt, daß im betreffenden Fall die Geraden P_2 und P_3 zur Bestimmung dieses Gebietes genügen. Die Gerade P_1, die die minimale garantierte Gesamtkapazität ausweist, ist eigentlich überflüssig, denn es zeigt sich, daß diese oben an erster Stelle angeführte Ungleichung immer erfüllt ist, wenn die beiden übrigen Ungleichungen gelten. Mit anderen Worten: Die technischen Bedingungen der Aufgabe sind so, daß die Erfüllung der Bedingungen für die Spitzenkapazität und die Jahresproduktion automatisch auch die Erfüllung der sich auf die garantierte Jahreskapazität beziehenden Bedingung mit sich bringt.

Die Schar der gestrichelten Geraden L stellt die möglichen Werte der diskontierten Errichtungs- und Betriebskosten insgesamt dar. Die unterste Gerade aus der Schar L, die noch im Gebiet der zulässigen Lösungen liegt, ist diejenige Gerade, die durch den Punkt R, d. h. durch die Ecke dieses Gebietes, geht. Der Punkt R bestimmt daher die optimalen Werte von $\bar{x}_1$ und $\bar{x}_2$.

Löst man die den Geraden P_2 und P_3 entsprechenden Beziehungen, ergibt sich $\bar{x}_1 = 817$ und $\bar{x}_2 = 1140$. Daraus folgt, daß Wärmekraftwerke mit einer garantierten Gesamtkapazität von 817 MW und Wasserkraftwerke mit garantierter Gesamtkapazität von 1140 MW zu errichten wären. Die garantierte Gesamtkapazität beider Typen der Kraftwerke würde dann 1957 MW betragen.

Man vergleiche die Größen der erzielten Lösung mit den Forderungen des Planes:

	Ist	Soll	Überschuß
Garantierte Kapazität MW	1957	1692	265
Spitzenkapazität MW	2307	2307	0
Jahresproduktion GWh	7200	7200	0

Wie man sieht, wird der Plan, was die Spitzenkapazität und die Jahresproduktion anbelangt, exakt erfüllt. Hingegen machen es die technischen Bedingungen der Problemstellung erforderlich, die garantierten Kapazitäten um 265 MW zu überschreiten; ohne einen solchen Überschuß können die im Plan geforderten Spitzenkapazitäten und die Jahreserzeugung nicht erreicht werden. Die Realisierung des Planes für die Spitzenleistung und die Jahresproduktion schafft aus technischen Gründen eine kleine Reserve an garantierter Kapazität. Das findet im Diagramm (Abb. 60) darin seinen Ausdruck, daß die Gerade P_1 unterhalb des Gebietes der zulässigen Lösungen liegt.

Dem Diagramm entnimmt man ferner, daß Schwankungen in den Errichtungs- und Betriebskosten, die die Neigung der Schar der Geraden L im Gebiet des spitzen Winkels, der durch den Schnitt der

Geraden P_2 und P_3 gebildet wird, verändern, die optimale Lösung nicht berühren. Erst wenn die Neigung der Geraden L diese Grenzen überschreitet, lohnt es sich, entweder nur Wärmekraftwerke oder nur Wasserkraftwerke zu bauen.

Abb. 60. Graphische Ermittlung der optimalen Kraftwerkplanung

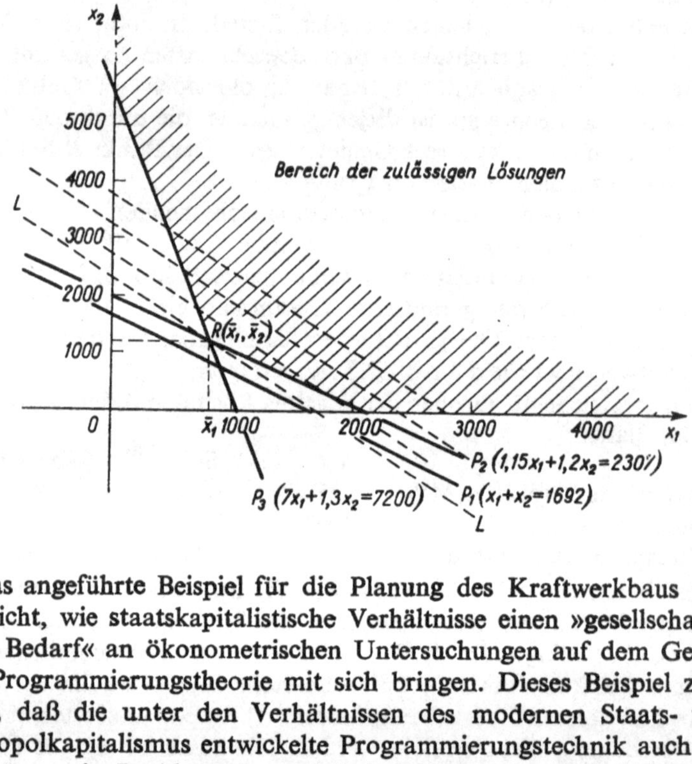

Das angeführte Beispiel für die Planung des Kraftwerkbaus verdeutlicht, wie staatskapitalistische Verhältnisse einen »gesellschaftlichen Bedarf« an ökonometrischen Untersuchungen auf dem Gebiet der Programmierungstheorie mit sich bringen. Dieses Beispiel zeigt auch, daß die unter den Verhältnissen des modernen Staats- und Monopolkapitalismus entwickelte Programmierungstechnik auch bei der Lösung der Probleme der sozialistischen Planwirtschaft angewandt werden kann. Der Sozialismus ist der Erbe des Kapitalismus. Er übernimmt die durch den Kapitalismus entwickelte Produktionstechnik als Erbschaft; wie diese kann und sollte er auch die Methoden der ökonometrischen Analyse übernehmen, die zur Verbesserung der immer noch jungen Kunst der Planung und Verwaltung der sozialistischen Wirtschaft beitragen können.

ANHANG I

INPUT-OUTPUT-TABELLEN

Tabelle I: Input-Output-Tabelle für Großbritannien im Jahre 1935, ausgearbeitet von Barna im Jahre 1952.

Tabelle II: Input-Output-Tabelle für die Vereinigten Staaten im Jahre 1947, ausgearbeitet von Evans und Hoffenberg im Jahre 1952.

Diese Tabellen wurden mit geringen Änderungen im Buch von R. G. Allen: *Mathematical Economics*, London, 1956, S. 346 f., veröffentlicht.

In beiden Tabellen wird die Volkswirtschaft in die folgenden Sektoren aufgegliedert:

1. Landwirtschaft und Nahrungsmittel
2. Kohle und Energie
3. Hoch- und Tiefbau, Baustoffe
4. Chemie und Gummi
5. Textilien und Bekleidung
6. Papier, Druckereierzeugnisse u. ä.
7. Metallerzeugung
8. Maschinenbau
9. Metallwaren
10. Dienstleistungen

Tabelle III: Input-Output-Beziehungen der polnischen Volkswirtschaft, 1956.

Diese Tabelle wurde durch das Statistische Zentralamt, Abteilung Volkswirtschaftliche Gesamtrechnungen, erstellt.

Tabelle IV: Input-Output-Tabelle für Polen, 1957.

Tabelle V: Verflechtungsbilanz und Verteilung des Gesamtproduktes und des Volkseinkommens in Polen, 1959, in laufenden Preisen (in Mrd. Zl.)

Tabelle I

Input-Output-Tabelle für Großbritannien, 1935
(in Mill. Pfund Sterling)

Liefernde Sektoren (Input)	Empfangende Sektoren (Output)												Endprodukt				Gesamtprodukt
	1	2	3	4	5	6	7	8	9	10	Sonstige	Insgesamt	Export	Akkumulation	Staat	Privater Verbrauch	
1	—	0	2	4	8	0	0	0	0	3	6	23	29	3	7	796	858
2	14	—	12	8	9	4	16	8	3	39	8	121	31	39	15	129	334
3	10	3	—	5	1	1	7	10	2	129	12	180	9	280	56	53	577
4	25	2	14	—	13	6	2	19	3	7	6	97	38	2	6	73	217
5	4	0	8	5	—	4	0	8	0	16	5	50	125	2	2	298	476
6	18	1	4	13	6	—	0	5	2	48	14	111	15	2	6	69	208
7	2	5	28	3	0	1	—	62	30	0	7	138	38	6	0	5	188
8	5	16	21	0	4	1	2	—	1	39	17	106	79	173	40	79	477
9	7	1	16	5	3	1	2	22	—	0	17	74	45	9	2	32	162
10	72	20	46	16	41	13	18	28	7	—	35	296	332	26	304	1 907	2 865
Sonstige	13	8	7	5	18	5	20	10	6	30	—	122	15	−3	3	−5	132
Insgesamt	170	56	158	64	104	36	67	172	54	311	127	1 318	756	544	441	3 436	6 494
Import	130	5	41	48	102	23	30	16	37	19	9	460	52	18	8	266	587
Staat	176	5	10	7	13	4	2	7	2	256	13	495	—	7	2	85	587
Wertschöpfung	385	268	369	98	258	147	86	282	70	2 280	−18	4 225	—	—	—	—	4 225
Gesamtprodukt	858	334	577	217	476	208	188	477	162	2 865	132	6 494	808	569	450	3 788	12 108

Nullen bedeuten Mengen unter £ 0,5 Mill.
Wegen Rundungen können die Summen der Zeilen oder Spalten von den angegebenen Gesamtwerten abweichen.

Tabelle II

Input-Output-Tabelle für die USA, 1947
(in 100 Mill. Dollar)

Liefernde Sektoren (Input)	Empfangende Sektoren (Output)												Endprodukt				Gesamt-produkt
	1	2	3	4	5	6	7	8	9	10	Sonsti-ge	Ins-ge-samt	Export	Akkumu-lation	Staat	Privater Verbrauch	
1	—	0	3	19	27	1	0	0	0	49	4	103	30	−13	13	334	467
2	3	—	3	8	2	2	3	2	1	49	0	72	4	0	2	1	79
3	9	3	—	4	1	5	4	10	3	67	14	121	5	169	56	24	375
4	30	5	17	—	12	6	11	12	2	28	20	142	17	3	4	51	217
5	3	0	4	5	—	2	0	4	1	2	11	31	13	1	3	135	183
6	6	0	4	5	4	—	0	3	3	41	26	92	4	4	3	38	141
7	0	1	22	2	0	2		47	18	2	14	108	8	1	0	0	117
8	2	1	15	0	1	1	1	—	5	19	44	89	34	125	17	51	316
9	6	0	10	2	0	1	0	20	—	4	15	60	6	8	2	18	94
10	80	4	67	23	14	12	13	16	5	—	70	304	35	40	63	915	1 358
Sonstige	22	4	22	30	21	21	15	39	14	82	—	269	0	−8	0	0	261
Insgesamt	160	17	168	98	82	52	48	154	51	343	219	1 393	156	329	162	1 569	3 609
Import	28	0	3	9	5	8	6	1	1	5	1	66	—	0	13	13	93
Staat	21	11	15	17	12	10	8	18	5	139	22	278	8	3	35	313	637
Wertschöpfung	258	51	189	94	84	72	55	143	38	871	18	1 872	8	2	301	21	2 205
Gesamtprodukt	467	79	375	217	183	141	117	316	94	1 358	261	3 609	173	334	511	1 916	6 543

Nullen bedeuten Mengen unter $ 50 Mill.
Wegen Rundungen können die Summen der Zeilen oder Spalten von den angegebenen Gesamtwerten abweichen.

Tabel

Input-Output-Beziehungen

(in Mrd.

Liefernde Sektoren (Input)	Empfangende Sektoren (Output)							
	Industrie u. Handwerk	Landwirtschaft	Forstwirtschaft	Hoch- und Tiefbau	Transport u. Nachrichtenwesen	Handel	Sonstige materielle Produktion	Insgesamt
	1	2	3	4	5	6	7	8
1. Industrie und Handwerk	125,8	9,0	0,4	15,4	4,1	3,2	0,4	158,3
2. Landwirtschaft	31,1	80,4	—	—	—	—	—	111,5
3. Forstwirtschaft	3,0	0,0	0,0	0,1	0,0	—	0,0	3,1
4. Hoch- und Tiefbau	2,0	0,1	0,0	1,2	0,3	0,1	0,0	3,7
5. Transport- und Nachrichtenwesen	5,8	0,0	0,8	2,3	0,0	3,9	0,0	12,8
6. Handel	4,4	1,0	0,0	0,4	0,0	0,0	0,0	5,8
7. Sonstige materielle Produkte	1,4	—	—	—	—	—	—	1,4
Insgesamt	173,5	90,5	1,2	19,4	4,4	7,2	0,4	296,6
8. Import	16,9	1,0	0,0	0,2	0,6	0,0	0,0	18,7
9. Amortisation	11,6	5,2	0,0	0,7	1,9	0,3	0,2	19,9
10. Nettoprodukt	125,0	70,6	2,6	23,8	7,9	19,8	3,2	252,9
11. Statistische Differenzen	−0,6	−1,5	—	−0,2	−0,1	—	—	−2,4
Gesamtprodukt	326,4	165,8	3,8	43,5	14,7	27,3	3,8	585,7

Mit 0,0 sind Beträge unter 0,05 Md. Zl. bezeichnet.

In Spalte 14 »Verluste und statistische Differenzen« entfällt auf die Verluste 0,2 Mrd. Zl. in Sektor »Industrie und Handwerk«, die übrigen sind errechnete statistische Differenzen.

Die zur Berechnung der Tabellenwerte verwendeten Schätzungen entsprechen

le III

der polnischen Volkswirtschaft, 1956

Zl.)

Endprodukt						
Export	Individueller Verbrauch	Kollektiver Verbrauch	Investitionen u. Anlagenreparaturen	Vorrats- und Reservenerhöhungen	Verluste u. statistische Differenzen	Gesamtprodukt
9	10	11	12	13	14	15
25,9	106,0	8,4	14,7	12,7	0,4	326,4
0,2	52,3	0,6	0,7	0,5		165,8
0,1	0,4	0,0	0,1	0,1	—	3,8
—	—	0,4	40,8	—	−1,0	43,9
1,7	0,0	0,2	—	—	—	14,7
0,4	19,8	1,3	—	—	—	27,3
0,0	2,2	0,2	—	—	—	3,8
28,3	180,7	11,1	56,3	13,3	−0,6	585,7
0,1	5,0	0,6	5,3	0,8	0,5	31,0
—	—	—	—	—	—	19,9
—	—	—	—	—	—	252,9
—	—	—	0,7	—	—	−1,7
28,4	185,7	11,7	62,3	14,1	−0,1	887,8

im allgemeinen dem in: *Dochód narodowy Polski, Statystyka Polski*, seria E, zeszyt 1, wyd. GUS, 1957 (»Das Volkseinkommen in Polen, 1954–1955«, Statistik Polens, Serie E, H. 1, Aug. GUS, 1957), beschriebenen Verfahren. Diese Veröffentlichung enthält eine detaillierte Beschreibung der Methoden zur Schätzung der Entstehung und Verwendung des Sozialproduktes.

0	0 Empfangende Sektoren (Output) Liefernde Sektoren (Input, einschließlich Import)	1 Industrie I	2 Elektro- und Wärme-energie 01	3 Brenn-stoffe und Kohlen werkstoff-industrie 02	4 Eisen-gewinnung (einschl. Erz-förderung) 03	5 NE-Metall-gewin-nung (einschl. Erz-förderung) 04	6 Maschi-nenbau und Metall-industrie 05	7 Chemische und Gummi-industrie 06	8 Baustoffe, Feinkera-mik und Glas-industrie 07	9 Holz-industrie 08	10 Papier-industrie 09	11 Textil-industrie (einschl. Trikota-gen) 10	12 Beklei-dungs-industrie (ohne Le-der-, Pelz- und Strick-bekleidung 11
1	1 Industrie	166 906,0	1 442,2	10 671,1	14 578,9	4 638,8	28 300,0	10 593,6	4 169,3	5 606,3	3 274,9	26 975,0	10 082,2
2	01 Elektro- und Wärmeenergie												
3	02 Brennstoffe und Kohlenwerkstoffindustrie	3 305,2	30,0	784,7	378,9	240,7	647,1	305,7	209,9	92,1	61,8	158,6	22,5
4	03 Eisengewinnung (einschl. Erzförderung)	11 629,4	1 180,0	5 186,4	2 474,2	132,4	565,4	510,9	651,7	99,2	108,6	162,3	13,0
5	04 NE-Metallgewinnung (einschl. Erzförderung)	19 147,0	22,4	323,0	9 727,5	176,7	8 132,6	438,7	157,9	54,5	11,8	18,4	1,4
6	05 Maschinenbau und Metallindustrie	7 515,2	8,0	30,6	155,4	3 782,6	2 847,5	517,6	71,9	8,5	11,4	14,4	0,6
7	06 Chemische und Gummiindustrie	16 006,7	98,5	1 610,3	548,2	61,4	11 579,5	428,6	435,2	267,3	49,6	234,4	12,8
8	07 Baustoffe, Feinkeramik und Glasindustrie	12 183,6	28,5	919,8	220,7	99,8	1 429,4	5 219,5	264,9	192,8	128,4	2 421,8	98,3
		4 504,2	24,7	278,2	801,3	35,6	559,7	409,4	1 453,2	47,1	39,3	196,0	1,0
9	08 Holzindustrie	9 170,0	17,4	1 080,0	57,4	42,2	1 550,0	506,2	292,3	4 444,3	93,4	242,5	29,1
10	09 Papierindustrie	6 001,0	4,3	18,2	23,6	8,8	246,6	779,2	588,2	60,3	2 553,9	196,5	7,1
11	10 Textilindustrie (einschl. Trikotagen)	34 939,6	6,2	76,1	30,2	11,1	336,4	563,5	2,2	291,2	195,9	23 156,8	9 614,3
12	11 Bekleidungsindustrie (ohne Leder-, Pelz- und Strickbekleidung)	674,1	11,0	137,0	98,5	31,8	146,0	27,2	21,5	8,3	1,1	42,5	14,6
13	12 Leder-, Pelz- und Schuhindustrie	5 888,4	7,6	183,6	40,4	11,5	226,5	65,7	12,2	16,7	2,6	82,9	59,9
14	13 Nahrungsmittel- und Salzindustrie	34 225,1	3,3	42,3	20,6	4,2	19,3	607,4	8,0	15,0	16,2	30,0	35,6
15	14 Polygraphische Industrie u. a.	1 715,8	0,0	0,0	0,0	0,0	14,0	214,0	0,2	9,0	0,9	17,9	172,0
16	II Hoch- und Tiefbau	1 891,7	64,3	260,0	292,9	52,7	465,8	61,3	124,9	58,4	60,3	92,0	32,1
17	III Landwirtschaft	48 652,2	0,0	0,3	1,6	1,0	1,7	769,8	4,0	13,5	13,5	1 319,4	0,0
18	IV Forstwirtschaft	10 154,0	0,0	8,7	47,7	8,1	6,4	116,8	9,6	8 790,1	1 032,0	3,0	19,2
19	V Transport- und Nachrichtenwesen	5 815,3	0,0	1 448,0	329,4	68,0	593,0	336,9	657,7	286,1	88,2	251,7	192,5
20	VI Handel	6 260,0	29,7	55,3	83,7	43,9	167,8	116,0	32,2	29,8	14,9	248,7	25,1
21	VII Sonstige materielle Produktion	1 869,0	0,0	0,0	351,0	150,0	0,0	73,6	0,0	0,0	101,8	368,9	0,0
22	Materieller Input insgesamt	241 548,2	1 536,2	12 443,4	15 685,2	4 962,5	29 534,7	12 068,0	4 997,7	14 784,2	4 585,6	29 258,7	10 351,1
23	Statistische Differenzen	−2 199,7	—	−172,5	− 671,1	−72,7	− 947,7	222,0	−41,9	231,3	77,2	−146,4	−187,3
24	Materieller Input und Dienstleistungen (22–23)	239 348,5	1 536,2	12 270,9	15 014,1	4 889,8	28 587,0	12 290,0	4 955,8	15 015,5	4 662,8	29 112,3	10 163,8
25	Abschreibungen	12 182,1	1 265,2	1 859,6	1 311,8	257,5	2 119,5	988,1	736,9	235,9	245,0	1 224,4	82,4
26	Vorleistungen	251 530,6	2 801,4	14 130,5	16 325,9	5 147,3	30 706,5	13 278,1	5 692,7	15 251,4	4 907,8	30 336,7	10 246,2
27	Nettoproduktion	142 083,6	2 052,1	6 173,8	5 444,4	1 281,4	25 084,6	8 123,2	7 421,4	5 860,0	1 978,7	23 577,6	4 182,1
28	Löhne und Lohnnebenkosten	55 878,2	927,3	10 849,5	3 350,9	901,8	13 660,0	3 182,0	3 959,0	2 587,6	650,2	5 297,4	2 048,6
29	Sozialversicherung	8 503,3	141,9	1 676,8	515,9	138,8	2 087,8	485,9	599,1	385,7	98,3	819,0	305,2
30	Nettoeinkommen privater Unternehmer	4 534,8	—	—	—	—	1 454,4	310,8	200,2	500,8	1,6	70,7	484,0
31	Nettoeinkommen der Produktionsgenossenschaften	2 934,6	—	3,6	—	—	435,3	204,4	95,3	273,7	67,0	284,6	356,6
32	Budgetsalden	5 107,2	142,9	−8 201,0	1 164,1	107,5	3 974,4	1 124,6	1 068,2	1 160,7	402,1	1 988,4	528,7
33	Steuern	53 866,9	477,3	704,0	86,5	0,0	948,2	2 172,8	792,2	456,9	682,8	14 626,2	160,0
34	Sonstige nichtmaterielle Kosten	11 258,5	362,7	1 140,0	327,0	133,3	2 524,5	642,7	707,4	494,6	76,7	489,4	299,0
35	Gesamtprodukt	393 614,2	4 853,5	20 304,3	21 770,3	6 428,7	55 791,1	21 401,3	13 114,1	21 111,4	6 886,5	53 914,4	14 428,3

Quelle: *Statistisches Jahrbuch 1960,* Warszawa 1961.

Tabelle IV

16	17	18	19	20	21	22	23	24	25	26	27	28	29	30	31	32	
							Verbrauch		Akkumulation					Gesamtprodukt und Importe	davon		
och- und Tiefbau	Landwirtschaft	Forstwirtschaft	Transport- und Nachrichtenwesen	Handel	Sonstige materielle Produktion	Materieller Output insgesamt	individueller	kollektiver	Investitionen u. Anlagenreparaturen	Vorrats- u. Reservenerhöhungen	Export	Aufgegliederter Output insgesamt	Verluste und statistische Differenzen	Insgesamt	Gesamtprodukt	Importe	0
II	III	IV	V	VI	VII												
22 148,3	12 908,0	183,5	3 865,8	3 127,5	266,6	209 405,7	145 668,8	10 630,0	24 287,2	19 123,2	24 917,3	434 032,2	−7 540,5	426 491,7	393 614,2	32 877,5	1
240,6	188,4	0,3	79,2	108,8	98,6	4 021,1	843,7	600,0	—	21,1	7,9	5 493,8	−565,5	4 928,3	4 853,5	74,8	2
738,8	802,8	7,1	1 352,3	436,3	12,6	14 979,3	1 915,5	2 500,0	—	844,4	2 706,7	22 945,9	294,0	23 239,9	20 304,3	2 935,6	3
2 771,5	0,0	0,0	176,3	10,9	36,5	22 142,2	0,0	300,0	—	1 779,9	1 613,2	25 835,3	−1 798,4	24 036,9	21 770,3	2 266,6	4
123,6	0,0	0,0	78,2	0,0	5,2	7 722,2	0,0	80,0	—	50,2	790,0	8 592,4	−927,4	7 665,0	6 428,7	1 236,3	5
4 551,4	2 665,5	45,0	851,9	341,3	56,4	24 518,2	6 945,0	2 500,0	24 287,2	6 160,3	4 486,6	58 877,3	−3 725,2	65 172,1	55 791,1	9 381,0	6
916,6	2 070,7	25,6	330,4	37,8	17,1	15 581,8	5 948,4	950,0	—	2 212,0	1 182,8	25 875,0	−23,4	25 851,6	21 401,3	4 450,3	7
7 954,1	676,3	35,0	279,2	102,0	20,6	13 571,4	518,5	250,0	—	947,9	575,3	15 863,1	−2 265,5	13 597,9	13 114,1	483,8	8
3 949,0	610,9	28,5	390,6	575,1	17,7	14 741,8	4 116,8	700,0	—	1 728,5	739,4	22 026,5	−651,3	21 375,2	21 111,4	263,8	9
333,7	0,0	5,4	19,5	506,4	0,0	6 866,4	311,6	250,0	—	389,2	357,6	8 174,8	−624,7	7 550,1	6 886,5	663,6	10
131,3	20,1	0,0	68,4	391,4	0,0	35 551,1	19 037,9	500,0	—	434,9	3 596,6	59 120,5	1 069,0	60 189,5	53 914,4	6 275,1	11
263,5	39,0	34,4	91,1	119,4	0,9	1 222,4	12 336,0	—	—	−98,2	53,7	14 513,9	−85,6	14 428,3	14 428,3	—	12
150,7	0,0	2,2	46,2	59,6	0,0	6 147,1	8 236,4	350,0	—	569,9	53,3	15 356,7	592,4	15 949,1	15 153,4	795,7	13
5,0	5 299,3	0,0	76,8	312,8	1,0	39 920,0	82 540,3	50,0	—	3 062,5	8 485,3	134 059,1	1 671,8	135 729,9	132 347,8	3 382,1	14
18,5	535,0	0,0	25,7	125,7	0,0	2 420.7	2 918,7	600,0	—	1 020,6	318,9	7 278,9	−501,0	6 777,9	6 109,1	668,8	15
2 179,2	365,1	70,0	224,0	140,3	32,9	4 903,2	398,5	1 608,9	50 994,9	742,9	—	58 648,4	711,6	59 360,0	59 360,0	—	16
10,2	71 065,9	47,0	441,2	373,8	0,0	120 590,3	47 701,1	10,0	1 675,1	3 831,0	687,3	174 494,8	1 508,9	174 031,2	167 721,0	6 310,2	17
839,7	0,0	60,3	50,3	0,5	0,0	11 104,8	209,1	0,0	—	479,5	114,1	11 907,5	484,3	12 391,8	12 366,5	25,3	18
1 932,4	0,0	803,1	121,9	3 524,7	32,4	12 229,8	393,0	500,0	—	−24,7	2 385,4	15 483,5	955,3	16 438,8	16 438,8	—	19
813,4	1 337,2	1,1	187,3	119,7	0,0	8 718,7	24 705,7	1 250,0	—	133,9	774,5	35 582,5	−625,9	34 956,6	34 956,6	—	20
500,0	0,0	0,0	0,0	50,0	0,0	2 419,0	1 378,8	180,6	—	4,8	0,3	3 983,5	116,0	4 099,5	3 944,3	155,2	21
28 423,2	85 676,2	1 165,0	4 890,5	7 336,5	331,9	369 371,5	220 455,0	14 179,5	76 957,2	24 290,6	28 878,6	734 132,4	−6 362,8	727 769,6	688 401,4	39 368,2	22
383,5	532,0	271,6	375,8	—	16,5	−620,3	−843,6	−194,3	763,4	1 431,2	723,5	1 259,9	0	292,8	—	292,8	23
28 806,7	86 208,2	1 436,6	5 266,3	7 336,5	348,4	368 751,2	219 611,4	+13 985,2	77 720,6	25 721,8	29 602,1	735 392,3	−7 329,9	728 062,4	688 401,4	39 661,0	24
860,5	6 544,2	66,1	2 231,7	772,7	146,4	22 803,7	4 500,0	1 897,9	0	0	0	0	0	0	0	0	25
29 667,2	92 752,4	1 502,7	7 498,0	8 109,2	494,8	391 554,9	224 111,4	15 883 1	0	0	0	0	0	0	0	0	26
29 692,8	74 968,6	10 863,8	8 940,8	26 847,4	3 449,5	296 846,5	0	0	0	0	0	0	0	0	0	0	27
17 291,5	5 341,4	1 488,1	6 289,3	7 914,1	360,1	94 562,7	0	0	0	0	0	0	0	0	0	0	28
2 655,9	827,9	227,6	992,1	1 166,0	6,0	14 378,8	0	0	0	0	0	0	0	0	0	0	29
3 693,3	67 236,1	427,5	1 136,9	4 361,5	2 959,4	84 349,5	0	0	0	0	0	0	0	0	0	0	30
186,1	725,4	0,5	18,0	1 691,3	—	5 555,9	0	0	0	0	0	0	0	0	0	0	31
3 038,0	−4 122,4	114,0	−355,1	2 497,9	99,7	6 379,4	0	0	0	0	0	0	0	0	0	0	32
156,1	3 894,7	8 131,8	159,9	3 858,8	0,0	70 068,2	0	0	0	0	0	0	0	0	0	0	33
2 671,9	1 065,5	474,3	699,7	5 357,8	24,3	21 552,0	0	0	0	0	0	0	0	0	0	0	34
59 360,0	167 721,0	12 366,5	16 438,8	34 956,6	3 944,3	688 401,4	0	0	0	0	0	0	0	0	0	0	35

Verflechtungsbilanz und Verteilung des Gesamtpr
einsch

0	Empfangende Sektoren (Output) / Liefernde Sektoren, (Input, einschließlich Importe)	I Industrie	II Hoch- und Tiefbau	III Land-wirtschaft	IV Forst-wirtschaft	V Transport- und Nachrich-tenwesen	VI Handel
	0	1	2	3	4	5	6
1	I Industrie	181 740,6	24 776,4	15 252,2	381,6	5 041,6	4 394,4
2	II Hoch- und Tiefbau	2 014,7	2 241,8	369,8	74,5	238,5	149,4
3	III Landwirtschaft	54 657,1	10,7	74 230,3	49,2	462,2	464,8
4	IV Forstwirtschaft	10 315,2	845,0	—	65,0	52,0	1,0
5	V Transport- und Nachrichtenwesen	5 508,9	1 872,9	—	1 021,3	90,0	3 816,7
6	VI Handel	6 189,1	785,6	1 153,4	1,1	195,1	112,6
7	VII Sonstige Produktion	1 895,7	300,0	—	—	—	60,0
8	Materieller Input insgesamt	262 321,3	30 832,4	91 005,7	1 592,7	6 079,4	8 998,9
9	Statistische Differenzen	—	—	571,8	—	—	—
10	Materieller Input und Dienstleistungen	262 321,3	30 832,4	91 577,5	1 592,7	6 079,4	8 998,9
11	Abschreibungen	14 231,6	1 049,5	6 618,0	70,3	2 106,8	770,0
12	Vorleistungen insgesamt	276 552,9	31 881,9	98 195,5	1 663,0	8 186,2	9 768,9
13	Nettoproduktion	154 295,8	33 831,1	79 252,2	10 409,8	9 087,4	28 170,7
14	Gesamtproduktion	430 848,7	65 713,0	177 447,7	12 072,8	17 273,6	37 939,6

Quelle: *Statistisches Jahrbuch 1960*, Warszawa 1961.

lkseinkommens in Polen, 1958 (in Mrd. Zl.)
:e

'erbrauch an mate- rieller Produktion		Akkumulation		Export	Aufgegliederter Output insgesamt	Verluste und statistische Differenzen	Gesamtprodukt und Importe	davon		0
rivater	sonstiger	Investitionen und Anlagenreparaturen	Vorrats- u. Reserveerhöhungen				Insgesamt	Gesamtprodukt	Importe	
9	10	11	12	13	14	15	16	17	18	
54 977,4	12 220,0	26 311,5	20 241,3	35 577,2	481 310,2	−5 734,7	475 575,5	430 848,7	44 726,8	1
400,0	1 850,0	56 712,3	780,1	—	64 866,1	+846,9	65 713,0	65 713,0	65 713,0	2
49 294,2	35,0	1 015,1	90,4	2 157,4	182 466,4	−526,9	181 939,5	177 447,7	4 491,8	3
257,1	10,0	—	146,3	227,4	11 919,0	+367,3	12 286,3	12 072,8	213,5	4
410,0	580,0	—	517,8	2 994,4	16 842,5	+431,1	17 273,6	17 273,6	—	5
26 735,4	1 260,7	128,1	721,4	801,0	38 083,8	−144,2	37 939,6	37 939,6	—	6
1 157,9	383,4	—	12,7	0,3	3 810,0	+228,9	4 038,9	4 037,6	1,3	7
33 232,0	16 339,1	84 167,0	22 510,0	41 757,7	799 298,0	−4 531,6	794 766,4	745 333,0	49 433,4	8
−840,0	—	1 207,5	1 262,6	—	2 201,9	0	192,7	—	192,7	9
32 392,0	16 339,1	85 374,5	23 772,6	41 757,7	801 499,9	−6 540,8	794 959,1	745 333,0	49 626,1	10
4 650,0	1 965,6	0	0	0	0	0	0	0	0	11
37 042,0	18 304,7	0	0	0	0	0	0	0	0	12
0	0	0	0	0	0	0	0	0	0	13
0	0	0	0	0	0	0	0	0	0	14

ANHANG II

ÜBER DIE ABHÄNGIGKEIT VON INVESTITION UND PRODUKTIONSWACHSTUM*)

von K. PORWIT

Bisher lag das Schwergewicht der Überlegungen über die Zusammenhänge zwischen Akkumulation und Produktionswachstum in einer Analyse der verschiedenen Möglichkeiten, für die in Übereinstimmung mit einer vorgegebenen Investitionsquote (d. h. mit einem vorgegebenen relativen Anteil der produktiven Investition am Volkseinkommen) eine bestimmte Wachstumsrate des Volkseinkommens erzielt werden kann. Den Ausgangspunkt für kurz- und langfristige Analysen der Zusammenhänge zwischen dem Volkseinkommen, dem Akkumulationsfonds und dem Konsumtionsfonds bildet die Beziehung[1])

$$\frac{\Delta D}{D} = \frac{1}{m} \times \frac{I}{D} - a + u, \qquad (1)$$

wobei angenommen wird, daß die Koeffizienten m, a und u Konstante sind. Diese Relation zeigt auch, daß eine Änderung des Koef-

*) *Anm. des Verfassers.* Dieser (der zweiten Auflage beigefügte) Anhang wurde von Herrn Krzysztof Porwit vom Institut für Wirtschaftsforschung der Plankommission der Volksrepublik Polen verfaßt. Herr Porwit versucht, das in diesem Buch entwickelte Verfahren zur Behandlung des Nutzeffektes der Investition und der Akkumulation auf für Polen vorliegende statistische Daten der Jahre 1955 und 1957 anzuwenden. Der Verfasser möchte daher die Gelegenheit wahrnehmen, Herrn Porwit für seine Arbeit und seinen Beitrag zu danken. Herr Porwit verwendet in seinen Ausführungen den Terminus Investition zur Bezeichnung einer Zunahme des Anlagevermögens produktiver und nichtproduktiver Art. Mit dem Ausdruck Akkumulation ist die so definierte Investition einschließlich der Nettozunahme an Vorräten bezeichnet.

[1]) Professor Kalecki definierte *a* als den Koeffizienten der durch Alter und Verschleiß der Anlagen bedingten »Schrumpfung der Produktionskapazität« und *u* als den Koeffizienten des durch verschiedenartige Verbesserungen bewirkten »investitionsunabhängigen« (»extra-investment«) Einkommenswachstums. Vgl. M. Kalecki, *The Dynamics of Investment and of the National Income in Socialist Economy*, (Ekonomista, No. 5, 1956, S. 62).

fizienten *m* (der angibt, wie hoch die Investition sein muß, damit das Volkseinkommen um eine Einheit zunimmt) die Wachstumsrate des Einkommens umgekehrt proportional beeinflußt. Es steht außer Frage, daß man nunmehr Schwankungen des Koeffizienten *m* größere Aufmerksamkeit schenken sollte. Die Erfahrungen bei langfristigen Planungen weisen auf die außerordentliche Bedeutung hin, die dieser Koeffizient für die Wachstumsrate der Gesamtwirtschaft hat. Die jeweilige Größe des Koeffizienten *m* ist durch eine Vielheit von Faktoren bestimmt. Eine Erörterung darüber, wie man dieses Problem angehen soll, scheint daher angebracht.

Viele für die Praxis wertvolle Hinweise entnimmt man den Beziehungen, die Professor Lange in seiner *Einführung in die Ökonometrie* angibt. Der vorliegende Beitrag dient dem Zweck, diese Beziehungen durch zahlenmäßige Beispiele zu veranschaulichen (basierend auf statistischen Daten für 1956 und 1957) und zu erörtern, welche praktischen Entwicklungsmöglichkeiten diese Untersuchungen bieten. Die Ergebnisse der Berechnungen, d. h. die sektoralen und durchschnittlichen Koeffizienten für die Relation: Investition zu Produktionszuwachs, sind zweifellos nicht sehr genau. Erstens können die Zahlen, da sie sich nur auf ein Jahr beziehen, eine Reihe von Zufallseinflüssen wiedergeben (infolge von Unterschieden im Ausnutzungsgrad der Produktionskapazitäten und infolge unterschiedlicher Beträge an Produktionsmitteln, die in noch nicht in Betrieb genommenen Anlagen stecken). Zweitens bezieht sich ein Teil der Investitionsaufwendungen auf die Reproduktion der Anlagen und stellt eine Modernisation der Produktionsausstattung dar, die zu einer Kostensenkung, aber nicht zu einer Erweiterung der Produktionskapazitäten führt. Im vorliegenden Beitrag wurde kein Versuch unternommen, diese Faktoren zu berücksichtigen. Denn es ist nicht unsere Absicht, für die in Polen bestehenden gegenseitigen Abhängigkeiten den besten Näherungsausdruck numerisch zu bestimmen; wir gehen vielmehr davon aus, daß lediglich ein einfaches Rechenbeispiel, dem diese Beziehungen zugrunde liegen, dargestellt werden soll[2]).

---

[2]) Aus gleichen Gründen hat der Verfasser keine Änderungen in den Berechnungen für 1958 vorgenommen. Er beschränkt sich darauf, Änderungen und Ergänzungen im Text, der die Rechenmethoden erläutert und kommentiert, anzubringen.

Die grundlegenden Beziehungen:

Die Wachstumsrate des Gesamtproduktes

$$R(t) = \frac{X(t+1)-X(t)}{X(t)}$$

kann durch die folgende Beziehung ausgedrückt werden[3]):

$$R(t) = \alpha(t) \times \beta(t). \qquad (2)$$

Mit $\alpha(t)$ haben wir den Anteilsatz jenes Teiles des Akkumulationsfonds am Gesamtprodukt bezeichnet, der zu einem Zuwachs des Produktes führt.

In den bisherigen Berechnungen wurden die produktiven (Netto- oder Brutto-)Investitionen berücksichtigt, d. h. der (Brutto- oder Netto-)Zuwachs an Anlagevermögen. Dieser Teil des Akkumulationsfonds hat zweifellos einen direkten Einfluß auf das Produktionswachstum. Der gesamte Akkumulationsfond besteht jedoch nicht nur aus produktiven und unproduktiven Investitionen, sondern auch aus dem Zuwachs an Umlaufmitteln. Er schließt auch die Zunahme an Materialvorräten (Arbeitsgegenständen) ein, die für die Produktionserweiterung und die laufende Produktion in der nächsten Periode benötigt werden[4]).

Zur Analyse der Beziehungen zwischen Akkumulation und Produktionswachstum zerlegen wir den gesamten Akkumulationsfonds in einen produktiven und einen unproduktiven Teil (der letztere ist im konsumierten Teil des Endproduktes enthalten). Es erscheint zweckmäßig, den Zuwachs der Umlaufmittel auf ähnliche Art aufzugliedern.

Auf diese Weise haben wir sowohl die Investition als auch den Zuwachs an Umlaufmitteln in zwei Gruppen eingeteilt. Den Berechnungen liegen die Tabellen für interindustrielle Kreisläufe zugrunde, die vom polnischen Statistischen Zentralamt für 1956 berechnet wurden. Zu diesen Tabellen ist zu bemerken:

(a) Die Investition wurde in den einzelnen Industrien entsprechend

---

[3]) Vgl. S. 217.

[4]) Es verbleibt immer noch das Problem, in welchem Ausmaß die Vorratserhöhung in den einzelnen Stufen als rational und geplant oder im Gegenteil als »Zwangsakkumulation« anzusehen ist. Es wurde nicht versucht, die angeführten Zahlen auf diese Weise aufzugliedern, jedoch verdient die Angelegenheit eine Untersuchung.

den statistischen Angaben über Investitionsausgaben und Anlagenreparaturen aufgegliedert.

(b) Der Zuwachs an Vorräten wurde approximativ unter der Annahme aufgeteilt, daß für einen Industriezweig der Zuwachs und die Sollwerte der Produktion in der gleichen Relation stehen, wie der Ausstoß der jeweiligen Industrie sich zum Gesamtprodukt verhält.

Man erhält für 1956 die folgenden Schätzwerte:

Gesamtprodukt: $X(1956) = 585{,}3$ Mrd. Zl.
Akkumulation für produktive Zwecke: 52,3 Mrd. Zl.
Koeffizient $\alpha(t)$, der den relativen Anteil der Akkumulation am Gesamtprodukt angibt:

$$\alpha(1956) = \frac{52{,}3}{585{,}3} = 0{,}0894$$

Relativer Anteil der produktiven Investitionen:

$$\alpha'(1956) = \frac{45{,}5}{585{,}3} = 0{,}0777$$

Anhand der vom Statistischen Zentralamt herausgegebenen vorläufigen Zahlen wurde der Zuwachs des Gesamtproduktes im Jahre 1957 (in Preisen von 1956) auf 44 Mrd. Zl. geschätzt; infolgedessen ist:

$$R(1956) = \frac{44{,}0}{585{,}3} = 0{,}0751.$$

Wir können daher einen Schätzwert für den durchschnittlichen Koeffizienten des Nutzeffektes der Akkumulation berechnen:

$$\beta(1956) = \frac{R(1956)}{\alpha(1956)} = \frac{0{,}0751}{0{,}0894} = 0{,}8413.$$

Werden nur die produktiven Investitionen berücksichtigt, beträgt der mittlere Koeffizient des Nutzeffektes:

$$\beta'(1956) = \frac{R(1956)}{\alpha'(1956)} = \frac{0{,}0751}{0{,}0777} = 0{,}9670.$$

In der Beziehung (2) ist der Koeffizient des Nutzeffektes der Akkumulation mit dem Symbol $\beta(t)$ bezeichnet.

Dies ist ein durchschnittlicher Koeffizient für die gesamte Volkswirtschaft. Für Investitionen gibt es bekanntlich zwei grundlegende Arten von Querschnittsbetrachtungen, nämlich:

(1) nach ihrer physischen Struktur, d. h. nach den Sektoren, die die einzelnen Investitionsbestandteile erzeugen (Bauwesen, Maschinenbau und andere Zweige, die der Ursprung wachsender Umlaufmittel sind, falls der Zuwachs dieser Mittel zur Investition gezählt wird);

(2) nach ihrer sektoralen Allokation, d. h. nach denjenigen Sektoren, denen die einzelnen Bestandteile der Investition (Akkumulation) zugewiesen werden.

Auf zweierlei Art kann also der Koeffizient $\beta(t)$ in Form eines gewogenen Mittels der sektoralen, nach dem oben erörterten Kriterium bestimmten Koeffizienten ausgedrückt werden. Im ersten Fall kann die Beziehung durch den Ausdruck (3) und im zweiten durch den Ausdruck (4) dargestellt werden:

$$\beta(t) = \sum_{j=1}^{n} \sum_{i=1}^{n} B_{ji}\mu_i(t), \tag{3}$$

$$\beta(t) = \sum_{j=1}^{n} \lambda_j \beta_j, \tag{4}$$

wobei

$$\beta_j = \frac{1}{\sum_{i=1}^{n} b_{ij}} .$$

Das Symbol $\mu_i(t)$ in (3) gibt an, welcher Teil der Gesamtakkumulation im Jahre t vom i-ten Sektor stammt. Die Werte dieser Kennziffern für eine 5-Sektoren-Aufgliederung sind in Tabelle III, Spalte 6, angeführt. Sie zeigen an, daß pro Zl. der Gesamtakkumulationsausgaben im Jahre 1956

vom ersten Sektor	0,3786 Zl.
vom zweiten Sektor	0,0688 Zl. usw. stammen.

Das Symbol $\lambda_j(t)$ in (4) gibt an, welcher Teil der Gesamtakkumulation im Jahre t für den j-ten Sektor vorgesehen ist. Werte für das

Jahr 1956 sind in Tabelle II, Spalte 8 angegeben. Sie besagen, daß pro Zl. der Akkumulationsaufwendungen insgesamt im Jahre 1956

auf den ersten Sektor 0,0860 Zl.
auf den zweiten Sektor 0,4609 Zl. usw. entfielen.

Ferner enthalten die Beziehungen (3) und (4) Koeffizienten, die mit b_{ij} und B_{ji} bezeichnet sind.

Der Koeffizient b_{ij} gibt denjenigen (wertmäßigen) Akkumulationsaufwand des i-ten Sektors an, der im j-ten Sektor investiert werden muß, um die Gesamterzeugung des j-ten Sektors um eine Einheit zu erhöhen.

Diese Koeffizienten wurden berechnet und in Tabelle I ausgewiesen. Teil A enthält die absoluten Beträge (in Mrd. Zl.) der Investitionsaufwendungen, des Zuwachses der Vorräte für Produktionszwecke und die gesamten Akkumulationsaufwendungen, aufgegliedert nach »liefernde« Sektoren (Ursprung: Zeilen) und »empfangende« Sektoren (Bestimmung: Spalten). Teilt man diese Zahlen durch den Zuwachs der Gesamtproduktion des entsprechenden »empfangenden« Sektors im Jahre $(t+1)$, d. h. im Jahre 1957, erhält man die Koeffizienten b_{ij}, die im Teil *B* der Tabelle 1 ausgewiesen sind. Diese Koeffizienten lauten z. B.

$$b_{11} = \frac{2,6}{6,3} = 0,4127,$$

$$b_{32} = \frac{13,0}{24,3} = 0,5350 \text{ usw.}$$

Tabelle I enthält die Koeffizienten getrennt nach produktiven Investitionen, Vorratszunahmen und Akkumulationsaufwendungen insgesamt.

Tabelle II verdeutlicht die Berechnung des Koeffizienten des durchschnittlichen Nutzeffektes nach »empfangenden« Sektoren bei gegebener Zusammensetzung der Akkumulation (entsprechend Beziehung (4)).

Die Summe der Koeffizienten $\sum_{i}^{n} b_{ij}$, die wiederum zur Berechnung des Koeffizienten β_j dient, gibt den Gesamtkoeffizienten der Akkumulationsaufwendungen aller Sektoren für eine Zunahme der Produktion im *i*-ten Sektor um eine Einheit an. Diese Summen sind in Tabelle I, Teil B, Zeile 6c, berechnet. Z.B. ergibt sich für den ersten Sektor:

$$\sum_{i}^{5} b_{i1} = b_{11}+b_{21}+b_{31}+b_{41}+b_{51}$$
$$= 0{,}4127+0{,}0635+0{,}2381+0+0 = 0{,}7143.$$

Davon ausgehend können wir

$$\beta_1 = \frac{1}{\sum_{i=1}^{5} b_{i1}} = \frac{1}{0{,}7143} = 1{,}40$$

und danach auf die gleiche Art

$$\beta_2 = 1{,}02, \quad \beta_3 = 0{,}35, \quad \beta_4 = 0{,}41, \quad \beta_5 = 0{,}87$$

berechnen.

Diese Koeffizienten β_j, sektorale Nutzeffekte der Investition (Akkumulation) genannt, wurden in Tabelle II, Spalte 5 (gesondert für produktive Investitionen) und in Spalte 9 (für Investitionen einschließlich des Zuwachses an Produktionsvorräten) ausgewiesen. Desgleichen erkennt man, daß die Akkumulation im ersten Sektor im Verhältnis zum Gesamtwert $\lambda_1 = 0{,}0860$ betrug, d. h., auf 1 Zl. Gesamtakkumulation entfiel auf den ersten Sektor 0,0860 Zl. Diese Koeffizienten λ_j, die als sektorale Koeffizienten der Investitionsstruktur bezeichnet werden, sind in Tabelle II, Spalte 4 und 8 enthalten.

Anhand dieser Koeffizienten β_j und λ_j können wir berechnen, daß eine Gesamtinvestition von 1 Zl. im ersten Sektor einen Produktionszuwachs von

$$\lambda_1\beta_1 = 0{,}0860 \cdot 1{,}40 = 0{,}1204$$

und im zweiten Sektor von

$$\lambda_2\beta_2 = 0{,}4609 \cdot 1{,}02 = 0{,}4647$$

induziert.

Analog wurden die Produktionszuwächse in den übrigen Sektoren berechnet. Die Summe dieser Zunahmen beträgt:

$$\sum_{j=1}^{5} \lambda_j\beta_j = 0{,}8413.$$

In bezug auf die sektorale Zusammensetzung der Akkumulation sagt uns dieses Ergebnis, welcher Gesamtproduktzuwachs je Einheit der Akkumulationsaufwendungen erzielt wird; dies ist also der Koeffizient $\beta(t) = \beta(1956)$, der in Formel (2) auftritt.

Wir wollen nun untersuchen, wie die Berechnung des mittleren Koeffizienten β mit der physischen Zusammensetzung der Investition (Akkumulation) in Verbindung gebracht werden kann (nach Formel (3)).

Die im Teil *B* der Tabelle I dargestellten Koeffizienten b_{ij} bilden eine quadratische Matrix $||b_{ij}||$. Die Inverse dieser Matrix

$$||b_{ij}||^{-1} = ||B_{ji}||$$

besteht aus Elementen B_{ji}, durch die der (wertmäßige) Produktionszuwachs, der im *j*-ten Sektor durch eine Erhöhung der Akkumulation um eine Einheit im *i*-ten Sektor erzielt wird, festgelegt ist. Die Koeffizienten der ersten Zeile in Tabelle III z. B. zeigen, wie sich der Produktionszuwachs des Maschinenbaus ändert, wenn in den einzelnen Sektoren die Akkumulation um eine Einheit erhöht wird.

Diese Koeffizienten B_{ji} dürfen nicht mechanisch behandelt werden. Die physische Struktur der Investitionen wird in hohem Grade durch technische Erwägungen bestimmt, und daher können die einzelnen materiellen Bestandteile (Maschinen, Gebäude usw.) nicht beliebig verändert werden, und es kann nicht unterstellt werden, daß eine isolierte Änderung der Aufwendungen für einen bestimmten Bestandteil einen spezifischen Produktionseffekt zeitigen wird. Weiterhin kann beispielsweise – losgelöst von der Berechnung als Ganzes – der Koeffizient B_{13} (vgl. Tabelle III: $B_{13} = -2{,}2092$), demzufolge es den Anschein hat, daß die Produktion des Maschinenbaus bei einer Erhöhung der Bauinvestitionen um eine Einheit um 2,21 Einheiten zurückgeht, auch nicht ökonomisch interpretiert werden. Auf der anderen Seite besteht Grund zu der Annahme, daß die positiven und negativen Werte der Koeffizienten B_{ij} irgendwie die begrenzten Möglichkeiten von Änderungen in der physischen Investitionsstruktur ausdrücken.

Denn auf Grund der Zahlen in Tabelle III kann gefolgert werden, daß, falls wir eine Vergrößerung der Produktion auf allen fünf Sektoren erreichen wollen, der Akkumulationszuwachs den folgenden

Bedingungen, die die physische Struktur dieses Zuwachses festlegen, genügen muß:

$$3{,}9520\mu_1+1{,}6600\mu_4 > 1{,}6565\mu_2+2{,}2092\mu_3+40{,}0724\mu_5$$

$$30{,}2459\mu_2+16{,}2450\mu_4+102{,}2223\mu_5 > 3{,}3609\mu_1+2{,}2406\mu_3$$

$$0{,}5310\mu_1+1{,}6861\mu_3 > 9{,}7724\mu_2+8{,}5859\mu_4+40{,}3514\mu_5$$

$$3{,}2860\mu_4 > 0,$$

$$37{,}5937\mu_5 > 0.$$

In obigen Ungleichungen ist das Symbol μ zur Bezeichnung des Anteiles, den die einzelnen Glieder der jeweiligen Sektoren an der Gesamtakkumulation haben, verwendet worden. Die für 1956 geschätzten Koeffizienten μ sind in der Spalte 6 der Tabelle III eingetragen. Sie besagen, daß pro Akkumulationseinheit der erste Sektor 0,3786, der zweite Sektor 0,0688 usw. betrug.

Anhand der oben erörterten Koeffizienten β_{ji} und μ kann berechnet werden, wie z. B. die Produktion des Maschinenbaus zunimmt, wenn bei gegebener Struktur in den einzelnen Sektoren ein zusätzlicher Akkumulationsaufwand in Höhe von 1 Zl. erfolgt.

Die Formel für diese Berechnung lautet:

$$\sum_{i=1}^{5} B_{ji}\mu_i(1956) = (3{,}9520)\,(0{,}3786)+(-1{,}6565)\,(0{,}0688)$$
$$+(-2{,}2092)\,(0{,}5220)+(1{,}6600)\,(0{,}0268)$$
$$+(-40{,}0724)\,(0{,}0038) = 0{,}1213.$$

Sie gibt die Produktionszunahme des ersten Sektors an, die bei gegebener Struktur durch die Akkumulation einer Einheit hervorgebracht wird.

In gleicher Weise verfahren wir bei den übrigen Zeilen und berechnen so den Produktionszuwachs, der in jedem Sektor durch die Akkumulation einer Einheit erzeugt wird. Die Ergebnisse sind in Spalte 7 der Tabelle III ausgewiesen.

Die Summe der Produktionszunahmen in den einzelnen Sektoren ergibt den in Formel (3) definierten Koeffizienten des durchschnittlichen Nutzeffektes der Akkumulation.

Man beachte, daß

$$\sum_{i=1}^{5} B_{ji}\mu_i = \lambda_j \beta_j. \tag{5}$$

(Diese Abhängigkeit kann durch Vergleich der in den letzten Spalten der Tabellen II und III ausgewiesenen Ergebnisse nachgeprüft werden, infolge der in der Berechnung durchgeführten Rundungen ergeben sich kleinere Differenzen.)

In beiden Fällen ist durch die obige Formel die Beziehung festgelegt, die zwischen dem Produktionseffekt eines gegebenen Sektors und den in der gesamten Volkswirtschaft für Produktionszwecke getätigten Investitionsaufwendungen je Einheit besteht.

Zwischen der durch die Formel (2) festgelegten Wachstumsrate des Gesamtproduktes $R(t)$ und der Wachstumsrate des Volkseinkommens, die wir mit dem Symbol $r(t)$ bezeichnen, besteht die folgende Beziehung:

$$1+r(t) = [1+R(t)]\,\frac{1-\sigma(t+1)}{1-\sigma(t)}, \tag{6}$$

wobei

$$\sigma(t) = \frac{\sum_{i}^{n}\sum_{j}^{n} \alpha_{ij} X_j(t)}{X(t)}.$$

Der Koeffizient $\sigma(t)$ gibt demnach das Verhältnis des Materialaufwandes (in unserem Beispiel ohne Berücksichtigung der Abschreibungen) zum Gesamtprodukt an.

Wenn dieser Koeffizient sich vom Jahre t zum Jahre $t+1$ nicht ändert, dann ist die Wachstumsrate des Volkseinkommens einschließlich der Abschreibungen die gleiche wie die des Gesamtproduktes.

Versuch einer Auswertung

Die obige Analyse der Faktoren, die den Koeffizienten des mittleren Nutzeffektes der Akkumulation bestimmen, hat gezeigt, daß zwei Kategorien dieser Faktoren bestehen:

(1) die speziellen intersektoralen Koeffizienten der Akkumulationsaufwendungen b_{ij} und

(2) die gegebene Akkumulationsstruktur.

Man beachte, daß, wie aus Beziehung (5) ersichtlich, die Werte jeder der beiden oben erwähnten, die Akkumulationsstruktur betreffenden Koeffizientenmengen genügen, um die anderen zu bestimmen. Sieht man nämlich die Akkumulationsstruktur in bezug auf die empfangenden Sektoren als gegeben an, d. h. die λ_j seien bekannt, so kann man die Koeffizienten μ_i berechnen, die die Akkumulationsstruktur in bezug auf die liefernden Sektoren bestimmen:

$$\mu_i = \sum_{j=1}^{n} b_{ij} \lambda_j \frac{1}{\sum_{i=1}^{n} b_{ij}} \tag{7}$$

und umgekehrt:

$$\lambda_j = \sum_{i=1}^{n} b_{ij} \sum_{i=1}^{n} B_{ji} \mu_i . \tag{8}$$

Wir erörtern zunächst Bedingungen, die aus der Annahme folgen, die Koeffizienten b_{ij} seien gegeben. Unter dieser Voraussetzung hängt natürlich die Höhe des durchschnittlichen Nutzeffektes der Akkumulation von der Akkumulationsstruktur ab.

Welche Faktoren bestimmen die Akkumulationsstruktur? Erstens die gewünschte Struktur des Produktionswachstums, die die Akkumulationsstruktur bezüglich der empfangenden Sektoren festlegt; zweitens die Grenzen, innerhalb derer die Struktur bezüglich der liefernden Sektoren im Basisjahr variiert werden kann.

Der Einfluß des ersten Faktors wurde in Tabelle IV dargestellt. Als bekannt werden vorausgesetzt:

— die Koeffizienten b_{ij};

— der relative Akkumulationsanteil am Gesamtprodukt für das Basisjahr, d. h. $\alpha(t)$;

— die gewünschte Struktur des Zuwachses

$$K_j = \frac{X_j(t+1)-X_j(t)}{X(t+1)-X(t)} = \frac{\Delta X_j}{\Delta X} . \tag{9}$$

Folglich können wir bestimmen:

— die Akkumulationsstruktur bezüglich der empfangenden Sektoren für das Basisjahr (d. h. λ_j);

— die Wachstumsrate des Gesamtproduktes $R(t)$.

Durch Transformation der betreffenden Beziehungen erhält man:

$$\lambda_j = \frac{K_j \cdot R(t) \sum_{i=1}^{n} b_{ij}}{\alpha(t)}. \qquad (10)$$

Bei n Sektoren haben wir n solche Gleichungen und weiterhin eine $(n+1)$-te Gleichung: $\sum_j^n \lambda_j = 1$. Es sind $n+1$ Unbekannte vorhanden, nämlich n Strukturkoeffizienten λ_j und $R(t)$.

Spalte 3 der Tabelle IV zeigt die Zuwachsrate des Gesamtproduktes im Jahre 1957 nach den neuesten Schätzungen; in Spalte 4 ist eine andere, beliebig angenommene Struktur des Zuwachses angeführt. In den Spalten 8 und 9 sind die sich unter diesen Voraussetzungen ergebenden modifizierten Akkumulationsstrukturen ausgewiesen und in Spalte 12 ist der entsprechende durchschnittliche Nutzeffekt der Akkumulation berechnet.

Unter diesen neuen Annahmen (Spalte 9) weicht die Akkumulationsstruktur bezüglich der liefernden Sektoren von der vorhergehenden (die im Jahre 1956 tatsächlich beobachtet wurde - siehe Spalte 11) ab. Das bedeutet, daß die Realisierung des modifizierten Akkumulationsprogrammes Änderungen in der Aufgliederung des verfügbaren Endproduktes in den einzelnen Sektoren im Basisjahr erforderlich machen würde. Die Grenzen und Möglichkeiten solcher Änderungen könnten den Gegenstand einer gesonderten Untersuchung bilden.

Welche Beziehung besteht zwischen dem durchschnittlichen Koeffizienten des Akkumulationsnutzeffektes und den einzelnen Koeffizienten b_{ij}? Dieser Koeffizient ist in Beziehung (4) wie folgt dargestellt worden:

$$\beta = \sum_{j=1}^{n} \lambda_j \beta_j = \sum_{j=1}^{n} \lambda_j \frac{1}{\sum_{i=1}^{n} b_{ij}}.$$

Dieser Ausdruck führt zu dem einfachen Schluß, daß eine Verminderung der Koeffizientenwerte b_{ij} zu einer Erhöhung der sektoralen

Koeffizienten des Nutzeffektes der Akkumulation β_j und damit auch des durchschnittlichen Koeffizienten β führt.

Auch ist zu erkennen, daß der relativ stärkste Einfluß auf die Höhe des mittleren Koeffizienten durch Änderungen der Koeffizienten b_{ij} in jenen Sektoren (mit dem Symbol j bezeichnet) ausgeübt wird, denen die relativ größten Akkumulationsaufwendungen zukommen (d. h. in denen die λ_j relativ höher sind).

*

Obige Bemerkungen geben Anlaß zu der Frage, inwieweit anzunehmen ist, daß die angeführten Rechenkalküle sich für Planungszwecke eignen.

Vor allem ist zu betonen, daß die Koeffizienten b_{ij}, die auf Grund von Zahlen der Vergangenheit bestimmt werden, keine zuverlässige Planungsgrundlage bilden. Hierfür gibt es mehrere Gründe.

Erstens hängt die Beziehung zwischen den Investitionsaufwendungen und dem Zuwachs an Produktionskapazität für ein konkretes Produkt von der Wahl der Produktionstechnik für dieses Produkt ab, und die Wahlmöglichkeiten werden mit dem technischen Fortschritt größer.

Zweitens zwingt uns die beschriebene Rechentechnik mit Produktgruppen zu operieren (oder sogar mit ganzen Sektoren der Volkswirtschaft); die durchschnittlichen sektoralen Beziehungen hängen andererseits von der Zusammensetzung der Produktion innerhalb des Sektors ab.

Drittens sind die Relationen, in denen die Werte der Investitionsaufwendungen auf die Werte der Produktionszunahmen bezogen werden, von der Höhe und der Struktur der Preise abhängig; dies führt zu komplizierten Problemen, wie die Daten der Vergangenheit auf ein mit den Verhältnissen einer zukünftigen Periode vergleichbares Niveau zu bringen sind.

Als Ausgangspunkt ist daher zu unterstellen, daß die Kalkulationen, die sich auf statistische Koeffizienten stützen, nur eine sehr unvollkommene Näherungsrechnung sein können. Daraus kann man den weiteren Schluß ziehen, daß sich die die Zukunft betreffenden Berechnungen auf geplante Koeffizienten stützen sollten. Für ein konkretes Produkt ergeben sich diese aus den Planzahlen für die einzelnen Investitionsprojekte. Bezogen auf einen Sektor bilden sie ein gewogenes Mittel, das sich aus einzelnen, die Wahl einer Reihe von Investitionsprojekten betreffenden Einzelentscheidungen ergibt.

Aber selbst wenn man annimmt, daß die Plankoeffizienten b_{ij} auf diese Weise bestimmt werden, bestehen immer noch Zweifel, ob man unterstellen kann, daß sie konstant und unabhängig vom Umfang der Investition und dem Produktionszuwachs sind. Mit anderen Worten: Es bestehen Zweifel, ob für eine bestimmte Periode der Produktionszuwachs als eine lineare Funktion der Investition angesehen werden kann[5]). Die Annahme einer linearen Abhängigkeit ist hier als eine Approximation zu betrachten, da in Wirklichkeit die einem bestimmten Sektor zugeleiteten zusätzlichen Investitions-»Portionen« Produktionseffekte zeitigen können, die durch einen anderen als den vorher für das Basisniveau der Investition in dem betreffenden Sektor ermittelten Koeffizienten angegeben werden.

Es sollte jedoch betont werden, daß es sich in gewissen Fällen lohnt, von einer solchen Näherung auszugehen. Es kommt nämlich darauf an, zwischen einer konkreten und detaillierten Ausarbeitung des Investitions- und Produktionsplanes auf der einen Seite und einer allgemeinen, umfassenden Analyse der Gruppenbeziehungen im Rahmen der Aufstellung von nationalen Wirtschaftsplänen auf der anderen Seite zu unterscheiden.

Für die Planungsarbeiten werden Instrumente benötigt, die eine rasche, wenn auch weniger genaue Berechnung einzelner Entscheidungsvarianten ermöglichen, indem man den Umfang und die Anteilsätze der Aufgliederung von Produktion, Investition usw. verändert. Es leuchtet ein, daß die gleichen Instrumente für eine detaillierte konkrete Formulierung der Planziele ungeeignet sind.

Die Rechenmethoden, die in der *Einführung in die Ökonometrie* betrachtet werden, können uns mit ebensolchen Instrumenten versehen. Auch daraus ergibt sich ihr Nutzen für die praktischen Planungszwecke und die Notwendigkeit, die zahlenmäßigen Grundlagen und den Formelapparat für eine Anwendung dieser Methoden in der Praxis bereitzustellen.

---

[5]) Es bestehen auch begründete Zweifel, ob es sich um eine kontinuierliche Funktion handelt, d.h., ob die Erhöhung der Produktionskapazität in beliebig kleinen Teilmengen untersucht werden kann (z. B. in Intervallen von 1 Mill. Zl. des Produktionswertes).

Tabelle I

Aufwendungen für produktive Investitionen und Vorratserhöhungen für Produktionszwecke im Jahre 1956

Nr	Empfangender Sektor / Liefernder Sektor		Maschinenbau	Sonstige verarbeitende Industrie	Hoch- und Tiefbau	Landwirtschaft	Übrige Sektoren	Insgesamt
a	b		1	2	3	4	5	6
Teil A 1	Maschinenbau — produktive Investitionen	a)	1,6	8,0	1,0	3,0	4,1	17,7
	— Vorratserhöhung	b)	1,0	0,4	0,3	0,2	0,2	2,1
	— insgesamt	c)	2,6	8,4	1,3	3,2	4,3	19,8
2	Sonstige verarbeitende Industrie	a)	—	—	—	—	—	—
		b)	0,4	2,7	0,3	0,1	0,1	3,6
		c)	0,4	2,7	0,3	0,1	0,1	3,6
3	Hoch- und Tiefbau	a)	1,5	13,0	1,4	6,7	4,0	26,6
		b)	—	—	0,7	—	—	0,7
		c)	1,5	13,0	2,1	6,7	4,0	27,3
4	Landwirtschaft	a)	—	—	—	1,1	—	1,1
		b)	—	—	—	0,3	—	0,3
		c)	—	—	—	1,4	—	1,4
5	Übrige Sektoren	a)	—	—	—	—	0,1	0,1
		b)	—	—	—	—	0,1	0,1
		c)	—	—	—	—	0,2	0,2
6	Insgesamt	a)	3,1	21,0	2,4	10,8	8,2	45,5
		b)	1,4	3,1	1,3	0,6	0,4	6,8
		c)	4,5	24,1	3,7	11,4	8,6	52,3

Tabelle I (Fortsetzung)

Nr	Liefernder Sektor / Empfangender Sektor		Maschinenbau	Sonstige verarbeitende Industrie	Hoch- und Tiefbau	Landwirtschaft	Übrige Sektoren	Insgesamt
a	b		1	2	3	4	5	6
Teil B								
1	Maschinenbau	a)	0,2540	0,3292	0,7692	0,6522	0,5467	0,4023
		b)	0,1587	0,0165	0,2308	0,0435	0,0267	0,0477
		c)	0,4127	0,3457	1,0000	0,6957	0,6734	0,4500
2	Sonstige verarbeitende Industrie	a)	0	0	0	0	0	0
		b)	0,0635	0,1111	0,2308	0,0217	0,0133	0,0818
		c)	0,0635	0,1111	0,2308	0,0217	0,0133	0,0818
3	Hoch- und Tiefbau	a)	0,2381	0,5350	1,0770	1,4565	0,6333	0,6045
		b)	0	0	0,5385	0	0	0,0160
		c)	0,2381	0,5350	1,6155	1,4565	0,5333	0,6205
4	Landwirtschaft	a)	0	0	0	0,2391	0	0,0250
		b)	0	0	0	0,0652	0	0,0068
		c)	0	0,	0	0,3043	0	0,0318
5	Übrige Sektoren	a)	0	0	0	0	0,0133	0,0023
		b)	0	0	0	0	0,0266	0,0046
		c)	0	0	0	0	0,0266	0,0046
6	Insgesamt	a)	0,6921	0,8642	1,8442	2,3478	1,0933	1,0341
		b)	0,2222	0,1276	1,0001	0,1304	0,0533	0,1545
		c)	0,7143	0,9918	2,8463	2,4782	1,1466	1,1886
	Bemerkungen: Teil A: in Mrd. Zl Teil B: Koeffizienten, bezogen auf den Zuwachs des Gesamtproduktes von 1957; dieser betrug in Mrd. Zl:		6,3	24,3	1,3	4,6	7,5	44,0

Tabelle II

Berechnung des durchschnittlichen Koeffizienten des Nutzeffektes der Akkumulationsstruktur im Jahre 1956 (bezogen auf die Allokation der Akkumulation)

Nr.	Sektor der Volkswirtschaft	Produktive Investitionen				Akkumulation (Produktive Akkumulation und Vorräte)			
		Aufwendungen (in Mrd. Zl.)	Koeffizienten der sektoralen Investitionsstruktur λ'_i	Sektorale Koeffizienten des Nutzeffektes β'_j	Berechnung des Mittelwertes $\lambda'_i\beta'_j$	Aufwendungen (in Mrd. Zl.)	Koeffizienten der sektoralen Struktur λ_j	Sektorale Koeffizienten des Nutzeffektes β_j	Berechnung des Mittelwertes $\lambda_j\beta_j$
1	2	3	4	5	6	7	8	9	10
1	Maschinenbau	3,1	0,0682	2,03	0,1386	4,5	0,0860	1,40	0,1204
2	Sonstige verarbeitende Industrien	21,0	0,4615	1,16	0,5340	24,1	0,4609	1,02	0,4647
3	Hoch- und Tiefbau	2,4	0,0527	0,54	0,0285	3,7	0,0707	0,35	0,0248
4	Landwirtschaft	10,8	0,2374	0,43	0,1011	11,4	0,2180	0,41	0,0880
5	Übrige Sektoren	8,2	0,1802	0,92	0,1648	8,6	0,1644	0,87	0,1434
6	Insgesamt	45,5	1,0000	0,967	0,9670	52,3	1,0000	0,8413	0,8413

Anmerkungen:

1) Aufwendungen (Spalten 3 und 7) entsprechen der Tabelle I, Teil A, Zeile 6a und 6c.

2) Nach obiger Berechnung betrug der mittlere Koeffizient des Nutzeffektes im Jahre 1956

— für produktive Investitionen (Zeile 6, Spalte 6) $\beta'(1956) = \sum_{j=1}^{5} \lambda'_j \beta'_j = 0{,}9670$

— für Akkumulationsaufwendungen, (produktive) Investitionen und Vorratserhöhung für Produktionszwecke (Zeile 6, Spalte 10) $\beta(1956) = \sum_{j=1}^{5} \lambda_j \beta_j = 0{,}8413$.

3) Relativer Anteil der produktiven Investitionen am Gesamtprodukt im Jahre 1956: $\alpha'(1956) = \frac{45{,}5}{585{,}3} = 0{,}0777$;

4) Relativer Anteil der Akkumulationsaufwendungen am Gesamtprodukt im Jahre 1956: $\alpha(1956) \frac{52{,}3}{585{,}3} = 0{,}0894$.

5) Wachstumsrate des Gesamtproduktes: $R(1956) = \alpha'(1956) \times \beta'(1956) = \alpha(1956) \times \beta(1956) = (0{,}0777) \times (0{,}9670) = (0{,}0894).(0{,}8413) = 0{,}0751$.

Tabelle III

Berechnung des durchschnittlichen Koeffizienten des Nutzeffektes der Akkumulationsstruktur im Jahre 1956 (bezogen auf die physische Struktur der Akkumulation)

Nr.		Wertbezogene Koeffizienten des Nutzeffektes der Akkumulation (B_{ji})					Akkumulationsstruktur nach liefernden Sektoren (μ_s)	Produktionszuwachs je akkumulierte Einheit bei gegebener Struktur
		Maschinenbau	Sonstige verarbeitende Industrie	Hoch- und Tiefbau	Landwirtschaft	Übrige Sektoren		
a	b	1	2	3	4	5	6	7
1	Maschinenbau	3,9520	−1,6565	−2,2092	1,6600	−40,0724	0,3786	0,1213
2	Sonstige verarbeitende Industrie	−3,3609	30,2459	−2,2406	16,2450	102,2223	0,0688	0,4627
3	Hoch- und Tiefbau	0,5310	−9,7724	1,6861	−8,5859	−40,3514	0,5220	0,0254
4	Landwirtschaft	—	—	—	3,2860	—	0,0268	0,0880
5	Übrige Sektoren	—	—	—	—	37,5937	0,0038	0,1429
6	Insgesamt	—	—	—	—	—	1,0000	0,8403

Anmerkungen:

1) Die Koeffizienten B_{ji}, die in den sowohl zu den Zeilen 1–5 als auch zu den Spalten 1–5 gehörenden Tabellenfeldern stehen, sind Elemente der Inversen der Matrix der Koeffizienten der Investitionsaufwendungen b_{ij}. Die Koeffizienten b_{ij} sind in Tabelle I, Teil B, Zeilen 1c, 2c, 3c, 4c, 5c und Spalten 1–5 berechnet.
Die Koeffizienten B_{ji} bestimmen den (wertmäßigen) Produktionszuwachs, der im j-ten Sektor durch eine Erhöhung der Akkumulation im i-ten Sektor um eine Einheit erzielt wird. Der Koeffizient $B_{ji} = 3{,}9520$ z. B. bedeutet, daß infolge einer Erhöhung der Akkumulation im Maschinenbau um eine Einheit sich ein Produktionszuwachs im Maschinenbau von 3,9520 ergeben wird.

2) Die Zahlen in der Spalte 7 entstehen durch Multiplikation der entsprechenden Zeile der Matrix (B_{ji}) mit den Akkumulationsaufwendungen der Spalte 6, z. B. in der Zeile 1 : (3,9520)(0,3786) = (−1,6565)(0,0688) + (−2,2092)(0,5220) + (1,6600)(0,0268) + (−40,0724)(0,0038) = 0,1213. Diese Zahl besagt, daß bei gegebener, in Spalte 6 ausgewiesener physischer Struktur der Akkumulation infolge einer Erhöhung der Akkumulation um eine Einheit im Maschinenbau ein Produktionszuwachs von 0,1216 zu verzeichnen ist. Diese Zahlen entsprechen den in der Tabelle 2, Spalte 10 berechneten Zahlen (Differenzen sind das Ergebnis von Abrundungen).

3) Die Summe der Spalte 7 ergibt den gesamten (mittleren) Koeffizienten des Nutzeffektes der Akkumulation, definiert als $\sum_{j=1}^{5} \sum_{i=1}^{5} B_{ji}\mu_i$ (1956) – vgl. Formel (3) im Text.

Tabelle IV

Beziehungen zwischen der Struktur des Produktionszuwachses und dem durchschnittlichen Nutzeffekt der Akkumulation und der Wachstumsrate der Produktion

	Wirtschafts-zweig	Tatsächliche Struktur des Produktionszuwachses 1956–1957	Angenommene (geänderte) Struktur des Produktionszuwachses	Summe der Koeffizienten b_{ij} (Tabelle II)	Produkt der Zahlen aus Spalte 4 und Spalte 5	Funktional-beziehung	Errechnete Allokationsstruktur der Akkumulation λ_j	Errechnete physische Struktur der Akkumulation μ_i	Tatsächliche Struktur der Akkumulation 1956 (Produktionszuwachs siehe Sp. 3): nach der Allokation der Akkumulation λ_j	Tatsächliche Struktur der Akkumulation 1956 (Produktionszuwachs siehe Sp. 3): nach der Herkunft der Akkumulation μ_i	Nutzeffekt der Akkumulation: gemäß den Annahmen in Spalte 4	Nutzeffekt der Akkumulation: tatsächlich 1956
1	2	3	4	5	6	7	8	9	10	11	12	13
1	Maschinenbau	0,1432	0,2000	0,7143	0,14286	$0{,}0894\lambda_1 = 0{,}14286$ R	$\lambda_1 = 0{,}1234$	0,3888	0,0860	0,3786	0,1728	0,1204
2	Sonstige verarbeitende Industrie	0,5532	0,5000	0,9918	0,49590	$0{,}0894\lambda_2 = 0{,}495900$R	$\lambda_2 = 0{,}4281$	0,0678	0,4609	0,0688	0,4366	0,4647
3	Hoch- und Tiefbau	0,295	0,0250	2,8463	0,07116	$0{,}0894\lambda_3 = 0{,}07116$ R	$\lambda_3 = 0{,}0614$	0,5132	0,0707	0,5220	0,0215	0,0248
4	Landwirtschaft	0,1045	0,1000	2,4782	0,24782	$0{,}0894\lambda_4 = 0{,}24782$ R	$\lambda_4 = 0{,}2139$	0,0262	0,2180	0,0268	0,0760	0,0880
5	Übrige Sektoren	0,1705	0,1750	1,1466	0,20065	$0{,}0894\lambda_5 = 0{,}20065$ R	$\lambda_5 = 0{,}1732$	0,0040	0,1644	0,0038	0,1564	0,1434
6	Insgesamt	1,0000	1,0000				1,0000	1,0000	1,0000	1,0000	0,8633	0,8413

Anmerkungen:
1) Relativer Anteil der Akkumulation am Gesamtprodukt im Basisjahr $\alpha(t) = 0{,}0894$.
2) Wachstumsrate des Produktes; tatsächlich: $R(1956) = (0{,}0894)(0{,}8413) = 0{,}0751$; gemäß der angenommenen Struktur des Produktionszuwachses $R(t) = (0{,}0894)(0{,}8633) = 0{,}0772$.
3) Die Berechnungen für die Spalten 4–7 ergeben sich aus der Beziehung (10) im Text.

LITERATURVERZEICHNIS

Anderson O., *Zur Problematik der empirisch-statistischen Konjunkturforschung*, »Veröffentlichungen der Frankfurter Gesellschaft für Konjunkturforschung«, H. 1, Bonn 1939.

Barna T. (Hrsg.), *The Structural Interdependence of the Economy*, New York and Milan 1954.

Bobrow S. P., *Rabota Warena Personsa*, »Woprosy Konjunktury«, Vol. II, Moskau 1926.

Bowley A. L., *Elements of Statistics*, London 1948.

Chenery M. B. und Clark P. G., *Interindustry Economics*, New York 1959.

Cournot A. A., *Recherches sur les principes mathématiques de la théorie des richesses*, Paris 1838.

Czechowski T., *Agregacja w statycznym modelu W. Leontiefa*, »Przegląd Statystyczny«, H. 4, Warszawa 1960.

Dantzig G. B., *Application of the Simplex Method to a Transportation Problem*, in: *Activity Analysis of Production and Allocation*, hrsg. von T. C. Koopmans, New York 1951.

Davis H. T., *Theory of Econometrics*, Bloomington 1941.

Fei J. C. H., *A Fundamental Theorem of the Aggregation Problem of Input-Output Analysis*, »Econometrica« 1956.

Fellner W., *Trends and Cycles in Economic Activity*, New York 1956.

Hanau A., *Die Prognose der Schweinepreise*, »Schriften des deutschen Instituts für Konjunkturforschung«, Sonderheft 7, Berlin 1928.

Jastremski B. S., *O rozpredelenii rabotschich po stepenijam vypolnenija norm vyrabotki*. »*Utschonyje zapiski po statistike*«, Moskau 1955.

Johnson D. G., *The Nature of the Supply Function of Agricultural Products*, »American Economic Review«, Vol. 40, 1950.

Kantorovitsch L. V., 1) *Matematitscheskije metody rastschota nailutschschego ispolzovanija resursow*. Moskau 1959; 2) *Matematyczne metody organizacji i planowania produkcji*, Warszawa 1960.

Keynes J. M., *General Theory of Employment, Interest and Money*, London 1936.

Kohn St., *Z metodologii statystycznej badania koniunktury*, »Ekonomista«, Vol. III., Warszawa 1929.

Koopmans T. C., *Optimum Utilization of the Transportation System*, The Econometric Society Meeting, September 6–18, 1947, Washington, hrsg. von Dickson H. Leavens.

Koopmans T. C. und Reiter S., *A Model of Transportation*, in: *Activity Analysis of Production and Allocation*, hrsg. von T. C. Koopmans, New York 1951.

Kreinin G. S., *Kurs statistiki w kratkom isloshenii*, Moskau 1946.

Kurowski St., *Ograniczenie wahań sezonowych w budownictwie*, »Przegląd Statystyczny«, H. 3/4, 1954.

Lange O., 1) *Statystyczne badania koniunktury gospodarczej*, Kraków 1931; 2) *Teoria Statystyki*, Teil 1, Warszawa 1952; 3) *Some Observations on Input-Output Analysis*, »Sankhya, The Indian Journal of Statistics«, 1957; 4) *Formen der Angebotsanpassung und wirtschaftliches Gleichgewicht*, »Zeitschrift für Nationalökonomie«, 1935; 5) *Price Flexibility and Employment*, Bloomington 1945.

Leontief W., 1) *Ein Versuch zur statistischen Analyse von Angebot und Nachfrage*, »Weltwirtschaftliches Archiv« 1929; 2) *The Structure of American Economy*, 2. Aufl., New York 1951.

Malinvaud E., 1) *Aggregation Problems in Input-Output Models*, in: *The Structural Interdependence of the Economy*, New York 1954; 2) *L'agrégation dans les modèles économiques*, »Cahiers d'économetrie«, H. 4, Paris 1956.

Marx K., *Das Kapital*, Vol. II.

Moore H. L., 1) *Forecasting the Yield and Price of Cotton*, New York 1917; 2) *Economic Cycles: Their Law and Cause*, New York 1914; 3) *The Laws of Wages*, New York 1911.

Morice E. und Chartier F., *Méthode statistique*, Part I, Paris 1954.

Nemtschinow C. S. (Hrsg.), *Primenenija matematiki w ekonomitscheskich issledowanijach*, Moskau 1959.

Ostroumow S. S., *Sudebnaja statistika*, Moskau 1949.

Pareto V., 1) *Cours d'économie politique*, Lausanne 1897; 2) *Manuel d'économie politique*, Paris 1927.

Pawłowski Z., 1) *O niektórych funkcjach ekonometrcznych w gospodarce planowej*, »Przegląd Statystyczny«, H. 2, Warszawa 1960; 2) *Uwagi o badaniu popytu konsumpcyjnego na podstawie szeregów czasowych i budżetów rodzinnych*, »Przegląd Statystyczny«, H. 3, Warszawa 1960; 3) *Badania elastyczności popytu a rozkład dochodów*, »Przegląd Statystyczny«, H. 4, Warszawa 1960.

Persons W. M., 1) *Indices of Business Conditions*, »The Review of Economic Statistics«, Preliminary Vol. 1, Cambridge, January 1919; 2) *Correlation of Time Series*, in »*Handbook of Mathematical Statistics*«, hrsg. von H. L. Rietz, Boston 1924.

Phelps Brown E. W. und Welser B., *Accumulation, Productivity and Distribution in the British Economy 1870–1938*, »The Economic Journal« 1953.

Roos C. F. und von Szeliski V., *The Dynamics of Automobile Demand*, General Motors Corp., Detroit 1939.

Sadowski W., *Zastosowanie teorii programowania liniowego do rejonizacji zaopatrzenia*, »Przegląd Statystyczny«, H. 4, Warszawa 1956.

Schmidt S. und Mandecki S., *Badania nad cyklicznością trzody chlewnej*, Kraków 1933.

Schultz H., 1) *Statistical Laws of Demand and Supply, with Special Application to Sugar*, Chicago 1928; 2) *The Theory and Measurement of Demand*, Chicago 1938.

Shepherd G. S., *Agricultural Price Analysis*, Ames, Iowa 1950.
Smith J. G. und Duncan A., *Elementary Statistics and Applications*, New York 1944.
Stone R., *The Analysis of Market Demand*, »Journal of the Royal Statistical Society«, Vol. 108, London 1945.
Stone R., *Agregacja w modelach input-output*, »Przegląd Statystyczny«, Vol. IX, H. 1, Warszawa 1962.
Szulc St., *Metody Statystyczne*, Vol. I, Warszawa 1954.
Ventura E., *Un exemple de recherche opérationelle: la détermination d'un plan optimum de production d'énergie électrique par la théorie des programmes linéaires*, Paris 1956.
Vielrose E., 1) *Rozkład dochodów według wielkości*, Warszawa 1961; 2) *Uwagi o schematach input-output*, »Ekonomista«, H. 2, Warszawa 1959.
Wagemann E., 1) *Konjunkturlehre*, Berlin 1928; 2) *Narrenspiegel der Statistik*, Berlin 1935.
Weryha A., *Statystyka teoretyczna*, Teil II, Warszawa 1954.
Westergaard H. und Nyboelle H., *Grundzüge der Theorie der Statistik*, Jena 1928.
Whitman R. H., *The Statistical Law of Demand for a Producers' Good, as Illustrated by the Demand for Steel*, »Econometrica«, Vol. 4, 1936.
Winkler W., *Grundfragen der Ökonometrie*, Wien 1951.
Wiśniewski J., *Rozkład dochodów według wysokości*, Warszawa 1934.
Wold H., *Demand Analysis, A Study in Econometrics*, Uppsala 1952.
Yule G. U., *Introduction to the Theory of Statistics*, London 1927.

Ergänzende Literaturhinweise:

Allen R. G. D., *Mathematical Analysis for Economists*, New York 1939.
Allen R. G. D., 1) *Mathematical Economics*, London 1956; 2) *Statistics for Economists*, London 1949.
Bojarski A. J., *Matematika dlja ekonomistow*, Moskau, 2 Aufl. 1961.
Charnes A., Cooper W. W. und Henderson A., *An Introduction to Linear Programming*, New York 1953.
Czechowski T., *Wstęp matematyczny do analizy przepływów międzygałęziowych*, Warszawa 1958.
Frisch R., *Principles of Linear Programming*, Oslo 1954.
Habr J., *Linearni programovani*, 2 Aufl., Prag 1960.
Habr J. und Korda B., *Rozbor meziotvětvovych vztahu*, Prag 1960.
Hellwig Z., *Regresja liniowa i jej zastosowanie w ekonomii*, Warszawa 1960.
Jastremski B. S., *Matematitscheskaja statistika*, Moskau 1956.
Karlin S., *Mathematical Methods and Theory in Games*, Programming and Economics, 2 Vol., New York 1959.
Klein L. R., *Econometrics*, New York 1955.
Koopmans T. C. (Hrsg.), *Activity Analysis of Production and Allocation*, Cowles Commission for Research in Economics, Monograph 13, New York 1951.
Lange O., *Teoria reprodukcji i akumulacji*, Warszawa 1961.

Lesourne J., *Technique économique et gestion industrielle*, Paris 1958.
Makover H., *Activity Analysis and the Theory of Economic Equilibrium*, London 1956.
Masse P., *Le choix des investissements*, Paris 1959.
Moskowski Finansowyi Institut, *Nautschnyje zapiski*, H. 9, Moskau 1957.
Moskowski Finansowyi Institut, *Statistika i ekonometrija*, Moskau 1959.
Nemtschinow W. S., *Balansowyi metod w ekonomitscheskoi statistike* in *Doklady sovetskich utschenych na XXX sesi Meshdunarodonogo Statistitscheskogo Instituta*, Moskau 1957.
Nemtschinow W. S. (Hrsg.), *Primenenije matematiki w ekonomitscheskich issledowanijach*, Vol. I, Moskau 1959; Vol. 2, Moskau 1961.
Pawłowski Z., 1) *Elastyczność popytu na masło i roślinne tłuszcze jadalne w Polsce w latach 1950–1957*, »Przegląd Statystyczny«, H. 1, Warszawa 1959; 2) *Problem modeli ekonometrycznych o jednym równaniu w badaniach popytu w Polsce*, »Przegląd Statystyczny«, H. 3, Warszawa 1959.
Pawłowski Z., *Ekonometryczne metody badania popytu konsumpcyjnego*, Warszawa 1961.
Pawłowski Z. und Sadowski W., *Uwagi o statystycznych metodach badania popytu*, »Przegląd Statystyczny«, H. 4, Warszawa 1959.
Rjabuschkin T. W., *Statistitscheskije metody isutschenija narodnogo chozjaistwa*, Moskau 1957.
Roy R., 1) *Cahiers du Séminaire d'économétrie*, Paris 1953–1955; 2) *Eléments d'économetrie*, Paris 1953.
Sadowski W., *Teoria podejmowania decyzji*, Warszawa 1960.
Stone R., *The Measurement of Demand*, Cambridge 1955.
Sulmicki P., *Przepływy międzygałęziowe*, Warszawa 1959.
Theil H., *Linear Aggregation of Economic Relations*, Amsterdam 1954.
Tinbergen J., *Introduction to Econometrics*, London 1953.
Tintner G., *Econometrics*, New York 1952.
Trudy nautschnogo sowjeschtschanija o primeneni matematitscheskich metodow w ekonomitscheskich issledowanijach i planirowani, Akademija Nauk SSSR, Vol. I–VII; Moskau 1962.
— *Utschonyje zapiski po statistike*, Akademija Nauk SSSR, Moskau, Vol. I, 1955; Vol. II, 1956, Vol. III, 1957.
Vajda S., *The Theory of Games and Linear Programming*, London 1956.
von Neumann J. und Morgenstern O. T., *Theory of Games and Economic Behavior*, Princeton 1954.
Woprosy ekonomiki, planirowanija i statistiki, Sbornik statei, Akademija Nauk SSSR, Moskau 1957.
Woś A., *Z badań nad celową elastycznością popytu na cukier*, »Przegląd Statystyczny«, H. 4, Warszawa 1959.
Jastremski B. S., *Matematitscheskaja statistika*, Moskau 1956.

Zeitschriften

»Econometrica« – Organ der internationalen Econometric Society. Erscheint seit 1933 in den USA.

»Metrooeconomica« - eine seit 1949 in Italien herausgegebene internationale Zeitschrift.
»International Economic Review« - eine internationale Zeitschrift über quantitative ökonomische Methoden, die seit 1960 in Japan erscheint[1]).
»The Review of Income and Wealth« - eine seit 1966 von der International Association for Research in Income and Wealth in den USA herausgegebene Zeitschrift[1]).

Lehrbücher der höheren Mathematik für Ökonomen

Allen G. D., *Mathematical Analysis for Economists*, New York 1939.
Bojarski A. J., *Matematika dlja ekonomistow*, 2 Aufl., Moskau 1961.
Czechowski T., *Wstęp matematyczny do analizy przepływów międzygałęziowych*, Warszawa 1958.
Faddeijew D. K. und Faddeijewa W. N., *Wytschislitelnyje metody lineinoi algebry*, Moskau 1960.
Mostowski A. und Stark M., *Algebra wyższa*, Warszawa 1953.
Pogorzelski W., *Analiza matematyczna*, Warszawa 1956.
Sierpiński W., *Zasady algebry wyższej*, Warszawa-Wrocław 1946.
Tintner G., *Mathematics and Statistics for Economists*, London 1954.

Bibliographie der Arbeiten von Professor Oskar Lange über Ökonometrie, mathematische Wirtschaftstheorie und mathematische Statistik

1. *Statystyczne badanie koniunktury gospodarczej*, »Czasopisma Prawnicze i Ekonomiczne«, Kraków 1931.
2. *Die Preisdispersion als Mittel zur statistischen Messung wirtschaftlicher Gleichgewichtsstörungen*, Leipzig 1932.
3. *Formen der Angebotsanpassung und wirtschaftliches Gleichgewicht*, »Zeitschrift für Nationalökonomie«, Wien 1935.
4. *The Rate of Interest and the Optimum Propensity to Consume*, »Economica«, London 1938.
5. *Complementarity and Interrelations of Shifts in Demand*, »The Review of Economic Studies«, Bd. 8, London 1940.
6. Say's Law: *A Criticism and Restatement*, hrsg. in *Studies in Mathematical Economics and Econometrics*, S. 49–68, Chicago 1942.
7. *Theoretical Derivation of Elasticities of Demand and Supply — The Direct Method*, »Econometrica«, Bd. 10, S. 193–214, Chicago 1942.
8. *The Foundations of Welfare Economics*, »Econometrica«, Bd. 10, 1942, S. 215–227.
9. *On the Theory of Multiplier*, *»Econometrica«*, Bd. 2, S. 227–245, Chicago 1943.
10. *Price Flexibility and Employment*, Cowles Comm., Monograph No. 9, Bloomington, Ind., 1944.

---

[1]) Ergänzung der Herausgeber.

11. *The Stability of Economic Equilibrium*, Cowles Comm., Papers No. 8, Chicago 1944.
12. *The Practice of Economic Planning and the Optimum Allocation of Resources*, »Econometrica«, Bd. 17, S. 167–178, Chicago 1949.
13. *Teoria Statystyki*, Warszawa 1952. Übersetzt ins Japanische und hrsg. in Tokyo in 1955.
14. *Statistical Estimation of Parameters in Markov Process*. Colloquium Mathematicum, Bd. 3, S. 149–160, Wrocław 1955.
15. *Fundamentals of Economic Planning*, verfaßt im Mai 1955 im The Indian Statistical Institute. Hrsg. in Englisch und Arabisch von Planning Commission in Cairo 1956. Übersetzt ins Italienische und hrsg. in »Critica Economica«, Roma 1957. Übersetzt ins Französische und hrsg. in »Cahiers de l'Institut de Science Economique Appliquée«, H. 49, S. 1–28, Paris 1957. Übersetzt ins Spanische und hersg. als *Tres Ensayos sobre Planeacion Economica* in »El Trimestre Economica« in Mexico-City 1959.
16. *Some Observations on Input-Output Analysis*, »Sankhya, The Indian Journal of Statistics«, Bd. 17, S. 305—336, Calcutta 1957. Französische Übersetzung in »Cahiers de l'Institut de Science Economique Appliquée«, H. 49, Paris 1957. Spanische Übersetzung in *Tres Ensayos sobre Planeacion Economica* hrsg. in *El Trimestre Economica*, Mexico-City 1959. Polnische Übersetzung in »Przegląd Statystyczny«, Bd. 5, Warszawa 1958. Russische Übersetzung *Primenenija matematiki w ekonomitscheskich issledovanijach*, V. S. Nemtschinow (Hrsg.), S. 214–250, Moskau 1959. Japanische Übersetzung in Tokyo, 1959, Slovakische Übersetzung in Bratislava 1962.
17. *Wstęp do ekonometrii*, Warszawa 1958, zweite Polnische Aufl., Warszawa 1961. Übersetzt ins Englische: Pergamon Press, erste Aufl. London 1959, zweite Aufl. London 1962, Serbo-Kroatische Übersetzung, Sarajevo 1960, Italienische Übersetzung, 1962.
18. *Model wzrostu gospodarczego*, »Ekonomista«, Ss. 523–552, Warszawa 1959.
19. *Produkcyjno-techniczne podstawy efektywności inwestycji*, »Ekonomista«, S. 1159–1189, Warszawa 1959, Russische Übersetzung in *Primenenija matematiki w ekonomitscheskich issledowanijach*, Bd. 2, Moskau 1962.
20. *The Output-Investment Ratio and Input-Output Analysis*, »Econometrica«, Bd. 28, New York 1960.
21. *O stosowaniu metod matematyczno-ekonomicznych w ZSRR*, »Życie Gospodarcze«, H. 46, Warszawa 1960.
22. *Teoria reprodukcji i akumulacji*, PWN, Warszawa 1965.

Weitere Literaturhinweise der Herausgeber

(Die nachstehende Auswahl bezieht sich hauptsächlich auf neueres Schrifttum und enthält keine Zeitschriftenaufsätze)

Einführung in die Ökonometrie und Statistik:

Allen R. G. D., *Statistik für Volkswirte*, Tübingen 1959.
Allgemeine Statistik, Verlag »Die Wirtschaft«, Berlin 1964.

Anderson O., *Probleme der statistischen Methodenlehre in den Sozialwissenschaften*, Würzburg 1962.
Brennan M. J., *Preface to Econometrics. An Introduction to Quantitative Methods in Economics*, Cincinnati 1960.
Chou Y., *Applied Business and Economic Statistics*, New York 1963.
Freund J. E., *Elementary Business Statistics: The Modern Approach*, Englewood Cliffs 1964.
Goldberger A. S., *Econometric Theory*, New York 1964.
Griffin J. I., *Statistics: Methods and Applications*, New York 1962.
Guitton H., *Statistique et économétrie*, Paris 1959.
Johnston J., *Econometric Methods*, New York 1963.
Karmel P. H., *Applied Statistics for Economists. A Course in Statistical Methods*, London 1963.
Kendall M. G. und Stuart A., *The Advanced Theory of Statistics*. Bd. 1, *Distribution Theory* (1958), Bd. 2, *Inference and Relationship* (1961), Bd. 3, *Planning and Analysis, and Time-Series* (1966), London.
Klein L. R., *A Textbook of Econometrics*, New York 1956.
Klein L. R., *An Introduction to Econometrics*, Englewood Cliffs 1962.
Kreyszig E., *Statistische Methoden und ihre Anwendungen*, Göttingen 1965.
Malinvaud E., *Statistical Methods in Econometrics*, Chicago 1966.
Menges G., *Ökonometrie*, Wiesbaden 1961.
Lorenz P., *Anschauungsunterricht in mathematischer Statistik*, Bd. I–III, Leipzig 1955, 1959, 1961.
Nemtschinow W. S., *Ökonomisch-mathematische Methoden und Modelle*, Berlin 1965.
Storm R., *Wahrscheinlichkeitsrechnung, mathematische Statistik und Qualitätskontrolle*, Leipzig 1965.
Suits D. B., *Statistics: An Introduction to Quantitative Economic Research*, Chicago 1963.
Szulc S., *Statistical Methods*, Oxford 1965.
Tinbergen, J., *Einführung in die Ökonometrie*, Wien 1952.
Tintner G., *Handbuch der Ökonometrie*, Berlin 1960.
Valavanis S., *Econometrics. An Introduction to Maximum Likelihood Methods*, New York 1959.
Wallis W. A. und Roberts H. V., *Methoden der Statistik. Ein neuer Weg zu ihrem Verständnis*, Freiburg 1959.

Einführungen in die Mathematik und mathematische Wirtschaftstheorie einschließlich Linearer Programmierung:

Allen R. G. D., *Mathematik für Volks- und Betriebswirte*, Berlin 1956.
Bader H. und Fröhlich S., *Mathematik für Ökonomen*, Berlin 1965.
Baumol W. J., *Economic Theory and Operations Analysis*, Englewood Cliffs 1961.
Baumol W. J., *Economic Dynamics*, New York 1965.
Beckmann M. J., *Lineare Planungsrechnung*, Ludwigshafen 1959.

Bowen E. K., *Mathematics with Application in Management and Economics*, Homewood 1963.
Bushaw D. W. und Clower R. W., *Introduction to Mathematical Economics*, Homewood 1957.
Dantzig G. B., *Lineare Programmierung und Erweiterungen*, Berlin 1966.
Daus P. und Whyburn W., *Introduction to Mathematical Analysis with Applications to Problems of Economics*, Reading 1958.
Dorfman R., Samuelson P. A. und Solow R. M., *Linear Programming and Economic Analysis*, New York 1958.
Dowsett W. T., *Elementary Mathematics in Economics*, London 1959.
Gass S. I., *Linear Programming. Methods and Applications*, New York 1964.
Hadley G., *Linear Programming*, Reading 1963.
Huang D. S., *Introduction to the Use of Mathematics in Economic Analysis*, New York 1964.
Joksch H. C. *Lineares Programmieren*, Tübingen 1962.
Kattsoff L. O. und Simone A. J., *Finite Mathematics with Applications in the Social and Management Science*, New York 1965.
Kemeny J. G., u. a., *Finite Mathematical Structures*, Englewood Cliffs 1957.
Kemeny J. G. u. a., *Einführung in die endliche Mathematik*, Ludwigshafen 1963.
Kemeny J. G. u. a., *Mathematik für die Wirtschaftspraxis*, Göttingen 1966.
Krekó B., *Lehrbuch der Linearen Programmierung*, Berlin 1964.
Krelle W. und Künzi H. P., *Lineare Programmierung*, Zürich 1958.
Lewis J. P., *An Introduction to Mathematics for Students of Economics*, London 1958.
Michael H., *Ökonomie und Mathematik*, Berlin 1962.
Piehler J., *Einführung in die lineare Optimierung*, Leipzig 1964.
Sadowski W., *Theorie und Methoden der Optimierungsrechnung in der Wirtschaft*, Berlin 1963.
Samuelson P. A., *Foundations of Economic Analysis*, Cambridge 1961.
Schröder K. (Hrsg.), *Mathematik für die Praxis*, Bd. I–III, Berlin 1964.
Schwartz J. T., *Lectures on the Mathematical Method in Analytical Economics*, New York 1961.
Sommer F., *Einführung in die Mathematik für Studenten der Wirtschaftswissenschaften*, Berlin 1962.
Yamane T., *Mathematics for Economists. An Elementary Survey*, Englewood Cliffs 1962.

Sonstige Literatur:

Anderson O., *Ausgewählte Schriften*, Tübingen 1963.
Arrow K. J. und Hoffenberg M., *A time Series Analysis of Interindustry Demands*, Amsterdam 1959.
Barna T. (Hrsg.), *Structural Interdependence and Economic Development, Proceedings of an International Conference on Input-Ooutput Techniques*, Geneva, September 1961, London 1963.
Berners-Lee C. M. (Hrsg.), *Models for Decision*, London 1965.
Bjerve P. J., *Planning in Norway 1947–56*, Amsterdam 1959.

Christ C. F. (Hrsg.), *Measurement in Economics. Studies in Mathematical Economics and Econometrics in Memory of Yehuda Grunfeld*, Stanford 1963.

Cowles Commission Monographs:

6. Davis H. T., *The Analysis of Economic Time Series*, 1941.
10. Koopmans T. C. (Hrsg.), *Statistical Inference in Dynamic Economic Models*, 1950.
11. Klein L. R., *Economic Fluctuation in the United States*, 1950.
13. Koopmans T. C. (Hrsg.), *Activity Analysis of Production and Allocation*, 1951.
14. Hood W. C. und Koopmans T. C. (Hrsg.), *Studies in Econometric Methods*, 1954.
18. Manne A. S. und Markowitz H. M. (Hrsg.), *Studies in Process Analysis. Economy-Wide Production Capabilities*, 1963.
20. Christ C. F. (Hrsg.), *Econometric Models and Methods*, 1966.

David M. H., *Family Composition and Consumption*, Amsterdam 1962.

Department of Applied Economics, University of Cambridge:

A Programme for Growth.

1. *A Computable Model of Economic Growth.*
2. *Social Accounting Matrix for 1960.*
3. *Input-Output Relationships 1954–1966.*
4. *Capital, Output and Employment 1948–1960.*
5. *The Model in its Environment. A Progress Report.*
6. *Exploring 1970. Some Numerical Results.*

Consumption Function, 1900–1970. Production Function and Technical Change. An International Survey of Planning Models, angekündigt, London 1962 ff.

Duesenberry J. S. u.a. (Hrsg.), *The Brookings Quarterly Econometric Model of the United States*, Chicago 1965.

Fisher F. M., *A Priori Information and Time Series Analysis. Essays in Economic Theory and Measurement*, Amsterdam 1962.

Fisher F. M., *The Identification Problem in Econometrics*, Amsterdam 1966.

Frisch R., *Planning for India: Selected Exploration in Methodology*, London 1960.

Frisch R., *Maxima and Minima. Theory and Economic Application.* Dordrecht 1966.

Granger C. W. J., *Spectral Analysis of Economic Time Series*, Princeton 1964.

Goldberger A. S., *Impact Multipliers and Dynamic Properties of the Klein-Goldberger Model*, Amsterdam 1959.

Gosh A., *Experiments with Input-Output Models, An Application to the Economy of the United Kingdom, 1948–55*, Cambridge 1964.

Hannan E. J., *Time Series Analysis*, London 1960.

Hart P. E. u. a. (Hrsg.), *Econometric Analysis for National Economic Planning*, London 1964.

Hellwig Z., *Linear Regression and its Application to Economics*, Oxford 1963.

Indian Statistical Institute: *Planning and Statistics in Socialist Countries*, London 1966.

International Association for Research in Income and Wealth: *The Income and Wealth Series*, Series I–XI, New Haven.

Johansen L., *A Multi-sectorial Study of Economic Growth*, Amsterdam 1960.
Kendrick J., *Productivity Trends in the United States*, Princeton 1961.
Klein L. R. u. a., *An Econometric Model of the United Kingdom*, Oxford 1961.
Klein L. R. und Goldberger A. S., *An Econometric Model of the United States 1929–1952*, Amsterdam 1955.
Krelle W., *Volkswirtschaftliche Gesamtrechnung, einschließlich Input-Output-Analyse für die Bundesrepublik Deutschland*, Berlin 1959.
Kromphardt W., Henn R. und Förstner K., *Lineare Entscheidungsmodelle*, Berlin 1962.
Leontief W., *Die multiregionale Input-Output-Analyse*. Arbeitsgemeinschaft für Forschung des Landes Nordrhein-Westfalen, H. 123, Köln 1963.
Lukács O. u. a. (Hrsg.), *Input-Output Tables. Their Compilation and Use*, Budapest 1962.
Lüdecke D., *Schätzprobleme in der Ökonometrie. Identifikation und punktuelle Parameter- und Prognoseschätzung bei interdependenten Systemen*, Würzburg 1964.
Mahalanobis P. C., *Talks on Planning*. Indian Statistical Institute, London 1961.
Marglin S. A., *Approaches to Dynamic Investment Planning*, Amsterdam 1963.
Mathematik und Rechentechnik bei der Planung. Übersetzung aus dem Russischen, Berlin 1964.
Narasimham N. V. A., *A Short-Term Planning Model for India*, Amsterdam 1956.
National Bureau of Economic Research (U.S.A.). Conference on Research in Income and Wealth: *Studies in Income and Wealth*, Princeton, aperiodische Veröffentlichungsreihe.
Nemtschinow W. S. u. a. (Hrsg.), *Mathematische Methoden in der Wirtschaft*, Berlin 1964.
Rao C. R. (Hrsg.), *Essays on Econometrics and Planning*, New York 1965.
Shiskin J., *Signals of Recession and Recovery. An Experiment with Monthly Reporting*, National Bureau of Economic Research, New York 1961.
Stone R., *Input-Output and National Accounts*, OEEC, Paris 1961.
Theil H., *Economic Forecast and Policy*, Amsterdam 1961.
Theil H., *Optimal Decision Rules for Government and Industry*, Amsterdam 1964.
United Nations, *Yearbook of National Accounts Statistics*, New York 1957.
United Nations, 1) *Input-Output Bibliography 1955–1960* (Hrsg. E. Taskier), New York 1961; 2) Ergänzung: *Input-Output-Bibliography 1960–1963*, New York 1964.
Wagenführ R., *Die Multiregionale Input-Output-Analyse im Rahmen der EWG: Statistisch-methodologische Probleme*. Arbeitsgemeinschaft für Forschung des Landes Nordrhein-Westfalen, H. 123, Köln 1963.
Waffenschmidt W. G., *Deutsche Volkwirtschaftliche Gesamtrechnung und ihre Lenkungsmodelle 1949–1955*, Stuttgart 1959.
Wold H., *A Study in the Analysis of Stationary Time Series*, Uppsala 1954.
Wold H. (Hrsg.), *Bibliography on Time Series and Stochastic Processes*. An International Team Project, Edinburgh 1965.
Yanovsky M., *Anatomy of Social Accounting Systems*, London 1965.

PERSONEN- UND SACHVERZEICHNIS

OSKAR LANGE

Einführung in die Ökonometrie

Druckfehlerberichtigungen

Seite 52, 1. Zeile von oben, lies: Durch Anwendung eines zentrierten gleitenden Durchschnitts werden die Saisonschwankungen ausgeschaltet...
Seite 87, Abb. 34, lies: Rekonstruierte Nachfragekurve

Kolibri 360 GmbH
Ferdinand-Jühlke-Straße 7
99095 Erfurt, Deutschland
produktsicherheit@kolibri360.de